서운관의 천문의기

이 연구총서는 실학 연구의 새로운 시각과 방법을 모색하고 그 성과의 축적과 확산을 위해 경기문화재단 실학박물관이 기획·지원하여 간행한 학술서임.

경기문화재단 실학박물관

서운관의 천문의기

좌표변환·투영이론적 연구

정기준 저

景仁文化社

목 차

Ⅰ. 천구의 기본좌표계와 좌표변환

Ⅱ. 앙부일구/앙의·간의·일성정시의

Ⅲ. 천구의 투영

IV. 투영과 성도

V. 투영과 해시계

VI. 평의/아스트로라브, 평혼의

나는 경제학자다. 특히 계량경제학이 전공이다. 계량경제학에서는 좌표변환·투영이론이 일상적으로 쓰인다.

나는 하늘의 별에 대해서 관심이 많은 편이었지만, 천문학에 관해서 특히 많은 관심을 가진 편은 아니었다. 그런데 2006년 정년퇴임 후 규장각의 많은 고지도 자료에 흥미를 느끼면서, 특히 「곤여만국전도」의 천문 정보를 이해하려고 노력하면서, 고천문학에 빠져들게 되었다. 그 과정에서 세종 때의 조선 천문학 수준이 세계적이었음도 알게 되었다. 그런데 '세계적 수준'임이 밝혀지는 것이 서양인의 눈을 통해서일 줄은 몰랐다.

Joseph Needham은 한반도가 가장 비참한 상황이었던 1953년에, 그의 *Science and Civilisation in China*에서, 한자문명권의 과학사를 기술하면서, 조선의 과학을 언급하지 않고는 결코 완성된 역사를 쓸 수 없다고 주장하였다. 그 뒤 *The Hall of Heavenly Records*에서는 『세종실록』을 중심으로 세종 때의 천문의기를 자세히 고찰하여, 그 가치를 드러냈다. 나는 『세종실록』의 한글 번역본에서 이 주제가 어떻게 기술되었는지를 찾아보았다. 실망스러웠다. 남쪽의 번역이나 북쪽의 번역이나 똑같이 실망스러웠다. 왜 그렇게 실망스러운 번역이 된 것일까? 내용을 이해하지 못한 상태에서 무모하게 번역이 시도되었기 때문이다. 왜 내용을 이해하지 못한 것일까? '문명교류사'의 관점에서 보지 못했기 때문이다.

세종 때의 조선 천문학은 세계의 문명과 연결되어 있었다. 그 연결성을 무시하고는 세종 때의 천문학이 이해될 수 없다. 그러면 당시 세계 천문학의 패러다임은 어떤 모습을 하고 있었을까? 그 모습을 올바로 상정하지 않고는 세종 천문학은 이해될 수 없다.

Needham 이후로 국내에는 조선 천문학의 연구가 많이 이루어진 것은 사실이다. 그럼에도 불구하고, 나는 내 나름대로 할 이야기가 아직 남아 있다고 생각하고 있다. 그것은 내 전공인 계량경제학에서 사용하는 분석기법과 관점을 조선 천문학에 적용함으로써 얻어질 수 있다고 생각하게 되었다. 그 기법이란 좌표변환의 이론과 투영이론이다. 이 두 기법은 조선 천문학의 배경이 되고 있는 이슬람 문명의 패러다임 속에 깊숙이 자리잡고 있다. 철저히 자리잡고 있다. 캐주얼한 속성이 아니라, 핵심적 속성이다. 한시도 잊어서는 안 되는 속성이다. 내가 계량경제학을 연구할 때처럼, 조선의 고천문학 역시 이런 자세로 연구한다면, 기존 연구와는 다른 어떤 결과를 얻을 수 있지 않을까? 이것이 현재 나의 생각이다. 지금까지 이런 태도로 조선의 고천문학을 연구하는 과정에서, 나는 나름대로 보람 있는 몇 가지 함의를 찾아냈다. 이것을 이 책 안에서 개진하게 될 것이다.

위치의 인식과 좌표

한반도에는 8.15 해방과 동시에 삼팔선이 그어졌다. 이후 한반도인들은 그것이 남북분단선인 줄은 알지만, 왜 이름이 '삼팔'선이냐를 생각해본 사람은 드물 것이라고 나는 '확신'한다. 그 선이 그어진 것은 내가 아주 어렸을 때이므로 나는 물론 그런 의문을 가질 수도 없었지만, 그 후에 우연히 '삼팔선'의 영문이 'thirty-eighth parallel'이라는 것을 알고 적이 놀랐다. '서른여덟 번째 평행선'이라! '삼팔선'이란 한반도 차원의 위치 개념이 아니라 전지구적 관점의 위치 개념이었던 것이다. 전지구적 관점의 좌표 개념으로 위치를 나타낸 것이었다.

우리는 내가 서 있는 곳에서, 방향을 바꾸지 않고 똑바로 진행한다면 결국 북극에 도달할 것을 의심하지 않는다. 반대방향으로 진행한다면 남극에 도달할 것이다. 그러면 방향을 바꾸지 않고 똑바로 동쪽으로 진행한다면 결국 미국 땅에 도달할까? '아니다'라고 하면 놀랄 분들이 더 많을지 모른다. 그러나 '아니다'가 정답이다. 미국이 아니라 저 남쪽의 칠레에 도착한다.

'삼팔선'은 북위 38도선이다. 북위 38도선은 미국의 샌프란시스코 근처를 지난다. 그러므로 삼팔선을 따라 동쪽으로 계속 진행하면 샌프란시스코 근처에 도착한다. 그러나 그것은 동쪽으로 '똑바로' 진행한 것이 아니다. '삼팔선을 따라 끊임없이 방향을 바꾸며' 진행한 것이다. 서쪽으로 이동할 때 우리가 쉽게 착각하는 것이 백령도의 위도다. 백령도는 분명히 삼팔선 이남에 있다. 그리하여 한국전쟁 이전에도 남한 땅이었다. 현재도 남한 땅이다. 그런데 사람들 대다수는 백령도가 매우 북쪽에 있다고 생각하여, 현재는 남한 땅이지만 삼팔선 이북의 땅일 것이라고 착각한다. 김정호의 〈대동여지도〉를 보면 백령도는 훨씬 더 과장되게 북쪽에 그려져 있다. 왜 그럴까? 그것은 우리의 감각적 동서선이 전지구적 위선과 일치하지 않기 때문에 생기는 착각이다. 김정호는 우리의 자랑스러운 〈대동여지도〉를 그리면서도 적도좌표로서의 위도를 이해하지 못했던 것이다.

이렇게 보면, 삼팔선을 정의한 좌표와 동쪽으로 똑바로 진행하는 경로를 나타내는 좌표는 그 좌표체계가 달라야 한다. 그리고 그 서로 다른 좌표체계 사이에는 어떤 합리적인 변환규칙이 있어야 한다. 우리는 서로 다른 좌표체계 사이의 이러한 관계를 분명히 인식하여야만 고천문학을 올바로 이해할 수 있다. 이것이 이 책의 중요한 관점이다.

투 영

고천문학은 빛의 학문이다. 천체가 우리에게 보내는 빛을 보고 천체의 위치와 운동을 인식한다. 천체는 3차원 공간에 존재하고 3차원 공간에서 운동한다. 그런데 사람의 감각기관은 3차원을 3차원 그대로 인식하는 데 매우 서툴다. 그러므로 천체의 위치와 운동을 2차원으로 환원하여 인식할 수 있는 길이 있으면, 천체를 보다 쉽게 인식할 수 있음은 말할 필요가 없다. 그러나 3차원을 2차원으로 '완벽하게' 환원하는 일은 불가능하다.

천체는 우리로부터 매우 멀리 떨어져 있다. 그러므로 대개의 경우, '무한대' 먼 거리에 있다고 보아도 문제가 되지 않는다. 이런 관점에서 고천문학에서는 '천구'라는 개념을 생각해 냈다. 하늘은 공처럼 생긴 하나의 球體라고 보는 것이다. 이 천구의 개념에서는 모든 천체는 천구의 구면 위에 존재하고 운동 역시 구면 위에서 이루어진다고 본다. 또 천체의 관측자인 우리는 언제나 천구의 중심에 자리하고 있다. 천구는 워낙 크기 때문에, 우리가 사는 땅덩어리의 크기는 한 점에 불과하다고 본다. 그러므로 천구와 천체에 관한 한, 관측 위치는 언제나 천구의 중심점 하나뿐이다.

천체가 존재하고 운동하는 공간이 천구의 구면에 한정하는 것으로 보면, 고천문학에서 우리의 관심 대상은 천구의 구면뿐이다. 3차원의 구 전체가 아니라 2차원인 구면뿐이라는 것은 우리의 감각기관의 능력 한계를 감안하면 매우 다행한 일이다. 그러나 구면이라는 구부러진 2차원을 다룬다는 것은 여간 번거로운 일이 아니다. 그러므로 이 구면을 평면으로 환원할 수 있는 방법이 있으면 좋을 것이다. 그 가장 손쉬운 방법은 '그림자'를 취하는 방법이다. 입체라도 평면에 비친 그림자는 평면이기 때문이다. 이를 投影 (projection)이라 한다. 명사로는 '던져진 그림자'란 뜻이고, 동명사

로는 '그림자 던지기'가 된다. 던지는 수단은 빛이다. 즉 빛을 입체
에 던져서(=쏘아서) 그림자를 평면에 받는 것이다. 그러면 빛을 어
디에서 던지는가? 쏘는 것을 한자어로는 投射, 照射라고 하기 때문
에 빛이 나오는 곳을 '照射의 根本'이란 뜻으로, '照本'이라고 한다.
조본은 어디라도 가능하다. 그러나 당연히 '선호되는 照本'이 있다.
고천문학에서는 세 종류의 조본이 주로 쓰인다. 그리고 세 종류 모
두 조본은 투영평면에 수직인 직선상에 있다. 그 하나는 조본이 그
직선의 무한 원점에 있는 경우다. 그 둘은 조본이 그 직선과 천구
가 만나는 점 위에 있는 경우다. 그 셋은 조본이 천구의 중심에 있
는 경우다. 첫째 경우는 쏘는 광선이 모두 투영평면과 직각을 이룬
다. 그러므로 이 경우를 '正射투영(orthographic projection)'이라고 한
다. 둘째 경우는 조본이 천구의 구면상의 점이고 그 점은 어떤 의
미에서 '極'이라는 의미를 가지게 된다. 그러므로 이 경우를 '極射
투영(stereographic projection)'이라고 한다. 셋째 경우는 조본이 천구
의 中心이기 때문에 자연스럽게 '心射투영(gnomonic projection)'이라
고 한다.

이 세 투영의 올바른 이해는 고천문학 연구를 위하여 필수적이
다. 고천문학은 천구의 성질을 투영의 성질로 이해하려는 측면이
매우 강하기 때문이다. 그러므로 천구와 투영 사이의 관계, 상이한
투영들 사이의 관계를 엄밀히 이해하고 있어야 한다. 계량경제학의
기법은 이 목적을 달성하는 데 매우 유용하다.

진실은 '모형 의존적'이라는 생각

스티븐 호킹은 近著 *The Grand Design*에서, 역설적으로 들리지만
정곡을 찌르는 말을 하였다. '진실' 내지 '진리'는 객관적으로 존재
하는 것이 아니라는 것이다. 그것은 '모형 의존적(model depen-

dent)'이라는 것이다. 모형을 떠나 객관적인 진실은 존재하지 않는다는 것이다. 시쳇말로 하면 패러다임이 없으면 진실도 없다는 말이 된다. '하늘은 둥글고, 땅은 평평하다'라는 패러다임을 가진 동양 사람과 '하늘도 둥글고 땅도 둥글다'라는 패러다임을 가진 서양 사람이 다음의 동일한 사실을 관찰했다.

A라는 곳과 B라는 곳은 정확히 남북으로 5,000리 떨어져 있다. 두 곳 모두에서 하지 정오에 해의 고도를 관측하였다. A에서는 해가 바로 머리 위에 왔다. 즉, 햇빛이 깊은 우물의 바닥까지 닿았다. B에서는 해가 머리 위에 오지 않고, 곧추 세운 막대기의 그림자를 보니, 원주의 1/50 만큼 즉 7.2° 남쪽으로 기울었다.

동양 사람은 이 사실로부터 땅에서 해까지의 높이가 얼마인지를 句股法, 즉 직각삼각형법으로 구할 수 있겠다고 생각했다. 직각삼각형의 밑변이 5,000리이고, 높이와 높이가 이루는 각이 7.2°이므로, 밑변과 빗변이 이루는 각은 82.8°이므로, 높이는 삼각법으로 구할 수 있는 것이기 때문이다. 그 높이는 바로 땅에서 태양까지의 거리이며, 이는 바로 '5000×tan(82.8°)=약40,000리'인 것이다. 한편 서양 사람은 그 관측 사실로부터 다음과 같이 추론하였다. 지구는 둥글다. 태양은 지구의 크기에 비하여 엄청나게 떨어져 있다. 그러므로 하지 정오에 A와 B에 비춘 태양광은 평행광이며, 지구가 평평하다면 7.2°라는 차이는 생겨나지 않았을 것이다. 따라서 7.2°의 차이는 순전히 지구가 둥글기 때문에 생긴 것이다. 그러므로 그 차이로부터 지구의 크기를 추정할 수 있다. 지구의 둘레는 360도인데, 그 1/50인 7.2°가 5,000리다. 그렇다면 지구의 둘레는 '5,000리×50=25,000리'인 것이다.

이처럼 패러다임 즉 모형에 따라, 동일한 현상이 전혀 다른 사실로 인식될 수 있다. 그러므로 우리는 우리가 주장할 내용이 어떠한 모형에 의존하고 있는지를 분명히 해둘 필요가 있다. 앞으로 우리는 우리가 의존할 우주의 모형을 상정하게 된다. 그런데 그 모형은 독단적인 것이 아니고, 고천문학에서 일반적으로 받아들여져 왔던 모형이다. 다만 이를 명시적으로 밝히는 것뿐이다. 그리고 그 모형은 현대천문학의 모형과는 다르지만, 근사적으로는 서로 모순이 없다. 그러므로 그 모형은 우리가 현재 관찰하는 천문 현상과 거의 모순이 없다.

‖ 요약 ‖

이 책에서 우리는 좌표, 좌표변환, 투영이라는 세 요소에 관심을 집중하여 서운관 천문의기들을 새롭게 분석하고 고찰하였다. 다음은 이 과정에서 발견한 몇 가지 사실이다.

1) 앙부일구

앙부일구는 가장 직접적인 방법으로 천구를 설명하는 의기다. 천구를 말 그대로 球로 생각하고, 이를 구로 표현하려 하는 것이 앙부일구다. 그런데 구 전체가 아니라 지평 아래의 半球만을 솥 모양으로 나타낸다. 지평 위의 나머지 반구는, 두 반구가 서로 대척관계에 있다는 사실을 이용하여 그 성질을 나타내려 한다. 그러므로 대척의 중심인 천구의 중심이 이 의기에서 매우 중요한 지위를 가지는 점이다. 그 점은 솥전인 地平環의 중심이다. 보물로 지정된 앙부일구에서 이 점은 表의 끝점 즉 表端으로 표현되고 있다.

앙부일구에서, 적위도 ϕ인 관측지의 地平座標는 지평환과 방위 a로 나타나 있다. 지평환은 지평고도 e가 0이고, 의기의 바닥 구멍은 천저로서 e가 -90도다. 24방위 중 오방은 a가 0도이고, 묘방은 90도, 자방은 180도다. 적도좌표의 위도 δ와 경도 τ는, 각각 절기선과 시각선의 형태로 표현되고 있다. 하지선의 δ는 +23.5도, 춘추분선 즉 적도는 0도, 동지선은 -23.5도다. 오정시각선은 τ가 180도, 미정 시각선은 150도 등이다. 태양의 위치를 表端을 통하여 盤面에 그림자로 나타내는 것이 이 의기의 핵심 기능이다. 이를 위해서는 지평환이 수평을 유지하는 것, 정확한 방위를 맞추는 것, 정확한 표단의 위치를 잡는 것이 중요하다. 이러한 요건이 충족될 때 비로소 앙부일구는 아날로그컴퓨터로서의 기능을 수행하여, 태양이 제공하는 e와 a의 정보를 절기정보 δ와 시각정보 τ로 변환할 수 있다.

이 책에서는 表端의 위치를 잡는 일이 어떻게 실현되는지에 특히 관심을 가지고 있다. 표단의 그림자가 반면에 정확한 그림자를 드리우는 메커니즘도 관심대상이다. 이 책에서는 『元史』의 방법, 『세종실록』의 방법, 인도 자이푸르 앙의의 방법이 모두 '보물 앙부일구'와 다름에 주의하였다. 그리고 그 장단점을 비교하였다. 그리고 특히 '세종의 앙부일구'를 복원할 경우에는 그 表의 모양이 현전하는 어느 의기와도 같지 않았음을 유의할 필요가 있음을 지적하였다.

또, 앙부일구의 자세를 맞추는 데는 적위도 ϕ 내지 북극고가 중요한데, 현전하는 앙부일구는 37도20분과 37도39분15초가 그 북극고다. 후자의 출처는 분명히 알려져 있으나, 전자의 출처는 아직도 정확하지 않다.

2) 간의와 일성정시의의 '정극환'

簡儀는 지평좌표의 고도 e와 방위 a와 적도좌표의 위도 δ와 경도 τ를 직접 관측할 수 있게 제작된 의기다. 그러므로 관측지의 천정의 적도위도와 중심자오선을 확정하는 것이 중요하며 이 둘을 동시에 해결하는 좋은 방법은 '천구의 북극'의 위치를 알아내는 것이다. '定極環'은 바로 이를 알아내기 위한 장치다.

세종 때는 '日星定時儀'를 만들었다. 이는 낮에는 해, 밤에는 별, 특히 북극 근처의 '帝星'을 관측하여 시각을 알아보는 장치다. 이는 적도경도 τ를 알아내는 의기라고도 말할 수 있다. 이를 위해서도 간의의 경우와 마찬가지로 '천구의 북극'의 위치를 알아내는 장치가 필요하므로, 이 의기에도 '정극환'이 붙어있다.

북극 근방의 별의 움직임을 보고 북극의 위치를 알아내려는 정극환은 세심한 설계를 요하는 장치다. 특히 세차운동으로 북극의 위치가 역사적으로 바뀌기 때문에 이를 당연히 감안하여 정극환이 설계되어야 한다. 『元史』의 간의의 정극환과, 明代 제작된 간의의 정극환은 다르다. 세종대의 일성정시의의 정극환도 또 다르다. 그런데 이 '다름'에 대하여 충분한 주의가 기울여져온 것 같지 않다. 그리고 북극의 위치를 바로잡는 일은, 정극환만으로는 안 된다. 다른 장치가 뒷받침 되어야 候極體系가 완성된다. 그것은 제대로 된 '接眼'장치. 즉 들여다 볼 수 있는 장치가 필요하다. 그 장치의 위치는 정확해야 한다. 그러나 이 접안장치에도 충분한 주의가 기울여지지 않았던 것으로 보인다. 이는 복원품들의 실태를 보면 알 수 있다. 이 책에서는 이를 깊이있게 다루고 있다.

3) 일성정시의와 소정시의의 사용법 차이의 '이유'

세종대에는 일성정시의뿐 아니라, 일성정시의의 복잡한 '定極장치'를 제거한 '소정시의'가 제작되었다. 그런데 낮에 해를 이용한 '해시계' 기능의 사용방법은 간의의 경우와 같다고 간단히 처리하고 있지만, '帝星'의 관측에 의한 야간의 '별시계'기능의 사용방법은, 일성정시의의 경우보다 소정시의의 경우 매우 단순화되어 있다. 그러나 이는 소정시의 구조의 단순화와는 전혀 관계가 없다. 이 책에서는 두 사용방법을 면밀히 비교하면서, 그 차이의 '이유'를, 당시 '君臣關係'에서 찾아본다.

4) 〈현계총성도〉와 〈천상열차분야지도〉

천구의 투영에서, 스테레오투영(極射投影)은 천구의 大小圓을 모두 圓으로 투영하며, 다만 照本(보통 南極)을 지나는 원은 직선으로 투영한다. 그리고 극사투영은 각보존성과 형태보존성 때문에 局地的으로 형태가 보존되는 장점이 있다. 그리하여 성도를 그릴 때 서양에서는 극사투영법이 애용된다. 다만 투영중심에서 멀어질수록 크기의 확대왜곡이 심하기 때문에, 서양에서는 동아시아의 '현계총성도' 따위는 시도되지 않고, '반구도' 또는 아스트로라브의 레테에서처럼 북극을 중심으로 남회귀선까지, 즉 남위 23.5도까지만 그린다. 그런데 『숭정역서』에서는 극사투영에 의한 남위 70도까지의 〈현계총성도〉의 작도를 시도하고 있다. 그러나 이 경우 확대왜곡이 너무 심하기 때문에 극사투영법을 변형한 '變法'을 시도하고 있다. 실제로 『숭정역서』에 제시된 〈현계총성도〉를 보면, 이 '변법'을 사용하면서도, '감히 남위 70도까지'는 그리지 못하고 중국 전통적인 남위 56도까지만 그리고 있다.

'현계총성도'의 일종인 〈天象列次分野之圖〉와 『숭정역서』의 〈현계총성도〉를 비교하면, 전자는 북극 자리에 '天樞星'이 있다(송나라 〈순우천문도〉의 북극에는 '紐星(=天樞星)'이 있다). 〈현계총성도〉의 북극은 비어있고, 3도 가량 떨어져서 '구진대성(=Polaris)'이 있고, 4도 가량 떨어져서 '천추성'이 있다. 세종대의 정극환의 설명을 보면, 북극에서 가까운 것은 '천추성'이고, 먼 것이 句陳大星이다. 현재는 물론 구진대성이 북극에서 1도 미만의 거리에 있고, 천추성은 6도 가량 떨어져 있다. 〈천상열차분야지도〉는 북극의 위치가 〈순우천문도〉와 같고, 남위 52도의 '老人星(=Canopus)'이 두 성도에 모두 뚜렷이 그려져 있다. 이는 그 별지도의 출처라는 북위 39도의 평양에서는 절대로 볼 수 없는 별이다.

〈天象列次分野之圖〉의 출처가 평양이란 사실은 쉽게 이해하기 어렵다. 왜냐하면 그것은 왕조의 정통성의 징표이기 때문이다. 그리고 수백 년간 행방이 묘연하던 그 탁본이 이성계가 쿠데타에 성공하고 난 후에 그에게 바쳐졌다는 것도 이해하기 어렵다. 왜 고려 왕에게는 숨겼을까? 종전에 이해되던 대로 그것이 고구려의 유물이라면 더욱 더 이해하기 어려운데, 최근 연구대로 그것이 고려의 유물이라고 해도, 평양이 고려의 수도인 적이 없기 때문에 이해는 쉽지 않다. 이 문제와 관련하여 이 책에서는 假說을 하나 제시한다.

5) 간평의, 측관의, 「간평의설」

간평의와 측관의는 본질적으로 같은 의기다. 간평의라고 할 때 측관의도 포함하는 것으로 이해해도 좋다. 다만 「간평의설」과 「측관의」의 저자가 다를 따름이다.

'간평의'는 정사투영법을 이용한 의기다. 天球를 正射投影하면 半球가 투영된다. 그런데 상하좌우가 대칭이 되게 정사투영하면, 앞의 반구와 뒤의 반구도 똑같이 투영되기 때문에, 반구의 투영으로 全球의 성질을 논할 수 있다. 또 정사투영의 성질로 말미암아, 관측자 중심의 적도좌표의 경위선의 투영은 지평좌표의 경위선의 투영과 똑같다. 즉 天盤과 地盤의 본질이 똑같다. 다만 해석이 다를 뿐이다.

간평의는 天盤과 地盤을 관측자의 소재지에 따라 겹쳐서 사용한다. 천반의 적도경위좌표 δ와 τ, 그리고 지반의 지평경위좌표 e와 a는 盤面의 모든 점에서 규정되며, 평면인 盤面의 점은 두 좌표만으로 규정되므로, 네 좌표 중 어느 둘만 주어지면 나머지 둘이 결정된다. 간평의는 이 결정결과를 보여주는 아날로그컴퓨터다. 오늘의 날짜를 알고 태양의 고도를 알면, 즉 δ와 e를 알면, 나머지 두 좌표 τ와 a를 알 수 있다. 즉 현재 시각과 태양의 방위를 알 수 있다.

웅삼발은 「간평의설」에서 그림을 전혀 쓰지 않고 간평의를 설명하고 있다. 그리하여 이를 읽는 사람들은 그 내용을 파악하기가 어렵다. 이 사실을 뒷받침하는 것이 錢熙祚가 그린 천반과 지반의 그림이다. 그는 천반 즉 적도좌표가, 위선은 적도에 평행한 직선으로 표현되고, 경선은 타원으로 표현되는 것은 이해하였다. 그러나 지반의 경선이 타원호로 표현되는 사실은 모르고, 이 역시 평행직선으로 생각하고 그렇게 그렸다. 이 전희조의 오해는 담헌 홍대용의 측관의에 이어졌다. 그리고 남병철도 그의 『의기집설』에서 전희조의 설을 新說로 받아들였다. 담헌과 남병철은 直應度의 형태를 평행선이라고 오해하였다.

6) 아스트로라브 / 平儀, 『혼개통헌도설』

'平儀/아스트로라브'는 極射投影法(stereographic projection)을 이용한 의기다. 천구를 극사투영하면 照本을 제외한 전구가 평면에 투영된다. 보통 남극을 조본으로 삼는다. 이 경우 남극에 가까울수록 확대왜곡이 심하므로, 보통은 남위23도의 남회귀선(=주단규)을 경계로 하고, 그 남쪽은 버린다. 그러므로 주단규가 의기의 바깥 경계가 된다.

남극을 조본으로 하는 평의는 의기의 중심이 북극이 되고, 적도좌표의 위선은 북극을 중심으로 하는 동심원이 된다. 또 적도좌표의 경선은 북극에서 등각으로 방사하는 직선이 된다. 그러므로 명시적으로 표현되는 적도좌표는 주장규, 적도규, 주단규 셋뿐이고, 나머지는 가늠자(rule)와 의기 가장자리의 주천도로 대신한다. 그러므로 平儀의 地盤에서는 지평좌표가 중요하다. 지평규, 지평고도규, 방위규가 모두 地盤에 표현된다. 그런데 지평좌표 그림의 모습은 관측자 소재지의 위도 ϕ에 의존하기 때문에 한 지반을 다른 위도에서는 사용할 수 없다. 대신 平儀는 천구의 일주운동을 천반의 회전으로 표현할 수 있는 장점이 있다. 그리하여 항성의 운동을 쉽게 파악할 수 있다. 아스트로라브란 이름은 그런 특성을 반영한 명칭이다.

평의는 간평의와 마찬가지로 아날로그컴퓨터다. 적도경위좌표 δ와 τ, 그리고 지평경위좌표 e와 a가 모두 표시되기 때문에, 네 좌표 중 어느 둘만 주어지면 나머지 둘을 이 의기로 결정할 수 있다. 오늘의 날짜를 알고 태양의 고도를 알면, 즉 δ와 e를 알면, 나머지 두 좌표 τ와 a를 알 수 있다. 즉 현재 시각과 태양의 방위를 알 수 있다.

이지조의『혼개통헌도설』은 동아시아 최초로 평의의 이론을 소개한 책이다. 극사투영의 복잡한 이론도 열심히 소개하고 있다. 그러나 논증서가 아니라는 점이 아쉽다. 이지조 자신이 논증과정을 이해한 것 같지도 않다. 그러므로 실수도 많다. 첫째, 많은 數表가 있으나 검증과정이나 설명이 없다. 이 책에서는 이 검증을 시도하였다. 둘째, 섬세한 작도과정을 거쳐야 하는 도형에서 오류가 많다. 이 역시 이 책에서 바로잡으려고 노력하였다. 셋째, 극사투영 이론의 설명이 없다. 이 책에서는 이 점을 보충하였다.

7) 간평일구와 혼개일구

고궁박물관에 소장된 특이한 형태의 두 해시계, 간평일구와 혼개일구에 대해서는 선행연구가 있다. 그런데 그 둘이 어떻게 해서 '해시계'의 기능을 하는 것인지에 대해서는 만족스러운 설명이 없다. 간평일구는 앙부일구를 정사투영한 모습이고, 혼개일구는 그것을 극사투영한 모습이라는 것은 맞다. 그러면 그것을 가지고 어떻게 시간을 알아볼 수 있었을까?

앙부일구는 지평좌표와 적도좌표간의 논리적 관계를 정확히 반영할 수 있는 구조를 가지고 있다. 그러하기 때문에 태양으로부터 받은 지평좌표의 정보를 적도좌표로 변환하는 아날로그컴퓨터의 기능을 수행할 수 있다. 그러나 간평일구 또는 혼개일구를 얻기 위한 투영과정에서 앙부일구가 가지고 있던 지평좌표와 적도좌표간의 논리적 관계는 깨진다. 다만, 정사투영과 극사투영은 방위보존적이기 때문에 태양이 보내오는 정보 중 방위정보 a는 적절한 위치에 表를 세움으로써 얻을 수 있다. 그러나 고도정보 e를 얻을 수 있는 장치는 없다. 그러므로 우리는 추가로, 오늘이 며칠인지를 아는 것으로부터 얻는 δ의 정보를 추가해야만 비로소 시각정보 τ를 얻을 수 있다. 추가되는 정보로부터 절기를 얻을 수 있고, 그 절기를 지나는 해그림자가 가리키는 적도경도 τ로부터 시각을 읽을 수 있는 것이다.

8) 유금의 아스트로라브

조선의 유금이 만들고, 일본의 미야지마가 발굴한 아스트로라브(=평의)의 실물을 현재 실학박물관이 소장하고 있다. 미야지마에 의하면 아마도 동아시아에서 제작되어 현전하는 평의로는 유일할 것이라고 한다. 이 의기를 이 책에서 다룬 지식을 가지고 분석하고 평가할 수 있다.

① 모체판 즉 지반에 방위규가 없다. 엄밀히 말하면 전혀 없는 것은 아니다. 동서남북 4방은 있기 때문이다.

② 이 평의는 38도에 맞추어 제작된 것으로 기재되어 있다. 그러나 그 의기의 실측에 의하면 36.5도에 맞추어졌다고 보는 것이 타당하다.

③ 24절기를 평기법과 정기법을 혼용하고 있다. 儀面에서는 정기법, 儀背

에서는 평기법을 쓰고 있다.

④ 별지도 즉 레테에는 11개의 항성이 있다. 그 위치는 대체로 잘 맞으나, '織女'와 '河鼓'의 오차가 크다.

⑤ 미야지마는 항성의 위치를 이지조의 『혼개통헌도설』의 제1표 즉 '用黃道經度赤道緯度立算'이란 표제가 붙은 표를 사용하였다고 보고, 레테에 오차가 큼을 지적하였다. 그러나 이 책의 연구에서는 미야지마의 오류를 발견하고 이를 지적하였다. 이지조가 '황도경도'라고 부르는 것을 미야지마는 '적도경도(right ascension)'라고 보았다. 그러나 그것은 잘못이다. 서양에서 'mediation'이라고 부르는 것을 이지조는 '황도경도'라고 불렀던 것이다.

⑥ 이 의기의 별자리는 제작시기인 1787년보다 200년 가까이 전인 1604년의 좌표를 사용하였다. 그러므로 현 좌표와는 5도 정도의 차이를 보인다.

⑦ 미야지마는 항성 '奎大'를 '奎二星ζAnd'로 동정하고 있다. 그러나 '奎左北五星βAnd, Mirach'가 맞다.

9) 평혼의/혼평의

平渾儀(planisphere)는 기본적으로 平儀보다 간단한 성좌판이다. 박규수가 만들었다는 국립고궁박물관의 黃銅평혼의와 실학박물관의 紙本평혼의가 대표적 유물이다. 이를 서울시립박물관의 평혼의 및 파리천문대의 평혼의 등과 비교하였다. 이 비교의 결과로, 박규수의 황동평혼의는 평혼의의 단순한 목적에 복잡한 목적을 덧씌워, 불필요하게 복잡한 구조를 가지게 했음을 발견하였다. 그리고 정작 필수기능인 성좌판으로의 기능을 소홀하게 다루었음도 알 수 있었다. 성좌판의 節候표시가 부실한 것이다. 그리고 지평좌표인 방위와 지평고도의 고려가 전혀 없다.

10) 문헌에 관한 소견과 번역 이야기

여기서 문헌에 관한 언급을 하고 싶다.『국조역상고』와『의기집설』은 조선의 천문의기와 관련하여 매우 중요한 문헌이다. 그러나 난해한 부분이 많다. 나는 처음에 난해한 이유의 원천이 나 자신에게 있는 줄 알았다. 그러나 따져보고 또 따져보기를 여러 번 하는 과정에서, 그 문헌 자체에 난해한 이유가 있음을 알게 되었다. 논리의 비약이나 부실함이 있었던 것이다. 나는 대응하는 중국의 문헌, 예컨대,『역상고성』,『의상고성』,『수리정온』,『숭정역서』등을 찾아보았다. 눈이 밝아지고 머리가 맑아지는 기분이었다. 예를 들어보자.

南秉哲의『儀器輯說』의 "渾天儀"에, "測太陽躔度"算法이 있다. 여기에 비례계산을 위한 4항이,

戊辰正弦, 戊丑半徑, 壬巳正弦, 壬午正弦

으로 제시되어 있다. 그러나 이해가 되지 않는다. 선분의 正弦이라니!『사고전서』판『의상고성』pp.793-70-71을 보니 그와 똑같은 문제가 있고, 거기에는 위에 대응하는 4항이 다음과 같이 표현되어 있었다.

甲角正弦, 半徑, 壬癸正弦, 甲壬正弦

그리고 사실을 확인해보니,

甲角正弦 = 戊辰이라는 선분, 壬癸正弦 = 壬巳라는 선분, 甲壬正弦 = 壬午라는 선분인 것이었다. 남병철은 왜 이런 실수를 저질렀을까?

『國朝曆象考』의 "東國見界總星圖" 작도의 설명에는 다음 표현이 있다.

依赤道正弦之句股比例 北加南減

의미를 전혀 알 수가 없어서,『崇禎曆書』의 "恒星曆指"에서 見界總星圖를 찾아보니 대응하는 설명의 구절이 있었다:

　　　　向南距度之正弦　以減甲丁割線得小丁戊, 因得大甲庚;
　　　　向北距度之正弦　以加甲丁割線得大丁戊, 因得小甲庚也.
이 구절에 의하면, 赤道正弦이란 向南距度之正弦 또는 向北距度之正弦
이며, 北加南減의 대상은 甲丁割線이며, 결과로서 얻는 것은 丁戊와 甲
庚인 것이다. 『국조역상고』의 표현이 이런 뜻을 담고 있다는 것을 어찌
이해할 수 있을까?

『의기집설』에서는 호삼각형이론을 사용하여 많은 문제를 풀 수
있다고 하고 있다. 그러나 예제의 풀이를 보면, 왜 그 방법이 타당
한지를 이해할 수 없게 되어있다. 『역상고성』과 『의상고성』은 호삼
각형 이론을 기초부터 자세히 설명하고, 그 이론이 타당한 이유를
밝히고 있다. 예제의 경우도, 사용하는 이론의 타당성과 함께, 구체
적인 수치를 들어, 풀이과정을 자세히 설명해 주고 있다.

앙의와 간의에 관해서는 매문정의 뛰어난 해설이 있다. 이는 『국
조역상고』에도 실려있으나, 완벽하지 않다. 『사고전서』본이 훌륭하
다. 나는 매문정의 글을 통해서 앙의와 간의의 구조를 잘 이해할
수 있었다. 그러나 기존 번역으로는 어려웠다. 나는 이를, 시간과
노력을 들여 정성스럽게 번역하였다. 그리고 이 과정을 통해서 앙
의와 간의의 구조와 사용법을 잘 이해할 수 있게 되었고, 세종실록
의 해당부분도 깊이 있게 이해할 수 있었다. 정성스럽게 번역한 매
문정의 글 "仰儀簡儀二銘補註"를 해당 장의 부록으로 싣는다.

Ⅰ. 천구의 기본좌표계와 좌표변환

우리의 우주모형의 중심개념은 천구다. 천구는 반지름이 1인 球로 본다. 관측자는 천구의 중심에 위치하고 있다. 관측자는 지구에 발을 붙이고 서 있다. 그런데 우주에 비하여 지구는 무한히 작기 때문에, 우리의 우주모형에서는 지구를 한 점으로 본다. 관측자는 그 한 점 위에 서 있는 것이다. 관측자는 그 점 위에서 위치를 바꿀 수 있으나, 천구의 관점에서 보면 위치의 바뀜은 무시되며, 다만 관측자의 天頂의 위치가 달라질 뿐이다. 천정이란 관측자 머리 위의 천구상의 점을 말한다. 관측자의 위치는 천정의 한 점으로 특정된다.

천구는 하루에 한 바퀴씩 자전한다. 자전축을 우리는 극축이라 하고, 천구와 극축이 만나는 두 점을 북극, 남극이라 한다. 관측자는 양극의 중심점에 있으며, 그 점은 천구의 중심이기도 하다. 이 중심을 지나며 극축과 수직인 평면을 적도면이라 하며, 적도면과 천구의 교집합을 적도환이라 한다. 적도환은 반지름이 1인 원이다.

어느 시점에 관측자가 태양 즉 해를 바라보면, 해의 빛 즉 해그림자는 반지름 1인 천구를 관통하여 관측자에 도달한다. 관측자는 이때 태양이 천구면의 특정 점에 위치하는 것으로 인식한다. 우리는 그 특정 점을 천구상의 태양의 위치로 파악한다. 태양뿐 아니라 모든 천체의 천구상의 위치도 동일한 방법으로 특정된다. 즉 태양을 비롯한 천체의 위치는 천구면 상의 위치로 특정되며, 관측자로부터의 거리 즉 천구 중심으로부터의 거리는 고려 대상이 아니다. 그러므로 태양을 비롯한 천체의 위치는 천구면의 좌표로 규정된다.

1. 천구면상의 위치와 좌표

천구면 상의 위치를 특정하기 위해서는 좌표계가 필요하다. 이를 위한 하나의 아이디어는 관측자의 관점에서 천구면을 보는 것이다. 즉 관측자의 天頂과, 그 대척점인 天底를 고려한다. 그리고 천정과 천저를 잇는 선분의 수직이등분 평면인 관측자의 지평면을 고려한다. 지평면과 천구의 교집합은 지평환이다. 이 아이디어를 바탕으로 하는 좌표계를 지평좌표계라 한다.

천구면 상의 위치를 특정하기 위한 또 하나의 자연스러운 좌표계는 천구의 '자전'을 고려한 좌표계다. 북극과 남극 두 점이 중요한 기준점이 될 수 있다. 그 두 점을 잇는 선분의 수직이등분 평면인 적도환 내지 적도가 역시 중요한 기준이 될 수 있다. 이 아이디어를 바탕으로 하는 좌표계를 적도좌표계라 한다.

1) 지평좌표계

지평좌표계를 직교좌표계 (x', y', z')로 정의하기 위해서는 3개의 축을 정의하는 직교단위벡터가 필요하다. x'과 y'축의 직교단위벡터는 지평면에서 찾고, z'축의 단위벡터는 천정방향에서 찾으면 된다. 지평면에서 찾을 수 있는 자연스러운 단위벡터는 방위에 따른 벡터다. 특히 해그림자가 중요한 역할을 하는 경우에는, 해그림자가 가장 짧아지는 방향인 정남 방향에서 x'의 단위벡터를 찾을 수 있다. y'의 단위벡터는 자연스럽게 정동 방향에서 찾을 수 있다. 마지막으로 z'방향의 단위벡터는 천정 자체를 잡으면 된다. 그러면 이 세 단위벡터를 직교좌표로 다음과 같이 나타낼 수 있다.

x′방향의 단위벡터 : (1, 0, 0) 정남 방향의 지평환 상의 점
y′방향의 단위벡터 : (0, 1, 0) 정동 방향의 지평환 상의 점
z′방향의 단위벡터 : (0, 0, 1) 천정 자체

우리의 지평좌표계가 나타내고자 하는 점은 천구면 상의 점이다. 천구의 반지름을 1로 놓고 있으므로 위의 세 단위벡터는 모두 천구상의 점이기도 하다. 천구는 말할 필요도 없이 3차원의 도형이다 그러나 천구'면'은 2차원이다. 그러므로 2차원의 점을 나타내는 데는 2개의 좌표가 필요한 것이지, 3개의 좌표가 필요한 것은 아니라고 말할 수 있다. 그것은 지구가 3차원의 구체이지만 지구상의 위치를 나타내는 데는 경도와 위도 2개의 좌표만 쓰는 것에서도 알 수 있다. 그리하여 지평좌표계에서도 2개의 좌표만으로 천구면 상의 점의 위치를 나타낼 수 있다. 그 방법은 지구의 경도와 위도를 그대로 응용하면 된다.

(1) 방위각과 고도각

지평좌표계에서, 고도각(elevation) e는 지구 좌표에서의 위도에 해당한다. 지평환에서 천정까지의 높이 즉 고도를 0도에서 90도까지의 각도로 나타낸다. 지평환에서는 e=0, 천정에서는 e=90이다. 방위각(azimuth) a는 지구의 경도에 해당한다. 지평환을 0에서 360도까지의 각도로 나타낸다. 또는 0도에서 +180도, -180도까지의 각도로 나타낸다. +180도와 -180도는 같은 각이다. 지구의 경우 경도 0은 인위적으로 그리니치천문대를 지나는 경선을 0도로 정하여 이를 본초자오선이라고 부르고 있다. 이 경선에서 시계방향으로 0도에서 180도까지 또는 +180도까지는 동경, 시계방향으로 0도에서 180도까지 또는 -180도까지는 서경이라고 경선을 규정하고, 동경 180도와 서경 180도는 동일 경선으로, 0도의 경선과 함께 천구의

대원을 완성한다. 천구의 지평좌표계에서의 방위각 역시 자연적인 기준점은 없다. 그리고 각도를 세는 방향을, 시계방향으로 하느냐 반시계방향으로 하느냐 역시 자의적이다. 이러한 자의성 속에서 우리는 방위각 0도를 정남방을 지나는 자오선으로 정하기로 한다. 그리고 각도를 세는 방향은 반시계방향으로 한다. 이렇게 하면, 천정, 정남, 천저를 잇는 천구의 경선이 기준경선이 되어 방위각 0도의 경선이 되고, 천정, 정동, 천저를 잇는 경선은 방위각이 90도가 된다. 또 정북을 지나는 경선은 180도, 정서를 지나는 경선은 270도가 된다. 정남을 지나는 경선은 방위각 0도인 동시에 360도이기도 하다. 그리고 정서를 지나는 경선의 방위각은 −90도이기도 하다.

지평좌표계에서는, 두 좌표, 즉 고도각 e와 방위각 a로 천구면 상의 모든 점을 표현한다. 물론 직교 좌표 x', y', z'로도 표현할 수 있다. 그러면 동일한 천구면 상의 점 P를, 2차원 각도좌표 표현 (a, e)과 3차원 직교좌표 표현 (x', y', z')으로 나타낼 때 그 표현 사이에는 어떤 관계가 있을까? 어느 경우에도, 천구의 중심은 관측자의 위치이고, 천구는 반지름이 1인 단위구다. 그러므로 천구면 상의 임의의 점 P는, 중심으로부터의 거리가 항상 1이다.

우리는 앞에서 세 개의 직교단위벡터를 정의한 바 있다.

x'방향의 단위벡터 : (1, 0, 0) 정남 방향의 지평환 상의 점
y'방향의 단위벡터 : (0, 1, 0) 정동 방향의 지평환 상의 점
z'방향의 단위벡터 : (0, 0, 1) 천정 자체

우선, 이 단위벡터들을 2차원 각도좌표 (a, e)로 나타내 보자.

x'방향의 단위벡터 : (x', y', z')=(1, 0, 0) (a, e)=(0, 0)
y'방향의 단위벡터 : (x', y', z')=(0, 1, 0) (a, e)=(90, 0)

z′방향의 단위벡터 : (x′, y′, z′)=(0, 0, 1) (a, e)=(부정, 90)

여기서 x′방향의 단위벡터는, 정남에 있으므로 방위각은 0이고, 지평환 위에 있으므로 고도각은 0이다. y′방향의 단위벡터는 방위각이 정동이므로 90이고, 지평환 위에 있으므로 고도각이 0이다. z′방향의 단위벡터는 천정점 자체이므로 방위는 不定이고, 고도는 90이다. 즉 천정은 e=90도로 유일하게 정의되고, a의 값과는 관계가 없다. 그러면 3차원 직교좌표로 표현된 특정점

$$P = (x′, y′, z′)=(X′, Y′, Z′)$$

를 2차원의 특정 각도좌표

$$P=(a, e)=(A, E)$$

로 표현할 때, 특정 각도좌표 A, E를 특정 직교좌표 $X′, Y′, Z′$로 표현할 수 있을까? 표현할 수 있다. 그리고 그 구체적 표현은 다음과 같다.

$$A=\tan^{-1}\frac{Y′}{X′}=\arctan\left\{\frac{Y′}{X′}\right\}$$

$$E=\tan^{-1}\frac{Z′}{\sqrt{X′^2+Y′^2}}=\arctan\left\{\frac{Z′}{\sqrt{X′^2+Y′^2}}\right\}$$

이 표현은 둘 다, 직각삼각형의 밑변과 높이를 알 때, 높이와 마주하는 각을 구하여 얻어지는 것이다.

반대로, 2차원의 특정 각도좌표

$$P=(a, e)=(A, E)$$

로 표현된 점을 3차원의 특정 직교좌표

$$P=(x′, y′, z′)=(X′, Y′, Z′)$$

로 표현할 수 있을까? 즉, 특정 적도좌표 X', Y', Z'를 특정 각도 좌표 A, E로 표현할 수 있을까? 표현할 수 있다.

이를 위해서, 먼저 3차원 직교좌표의 성질을 보자. 그 좌표는 언제나 단위구면 상의 점을 나타내기 때문에, 그 좌표가 나타내는 벡터의 길이는 언제나 1이다. 즉 그 길이의 제곱은

$$X'^2 + Y'^2 + Z'^2 = 1$$

이다. 그러므로

$$E = \tan^{-1}\frac{Z'}{\sqrt{X'^2 + Y'^2}}$$

의 관계를 유도할 때 사용한 직각삼각형의 빗변의 길이는 1이다. 즉,

$$\left\{\sqrt{X'^2 + Y'^2}\right\}^2 + Z'^2 = X'^2 + Y'^2 + Z'^2 = 1$$

그리고 이 삼각형의 Z'과 마주하는 각이 E이므로, 이 직각삼각형에서 Z'은 다음과 같이 표현된다.

$$Z' = \sin(E)$$

이것이 우리가 구하는 첫 번째 결과물이다. 이 직각삼각형에서는 다음 관계도 얻어진다.

$$\sqrt{X'^2 + Y'^2} = \cos(E).$$

이것은 다음의 두 번째 결과물을 얻는 데 사용될 수 있다. 즉, 앞에서

$$A = \tan^{-1}\frac{Y'}{X'}$$

의 관계를 얻을 때 사용한, 지평면 상의 직각삼각형을 살펴보자. 이 직각삼각형은 밑변과 높이가 각각 X'과 Y'이므로 그 빗변은 $\sqrt{X'^2 + Y'^2}$ 이다. 그리고 Y'을 마주하는 각은 A다. 그러므로 이

직각삼각형에서 밑변과 높이는 다음과 같이 표현된다.

$$X' = \sqrt{X'^2 + Y'^2} \cos(A)$$

$$Y' = \sqrt{X'^2 + Y'^2} \sin(A)$$

그런데, $\sqrt{X'^2 + Y'^2} = \cos(E)$이므로, 종합적으로 우리는 다음 결과를 얻는다.

$$X' = \cos(E)\cos(A)$$

$$Y' = \cos(E)\sin(A)$$

$$Z' = \sin(E)$$

이로써 우리가 원하던 결과를 모두 얻었다. 즉, 지평좌표계에서 직교좌표 X', Y', Z'을 모두 각도좌표 A와 E 만으로 표현할 수 있게 된 것이다. 특히

P가 중심자오선상에 있을 때 즉, A=0일 때 :

$$X' = \cos(E),\ Y' = 0,\ Z' = \sin(E)$$

P가 지평환 상에 있을 때 즉, E=0일 때 :

$$X' = \cos(A),\ Y' = \sin(A),\ Z' = 0$$

이상의 결과를 일반화해서, 행렬 내지 벡터로 표현하면 다음과 같다.

$$\begin{bmatrix} x' \\ y' \\ z' \end{bmatrix} = \begin{bmatrix} \cos(e)\cos(a) \\ \cos(e)\sin(a) \\ \sin(e) \end{bmatrix}$$

2) 적도좌표계

적도좌표계를 직교좌표계 (x, y, z)로 정의하기 위해서는 3개의 축을 정의하는 직교단위벡터가 필요하다. x와 y축의 직교단위벡터는 적도면에서 찾고, z축의 단위벡터는 북극방향에서 찾으면 된다. 적도면에서 찾을 수 있는 '유일하게 자연스러운' 단위벡터는 없다.

다만 천문학에서는 적도와 황도가 만나는 점 즉 춘분점을 기준 단위벡터로 삼아 적경을 정의하는 경우가 대부분이다. 그러나 해그림자가 중요한 역할을 하는 경우에는, 지평좌표와의 관련에서 지평좌표의 기준자오선과 적도가 만나는 점, 즉 적도의 '정남'점을 x축의 단위벡터로 삼는 것이 편리하다. 우리는 이 관행을 따르기로 한다. y축의 단위벡터는 자연스럽게 '정동' 방향에서 찾을 수 있다. 마지막으로 z방향의 단위벡터는 북극점 자체를 잡으면 된다. 그러면 이 세 단위벡터를 적도좌표계의 직교좌표로 다음과 같이 나타낼 수 있다.

x방향의 단위벡터 : (1, 0, 0)   정남 방향의 적도환 상의 점
y방향의 단위벡터 : (0, 1, 0)   정동 방향의 적도환 상의 점
z방향의 단위벡터 : (0, 0, 1)   북극점 자체

우리가 적도좌표로 나타내고자 하는 점은 천구면 상의 점이다. 천구는 말할 필요도 없이 3차원의 도형이다 그러나 천구'면'은 2차원이다. 그러므로 2차원의 점을 나타내는 데는 2개의 좌표가 필요한 것이지, 3개의 좌표가 필요한 것은 아니라고 말할 수 있다. 그것은 지구가 3차원의 구체이지만 지구상의 위치를 나타내는 데는 경도와 위도 2개의 좌표만 쓰는 것에서도 알 수 있다. 그리하여 지평좌표계에서도 2개의 좌표만으로 천구면 상의 점의 위치를 나타낼 수 있다. 그 방법은 지구의 경도와 위도를 그대로 응용하면 된다.

(1) 적경과 적위

적위(declination) δ는 지구 좌표에서의 위도에 해당한다. 천구의 적도에서 북극까지의 높이 즉 위도를 0도에서 90도까지의 각도로

나타낸다. 적도에서는 δ=0, 북극에서는 δ=90이다. 적경 τ는 지구의 경도에 해당한다. 적도를 0에서 360도까지의 각도로 나타낸다. 우리는 적경 0도를 정남방을 지나는 기준자오선으로 삼기로 한다. 그리고 반시계방향으로 각도를 세기로 한다. 이렇게 하면, 북극, 정남, 남극을 잇는 천구의 경선이 기준경선이 되어 적경 0도의 경선이 되고, 그 점으로부터 반시계방향으로 90도의 경선, 180도의 경선 등이 정의된다. 270도의 경선은 시계방향으로 재서 -90도의 경선이라고 부를 수도 있다.

적도좌표계의 두 각도좌표 적경과 적위 τ, δ로 천구면 상의 점을 표현할 수 있다. 물론 적도좌표계의 세 직교좌표 x, y, z로도 표현할 수 있다. 그러면 동일한 천구면 상의 점 P를, 2차원 각도좌표 표현 (τ, δ)과 3차원 직교좌표 표현 (x, y, z)으로 나타낼 때 그 표현 사이에는 어떤 관계가 있을까?

천구의 중심은 관측자의 위치이고, 천구는 반지름이 1인 구라고 하였다. 즉 천구는 단위구다. 그러므로 천구면 상의 모든 점은, 점 P를 포함하여, 중심으로부터의 거리가 항상 1이다.

우리는 앞에서 세 개의 직교단위벡터를 정의한 바 있다.

x방향의 단위벡터 : (1, 0, 0)　정남 방향의 적도환 상의 점
y방향의 단위벡터 : (0, 1, 0)　정동 방향의 적도환 상의 점
z방향의 단위벡터 : (0, 0, 1)　북극점 자체

우선, 이 단위벡터들을 2차원 각도좌표 (τ, δ)로 나타내 보자.

x방향의 단위벡터 : (x, y, z)=(1, 0, 0)　(τ, δ)=(0, 0)
y방향의 단위벡터 : (x, y, z)=(0, 1, 0)　(τ, δ)=(90, 0)
z방향의 단위벡터 : (x, y, z)=(0, 0, 1)　(τ, δ)=(부정, 90)

여기서 x방향의 단위벡터는, 정남에 있으므로 적경은 0이고, 적도환에 있으므로 적위는 0이다. y방향의 단위벡터는 적경이 정동이므로 90이고, 적도환에 있으므로 적위가 0이다. z방향의 단위벡터는 북극이므로 방위는 不定이고, 고도는 90이다.

그러면 3차원의 특정 직교좌표로 표현된 점

$$P=(x,\ y,\ z)=(X,\ Y,\ Z)$$

를 2차원의 특정 각도좌표

$$P=(\tau,\ \delta)=(T,\ \Delta)$$

로 표현할 수 있을까(즉, 각도좌표 T, Δ를 직교좌표 X, Y, Z로 표현할 수 있을까)? 표현할 수 있다. 그리고 그 구체적 표현은 다음과 같다.

$$T= \tan^{-1}\frac{Y}{X}=\arctan\left\{\frac{Y}{X}\right\}$$

$$\Delta= \tan^{-1}\frac{Z}{\sqrt{X^2+Y^2}}=\arctan\left\{\frac{Z}{\sqrt{X^2+Y^2}}\right\}$$

이 표현은 둘 다, 직각삼각형의 밑변과 높이를 알 때, 높이와 마주하는 각을 구하여 얻어지는 것이다.

반대로, 2차원의 특정 각도좌표로 표현된 점

$$P=(\tau,\ \delta)=(T,\ \Delta)$$

을 3차원의 특정 직교좌표

$$P=(x,\ y,\ z)=(X,\ Y,\ Z)$$

로 표현할 수 있을까(즉, 직교좌표 X, Y, Z를 각도좌표 T, Δ로 표현할 수 있을까)? 표현할 수 있다.

이를 위해서, 먼저 3차원 직교좌표의 성질을 보자. 그 좌표는 언제나 단위구면 상의 점을 나타내기 때문에, 그 좌표가 나타내는 벡

터의 길이는 언제나 1이다. 즉 그 길이의 제곱은

$$X^2 + Y^2 + Z^2 = 1$$

이다. 그러므로

$$\Delta = \tan^{-1} \frac{Z}{\sqrt{X^2 + Y^2}}$$

의 관계를 유도할 때 사용한 직각삼각형의 빗변의 길이는 1이다. 즉,

$$\left\{ \sqrt{X^2 + Y^2} \right\}^2 + Z^2 = X^2 + Y^2 + Z^2 = 1$$

그리고 이 삼각형의 Z와 마주하는 각이 Δ이므로, 이 직각삼각형에서 Z는 다음과 같이 표현된다.

$$Z = \sin(\Delta)$$

이것이 우리가 구하는 첫 번째 결과물이다. 이 직각삼각형에서는 다음 관계도 얻어진다.

$$\sqrt{X^2 + Y^2} = \cos(\Delta)$$

이것은 두 번째 결과물을 얻는 데 사용될 수 있다. 앞에서

$$T = \tan^{-1} \frac{Y}{X}$$

의 관계를 얻을 때 사용한 직각삼각형을 다시 한 번 살펴보자. 이 직각삼각형은 밑변과 높이가 각각 X와 Y이므로 그 빗변은 $\sqrt{X^2 + Y^2}$ 이다. 그리고 Y와 마주하는 각은 T다. 그러므로 이 직각삼각형에서 밑변과 높이는 다음과 같이 표현된다.

$$X = \sqrt{X^2 + Y^2} \cos(T)$$

$$Y = \sqrt{X^2 + Y^2} \sin(T)$$

그런데, $\sqrt{X^2 + Y^2} = \cos(\Delta)$이므로, 우리는 다음 결과를 얻는다.

$$X = \cos(\Delta)\cos(T)$$
$$Y = \cos(\Delta)\sin(T)$$
$$Z = \sin(\Delta)$$

이로써 우리가 원하던 결과를 모두 얻었다. 즉, 지평좌표계에서 직교좌표 X, Y, Z를 모두 각도좌표 Δ와 T만으로 표현할 수 있게 된 것이다.

P가 중심자오선상에 있을 때 즉, T=0일 때 :

$$X = \cos(\Delta), \ Y = 0, \ Z = \sin(\Delta)$$

P가 적도환 상에 있을 때 즉, Δ=0일 때 :

$$X = \cos(T), \ Y = \sin(T), \ Z = 0$$

이상의 결과를 일반화해서, 행렬 내지 벡터로 표현하면 다음과 같다.

$$\begin{bmatrix} x \\ y \\ z \end{bmatrix} = \begin{bmatrix} \cos(\delta)\cos(\tau) \\ \cos(\delta)\sin(\tau) \\ \sin(\delta) \end{bmatrix}$$

2. 좌표변환

아래 두 표현은 동일한 천체의 위치를 지평좌표와 적도좌표로 나타낸 것이다. 각 표현은 그 해당 좌표계 내의 기저 직교좌표를 바탕으로 표현된 것이므로, 기저들 사이의 관계를 알면 이 좌표들 사이의 관계를 알 수 있다.

$$\begin{bmatrix} x' \\ y' \\ z' \end{bmatrix} = \begin{bmatrix} \cos(e)\cos(a) \\ \cos(e)\sin(a) \\ \sin(e) \end{bmatrix}$$

$$\begin{bmatrix} x \\ y \\ z \end{bmatrix} = \begin{bmatrix} \cos(\delta)\cos(\tau) \\ \cos(\delta)\sin(\tau) \\ \sin(\delta) \end{bmatrix}$$

지평좌표의 기저를 적도좌표의 기저로 변환하는 것은, 기하학적으로 볼 때는 지평좌표를 $(270+\phi)$만큼 회전하는 것이고, 반대로 적도좌표의 기저를 지평좌표의 기저로 변환하는 것은, 기하학적으로 볼 때는 적도좌표를 $(90-\phi)$만큼 회전하는 것이다. 그러므로 이 두 변환을 연이어서 실시하는 것은 지평좌표의 기저를 $(270+\phi)+$ $(90-\phi)=360$도만큼 회전하는 것이 되므로, 결국 원위치로 돌아오는 것이 된다. 이를 변환행렬로 표현하면 다음과 같다.

이제, $x-z$ 평면에서, 특정 점이 동일좌표계에서, y를 회전축으로 하여, 각 θ만큼의 회전변환을 가능하게 하는 변환행렬은 다음과 같다. 이는 좌표계 자체가 $-\theta$ 회전이동된 좌표계에서, 그 점의 새로운 좌표라고 보아도 좋다.

$$\begin{bmatrix} \cos(\theta) & 0 & -\sin(\theta) \\ 0 & 1 & 0 \\ \sin(\theta) & 0 & \cos(\theta) \end{bmatrix}$$

(1) 논의의 요약

여기서는, $[x, y, z] = [\cos(\phi),\ 0,\ \sin(\phi)]$, $y = y' = y'' = 0$인 경우
만을 다룬다.

특정 점이 $+\theta$만큼 회전이동 :

$$\begin{bmatrix} x' \\ z' \end{bmatrix} = \begin{bmatrix} \cos(\theta) & -\sin(\theta) \\ \sin(\theta) & \cos(\theta) \end{bmatrix}\begin{bmatrix} x \\ z \end{bmatrix} = \begin{bmatrix} \cos(\theta)x - \sin(\theta)z \\ \sin(\theta)x + \cos(\theta)z \end{bmatrix}$$

이는 좌표축이 $-\theta$만큼 회전이동하는 것과 같은 효과가 있다.

특정 점이 $-\theta$만큼 회전이동 :

$$\begin{bmatrix} x' \\ z' \end{bmatrix} = \begin{bmatrix} \cos(\theta) & \sin(\theta) \\ -\sin(\theta) & \cos(\theta) \end{bmatrix}\begin{bmatrix} x \\ z \end{bmatrix} = \begin{bmatrix} \cos(\theta)x + \sin(\theta)z \\ -\sin(\theta)x + \cos(\theta)z \end{bmatrix}$$

이는 좌표축이 $+\theta$만큼 회전이동하는 것과 같은 효과가 있다.

예 : 적도좌표를 북위도가 $+\phi$인 지점의 지평좌표로 변환한다. 단 경도
τ는 0도로 놓는다.

① 적도좌표계

적도좌표계에서는 북극이 투영의 중심이다. y의 좌표는 0으로
가정하고 있으므로, 위도가 ϕ인 특정지점은 x, z 두 좌표로 나타내
기로 한다. 즉,

$$\text{특정지점} : \begin{bmatrix} x \\ z \end{bmatrix} = \begin{bmatrix} \cos(\phi) \\ \sin(\phi) \end{bmatrix}$$

$$\text{그 점의 정사투영점} : \begin{bmatrix} x \\ y \end{bmatrix} = \begin{bmatrix} \cos(\phi) \\ 0 \end{bmatrix}$$

$$\text{북극} : \begin{bmatrix} x \\ z \end{bmatrix} = \begin{bmatrix} \cos(90) \\ \sin(90) \end{bmatrix} = \begin{bmatrix} 0 \\ 1 \end{bmatrix}$$

$$\text{그 점의 정사투영점} : \begin{bmatrix} x \\ y \end{bmatrix} = \begin{bmatrix} 0 \\ 0 \end{bmatrix}.$$

즉 북극이 투영의 중심이다.

$$\text{남극} : \begin{bmatrix} x \\ z \end{bmatrix} = \begin{bmatrix} \cos(-90) \\ \sin(-90) \end{bmatrix} = \begin{bmatrix} 0 \\ -1 \end{bmatrix}$$

$$\text{그 점의 정사투영점} : \begin{bmatrix} x \\ y \end{bmatrix} = \begin{bmatrix} 0 \\ 0 \end{bmatrix}.$$

즉 남극 역시 투영의 중심인 것처럼 보인다. 그러나 실제로는 남극은 투영에서 배제되는 점이다. 일반적으로 $z < 0$ 인 경우, 그 점은 투영에서 배제된다.

② **지평좌표계**

위도 90도인 북극은 적도좌표계의 천정이다. 특정지점 지평좌표계의 천정은 위도 ϕ인 특정지점이다. 그러므로 특정지점을 $+(90-\phi)$ 만큼 회전이동하면, 적도좌표계를 $-(90-\phi)$ 만큼 회전이동하여 지평좌표계를 얻는 효과가 있다. 즉 지평좌표계는,

$$\begin{bmatrix} x' \\ z' \end{bmatrix} = \begin{bmatrix} \cos(90-\phi) & -\sin(90-\phi) \\ \sin(90-\phi) & \cos(90-\phi) \end{bmatrix} \begin{bmatrix} x \\ z \end{bmatrix} = \begin{bmatrix} \sin(\phi)x - \cos(\phi)z \\ \cos(\phi)x + \sin(\phi)z \end{bmatrix}$$

단, 이 식의 유도에는 삼각함수의 여각공식이 이용되었다. 즉,

$$\begin{bmatrix} \cos(90-\phi) & -\sin(90-\phi) \\ \sin(90-\phi) & \cos(90-\phi) \end{bmatrix} = \begin{bmatrix} \sin(\phi) & -\cos(\phi) \\ \cos(\phi) & +\sin(\phi) \end{bmatrix}$$

새 지평좌표계에서 특정지점의 좌표와 북극의 좌표는 다음과 같다.

$$\text{특정지점} : \begin{bmatrix} x' \\ z' \end{bmatrix} = \begin{bmatrix} \sin(\phi) & -\cos(\phi) \\ \cos(\phi) & +\sin(\phi) \end{bmatrix} \begin{bmatrix} \cos(\phi) \\ \sin(\phi) \end{bmatrix},$$

$$= \begin{bmatrix} \cos(\phi)\sin(\phi) - \sin(\phi)\cos(\phi) \\ \sin^2(\phi) + \cos^2(\phi) \end{bmatrix} = \begin{bmatrix} 0 \\ 1 \end{bmatrix}$$

$$\text{그 점의 정사투영점} : \begin{bmatrix} x' \\ y' \end{bmatrix} = \begin{bmatrix} 0 \\ 0 \end{bmatrix}$$

즉 그 특정지점이 투영의 중심이다.

북극 : $\begin{bmatrix} x' \\ z' \end{bmatrix} = \begin{bmatrix} \sin(\phi) & -\cos(\phi) \\ \cos(\phi) & +\sin(\phi) \end{bmatrix} \begin{bmatrix} 0 \\ 1 \end{bmatrix} = \begin{bmatrix} -\cos(\phi) \\ \sin(\phi) \end{bmatrix}$,

북극의 정사투영점 : $\begin{bmatrix} x' \\ y' \end{bmatrix} = \begin{bmatrix} -\cos(\phi) \\ 0 \end{bmatrix}$

남극 : $\begin{bmatrix} x' \\ z' \end{bmatrix} = \begin{bmatrix} \sin(\phi) & -\cos(\phi) \\ \cos(\phi) & +\sin(\phi) \end{bmatrix} \begin{bmatrix} 0 \\ -1 \end{bmatrix} = \begin{bmatrix} \cos(\phi) \\ -\sin(\phi) \end{bmatrix}$,

남극의 정사투영점 : $\begin{bmatrix} x' \\ y' \end{bmatrix} = \begin{bmatrix} \cos(\phi) \\ 0 \end{bmatrix}$

그러나 이 점은 정상적인 정사투영점이 아니다. $z < 0$이므로 남극은 투영에서 배제되기 때문이다. 그러나 우리는 이 점을 '비정상적' 정사투영점으로 보는 것이 편리한 경우가 있다. 이 상황은 그림에서도 확인된다.

③ 묘유경선환좌표계

위도 90도인 북극은 적도좌표계의 천정이다. 중심자오선이 위도 0도인 적도와 만나는 점을 고려하자 이 점의 좌표는,

$$\begin{bmatrix} x \\ y \\ z \end{bmatrix} = \begin{bmatrix} 1 \\ 0 \\ 0 \end{bmatrix}$$

이다.

이 점을 천정으로 하는 묘유경선환좌표계를 만들어 보자. 이것은 지구의 정사투영에서, 북극과 남극을 잇는 축이 세로축이 되는 경우다. 천구의 투영에서도 마찬가지임이 확인될 것이다.

그 천정은 위도 $\phi=0$인 특정지점이다. 그러므로 특정지점을 $+(90-\phi)$=90도 만큼 회전이동하면, 적도좌표계를 $-(90-\phi)$=-90 만큼 회전이동하여 묘유경선환좌표계를 얻는 효과가 있다. 즉 그 묘유좌표계는,

$$\begin{bmatrix} x'' \\ z'' \end{bmatrix} = \begin{bmatrix} \cos(90) & -\sin(90) \\ \sin(90) & \cos(90) \end{bmatrix} \begin{bmatrix} x \\ z \end{bmatrix} = \begin{bmatrix} \sin(0)x - \cos(0)z \\ \cos(0)x + \sin(0)z \end{bmatrix} = \begin{bmatrix} -z \\ x \end{bmatrix}$$

새 좌표계에서 특정지점의 좌표와 북극의 좌표는 다음과 같다:

특정지점 :

$$\begin{bmatrix} x'' \\ z'' \end{bmatrix} = \begin{bmatrix} \sin(0) - \cos(0) \\ \cos(0) + \sin(0) \end{bmatrix} \begin{bmatrix} \cos(0) \\ \sin(0) \end{bmatrix} = \begin{bmatrix} -\cos(0)\sin(0) \\ \cos^2(0) \end{bmatrix} = \begin{bmatrix} 0 \\ 1 \end{bmatrix},$$

그 점의 정사투영점 : $\begin{bmatrix} x'' \\ y'' \end{bmatrix} = \begin{bmatrix} 0 \\ 0 \end{bmatrix}$

즉, 그 특정지점이 투영의 중심이다.

북극 : $\begin{bmatrix} x'' \\ z'' \end{bmatrix} = \begin{bmatrix} \sin(0) - \cos(0) \\ \cos(0) + \sin(0) \end{bmatrix} \begin{bmatrix} 0 \\ 1 \end{bmatrix} = \begin{bmatrix} -1 \\ 0 \end{bmatrix}$,

북극의 정사투영점 : $\begin{bmatrix} x'' \\ y'' \end{bmatrix} = \begin{bmatrix} -1 \\ 0 \end{bmatrix}$

남극 : $\begin{bmatrix} x'' \\ z'' \end{bmatrix} = \begin{bmatrix} \sin(0) - \cos(0) \\ \cos(0) + \sin(0) \end{bmatrix} \begin{bmatrix} 0 \\ -1 \end{bmatrix} = \begin{bmatrix} \cos(0) \\ -\sin(0) \end{bmatrix} = \begin{bmatrix} 1 \\ 0 \end{bmatrix}$,

남극의 정사투영점 : $\begin{bmatrix} x'' \\ y'' \end{bmatrix} = \begin{bmatrix} 1 \\ 0 \end{bmatrix}$

이는 남극의 '정상적인' 정사투영점이다. 이 상황은 그림에서도 확인된다.

(2) 변환행렬

이제 적도좌표로부터 $\theta(= 270 + \phi)$만큼 돌아간 지평좌표를 적도좌표로 표현할 때, 그 좌표변환행렬 B'은 다음과 같다.

$$B' = \begin{bmatrix} \cos(\theta) & 0 & -\sin(\theta) \\ 0 & 1 & 0 \\ \sin(\theta) & 0 & \cos(\theta) \end{bmatrix} = \begin{bmatrix} \cos(270+\phi) & 0 & -\sin(270+\phi) \\ 0 & 1 & 0 \\ \sin(270+\phi) & 0 & \cos(270+\phi) \end{bmatrix}$$

$$= \begin{bmatrix} \sin(\phi) & 0 & \cos(\phi) \\ 0 & 1 & 0 \\ -\cos(\phi) & 0 & \sin(\phi) \end{bmatrix}$$

그리고, 지평좌표로부터 $\theta(= 90 - \phi)$만큼 돌아간 위치에 있는 적도좌표계의 좌표를 지평좌표로 표현할 때, 그 좌표변환행렬 B는 다음과 같다.

$$
\mathrm{B} = \begin{bmatrix} \cos(\theta) & 0 & -\sin(\theta) \\ 0 & 1 & 0 \\ \sin(\theta) & 0 & \cos(\theta) \end{bmatrix} = \begin{bmatrix} \cos(90-\phi) & 0 & -\sin(90-\phi) \\ 0 & 1 & 0 \\ \sin(90-\phi) & 0 & \cos(90-\phi) \end{bmatrix}
$$

$$
= \begin{bmatrix} \sin(\phi) & 0 & -\cos(\phi) \\ 0 & 1 & 0 \\ \cos(\phi) & 0 & \sin(\phi) \end{bmatrix}
$$

앞에서 우리는 두 변환을 연이어 실시하면 원위치로 돌아온다고 하였는데 그 사실은 이 두 행렬 상호간에 보이는 다음 관계에서 확인된다.

$$
\mathrm{B}'\mathrm{B} = \begin{bmatrix} \sin(\phi) & 0 & \cos(\phi) \\ 0 & 1 & 0 \\ -\cos(\phi) & 0 & \sin(\phi) \end{bmatrix} \begin{bmatrix} \sin(\phi) & 0 & -\cos(\phi) \\ 0 & 1 & 0 \\ \cos(\phi) & 0 & \sin(\phi) \end{bmatrix} = \begin{bmatrix} 1 & 0 & 0 \\ 0 & 1 & 0 \\ 0 & 0 & 1 \end{bmatrix} = \mathrm{I}
$$

$$
\mathrm{B}\mathrm{B}' = \begin{bmatrix} \sin(\phi) & 0 & -\cos(\phi) \\ 0 & 1 & 0 \\ \cos(\phi) & 0 & \sin(\phi) \end{bmatrix} \begin{bmatrix} \sin(\phi) & 0 & \cos(\phi) \\ 0 & 1 & 0 \\ -\cos(\phi) & 0 & \sin(\phi) \end{bmatrix} = \begin{bmatrix} 1 & 0 & 0 \\ 0 & 1 & 0 \\ 0 & 0 & 1 \end{bmatrix} = \mathrm{I}
$$

즉, 두 변환행렬은 서로 역행렬이다.

이제 실제로 변환을 실시해보자. 먼저 지평좌표를 적도좌표로 변환한다.

$$
\mathrm{B}'\begin{bmatrix} x' \\ y' \\ z' \end{bmatrix} = \begin{bmatrix} \sin(\phi) & 0 & \cos(\phi) \\ 0 & 1 & 0 \\ -\cos(\phi) & 0 & \sin(\phi) \end{bmatrix} \begin{bmatrix} \cos(e)\cos(a) \\ \cos(e)\sin(a) \\ \sin(e) \end{bmatrix}
$$

$$
= \begin{bmatrix} \cos(e)\cos(a)\sin(\phi) + \sin(e)\cos(\phi) \\ \cos(e)\sin(a) \\ -\cos(e)\cos(a)\cos(\phi) + \sin(e)\sin(\phi) \end{bmatrix}
$$

그리고 이 변환결과는 우리가 이미 알고 있는 적도좌표와 같을 수밖에 없다. 즉,

$$\begin{bmatrix} x \\ y \\ z \end{bmatrix} = \begin{bmatrix} \cos(\delta)\cos(\tau) \\ \cos(\delta)\sin(\tau) \\ \sin(\delta) \end{bmatrix} = \mathrm{B}' \begin{bmatrix} x' \\ y' \\ z' \end{bmatrix}$$

$$= \begin{bmatrix} \cos(e)\cos(a)\sin(\phi) + \sin(e)\cos(\phi) \\ \cos(e)\sin(a) \\ -\cos(e)\cos(a)\cos(\phi) + \sin(e)\sin(\phi) \end{bmatrix}$$

다음은 적도좌표를 지평좌표로 변환한다.

$$\mathrm{B} \begin{bmatrix} x \\ y \\ z \end{bmatrix} = \begin{bmatrix} \sin(\phi) & 0 & -\cos(\phi) \\ 0 & 1 & 0 \\ \cos(\phi) & 0 & \sin(\phi) \end{bmatrix} \begin{bmatrix} \cos(\delta)\cos(\tau) \\ \cos(\delta)\sin(\tau) \\ \sin(\delta) \end{bmatrix}$$

$$= \begin{bmatrix} \cos(\delta)\cos(\tau)\sin(\phi) - \sin(\delta)\cos(\phi) \\ \cos(\delta)\sin(\tau) \\ \cos(\delta)\cos(\tau)\cos(\phi) + \sin(\delta)\sin(\phi) \end{bmatrix}$$

이 변환 결과 역시 우리가 이미 알고 있는 지평좌표와 같을 수밖에 없다. 즉,

$$\begin{bmatrix} x' \\ y' \\ z' \end{bmatrix} = \begin{bmatrix} \cos(e)\cos(a) \\ \cos(e)\sin(a) \\ \sin(e) \end{bmatrix} = \mathrm{B} \begin{bmatrix} x \\ y \\ z \end{bmatrix}$$

$$= \begin{bmatrix} \cos(\delta)\cos(\tau)\sin(\phi) - \sin(\delta)\cos(\phi) \\ \cos(\delta)\sin(\tau) \\ \cos(\delta)\cos(\tau)\cos(\phi) + \sin(\delta)\sin(\phi) \end{bmatrix}$$

여기서 얻은 적도좌표의 항등관계와 지평좌표의 항등관계를 풀어서 써 보자. 우선 적도좌표의 항등관계는 다음과 같다.

$$x = \cos(\delta)\cos(\tau) = \cos(e)\cos(a)\sin(\phi) + \sin(e)\cos(\phi)$$
$$y = \cos(\delta)\sin(\tau) = \cos(e)\sin(a)$$
$$z = \sin(\delta) = -\cos(e)\cos(a)\cos(\phi) + \sin(e)\sin(\phi)$$

이 세 식을 변형하여 τ와 δ를 a, e, ϕ의 함수로 나타내 보자. 먼저 처음 두 식의 비를 만들어 보면, 약분되는 인수들이 있어서 식이 간단해질 것 같다. 즉,

$$\frac{y}{x} = \frac{\cos(\delta)\sin(\tau)}{\cos(\delta)\cos(\tau)} = \frac{\cos(e)\sin(a)}{\cos(e)\cos(a)\sin(\phi) + \sin(e)\cos(\phi)}$$

$$= \frac{\sin(a)}{\cos(a)\sin(\phi) + \tan(e)\cos(\phi)}$$

즉,

$$\tan(\tau) = \frac{\sin(a)}{\cos(a)\sin(\phi) + \tan(e)\cos(\phi)}$$

이 식으로부터 우리는 τ를 $a,\ e,\ \phi$의 함수로 나타낼 수 있다. 즉,

$$\tau = \tau(a,\ e) = \arctan\left\{\frac{\sin(a)}{\cos(a)\sin(\phi) + \tan(e)\cos(\phi)}\right\}$$

그리고 세 번째 식,

$$\sin(\delta) = -\cos(e)\cos(a)\cos(\phi) + \sin(e)\sin(\phi)$$

에서 우리는 δ를 $a,\ e,\ \phi$의 함수로 나낼 수 있다. 즉,

$$\delta = \delta(a,\ e) = \arcsin\{-\cos(e)\cos(a)\cos(\phi) + \sin(e)\sin(\phi)\}$$

다음, 적도좌표의 항등관계

$$\begin{bmatrix} x' \\ y' \\ z' \end{bmatrix} = \begin{bmatrix} \cos(e)\cos(a) \\ \cos(e)\sin(a) \\ \sin(e) \end{bmatrix} = B \begin{bmatrix} x \\ y \\ z \end{bmatrix}$$

$$= \begin{bmatrix} \cos(\delta)\cos(\tau)\sin(\phi) - \sin(\delta)\cos(\phi) \\ \cos(\delta)\sin(\tau) \\ \cos(\delta)\cos(\tau)\cos(\phi) + \sin(\delta)\sin(\phi) \end{bmatrix}$$

를 풀어쓰면 다음과 같다.

$$x' = \cos(e)\cos(a) = \cos(\delta)\cos(\tau)\sin(\phi) - \sin(\delta)\cos(\phi)$$

$$y' = \cos(e)\sin(a) = \cos(\delta)\sin(\tau)$$

$$z' = \sin(e) = \cos(\delta)\cos(\tau)\cos(\phi) + \sin(\delta)\sin(\phi)$$

이 세 식을 변형하여 a와 e를 $\tau,\ \delta,\ \phi$의 함수로 나타내고자 한

다. 먼저 처음 두 식의 비를 만들어 보면, 약분되는 인수들이 있어서 식이 간단해 진다. 즉,

$$\frac{y'}{x'} = \frac{\cos(e)\sin(a)}{\cos(e)\cos(a)} = \frac{\cos(\delta)\sin(\tau)}{\cos(\delta)\cos(\tau)\sin(\phi) - \sin(\delta)\cos(\phi)}$$

로 주어지는 비를 간단히 하면,

$$\frac{\sin(a)}{\cos(a)} = \frac{\sin(\tau)}{\cos(\tau)\sin(\phi) - \tan(\delta)\cos(\phi)}$$

즉,

$$\tan(a) = \frac{\sin(\tau)}{\cos(\tau)\sin(\phi) - \tan(\delta)\cos(\phi)}$$

이 식으로부터 우리는 a를 τ, δ, ϕ의 함수로 나타낼 수 있다. 즉,

$$a = a(\tau, \delta) = \arctan\left\{ \frac{\sin(\tau)}{\cos(\tau)\sin(\phi) - \tan(\delta)\cos(\phi)} \right\}$$

그리고 세 번째 식,

$$\sin(e) = \cos(\delta)\cos(\tau)\cos(\phi) + \sin(\delta)\sin(\phi)$$

에서 우리는 e를 τ, δ, ϕ의 함수로 나낼 수 있다. 즉,

$$e = e(\tau, \delta) = \arcsin\{\cos(\delta)\cos(\tau)\cos(\phi) + \sin(\delta)\sin(\phi)\}$$

(3) 좌표변환의 기본식들

다음 식들은 좌표변환의 기본식들이다. 앞의 논의를 완전히 추적하지 못하는 경우라도 이 기본식들을 이용할 수 있다면, 변환에 관련되는 문제를 모두 해결할 수 있다.

(1) $\tan(a) = \dfrac{\sin(\tau)}{\cos(\tau)\sin(\phi) - \tan(\delta)\cos(\phi)}$

(2) $\sin(e) = \cos(\delta)\cos(\tau)\cos(\phi) + \sin(\delta)\sin(\phi)$

(3) $\tan(\tau) = \dfrac{\sin(a)}{\cos(a)\sin(\phi) + \tan(e)\cos(\phi)}$

(4) $\sin(\delta) = -\cos(e)\cos(a)\cos(\phi) + \sin(e)\sin(\phi)$

이 네 식은 두 적도좌표를 알면 두 지평좌표를 구할 수 있고, 두 지평좌표를 알면 두 적도 좌표를 알 수 있음을 보여준다. 또 이 네 식으로부터 우리는 지평좌표와 적도좌표 합하여 4개 중에서 어느 둘을 알아도 나머지 둘을 구할 수 있음을 보일 수 있다.

예를 들면 τ와 a를 알 때 δ와 e를 구할 수 있다.

(1)의 변형: $-\tan(\delta) = \dfrac{\sin(\tau)}{\tan(a)\cos(\phi)} - \cos(\tau)\tan(\phi)$

(3)의 변형: $\tan(e) = \dfrac{\sin(a)}{\tan(\tau)\cos(\phi)} - \cos(a)\tan(\phi)$

또, δ와 e를 알 때 τ와 a를 구할 수 있다.

(2)의 변형: $\cos(\tau) = \dfrac{\sin(e) - \sin(\delta)\sin(\phi)}{\cos(\delta)\cos(\phi)}$

(4)의 변형: $-\cos(a) = \dfrac{\sin(\delta) - \sin(e)\sin(\phi)}{\cos(e)\cos(\phi)}$

특히 태양의 δ는 날짜를 알면 알 수 있는 크기이기 때문에, 지평 고도 e만을 관측하여 시각을 알아내려 할 때 뒤의 두 식을 이용할 수 있다.

(4) 황도좌표와 적도좌표간의 변환

황도좌표의 적도좌표와의 관계는 지평좌표의 적도좌표와의 관계와 다를 것이 없다. 다만 ϕ의 값을 66.5도로 고정시키면, 즉 ϕ=66.5로 놓으면, a와 e는 황도의 경도와 위도가 되는 것이다. 이 사실을 이용하여 몇가지 유용한 결과를 유도해보자.

① 적도위도

태양은 황도를 따라 1년에 1주 한다. 그리고 날짜는 황도경도 즉 a에 비례한다. 그러므로 a와 δ의 관계는 바로 날짜에 따른 태양의 적도고도를 나타내는 식이 된다. 이 관계는 초보적인 방법으로 유도할 수 있지만, 우리의 변환식으로부터도 유도할 수 있다. 태양이 황도를 따라 운행한다는 것은 황도위도 e가 0인 상태를 의미하므로, 위의 식 (4)를 변형하면 우리가 원하는 관계가 얻어진다.

위의 식 (4)에, e=0, ϕ=66.5를 대입하면 다음과 같다:
$$\sin(\delta) = -\cos(a)\cos(66.5)$$
또는 삼각함수의 항등식을 이용하여.
$$\sin(\delta) = \sin(a-90)\sin(23.5)$$
를 얻는다. 우리의 a는 동지로부터의 황도경도인 셈이다. 그러므로 a=90은 춘분, a=180은 하지, a=270은 추분이다. 동지로부터의 날짜를 d로 나타내면, a의 좋은 근사값은,
$$a = 360d/365.25$$
로 된다. 그리고 약간 더 근사시키자면, 0 근방의 각에서, sin값은 근사적으로 각에 비례한다는 성질을 이용할 수 있다. δ의 절대값은 23.5도보다 작으므로, 0 근방의 각이라고 보아 이 방법으로 근사시키면, 다음의 근사식을 얻을 수 있다.

근사식: $\delta = 23.5 \times \sin(a-90)$

또는 $\delta = 23.5 \times \sin\left(\dfrac{360d}{365.25} - 90\right)$

위의 식을 이용하여 절기에 관한 정보를 얻어보자. 절기를 결정

하는 것은 δ다. 그러나 보통 절기는 a의 주기 360도를 4등분하여 4계절을 말한다. 그러므로 각절기는 약 3개월씩이다. δ를 기준으로 하면 어떨까? δ는 -23.5도와 +23.5도 사이의 값이다. -23.5도에 가까울 때가 겨울, +23.5도에 가까울 때가 여름이고 0에 가까울 때가 봄 또는 가을이다. 그 가깝고 먼 기준을 중간값으로 잡으면, δ가 -11.75보다 작으면 겨울, 11.5보다 크면 여름이라고 볼 수 있다. 따라서 δ가 -11.75에서 +11.75로 증가하는 기간이 봄, +11.75에서 –11.75로 줄어드는 기간이 가을이라고 볼 수 있다. 이렇게 정의되는 4계절 각각의 길이를 계산해보자. 이를 위해서 δ에 대응하는 a를 구하려면, 위의 식을 변형하여,

$$\cos(a) = \frac{\sin(\delta)}{-\cos(66.5)}$$

를 얻는다. 이 식의 δ가 -11.75, +11.75일 때, 그에 대응하는 황도경도 a와 동지 이후 날짜수 d는 다음과 같다. (여기서 a와 d간의 환산은 항등식 360d=365.25a를 이용한다.)

δ=-11.75일 때의 a: 59.29 또는 300.71 그때의 d: 60.15 또는 305.10

δ=+11.75일 때의 a: 120.71 또는 239.29 그때의 d: 122.47 또는 242.78.

겨울의 날수 = -11.71<δ 인 날수 = 60.15×2 = 120.30일

봄의 날수 = -11.71<δ<+11.71 인 날수 = 122.47-60.15=62.32일

여름의 날수 = +11.71<δ 인 날수 = 242.78-122.47=120.31일

가을의 날수 = +11.71>δ>-11.71 인 날수 = 305.10-242.78=62.32일

이는 재미있는 결과다. "태양의 적도위도"에 따르면, 겨울과 여름이 약 4개월씩이고, 봄과 가을은 약 2개월에 불과하다는 것을 보여주기 때문이다. 우리가 일상 대화에서 계절의 길고 짧음을 이야

기 할 때, 봄과 가을이 짧다라고 말하는 경우는 많아도, 겨울과 여름이 짧다라고 말하는 경우가 거의 없는 것은 바로 이 이유 때문인 것이다. 절기로 보면, 우수의 태양적위도가 –11.50, 곡우와 처서가 +11.50, 그리고 상강이 –11.50이다. 이 네 질기가 "적도위도에 따른 4계절"의 경계가 되는 셈이다.

② 적도경도

황도경도 a가 주어져 있을 때, 적도경도 즉 적경 τ는 식 (3)을 변형하여 얻는다. 즉, (3)에, e=0, ϕ=66.5를 대입하면 다음과 같다:

$$\tan(\tau) = \frac{\sin(a)}{\cos(a)\sin(\phi)} = \frac{\tan(a)}{\sin(66.5)}$$

황경 a가 주어졌을 때, 특정절기의 적위와 적경의 값을 비교하면 다음과 같다.

절기	동지	입춘	춘분	입하	하지	입추	추분	입동	동지
황경a	0	45	90	135	180	225	270	315	360
적위δ	-23.50	-16.38	0.00	16.38	23.50	16.38	0.00	-16.38	-23.50
적경τ	0	47.48	90	132.52	180	227.48	270	312.52	360

적위 δ의 움직임은 사인곡선과 유사하나, 정확히 사인곡선은 아니다. 적경 τ의 움직임은 二分二至에서만 황경 a와 일치한다.

(5) 일출입 시각과 주야의 길이

일출입은 지평고도 $e=0$인 상태에서 일어나는 현상이다. 그러므로 위의 변환식에서 일출입의 시각과 방위를 얻으려면, 다음과 같이 변형한 식을 이용할 수 있다.

$$\cos(\tau)|_{e=0} = \frac{0 - \sin(\delta)\sin(\phi)}{\cos(\delta)\cos(\phi)} = -\tan(\delta)\tan(\phi)$$

절기 내지 적도위도 δ를 알 때, 일출입 시의 적도경도 τ를 얻어 變

時하여 일출입 시각을 알 수 있다.

『혼개통헌도설』에서는 τ-90을 經差라고 부른다. 춘추분의 적경인 τ=90에서 경차는 0이다. 경차 때문에 시차가 발생한다. 서울(한양) φ=37.5의 경우, 절기에 따른 τ를 계산하여 經差 τ-90, 變時 등을 계산해보면 다음과 같다.

(사용식: $\cos(\tau) = -\tan(\delta)\tan(\phi)$, 또는 $\sin(\tau-90) = \tan(\delta)\tan(37.5)$)

절기	춘분	청명	곡우	입하	소만	망종	하지
황경a	90	105	120	135	150	165	180
적위δ	0.00	-5.92	11.50	16.38	20.20	22.65	23.50
경차 τ-90	0.00	4.56	8.98	13.03	16.40	18.67	19.49
변시 시차(각·분)	00:00	01:03	02:06	03:07	04:06	05:00	05:03
2×시차	00:00	02:06	04:12	06:14	08:12	08:12	10:06
주각(각·분)	48:00	50:06	52:12	54:14	56:12	57:14	58:06
〈국조역상고〉주각	48:00		52:12			58:00	58:06

시차=$(\tau-90)/3.75$. 주각=48:00 + 2×시차. 춘분은 τ=90인 점이고, 경도15도에 시차가 1소시(=4각)이므로, 경도3.75도에 1각의 시차가 발생한다. 그리고 춘추분의 晝刻은 48각이다.

이 결과를 보면, "망종" 한군데의 端數오차 1분이 있는 것을 제외하고는, 『국조역상고』와 우리의 계산이 일치한다.

『국조역상고』의 經差 계산

위 표에서『국조역상고』의 주각을 언급한 것은, 거기서 경차의 계산방법을 언급하고 있기 때문이다. 여기서 우리는『국조역상고』의 계산방법과, 좌표변환에 의한 우리의 계산방법을 비교해 보고자 한다.

『국조역상고』는 "北極高度"條에서, 『역상고성』에 실려 있는 한양의 북극고 37도39분15초의 내력을 설명한 다음 晝夜時刻을 계산하기 위한 방법을 다음과 같이 설명한다.

　　"半徑與本地北極高弧之正切線若本日距緯弧之正切線與赤道正弦. 以
之變時 加減卯酉 求各節氣日出入時刻 卽得晝夜時刻"

　　이것은 "赤道正弦"을 구한 다음, 이를 변시하여 각절기 일출입시
각과 주야시각을 구한다는 要旨인데, 앞에서 본 바와 같이 우리의
계산결과와 일치하는 것을 보면, 계산과정도 우리의 방법과 서로
상통할 것으로 기대할 수 있다. 그러나『국조역상고』가 좌표변환의
방법을 사용했을 리는 없다. 우리가 사용한 식,

$$\cos(\tau) = -\tan(\delta)\tan(\phi), \ \ 또는 \ \ \sin(\tau-90) = \tan(\delta)\tan(37.5)$$

를 보면,『국조역상고』의 설명문과 통하는 바가 있다. 즉 正切線이
란 말이 두 번 나오고, 正弦이란 말이 한번 나온다. 이는 우리의 식

$$\sin(\tau-90) = \tan(\delta)\tan(37.5)$$

에 주목하게 한다, 正切이란 tan을 말하고, 正弦이란 sin을 말하기
때문이다. 本地北極高弧란 본지 북위도 $\phi=37.5$임이 분명하다. 또 本
日距緯弧란 특정 절기일의 태양의 적도로부터의 거위호일 수밖에
없으므로, δ를 의미한다, 그렇다면 $\tan(\delta)$와 $\tan(37.5)$가 확인된
셈이니, 赤道正弦은 $\sin(\tau-90)$ 이지 않을까? 우리는 앞에서 τ-90
을 經差라고 표현한 것을 보았다. 赤經差 즉 赤道經度差라고 표현될
수 있는 개념이다. τ-90을,『의상고성』p.793-71에서는 "日出入在卯
前酉後赤道度",『역상고성』 p.790-170에서는 "日出距卯正之弧"라고
친절하게 설명해주고 있다. 즉, 해가 묘정 또는 유정에서 얼마나 떨
어진 적도경도에서 뜨고 지느냐를 나타내는 赤道度라는 것이다. 그
러므로『국조역상고』에서는 매우 불친절하게도, "적도경도차정현"
이라고 해야 할 것을 "적도경도"라고 한 것이 된다.

　　우리 식의 세 항이『국조역상고』의 설명문 속에 다 들어있다고

해서 그 설명문이 우리의 식과 일치하는지의 여부는 별개의 문제다. 『국조역상고』의 文法은 전형적인 서양 비례식의 漢譯을 따르고 있음을 모르면 설명문이 이해되지 않는다. (실제 『국조역상고』의 표준적 한글 번역이 그렇다.) 그 文法이란 무엇인가? "與"와 "若"의 사용법이다. 예컨대,

甲與乙若丙與丁.

이라는 문장구조는 당시의 수학문법을 모르면 해석이 불가능하다. 〈숭정역서〉 하권 측량전의 권1 제1제의 주에는 "比例等 後省日 若"이란 표현이 있다. 이에 따르면 이 문장은

甲與乙比例等丙與丁.

라는 의미로 풀이해야 되고, 따라서 그 의미는

甲 : 乙 = 丙 : 丁

이라는 비례식이 된다. 그러므로 『국조역상고』의 표현,

(半徑)與(本地北極高弧之正切線)若(本日距緯弧之正切線)與(赤道正弦)

은, 이를 수식으로 쓰면,

(半徑)/ (本地北極高弧之正切線) = (本日距緯弧之正切線) / (赤道正弦)

여기서 (半徑)은 당시 사용하던 弧三角形法의 용어로, 단위구의 반지름 즉 1을 의미한다. 그러므로 각항을 우리가 앞에서 번역한대로 대입하면 다음 식이 얻어진다.

(半徑)/ (本地北極高弧之正切線) = (本日距緯弧之正切線)/ (赤道正弦)

즉

$$\frac{1}{\tan(\phi)} = \frac{\tan(\delta)}{\sin(\tau - 90)}$$

$$\sin(\tau - 90) = \tan(\delta)\tan(\phi)$$

이는 『국조역상고』의 설명문 내용이 우리가 사용한 식의 의미와 똑같음을 보여준다.

이런 계산방법을 『국조역상고』가 좌표변환이론에서 얻었을 리

는 없다. 그러면 어디서 얻었을까? 나는『의기집설』의 혼천의설 속에 있는 "測太陽出入時刻及晝夜永短"조를 보았다. 거기에 제시된 두 방법은『국조역상고』의 방법과 관련이 있다. 하나는

(임각정절)/(반경) = (경신성절)/(신임정현)

인데, 우리의 기호로 바꾸면,

$$\frac{\tan(90-\phi)}{1} = \frac{\tan(\delta)}{\sin(\tau-90)}, \text{ 즉, } \sin(\tau-90) = \frac{\tan(\delta)}{\tan(90-\phi)}$$

로 된다. 이를 삼각함수의 항등관계를 이용하여 변형하면, 우리의 결과와 같아진다. 그러나 이 자체는『국조역상고』의 방법과는 다르다. 또 하나는

(정경정절)/(정병정절) = (반경)/(정각여현)

인데, 우리의 기호로 바꾸면,

$$\frac{\tan(90-\delta)}{\tan(\phi)} = \frac{1}{\cos(\tau-180)}, \text{ 즉, } \cos(\tau-180) = \frac{\tan(\phi)}{\tan(90-\delta)}$$

로 된다. 이 역시 삼각함수의 항등관계를 이용하여 변형하면, 우리의 결과와 같아진다. 그러나 이 자체는『국조역상고』의 방법과 같지 않다.『의기집설』의 이 두 방법은『의상고성』pp.793-71-72에 걸쳐서 더 자세히 더 친절하게 설명되어있다. 그러나 거기에도『국조역상고』의 방법은 없다. 이 방법은『역상고성』상편 권4 "晝夜永短"조 pp.790-171-172에 있다. 즉,

(반경)/(정병북극고정절) = (진사거위호정절)/(무사호정절)

로 표현되어 있는데, 이를 우리의 기호로 바꾸면,

$$\frac{1}{\tan(\phi)} = \frac{\tan(\delta)}{\sin(\tau-90)} \text{ 즉, } \sin(\tau-90) = \tan(\delta)\tan(\phi)$$

로 된다.『국조역상고』와 똑같은 방법의 식인 것이다. 다만 무사호를, "日出距卯正之度"라고 친절하게 설명해주면서, 數値例를 보여줌으로써 理解를 돕고 있다.『국조역상고』는『역상고성』의 "晝夜永

短"조를 참고한 것이 분명하다. 그러면 이 방법이 왜 타당한가?『국조역상고』는 이 질문에 대한 답이 없다. 우리는 좌표변환이론으로 이를 설명하였다.『역상고성』에서는 그림을 통하여 이를 설명하고 있다.『역상고성』의 그림을 통하여 이 설명을 보자.

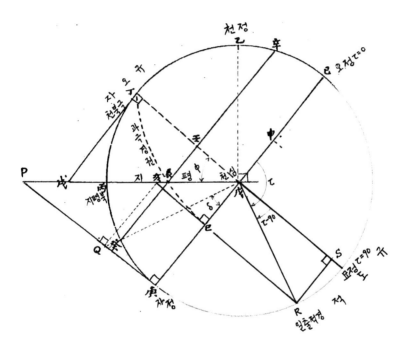

우선,『사고전서』본『역상고성』pp.790-171-172에는 선분 "巳亥"의 亥의 위치가 불분명함을 지적해 두자. 이 그림은 亥가 지평 상의 점임을 확실히 하는 방법으로 수정하였다. 이 그림은 또, 자오규만으로 되어있는『역상고성』의 그림을, 위의 반은 자오규평면, 아래 반은 적도규평면을 나타내도록 수정하였다. 모두 반경 =1인 (반)원이다. 또, 필요한 보조선을 추가하였다. 자오규평면의 직선직각삼각형 무정술에서 무정은 무정=반경=1이고, 丁의 접선 정술은 정술=$\tan(\phi)$다. 자오규평면의 직선직각삼각형 무경Q에서 무경은 무경=반경=1이고, 庚의 접선 경Q는 경Q=$\tan(\delta)$다. 자오규평면의 직선직각삼각형 해사무에서 해사는 해사=경Q=$\tan(\delta)$다. 적도규평면에서 직선직각삼각형 무SR에서 무R은 무R=반경=1이고, SR은 SR=$\sin(\tau-90)$이다. 자오규평면의 무사해 직선직각삼각형의 무사는 무사=SR=$\sin(\tau-90)$이다.

자오규평면의 두 직선직각삼각형 무정술과 해사무는 지각을 낀 두 쌍의 변이 서로 평행이므로 두 삼각형은 닮은 삼각형이다. 따라서 대응하는 변끼리는 다음 비례관계가 성립한다.

(무정)/(정술) = (해사)/(사무)

즉,

$$\frac{1}{\tan(\phi)} = \frac{\tan(\delta)}{\sin(\tau-90)}$$

이고, 이를 고쳐쓰면,

$$\sin(\tau-90) = \tan(\delta)\tan(\phi)$$

가 된다. 이는 바로 우리가 증명하고자 하는 바다. 즉, 이 식은 두 닮은 삼각형의 대응하는 변들 사이에 성립하는 비례관계에서 유도될 수 있는 것이며, 『역상고성』은 바로 이 방법으로 이 관계를 증명하고 있는 것이다. 『국조역상고』는 이 과정의 설명을 생략한 채로, 결과만을 인용한 것이 된다.

(6) 좌표변환식의 적용례

구체적으로 이 식들이 어떻게 적용되는지를 확인하기 위하여, 우선 특정 좌표의 값들의 의미를 확인하자.

a : 방위각 0도는 정남이다. 90도는 정동, -90도는 정서다.

e : 고도각 0도는 지평이다.
   일출과 일몰의 태양의 고도각이다.

τ : 중심자오선에서 0도다. 따라서 오정은 0도 오전 6시는 90도, 오후 6시는 -90도다.

δ : 적도에서 0도다. 춘분 또는 추분에서의 태양의 위치다. 하지는 +23.5도, 동지는 -23.5도.

ϕ : 특정지점의 위도값이다. 서울의 경우는 37.5도.

예 1) 춘분일 일출시의 시각과 방위

춘분일에 δ는 0도, 일출시에 지평고도 e는 0도다. 이때 τ와 a를 구하면 시각과 방위를 알 수 있다. 구해보자. 네 식 중 마지막 식

$$\delta = \delta(a, e) = \arcsin\{-\cos(e)\cos(a)\cos(\phi) + \sin(e)\sin(\phi)\}$$

에서 $0 = \delta(a, 0) = \arcsin\{-\cos(0)\cos(a)\cos(\phi) + \sin(0)\sin(\phi)\}$

를 얻는데, sin(0)=0이므로, { }의 값은 0이어야 한다. 그리고 cos(0)=1이므로, 다음 식이 얻어진다.

$$\{-\cos(a)\cos(\phi) + 0 \times \sin(\phi)\} = 0$$

여기서 $\cos(\phi)$는 0이 아니므로, $\cos(a)$가 0이어야 한다. 즉

$$a = 90 도$$

이는 정동의 방위각이다. 즉 춘분일에는 특정지점의 위도에 관계없이 지구상 어디에서나 일출의 방위는 정동이다. 네 식 중 하나인

$$\tau = \tau(a, e) = \arctan\left\{\frac{\cos(a)\sin(\phi) + \tan(e)\cos(\phi)}{\sin(a)}\right\}^{-1}$$

에 이 값을 대입해보자:

$$\tau = \tau(90, 0) = \arctan\left\{\frac{\cos(90)\sin(\phi) + \tan(0)\cos(\phi)}{\sin(90)}\right\}^{-1}$$
$$= \text{arccot}(0) = 90$$

즉 적도경도는 90도다. 이는 오전 6시를 의미한다. 그러므로 춘분일 일출은 오전 6시 정동방향이다.

예 2) 서울에서 하지일 일출시의 시각과 방위

하지일에 δ는 23.5도, 일출시에 지평고도 e는 0도다. 이때 τ와 a를 구하면 시각과 방위를 알 수 있다. 구해보자. 네 식 중 마지막 식

$$\delta = \delta(a, e) = \arcsin\{-\cos(e)\cos(a)\cos(\phi) + \sin(e)\sin(\phi)\}$$

에 이 값들을 대입해보면,

$$23.5 = \delta(a, 0) = \arcsin - \cos(0)\cos(a)\cos(\varnothing) + \sin(0)\sin(\varnothing)$$
$$= \arcsin - \cos(a)\cos(37.5)$$

즉

$$\sin(23.5) = 0.39875 = -0.79335 \times \cos(a)$$
$$a = \arccos(-0.39875/0.79335) = 120.17$$

이는 정동인 90도에서 북쪽으로 30.17도 치우친 방위다.

이 값을 네 식 중 하나인

$$\tau = \tau(a, e) = \arctan\left\{\frac{\cos(a)\sin(\phi) + \tan(e)\cos(\phi)}{\sin(a)}\right\}$$

에 대입하면 일출시각을 구할 수 있다. 대입해보자:

$$\tau = \tau(120.17, 0) = \arctan\left\{\frac{\cos(120.17)\sin(\phi) + \tan(0)\cos(\phi)}{\sin(120.17)}\right\}$$
$$= \arctan\left\{\frac{\tan(120.17)}{\sin(37.5)}\right\}$$
$$= \arctan\frac{-1.72024}{0.60876} = -70.51 \text{ or } 109.49$$

이는 오정에서 109.49도 못 미친 적도경도의 시각이므로, 1시간이 15도임을 감안하면, 오정 전 7시간 18분, 즉 오전 4시42분이다. 이것이 서울의 하지일의 일출시각이다. 일몰시각은 오후 7시18분이 되므로 하지의 밤의 길이는 9시간 24분, 낮의 길이는 14시간 36분이

다. 일출 일몰의 방위는 모두 정동 정서에서 북으로 30.17도 치우친 방향이다.

예 3) 서울에서 하지일 오후 태양의 지평고도가 60도일 때 태양의 방위와 시각

하지일에 δ는 23.5도, 일출시에 지평고도 e는 60도다. 이때 τ와 a를 구하면 시각과 방위를 알 수 있다. 구해보자.

먼저 방위를 구하기 위하여, 네 식 중 마지막 식

$$\delta = \delta(a, e) = \arcsin\{-\cos(e)\cos(a)\cos(\phi) + \sin(e)\sin(\phi)\}$$

에 이 값들을 대입해보면,

$$23.5 = \delta(a, 60) = \arcsin\{-\cos(60)\cos(a)\cos(\phi) + \sin(60)\sin(\phi)\}$$
$$= \arcsin\{-0.5\cos(a)\cos(37.5) + 0.5\sqrt{3}\sin(37.5)\}$$

즉

$$\sin(23.5) = 0.39875 = -0.5 \times 0.79335 \times \cos(a) + 0.5 \times 1.73205 \times 0.60876$$
$$= -0.39668\cos(a) + 0.52720$$

$$a = \arccos(0.12845/0.39668) = 71.11 \text{ or } -71.11$$

이는 정남에서 동쪽 또는 서쪽으로 71.11도 치우친 방위다. 그런데 오후라고 하였으므로, 서쪽으로 치우친 -71.11도가 맞다.

시각을 구하기 위하여 이 값을 네 식 중 하나인

$$\tau = \tau(a, e) = \arctan\left\{\frac{\cos(a)\sin(\phi) + \tan(e)\cos(\phi)}{\sin(a)}\right\}$$

에 대입하면 τ와 일출시각을 구할 수 있다. 대입해보자:

$$\tau = \tau(-71.11, 23.5) = \arctan(0.57295) = -29.81$$

이는 오정에서 1시간 59분 지난 시각에 해당하는 도수다. 그러므로 시각은 오후 1시 59분이다.

예 4) 서울에서 오전에 태양고도가 40도, 방위가 45도(남동)인 때 시각과 날짜

이는, ϕ=37.5, e=40, a=45인 경우에 τ와 δ를 구하면 풀 수 있는 문제다. 셋째와 넷째의 식,

$$\tau = \tau(a, e) = \arctan\left\{\frac{\cos(a)\sin(\phi) + \tan(e)\cos(\phi)}{\sin(a)}\right\}^{-1}$$

$$\delta = \delta(a, e) = \arcsin\{-\cos(e)\cos(a)\cos(\phi) + \sin(e)\sin(\phi)\}$$

을 이용하여 풀 수 있다.

먼저 시각을 구하자.

$$\tau = \tau(45, 40) = \arctan\left\{\frac{\cos(45)\sin(37.5) + \tan(40)\cos(\phi)}{\sin(45)}\right\}^{-1}$$
$$= 32.83$$

이 경도값은 오정 전 2시간 12분을 의미하므로, 시각은 오전 9시 48분이다. 날짜를 구하기 위하여 다음 식을 이용한다.

$$\delta = \delta(45, 40)$$
$$= \arcsin\{-\cos(40)\cos(45)\cos(37.5) + \sin(40)\sin(37.5)\}$$
$$= -2.20$$

우리는 $\delta = 0$일 때가 춘분일 또는 추분일임을 안다. 그러므로 $\delta = -2.20$에 대응하는 날짜는 춘추분일에 가까움을 알 수 있다. 즉, 춘분일 며칠 전 또는 추분일 며칠 후가 됨을 짐작할 수 있다 그러면 그 '며칠'은 얼마인가? 그 무렵에는 5일에 2도의 속도로 태양이 움직인다(즉, $d\tau/d\delta = 5/2$). 그러므로 '며칠'은 약 5.5일이다. 즉 춘분전 또는 추분후 5 또는 6일이다. 그러므로 그 무렵이 봄이라면 3월 16일 전후, 가을이라면 9월 28일 전후가 된다.

예 5) 서울에서 백로일(9월 8일)에 Altair가 남서 간에 고도 50도로 보일 때의 시각

이 문제는 altair의 표준적경적위 (α, δ)=(297.75, 8.87)를 알고 있는 것을 전제로 한다. 그러므로 이 항성에 관하여는 $\delta = 8.87$,

$e = 50$이다. 백로일에 태양은 $\delta = 5.924$다. 이 지식으로부터 우선 이 항성의 τ를 계산해보자. 식,

$$\tau = \tau(a, e) = \arctan\left\{ \frac{\cos(a)\sin(\phi) + \tan(e)\cos(\phi)}{\sin(a)} \right\}^{-1}$$

에 의하면 이를 계산하기 위해서는 먼저 a를 구해야 한다. 즉 식

$$\delta = \delta(a, e) = \arcsin\{- \cos(e)\cos(a)\cos(\phi) + \sin(e)\sin(\phi)\}$$

를 이용해야 한다. 이 식을 약간 변형하고 나서, 기지의 값을 대입하면 다음과 같다.

$$\sin(\delta) = - \cos(e)\cos(a)\cos(\phi) + \sin(e)\sin(\phi)$$

$$\cos(a) = \frac{\sin(e)\sin(\phi) - \sin(\delta)}{\cos(e)\cos(\phi)}$$

$$\cos(a) = \frac{\sin(50)\sin(37.5) - \sin(8.87)}{\cos(50)\cos(37.5)} = 0.61210$$

$$a = 52.26 \text{ or } {-}52.26$$

남서간이라면 –52.26도가 맞다. 이제 τ를 구하기 위하여, 역시 식을 약간 변형하자.

$$\tan(\tau) = \frac{\sin(a)}{\cos(a)\sin(\phi) + \tan(e)\cos(\phi)}$$

$$\tan(\tau) = \frac{\sin(-52.26)}{\cos(-52.26)\sin(37.5) + \tan(50)\cos(37.5)} = {-}1.6668$$

$$\tau = {-}59.03$$

이제 백로일에 태양의 τ를 구하려면, 황도를 따라 태양이 돌 때, $\delta = 5.924$에 대응하는 값을 구하면 된다. 이 값을 구하기 위하여 우리는 황도를 어떻게 이해하면 될까? 황도는 그 천정이 적위 $\phi = 66.5$에 대응하는 지평좌표계에서, $e = 0$에 대응하는 환으로 이해하면 된다. 그러면 황도의 식은 다음 식을 이용하여 표현할 수 있다. 즉,

$$e = e(\tau, \delta) = \arcsin\{\cos(\delta)\cos(\tau)\cos(\phi) + \sin(\delta)\sin(\phi)\}$$

에서, $e = 0$ 이라고 놓으면 그것이 황도의 식이다. 즉, 황도의 식은

$$\cos(\delta)\cos(\tau)\cos(66.5) + \sin(\delta)\sin(66.5) = \sin(e) = 0$$

이며, 이를 고쳐 쓰면 다음과 같다.

$$\cos(\tau) = \frac{-\sin(\delta)\sin(66.5)}{\cos(\delta)\cos(66.5)} = -\tan(\delta)\tan(66.5)$$

$$\cos(\tau) = -\tan(5.924)\tan(66.5) = -0.23864$$

이므로,

$$\tau = 103.81 \text{ or } -103.81.$$

여기의 –103.81에서 altair의 (360-297.75)=62.25를 빼면, -166.06도
가 되는데, 이를 시각으로 나타내면 밤 11시가 조금 넘는 시각이다.
아스트로라브는 이를 그대로 보여준다.

II. 앙부일구/앙의·간의·일성정시의

1. 앙부일구/앙의

앙부일구/앙의는 천구를 그대로 본뜬 아날로그컴퓨터다. 그러므로 모든 해시계의 원리는 이 앙의의 구조로부터 나온다고 볼 수 있다. 적도좌표계 지평좌표계가 모두 등장하며, 그 변환관계도 직접 눈으로 볼 수 있다. 앙부일구는 여러 버전이 있는데, 각 버전의 특징과 장단점을 비교 고찰한다.

1) 보물 앙부일구

앙부일구

　이 그림은 누구에게나 매우 낯익은 사진이다. 우리나라의 대표적인 고천문의기이기 때문이다. 그러나 이 의기의 구조에 관해서는 그리 잘 알려져 있는 것 같지 않다. 나 자신, 이 구조를 알고 싶어 한 지가 오래 되었지만, 만족스러운 설명을 찾지 못했던 기억이 있다.

　우선 이 의기의 둘레를 보자. 바깥 테에 쓰인 글자들은 24방위를 나타낸다. 이 의기를 설치할 때, 방위를 맞추는 것이 중요함을 말해 주는 것이다. 이 방위를 자세히 보면 다음과 같다.

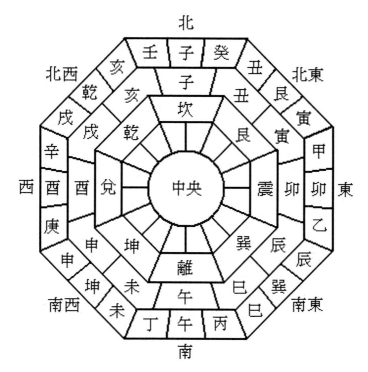

12地支, 8卦 중 4卦, 10天干 중 8天干을 종합한 24방위

　이 24방위의 이름은, 12地支, 8卦 중 4卦, 10天干 중 8天干을 종합한 '12+4+8=24'의 24방위다(자축인묘진사오미신유술해, 간손건곤, 갑을병

정신유술해). 이를 우리의 방위각 변수 a의 값과 함께 표를 만들면 다음과 같다.

전통적 방위명칭

子	癸	丑	艮	寅	甲	卯	乙	辰	巽	巳	丙	午	丁	未	坤	申	庚	酉	辛	戌	乾	亥	壬	子
北			東北			東			東南			南			西南			西			西北			北

	a	180	150	120	90	60	30	0	330	300	270	240	210	180

이 앙의의 남쪽에는 큰 글씨로, ‘漢陽北極高37度20分’이라고 쓰여 있다. 이는 이 의기가 놓일 자리의 위도값이다. 북위도와 북극고는 같은 값이기 때문에, 그리고 고천문학에서는 위도라는 말보다 북극고라는 말에 더 친숙했기 때문에 ‘북극고’라고 한 것이다. 한양 즉 서울의 위도는 현재 37도34분으로 관측되고 있다. 그러므로 ‘37도20분’은 약간의 관측오차가 포함된 수치다.

의기의 가장자리에는 또 24절기명이 표기되어 있다. 그리고 솥의 안쪽 가장자리를 따라 각 절기에 대응하는 눈금이 정밀하게 새겨져 있다. 그리고 그 눈금들은 솥 안에 그려진 부등간격의 13줄과 연결되어 있다.

솥의 안쪽 남쪽을 보면 또 글자가 보인다.

卯 辰 巳 午 未 申 酉

이는 시각을 나타낸다. 그리고 이 글자들은 솥 안에 남북으로 그려진 줄들에 대응하고 있다.

2) 천구의 반쪽

이상이 보물 앙부일구의 겉모양에 대한 대강의 설명이다. 그러면 솥 자체는 무엇인가? 이는 천구라는 구체를 정확히 반으로 가른

반구체다. 천구의 모습은 다음과 같다.

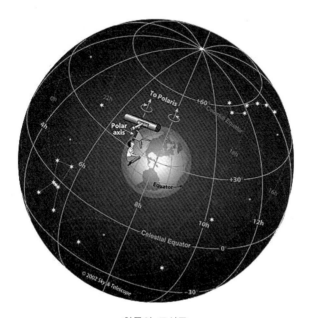

천구의 모식도

이런 모양의 천구를 반으로 가르되, '북극출지37도20분'이 되게 가르는 것이다. 지평은 솥전이다. 그 솥전 즉 지평에서 북극이 37도 20분 떨어지게 가르는 것이다. 그러므로 북극은 지평의 위쪽에 있어야 한다. 정확히 반으로 가르므로, 절단면인 지평은 천구의 중심을 지나는 평면이어야 한다. 그러므로 남극은 지평의 아래쪽에 있어야 한다. '보물 앙부일구'에서 表가 심어진 곳이 바로 남극의 자리다.

위의 천구 그림을 보면, 남극과 북극을 잇는 경선들이 그려져 있다. 보물 앙부일구에도 그 경선들이 그려져 있다. 그러나 반천구이기 때문에, 경선들은 모두 솥전 즉 지평에서 잘려져 있다. 위의 천구의 그림에는 온전한 대원으로 천구의 적도(Celestial Equator)가 그려져 있다. 보물 앙부일구에도 적도가 그려져 있지만, 지평에 의해 정확히 반으로 잘린다(모든 대원은 지평에 의해 정확히 반으로 잘린다). 보물 앙부일구를 보면, 적도는 절기선 13줄 중 한가운데의 선이며. 이는 정확히 정동과 정서, 즉 卯와 酉에서 잘린다.

보물 앙부일구에는 이처럼 적도좌표의 적도위도 δ와 적도경도 τ가 그려져 있다. 그리고 지평좌표가 암묵적으로 그려져 있다. 지평 자체는 지평위도 e가 0이며, 솥바닥점 즉 천저는 $e=90$인 점이다. 또 앞에서 본 바대로 24방위는 확실히 지평경도인 방위 a를 나타낸다.

앙부일구는 이처럼 지평 아래쪽 반구의 지평좌표와 적도좌표를 모두 나타낸다. 그러므로 4개 좌표 중 2개만 알면 나머지 좌표를 읽어서 알 수 있다. 즉 좌표변환을 자유자재로 할 수 있게 하는 아날로그컴퓨터가 바로 앙부일구인 것이다.

그런데 앙부일구의 진정한 매력은, 이러한 아날로그컴퓨터의 기능을 태양이 주는 정보에 의해서 수행할 수 있다는 데 있다. 물론 태양의 정보는 앙부일구에 없다. 태양이 지평의 위쪽에 있을 때만 태양의 정보를 얻을 수 있다. 그런데 태양이 보내는 정보를 태양의 그림자를 통하여 앙부일구에 전달할 수 있는 것이다. 태양의 정보는 잘라버린 지평 위 반천구면에 있다. 천구는 지평 아래 반천구와 완벽한 대칭관계에 있다. 적도좌표 지평좌표 모두를 포함해서 말이다. 그러면 그 대칭의 중심은 어디인가? 천구의 중심이다.

우리는 이미 천구의 중심이 지평에 포함된다는 말을 한 바 있다. 지평환은 솥전이다. 천구의 대원이다. 그 중심이 바로 천구의 중심이다. 그러므로 지평환의 중심이 대칭의 중심 역할을 하도록 장치를 추가할 필요가 있다. 그것이 '보물 앙부일구'에서는 表端 즉 '표끝'이다. 표끝이 제기능을 수행하게 하려면, 표끝의 위치가 정확히 지평환의 중심에 오도록 하는 것이 핵심적으로 중요하다.

올바른 표끝을 통과한 해그림자는 태양의 좌표정보 ($+e$, $+a$, $+\delta$, $+\tau$)를 앙부일구 盤面 위에 ($-e$, $-a$, $-\delta$, $-\tau$)로 바꿔 놓는다. 그런데 우리가 필요한 것은 태양의 좌표정보이기 때문에, 비록 우리가 盤面을 보고 정보를 얻는다고 하지만, 반면 자체의 정보를 얻을 필요는 없기 때문에, 우리는 ($-e$, $-a$, $-\delta$, $-\tau$)를 ($+e$, $+a$, $+\delta$, $+\tau$)로 읽기로 한다. 즉 태양정보 (e, a, δ, τ)로 읽는다. 보물 앙부일구에서는 이미 그렇게 하고 있다. 24절기명은 반면의 정보가 아니라 태양의 정보로 표기되어 있고, 시간의 정보도 그러하다(다만 테 가장자리의 방위 표시는 현지의 지평좌표로서의 방위다).

3) 해시계 이론과 앙부일구

(1) 해시계의 일반이론

도대체 해시계란 무엇인가? 해를 보고 시각을 알 수 있게 설계된 의기다. 우리가 해를 보아 직접 알 수 있는 것은 무엇인가? 고도와 방위다. 즉 지평고도 e와 방위 a다. 그러나 e와 a가 직접 시각을 보여주지는 않는다. 이를 시각을 알 수 있는 개념으로 바꿔줄 수 있어야 한다. 이 기능을 가진 아날로그 계산기가 바로 해시계다. 그러면 시각을 알 수 있는 개념으로는 무엇이 있을까? 적도경도다. 적도경도 0도를 중심자오선이 12시 즉 오정이 되도록 '정의'하면, 적도경도가 시계방향으로 15도씩 늘어남에 따라 1시간씩 늘어난다. 적도경도가 15도이면 1시, 30도이면 2시, -15도이면 11시, -30도이면 10시 등이다. 이와 같이 정의되는 적도경도를 τ로 나타낸다. 태양의 적도경도를 τ로 나타내고, 적도위도를 δ로 나타내자. 그러면 천구상의 태양의 위치는 적도좌표 (τ, δ)로 나타낼 수 있다. 그러나 천구상의 태양의 위치는 지평좌표 (a, e)로도 나타낼 수 있다. 그리고 이 두 좌표계 사이에는 '1:1대응'의 변환이 가능하다. 그러므로 다음 관계가 일의적으로 정의된다.

$$\tau = \tau(a, e)$$
$$\delta = \delta(a, e)$$

즉, 태양의 방위 a와 고도 e를 알면 태양의 적도경도 τ를 일의적으로 '계산'할 수 있고, 또 적도위도 δ를 '계산'할 수 있다. 즉 우리가 직접 관측하여 알 수 있는 a와 e의 값으로부터 우리가 알고자 하는 τ를 계산하여, 시각을 알 수 있는 것이다. 그런데 두 번째 변환식에 의하면, 동일한 정보 (a, e)로부터, 태양의 위도값 δ도 계산할 수 있는 것이다. 그러면 태양의 위도값은 어떤 정보를 가진 값인가? 그것은 태양이 1년을 주기로 황도를 따라 움직일 때의 위도의 변화를 보여주는 것이다. 즉, 춘분에는 δ=0도, 하지에는 δ=23.5도, 추분에는 δ=0도, 동지에는 δ=-23.5도 등이다. 그러므로 δ는 절기 내지 날짜를 나타내는 각으로 해석할 수 있다. 따라서 τ를 '시각각'이라고 부른다면, δ는 '날짜각'이라고 불러도 무리가 없다. 즉, 위의 두 식은 태양의 방위와 고도의 지식 (a, e)로부터, 시간각 τ와 날짜각 δ를 동시에 계산해 낼 수 있음을 보여주는 식이다.

위의 두 식은 적도좌표계와 지평좌표계간의 1:1대응의 관계를 나타내는 식이므로, 그 역도 성립한다. 즉

$$a = a(\tau, \delta)$$
$$e = e(\tau, \delta)$$

이는, 태양의 시간각과 날짜각을 알면, 태양의 방위와 고도를 계산해 낼 수 있다는 것을 의미한다. 더 구체적으로 말하면, 지금이 며칠 몇 시인지를 알면, 하늘을 쳐다보지 않아도 태양이 지금 어느 방위 어느 고도에 있는지를 '계산'으로 알아낼 수 있음을 의미한다.

우리가 해시계를 사용하는 이유는 오늘의 날짜를 알기 위해서

가 아니라 현재의 시각을 알기 위한 것이 대부분일 것이다. 오늘이
며칠인지는 해시계를 보고 아는 것이 아니라 이미 달력 등을 통해
서 알고 있기 때문이다. 즉 대부분의 경우, 날짜를 알고 있기 때문
에 날짜각 δ는 해시계를 보기 이전에 알고 있는 경우가 많은 것이
다. 그렇다면 사전에 날짜각 δ를 알고 있을 때, 시각각 τ를 구하는
데는 이 지식을 사용할 수 없을까?

이미 알고 있는 δ의 값을 $\delta*$라 하면, a=a(τ, $\delta*$)이므로, 이를 식

$$\tau=\tau(a, e)$$

에 대입하면,

$$\tau=\tau(a(\tau, \delta*), e)$$

로 되고 이를 τ에 관해서 풀면, 시간각 τ는 다음과 같이 표현된다.

$$\tau=\tau*(\delta*, e).$$

이 식은, 시간각을 알기 위해서는 이미 알고 있는 날짜각 $\delta*$ 외
에 추가로 태양의 고도 e만 알면 된다는 것을 보여준다. 아스트로
라브에서 쓰는 전형적인 방법이다. 즉 窺衡으로 e를 관측하여 이
관측값을 써서 τ를 알아내는 것이다.

이미 δ의 값이 $\delta*$로 알려져 있을 때는 다른 경로로 시간각을 구
할 수도 있다. 즉, e=e(τ, $\delta*$)의 관계를 식

$$\tau=\tau(a, e)$$

에 대입하면,

$$\tau=\tau(a, e(\tau, \delta*))$$

로 되고 이를 τ에 관해서 풀면, 시간각 τ는 다음과 같이 표현된다.

$$\tau=\tau**(\delta*, a).$$

이 식은, 시간각을 알기 위해서는 이미 알고 있는 날짜각 $\delta*$ 외에 추가로 태양의 방위 a만 알면 된다는 것을 보여준다. 이는 많은 해시계에서 사용하는 원리다. 즉 태양의 방위만을 관측하여 방위의 지식으로부터 시간각을 알아내는 방법인 것이다.

이 후자의 원리는 더 나아가서 날짜각 $\delta*$의 지식 없이, 방위 a의 지식만으로 시간각을 알아내는 것으로 보이는 해시계들도 있다. 어떻게 그것이 가능할까?

그러나 자세히 관찰해보면 그런 것이 아님을 알 수 있다.

첫째, 남북극을 잇는 선을 '표'로 삼는 해시계를 보자. 이 해시계에서는 그 선이 지평에 드리운 그림자가 언제나 시각선이 된다. 그리고 그 시각선들은 한 점에 집중되는데, 그 점은 북극과 남극을 잇는 선과 지평의 교점이다. 그리고 그 시각선들은 방위를 나타내지 않는다. 그러면 그 시각선들이 나타내는 것은 무엇일까? 그것은 천구의 적경선들의 해그림자다. 그러면 그 해그림자가 왜 직선이될까? 이는 하나의 대원칙 때문이다. 그 대원칙은 다음과 같이 진술된다.

'모든 대원의 심사투영(gnomonic projection)은 직선이다. 그 역도 성립한다.'

이 원칙 때문에, 지구의 심사투영 지도를 보면, 모든 경선과 적도의 투영이 언제나 직선이다. 별지도인 〈방성도〉는 6면으로 나누어 그린 심사투영의 별지도다. 이 〈방성도〉를 보면, 모든 천구의 경선이 직선으로 투영되어 있음을 볼 수 있다. 적도와 황도 역시 대원이므로 직선으로 투영되어 있다. 그러나 적도를 제외한 위선들은 어느 것도 직선이 아니다. 그 역도 성립하기 때문이다.

그러므로 심사투영해시계는 방위만으로 시각을 알아내는 해시계가 아니다. 그러면 심사투영해시계에서 방위로 시각을 알아내는 해시계는 없는가? 있다. 조선후기에 '신법지평일구'라는 이름으로 알려진 해시계다. 이 해시계는 지평에서 수직으로 세운 표의 끝의 해그림자로 시각을 알아낸다. 이 표끝의 그림자는 춘추분일에만 직선 위를 움직이고, 다른 절기에는 쌍곡선위를 움직인다. 그리고 표를 세운 점과 표끝의 그림자를 이은 선은 방위를 가리킨다. 그러므로 날짜를 알면 그 날 해그림자가 지나가는 쌍곡선을 지정할 수 있고, 그 쌍곡선과 해그림자의 방위선이 만나는 점에서 시각을 읽을 수 있다. 즉 식 $\tau=\tau^{**}(\delta^*, a)$을 이용하는 것이다. 날짜를 모르는 경우에는 해그림자의 두 요소인 방위 a와 고도 e로부터 식 $\tau=\tau(a, e)$를 이용하여 시각을 구할 수 있다. 물론 그 두 요소를 이용하면, 식 $\delta=\delta(a, e)$를 이용하여 날짜 자체까지 알 수 있다. 이것이 '신법지평일구'의 메커니즘이다.

또 하나의 해시계 원리는 지평좌표를 전혀 이용하지 않고 적도좌표를 직접 이용하는 것이다. 소위 '적도식해시계'가 그것이다.

이상 설명한 해시계의 일반이론에 두루 사용할 수 있는 좌표변환기법은 다른 장에서 설명하기로 한다. 이 내용을 요약한 기본식들은 다음과 같다.

4) 기본 변환식과 그 활용

$$\tan(a) = \frac{\sin(\tau)}{\cos(\tau)\sin(\phi) - \tan(\delta)\cos(\phi)}$$
$$\sin(e) = \cos(\delta)\cos(\tau)\cos(\phi) + \sin(\delta)\sin(\phi)$$

$$\tan(\tau) = \frac{\sin(a)}{\cos(a)\sin(\phi) + \tan(e)\cos(\phi)}$$
$$\sin(\delta) = -\cos(e)\cos(a)\cos(\phi) + \sin(e)\sin(\phi)$$

특히 $e=0$일 때,

$$\tan(\tau) = \frac{\tan(a)}{\sin(\phi)}$$

$$\sin(\delta) = -\cos(a)\cos(\phi)$$

및

$$\cos(\tau) = -\tan(\delta)\tan(\phi)$$

$$\tan(\delta) = \frac{-\cos(\tau)}{\tan(\phi)}$$

이 식들을 앙부일구의 몇 가지 경우에 적용해 보면 다음과 같다. 특히 솥전에서 일어나는 현상을 보자.

e=0의 경우

솥전은 지평고도가 0이다. 따라서 e=0이다. 이 경우에는

$$\tan(\tau) = \frac{\tan(a)}{\sin(\phi)}$$

$$\sin(\delta) = -\cos(a)\cos(\phi)$$

및

$$\cos(\tau) = -\tan(\delta)\tan(\phi)$$

$$\tan(\delta) = \frac{-\cos(\tau)}{\tan(\phi)}$$

라는 관계가 성립한다.

첫째 식으로부터는 일출입의 방위로부터 일출입의 시각을 구할 수 있다. 앙부일구에서 즉시 읽어낼 수도 있다. 이 두 결과를 비교해보는 것은 재미있는 일이다. 또 첫째 식을 변형하면

$$\tan(a) = \tan(\tau)\sin(\phi)$$

라는 식을 얻는다. 이 식은 거꾸로 일출입시각을 알면 일출입의 방위를 알 수 있다는 말이다.

둘째 식은 일출입의 방위를 알면 오늘이 어느 절기인지를 알 수 있게 해주는 식이다. 이 역시 앙부일구에서 즉시 읽을 수 있다. 앙부일구는 아날로그컴퓨터다.

셋째 식은 오늘의 절기를 알면 오늘의 일출입 시각을 알 수 있게 해주는 식이고, 네 번째 식은 거꾸로, 오늘의 일출입 시각을 알면 오늘의 절기를 알게 해주는 식이다. 이 역시 앙부일구에서 바로 읽을 수 있는 정보다. 앙부일구가 그런 정보를 제공할 수 있는 것은, 그것이 아날로그컴퓨터이기 때문이다.

예 1) 춘분일 일출시의 시각과 방위

춘분일에 δ는 0도, 일출시에 지평고도 e는 0도다. 이때 τ와 a를 구하면 시각과 방위를 알 수 있다. 구해보자. 네 식 중 마지막 식

$$\delta = \delta(a, e) = \arcsin\{-\cos(e)\cos(a)\cos(\phi) + \sin(e)\sin(\phi)\}$$

에서

$$0 = \delta(a, 0) = \arcsin\{-\cos(0)\cos(a)\cos(\phi) + \sin(0)\sin(\phi)\}$$

를 얻는데, sin(0)=0이므로, { }의 값은 0이어야 한다. 그리고 cos(0)=1이므로, 다음 식이 얻어진다.

$$\{-\cos(a)\cos(\phi) + 0 \times \sin(\phi)\} = 0$$

여기서 $\cos(\phi)$는 0이 아니므로, $\cos(a)$가 0이어야 한다. 즉

$$a = 90도$$

이는 정동의 방위각이다. 즉 춘분일에는 특정지점의 위도에 관계없이 지구상 어디에서나 일출의 방위는 정동이다. 네 식 중 하나인

$$\tau = \tau(a, e) = \arctan\left\{\frac{\cos(a)\sin(\phi) + \tan(e)\cos(\phi)}{\sin(a)}\right\}^{-1}$$

에 이 값을 대입해보자:

$$\tau = \tau(90,\,0) = \arctan\left\{ \frac{\cos(90)\sin(\phi) + \tan(0)\cos(\phi)}{\sin(90)} \right\}^{-1}$$

$$= \mathrm{arccot}(0) = 90$$

즉 적도경도는 90도다. 이는 오전 6시를 의미한다. 그러므로 춘분일 일출은 오전 6시 정동방향이다.

예 2) 서울에서 하지일 일출시의 시각과 방위

하지일에 δ는 23.5도, 일출시에 지평고도 e는 0도다. 이때 τ와 a 를 구하면 시각과 방위를 알 수 있다. 구해보자. 네 식 중 마지막 식

$$\delta = \delta(a,\,e) = \arcsin\{-\cos(e)\cos(a)\cos(\phi) + \sin(e)\sin(\phi)\}$$

에 이 값들을 대입해보면,

$$23.5 = \delta(a,\,0) = \arcsin\{-\cos(0)\cos(a)\cos(\phi) + \sin(0)\sin(\phi)\}$$

$$= \arcsin\{-\cos(a)\cos(37.5)\}$$

즉

$$\sin(23.5) = 0.39875 = -0.79335 \times \cos(a)$$

$$a = \arccos(-0.39875/0.79335) = 120.17$$

이는 정동인 90도에서 북쪽으로 30.17도 치우친 방위다.

이 값을 네 식 중 하나인

$$\tau = \tau(a,\,e) = \arctan\left\{ \frac{\cos(a)\sin(\phi) + \tan(e)\cos(\phi)}{\sin(a)} \right\}$$

에 대입하면 일출시각을 구할 수 있다. 대입해보자:

$$\tau = \tau(120.17,\,0) = \arctan\left\{ \frac{\cos(120.17)\sin(\phi) + \tan(0)\cos(\phi)}{\sin(120.17)} \right\}$$

$$= \arctan\left\{ \frac{\tan(120.17)}{\sin(37.5)} \right\}$$

$$= \arctan \frac{-1.72024}{0.60876} = -70.51 \text{ or } 109.49$$

이는 오정에서 109.49도 못 미친 적도경도의 시각이므로, 1시간이 15도임을 감안하면, 오정 전 7시간 18분, 즉 오전 4시 42분이다. 이것이 서울의 하지일의 일출시각이다. 일몰시각은 오후 7시 18분이 되므로 하지의 밤의 길이는 9시간 24분, 낮의 길이는 14시간 36분이다. 일출 일몰의 방위는 모두 정동 정서에서 북으로 30.17도 치우친 방향이다.

이를 우리는 앙부일구에서 그대로 읽을 수 있는 것이다.

5) 세종대 앙부일구를 복원해 보려는 시도의 한 예

현재 보물로 지정된 앙부일구를 비롯하여, 현전하는 것은 모두 세종대에 제작된 것이 아니고, 모양도 김돈의 〈앙부일구銘〉의 설명과 다르다. 온라인상에 올려진 종로구 훈정동에 있다는 앙부일구의 사진은 세종대의 앙부일구 복원 시도의 한 예라 볼 수 있다.

이를 복원 시도의 예로 보는 이유는 다음과 같다.

① 김돈의 〈앙부일구명〉의 내용에는, 현전하는 앙부일구가 가지지 않은 특징들이 보인다. 예컨대 시간을 나타내는데 문자를 쓰지 않고 뱀, 말, 양 등 동물의 머리모양을 그려 넣었다고 했다.

② 한양북극고의 값이다. '漢陽北極高三十八度少'라고 되어 있다. 이는 현전하는 앙부일구의 값들과는 다르다. 『세종실록』에 나오는 북극고의 값이다. 보물 앙부일구의 '漢陽北極高三十七度二十分' 또는 그 뒤에 나온 앙부일구들의 '漢陽北極高三十七度三十九分十五秒' 등과는 다른 것이다.

'世宗代 앙부일구' 복원 시도품

그러나 그 복원 시도품에는 세종대의 특징으로 볼 수 없는 요소
들이 남아있다. 첫째, '1시=8각'이다. 『원사』의 〈앙의명〉에도 '6시
=50각'은 있으나, '6시=48각'은 없다. 세종 때도 1일을 100각으로
나눴다. 그러므로, 1시는 8각이 아니라 $8\frac{1}{3}$각이었을 것이다. 훈정
동 앙부일구는 1시를 2소시로 나누고, 각 소시는 4각으로 나누었다.
1일을 96각으로 본 것이다. 둘째, 영침의 모양이 보물의 영침과 똑
같다. 영침에 관련된 김돈의 〈앙부일구명〉의 부분은 다음과 같다.

'經設圓距, 子對午也. 竅隨拗回, 點芥然也. … 刻分昭昭, 透日明也.'

여기서 圓距는 '둥근 막대'일 수밖에 없다(선기옥형의 四遊環을 남북으로 가로지르는 막대를 直距라고 부르는 것과 같다). 子와 午는 지평환 즉 솥전의 방위 북과 남이다. 그러므로 앞의 두 구절은 '둥근 막대를 솥전의 남북방향으로 가로질러 설치한다'는 뜻이 된다. 그러면 그 막대의 정중앙에 구멍을 뚫어 이를 햇빛의 통로로 써야한다. 그것이 구멍 竅다. 그 구멍이 막대를 돌릴 때 따라서 '꺾여 돈다[拗回]'는 것은 막대의 방향과 구멍의 방향이 다르기 때문이다. 그리하여 햇빛의 방향과 구멍의 방향이 맞으면 해그림자가 솥바닥에 맺히게 되는데, 그 크기는 3mm정도일 것이다. 그러므로 그 점의 크기가 '겨자씨 같다[芥然]'라고 한 것이다. 이렇게 구멍을 '뚫고 들어온 햇빛이 밝기[透日明]' 때문에, 솥바닥에 새긴 눈금으로부터 '각과 분을 소소하게[刻分昭昭]' 읽어낼 수 있는 것이다. 이렇게 해석하면 의미가 순통하며, 확실히 세종 때의 앙부일구는 현재 볼 수 있는 보물 앙부일구의 영침과는 다른 구조를 가지고 있었다는 것이 된다. 이를 뒷받침하는 간접증거가 다음에 보는 元의 仰儀의 구조다. 즉 세종 때의 앙부일구는, 원나라의 앙의처럼, '겨자씨 구멍'을 가졌다는 것이다.

이에 대응하는 『원사』의 〈仰儀銘〉의 부분은 다음과 같다.

'衡竿加卦, 巽坤內也. 以負縮竿, 子午對也. 首旋璣板, 竅納芥也. 上下懸直, 與鏦會也. 視日透光, 何度在也.'

천구를 본떠서 만든 앙부 내지 앙의의 구조에서 매우 중요한 것은, 일광이 정확히 천구의 중심을 통과하도록 해야 한다는 점이다. 그 천구의 중심은 솥전의 남북 즉 子와 午를 잇는 선분의 중점이다. 의기에 해그림자를 만드는 광선이 그 점을 통과하는 것이 중요한 것이다. 이 광선을 얻기 위하여, 보물 앙부일구는 영침 끝이 그 자리에 오게 했고, 元의 앙의는 그 자리에 겨자씨구멍을 뚫은 것이다.

먼저 앙의의 겨자씨구멍의 설명을 보자. 그 위치를 튼튼히 보장하기 위해서 앙의에서는 두 개의 竿을 사용한다. 먼저 동남과 서남 두 방향 즉 巽과 坤의 안쪽에 가로로 衡竿 즉 가로막대를 설치하여 主竿인 縮竿 즉 세로막대를 튼튼히 짚어질 수 있게 한다. 그리고 縮竿은 남북방향 즉 子午를 마주보고 있다. 그런데 이 縮竿은 솥을 가로지를 만큼 길지 않다. 그러면 얼마나 짧은가? 그 縮竿의 머리에 旋回할 수 있는 璣板을 달고, 거기에 겨자씨가 들어갈 만한 구멍을 뚫되, 그 구멍에서 내린 연직선 즉 懸直이, 천구의 天底에 해당하는 솥바닥의 점 즉 鐓(퇴)와 만날 정도다. 그러므로 璣板을 제외한 縮竿의 길이는 솥의 반지름보다 짧다(〈앙의명〉에서는 그 반지름을 6尺이라고 하고 있다).

지름이 12척이나 되는 큰 솥인데, 기판의 구멍은 왜 겨자씨만할까? 구멍이 작을수록 밑에 맺히는 상이 또렷해지기 때문이다. 바늘구멍 사진기의 원리가 여기서도 사용되고 있는 것이다. 이 정도의 작은 크기의 구멍이라면, 그 구멍을 뚫고 들어온 광선을 솥바닥에서 관측함으로써 눈금을 정확히 읽어낼 수 있고[視日透光, 何度在也], 일식 때는 해가 이지러지는 모습을 솥바닥에서 관측할 수 있었을 것이다. 또 璣板은 충분히 얇았겠지만, 그 두께로 인하여 광선의 투과가 방해받는 것을 회피하기 위하여, 기판이 선회할 수 있게 하였다. 즉 기판과 광선이 직각을 이루도록 돌려서 조정하면, 광선은 거침없이 솥바닥까지 도달할 수 있기 때문이다. 首旋璣板이란 표현은 이 사실을 뒷받침한다.

겨자씨구멍을 쓴 두 예를 든다. 하나는 인도 자이푸르의 앙의고 또 하나는 미국에 현존하는 현대적 해시계다.

(1) 자이푸르 앙의

이 앙의는 작은 네모판의 가운데에 겨자씨구멍을 뚫고, 그 네모 판의 네 귀퉁이에 끈을 매어 앙의의 동서남북 네 솥가장자리에 고정시켜, 그 구멍이 천구의 중심에 오게 했다.

이 앙의는 『원사』의 앙의보다 더 크다. 표의 위치가 천구의 중심에 정확히 오도록 하기 위하여, 이 앙의는 실끈을 사용하고 있다. 자오를 잇는 실끈과 묘유를 잇는 실끈, 이렇게 두 실끈을 팽팽히 당기면, 그 교차점이 천구의 중심이 된다는 원리를 이용하고 있다. 사진에서 보듯이 교차점에는 약간의 장치를 더했다. 즉 작은 구멍이 뚫린 불투명 평판 네 귀퉁이를 이 실끈들이 잡아당기도록 되어 있는 것이다. 그리하여 해그림자가 앙의 바닥에 그림자를 드리울 때, 바늘구멍 사진기의 원리에 따라 선명한 상이 맺히도록 고안하고 있는 것이다. 그림은 바닥에 맺힌 그림자를 보여주고 있다.

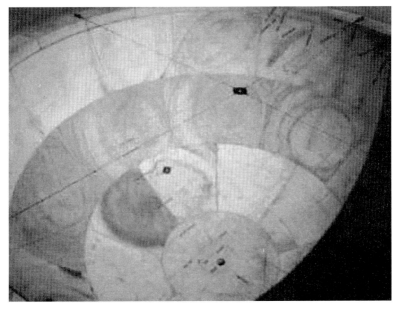

인도 자이푸르 仰儀의 表의 디자인

(2) 리버사이드 해시계

앙의와 매우 비슷한 원통해시계가 리버사이드에 있다. 이 해시계는 북극과 남극을 관통하는 둥근 쇠막대기의 중간에 동전모양의 원반을 설치하고 원반 가운데의 겨자씨구멍이 천구의 중심에 오도록 되어 있다.

리버사이드 해시계
이 그림의 영침자리에 작고 동그란 빛구멍이 보인다.

(3) '세종대 앙부일구' 복원을 위한 참고사항

앞에서 소개한 '세종대 앙부일구 복원시도품'이 실제 앙부일구의 특징을 충분히 반영하지 못한 점 몇 가지를 지적함으로써, 앞으로의 복원 노력에 참고가 되기를 바란다.

① 시각 배정

당시 시각법은 100각 12시다. 그러므로 적도를 50각으로 나누고, 이를 6시에 배정해야 한다. 매문정의 〈앙의명 주〉를 참고로 제시한다.

仰儀赤道乃地平下半周 故列刻五十配六時也. 六時者 起卯正初刻畢酉初四刻皆晝時. 仰儀赤道半周居地平下 而紀晝時者, 日光所射必在其衝也. 日在卯光必射酉 日在午光必射子. 餘時亦皆若是.

여기서 6시란 시간은, 묘정초각(卯正初刻)에서 시작하여 유초사각(酉初四刻)에서 끝나는 시간으로, 모두 낮 시간이다. 이는 현행 24시간제로는 낮의 12시간을 말하는데, 아침 6시에서 저녁 18시 사이를 말한다. 18시면 유정인데, 유초4각이라고 한 이유는 무엇일까? 유초초각, 유초1각 유초2각, 유초3각은 온전한 刻이지만, 유초4각은 온전하지 못한 각이다. 온전한 각의 6분의 1에 불과하다. 이 초4각을 초각의 마지막 '순간'으로 이해한 듯하다. 또 알 수 있는 것은, 이 앙의는 現傳 앙부일구가 96각의 반인 48각으로 나눈 것과 확실히 달랐다는 것이다. 그리고 失傳인 세종 때 앙부일구도 50각으로 나누었을 것이라는 추론이 가능한 것이다.

② 표의 모양

표의 모양은 이런 모양이 아니었을 것이다. 자오 지름 사이를 둥근 막대로 가로지르고 막대를 돌릴 수 있게 되었으며, 둥근 막대

가운데는 넓적하게 하여 가운데에 겨자씨구멍을 뚫었음을 김돈의
〈앙부일구명〉에서 알 수 있다.

6) 표의 디자인에 관한 보주

표끝이 천구의 중심에 정확히 오도록 하는 일이 이처럼 핵심적
중요성을 가지기 때문에, 앙부일구 내지 앙의의 제작자들은 여러
가지 궁리를 하였다. 『원사』의 앙의에서는 그 위치에 겨자씨만한
구멍을 설치하는 생각을 했고, 세종대의 앙부일구 역시 구멍을 설
치하였다. 인도 자이푸르 앙의도 구멍이다. '보물 앙부일구'의 '송
곳끝' 아이디어는 이런 의미에서 독특하고 독창적이다.

표끝의 디자인뿐 아니라, 그 위치의 안정성/복원성을 확보하기
위한 노력도 눈여겨볼만하다. 『원사』 앙의는 반을 가로지르는 막대
기를 썼고, 세종 때는 완전히 가로지르는 막대기를 썼다. 후자가 더
안정적임은 말할 필요가 없다. 인도 자이푸르 앙의는 '十' 자로 가
로지르는 실을 썼다. 위치가 흐트러지는 경우 재빨리 원상으로 회
복하는 복원력이 우수한 방법이다. '송곳끝' 아이디어는 안정성에
서 우수하다.

7) 표끝의 새로운 디자인 제안

표끝 디자인의 핵심은 위치 확보와 그 해그림자의 可讀性에 있
다. 그림자를 보고 태양 위치를 읽어낼 수 있어야 한다. 눈으로 보
는 태양의 크기는 지름각도 32분이다. 그 크기를 고려하여 '점의
그림자'냐 '구멍의 그림자'냐를 따져볼 필요가 있다.

구멍이 아무리 작아도 구멍을 통과한 태양의 그림자는 일정한
크기보다 줄지 않는다. 태양의 지름각도가 32분이나 되기 때문이

다. 이는 100분의 1라디안 정도이기 때문에, 구멍이 아무리 작아도, 30cm 떨어진 곳에는 지름 3mm정도의 해그림자가 생긴다. 어느 정도까지는 구멍이 클수록 그림자가 밝아질 뿐이다.

　이것은 표끝이 송곳처럼 생길 때도 적용된다. 끝이 아무리 뾰족해도 그림자가 표족하게 생기는 것은 아니다. 송곳 끝에서 30cm 떨어진 곳의 날카로운 송곳끝의 그림자는 아무리 날카로워도 3mm정도 번진다. 끝이 뭉툭하다고 그림자가 더 뭉툭해지는 것은 아니다.

　그러면 끝을 일부러 뭉툭하게 만들면 어떨까? 그것은 좋은 아이디어일 수 있다. 끝을 뾰족하게 만드는 것이 아니라 지름 7mm정도의 구슬모양으로 만든다고 생각해 보자. 그러면 구슬 가장자리의 그림자도 번져서 구슬 안쪽으로 3mm정도 들어가 그림자를 흐릿하게 할 것이다. 그러면 구슬 그림자는 가장자리 3mm 정도까지는 빛이 어느 정도 들어오고, 전혀 들어오지 않는 부분은 가운데 지름 1mm정도의 원뿐이다. 그곳만 뚜렷한 그림자가 생긴다. 그렇다면 뾰족한 표끝의 경우보다 7mm정도의 구슬모양의 표끝이 더 선명한 그림자를 드리우는 것이 되고, 해그림자의 가독성도 높아지는 것이 된다.

　'표끝을 작은 구슬모양으로, 그리고 원하는 표끝의 위치에 구슬의 중심이 오도록' 하는 생각은 앙부일구의 표끝 디자인에 좋은 아이디어 아닐까?

8) 중국의 앙의 복원

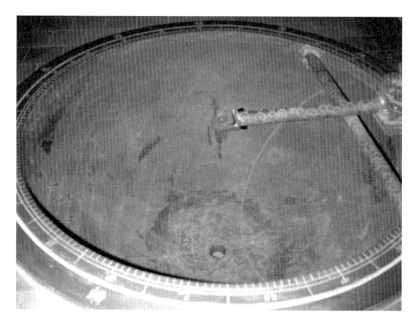

중국 '앙의'의 복원품
『전통해시계의 제작기술과 교육활용』(2013)에서 재인용

북경고관상대에 복원 전시되어 있다는 元대 仰儀 복원품 사진이다. 비스듬히 우상향하는 곡선 13개는 24절기선일 듯하나, 간격이 정밀하게 작도되지 않았다. 가운데 오른쪽의 남극에서 방사상으로 그려진 곡선들이 시각선이라면, 12시간제 하에서 등각으로 12선이 그려져야 할 것인데, 정밀하게 그려져 있지 않다. 가장자리의 눈금을 10도씩 구획지은 것도 이상하다. 주천도 360도라면, 15도씩 끊어야 24방위를 나낼 수 있기 때문이다.

表끝의 機板은 회전할 수 있게 되어 있다. 그러나 회전이 필요하다면 그것은 해를 따라가기 위한 것인데, 구조가 해를 따라가게 되어있지 않다. 전체적으로 볼 때 매우 부실한 복원품이다.

(1) 중국의 앙의 모식도

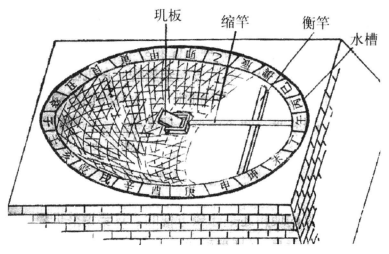

중국 「앙의」의 구조도(王德昌 등(2006)의 그림)
『전통해시계의 제작기술과 교육활용』(2013)에서 재인용

대원을 따라서 24방위가 표시되어 있다. 이것은 지평좌표의 지평이 대원이기 때문이다. 경위선이 혼란스럽다. 그러나 이는 〈앙의명〉의 직탁(直度), 사탁(斜度)을 충실히 따르려고 하는 과정에서 온 혼란인 듯하다. 직탁이란 지평좌표의 경위선을 말하고, 사탁이란 적도좌표의 경위선을 말한다. 직탁의 중심은 앙의의 중심 즉 천구의 천저다. 여기서 방사상으로 지평좌표의 경선이 그려진다. 지평좌표의 위선은 지평환에 해당하는 대원과 동심원을 그리며, 중심으로 갈수록 작아지는 원이다. 적도좌표인 사탁의 중심은 천구의 남극이다. 여기서 방사상으로 적도좌표의 경선이 그려진다. 이것은 시각선이기도 하다. 적도좌표의 위선은 천구의 적도환에 해당하는 대원이 24방위의 묘유를 잇는 반원으로 그려지고, 이 대원과 동심원을 그리며, 양극으로 갈수록 작아지는 원이다. 적도 상하 23.5도 사이에는 계절위선이 그려질 수 있으나, 이 구조도에는 그 시도가

보이지 않는다.

기판을 받치는 衡竿(=횡간, 가로막대)과 縮竿(=직간, 세로막대)은 〈앙의명〉의 설명을 따르려고 노력하였다. 즉 가로막대는 巽-坤 간에 솥전보다 약간 아래에 설치하여 그 위에 설치되는 세로막대의 높이가 솥전과 같아지도록 하는 배려했다. 그러나 세로막대와 기판의 설계는 그렇지 못하다. 〈앙의명〉에, '末旋機板, 釁納芥也'라고 된 표현을 매문정은 다음과 같이 해석했다.

直竿必圓 取其可以旋轉 而竿末則方 其形類板. 板之心爲圓竅 甚小僅可容芥子.

직간 즉 세로막대는 둥글다는 것이다. 그래야 돌릴 수 있기 때문이라는데, 돌리는 방향이 그림과 다름을 알 수 있다. 세로막대를 돌린다는 것은 동서로 돌리는 것인데 그림에서는 기판을 남북으로 돌리는 것으로 생각했다. 어느 쪽이 옳을까? 매문정이 옳다. 해는 매일 동서로 180도 돌지만 남북으로는 1년에 2x23.5=47도 돌 뿐이다. 그러므로 기판을 충분히 얇게 하면, 남북으로는 돌릴 필요가 없다. 그러나 동서로는 돌려주어야 한다. 매문정은 기판의 형태도 달리 설명하고 있다. '竿末則方 其形類板'이라는 것이다. 둥근 막대기의 끝을 두드려서 평평하고 네모난 판 모양이 되게 한다는 것이다. 그리고 기판에 겨자씨만한 구멍을 뚫되, 그 구멍의 직하가 '천저'와 일치하도록 한다는 것이다. 그러면 세로막대기를 돌려 그 구멍으로 들어오는 햇빛이 판면에 똑바로 비추게 할 수 있는 것이다. 얼마나 구조가 간단한가? 반면에 이 그림의 기판은 얼마나 구조가 복잡하고 불합리한가? 그러나 이 중도반단의 세로막대 구조는 안정성이 떨어진다. 막대를 조금만 건드려도 위치가 바뀌기 때문이다. 이 그림은 축간이 이처럼 중도반단이 되어 있으나, 세종 때의 〈앙부일구명)을 보면 '經設圓距, 子對午也. 竅隨拗回, 點芥然也'라 하였다. 즉, '子午 간 지름을 가로질러서 둥근 막대를 설치한다'고 되어 있고, '겨자씨만한 구멍이 꺾여 돈다'고 하고 있다. 그러므로 그 구멍 주변은 둥근 막대를 넓적하게 하였을 것임은 의심의 여지가 없다. 이런 구조가 훨씬 안정성이 높을 것임은 자명하다. 현전하는 조선 후기의 '앙부일구'는 더욱 안정적인 구조로 진화되었다. 자이푸르의 '앙의'는 자오, 묘유를 잇는 직교하는 두 실끈으로 안정적이고 복원력 있는 기판을 설계하고 있다.

2. 簡儀

간의는 적도좌표와 지평좌표를 따로따로 정밀 관측할 수 있도록 제작된 천문의기다. 원나라 곽수경의 창작품이다. 『원사』에 자세한 설명이 나와 있다. 곽수경의 실물은 전해지지 않고, 명대의 복원품이 전해진다. 세종대에는 『원사』의 설명에 따라 간의가 제작되고 간의를 더 간략화한 '소간의'도 제작되었다. 모두 실물은 전해지지 않는다. 여러 복원 시도가 있다. 간의의 내용은 『원사』의 기술이 기본이다. 그리고 매문정의 훌륭한 보주가 전해진다. 『국조역상고』에서도 이를 전재하면서 내용을 이해하려고 노력했다. 이 글에서는, 현 시점에서도, 『원사』와 매문정을 올바로 이해하는 일이 우선이라고 생각되어, 이를 정확하게 이해하려고 노력했다. 그 과정에서, 특히 '정극환' 내지 후극체계에 대한 보다 정확한 이해가 필요함을 강조하였다.

1) '簡儀'라는 의기

簡儀는 적도좌표와 지평좌표를 따로따로 관측할 수 있는 의기다. 簡儀라는 말은, 영어로 Simplified instrument라고 번역하듯이 渾儀를 간략화한 의기다. 渾儀는 전체가 천구를 닮은 의기로, 적도좌표 지평좌표를 관측하려면, 서로 얽혀서 관측에 어려움이 많았다. 원의 곽수경이 간의를 만들어 이 문제를 해결했다. 세종도 이 의기의 장점을 알기 때문에, 모든 천문의기의 머리에 이 의기를 놓았다.

곽수경이 만든 간의는 전해지지 않고, 명나라 때 만든 의기가 남아 있다. 세종 때 만든 간의도 남아있지 않기 때문에, 명나라의 유물과 『원사』의 기록을 참고하여, 세종 때의 간의를 복원하는 시도가 있어 왔다.

2) 간의의 구조

아래 그림은 니덤이 파악한 간의의 구조다(규격은 모두 『원사』의 것으로, 단위는 '寸'으로 통일했다. 니덤은 1촌=2.45cm로 보았으나, 세종의 간의를 이야기할 때는 주척1촌=2.08cm로 볼 수 있다).

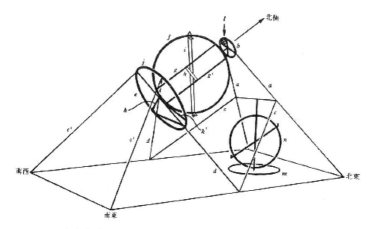

니덤의 *Science and Civilisation in China Vol.3*의 그림

6주초의 위치   남동-중동-북동 = 巽-卯-艮

남서-중서-북서 = 坤-酉-乾

곽수경의 簡儀를 남동(손)방향에서 바라본 그림이다(단위 : 寸=2.45cm.).

a, a' : 北極雲架;

b : 上規, 지름=24촌;

c, c' : 龍柱

d, d' : 南極雲架

e : 百刻環(고정), 지름=64촌, 12시와 100각의 눈금 외에 1각을 36으로 분할.

f : 四游雙環(가동), 지름=60촌, 적위 관측용.

g g' : 直距

h : 橫關, 變形防止具

i : 窺衡=望筒=直徑알리다드, 길이=58촌, 양끝=圭首, 뾰족한 머리. 양 끝
에 橫耳가 있어, 구멍으로 천체를 관측.

j : 赤道環(가동), 지름=60촌, 도와 분의 눈금, 28宿의 경계가 새겨져
있다.

k k' : 界衡 2개, 규형의 망통 대신 실끈으로 적경을 측정하는 장치(니덤
은 *Science and Civilisation in China*에서의 계형의 잘못된 설명을, 뒤
에 나온 책 『Needham et al.(1986)』에서 수정하고 있다. 이는 그 수정
내용이다.)

l : 定極環, 지름=6도에 대응하여 약 6촌, 上規의 위쪽 象限에 내접하는
環. 十자 칸막이가 있고 그 가운데는 구멍이 있다. 그 구멍의 중심과
上規의 중심 간의 거리는 6.5촌. 천구의 부동처가 그 구멍에 오고, 극
성 즉 Polaris가 環 내부를 돌도록 설계되었다(니덤은 극성 자체의 남
중시각을 결정하기 위한 장치로 추측한다. 그러나 그럴 수는 없다). 관
측은 남극운가의 교차점 위에 청동판을 붙이고, 거기에 뚫어놓은 작은
구멍을 통하여 이루어진다. 그 구멍과 중심축 간의 거리는 역시 6.5촌
이다. 이 구멍에서 보는 정극환의 지름은 6도 강이다.

m : 陰緯環(고정), 지름=60촌보다 짧다. 雙環. 지평좌표인 방위의 측정용
의 環. 立運環의 望筒을 쓴다.

n : 立運環(가동), 지름=60촌보다 짧다. 지평좌표인 고도의 측정용의 環.
望筒을 쓴다.

간의의 설치에서 중요한 것은 수평과 방위와 관측지의 위도를
정확히 맞추는 일이다. 수평을 잡기 위해서는 도랑과 못을 만들어,

물의 수평을 이용한다. 방위를 위해서는 正方案과 定極環을 사용한다(『원사』에는 정방안에 관한 언급이 있으나, 니덤의 그림에는 없다). 정극환은 천구의 남극과 북극을 잇는 극선을 관측하기 위한 장치로, 관측지의 위도가 북극출지와 같다는 성질을 이용한다.

(1) 지평좌표 측정장치 : 陰緯環(固定)과 立運環(可動)

천체의 지평좌표 즉 방위 a와 지평고도 e를 측정하기 위한 장치다. 음위환은 절대수평을 유지해야 하는 環이고, 입운환은 절대수직을 유지하면서 可動해야 하는 즉 旋轉해야 하는 環이다. 이 두 환의 설치를 위해서는 수평을 잡는 일이 중요하다. 음위환에는 방위눈금, 입운환에는 지평고도눈금이 새겨진다. 望筒으로 천체의 지평좌표를 관측한다.

(2) 적도좌표 측정장치 : 百刻環(고정), 赤道環(가동), 四游雙環(가동)

천체의 적도좌표 즉 적도경도 τ와 a, 그리고 위도 δ를 측정하기 위한 장치다. 적도경도를 측정하기 위해서 백각환과 적도환은 둘 다 천구의 적도면과 평행해야 하고, 사유쌍환은 적도면과 수직이어야 한다. 다시 말하면 가동의 사유환 회전축은 극선과 평행이어야 한다. 즉, 이 환의 설치를 위해서는 극선을 알아내는 것이 중요하다. 그리고 이를 위한 장치가 定極環 내지 候極體系다. 적도경도의 측정을 위해서 두 개의 환을 마련한 이유는 중국의 주천도체계와 시간측정체계가 간단히 연결되지 않기 때문이다. 백각환은 12시 24소시 100각, 3600분 등의 눈금을 표시해야 하고, 적도환은 1주천 $=365\frac{1}{4}$일도, 1461분, 28수의 경계 등의 눈금을 표시해야 한다.

(3) 候極體系/定極環

사유雙환의 축이 극축과 평행한 상태를 만들어주기 위한 장치다. 그러므로 후극체계에는 망원경의 對物렌즈에 해당하는 定極環과 接眼렌즈에 해당하는 接眼孔이 있다.

곽수경의 시대에는 북극에 뚜렷한 별이 없었다. 9世紀 頃의 '북극성'이었던 '天樞星'도 이미 북극에서 2도 정도 떨어져 있고, 그보다 밝은 Polaris는 북극에서 3도 가량 떨어져 있었던 것이다. 그러므로 곽수경은 Polaris의 일주운동의 궤도를 관측하여, 그 궤도원의 중심을 식별하고자 했다. 그 결과물로 나타난 것이 간의의 '候極體系'다. 즉 극선을 식별하기 위한 체계다.

곽수경은 Polaris가 環의 내부를 꽉 차게 도는 모습을 상상했다. 그리고 그것을 바라보는 接眼孔은 사유雙환의 지름 60寸만큼 정극환에서 떨어져 있는 상황을 상상했다. 그러면 정극환의 지름은 얼마여야 할까? 각도의 크기를 나타낼 때는 1원주를 360도로, 또는 $365\frac{1}{4}$일도로 하는 도수를 생각할 수 있다. 그러나 각도를 길이로 나타내는 것이 편리할 때가 많아서, 단위원의 원주각을 그 둘레의 길이인 π로 나타내는 것이 편리할 때가 많다.

반지름과 길이가 같은 호의 호도 radian으로 나타낸 각은 1라디안 즉 1rad이다. 이를 각도로 나타내면 57도 가량이다.

곽수경도 그런 생각을 한 것 같다. 그는 자기가 요구하는 정극환의 지름이 약 0.1rad이라고 생각했다. 그런데 접안공까지의 거리가 60촌이므로, 정극환의 지름은

$$60촌 \times 0.1 = 6촌$$

즉 그는 요구되는 각도 6도에 대응하는 정극환의 지름이 약 6寸이라고 말하고 있는 것이다.

그러면 이런 候極장치를 어디에 설치하는가? 사유환의 회전축의 중심에서 6.5촌 떨어진 곳이다. 즉 대물렌즈에 해당하는 정극환의

중심을 사유환 회전축 북쪽 중심에서 6.5촌 상방에 오게 하고, 접안
렌즈에 해당하는 접안공의 중심을 사유환 회전축 남쪽 중심에서
6.5촌 상방에 오게 한다는 것이다. 이렇게 하면 정극환과 접안공의
축이 사유환의 축과 평행하게 된다. 이제 관측에 의하여 정극환과
접안공의 축이 극축과 평행하게 되면, 사유환의 축 역시 극축과 평
행하게 되는 것이다. 이상이 간의의 후극체계의 작동원리다.

(4) 사유환과 적도환을 이용한 천문의 관측

적도위도 δ의 관측

四遊環은 글자 그대로 상하좌우로 규형을 맘대로 움직여 천문을
관측할 수 있는 구조다. 즉, 사유환 자체를 동서로 돌리고, 규형은
남북으로 오르고 내려, 천체의 거극도 즉 적도위도를 측정한다. 去
極度의 눈금은 사유환 자체에 새겨져 있다.

적도경도 α의 관측

적도환에는 주천도수와 함께 28수의 경계가 모두 새겨져 있다.
사유환과 규형으로 28수의 距星 중의 하나, 즉 列舍距星 중의 하나
를 지목한다. 또는, 한 계형의 두 실끈을 마주보며, 열사거성 중의
하나를 지목한다. 적도경도를 돌려, 적도경도에 표시된 그 거성의
적도경도와 그 거성의 지목된 경도를 맞춘다. 다른 계형의 두 실끈
을 마주보며, 모든 日月五星 中外官의 入宿度(즉 그 지목된 거성으
로부터 떨어진 적도경도의 크기)를 측정한다. 거성의 적도경도를
관측하는 데는 사유환을 쓸 수도 있고, 계형을 쓸 수도 있다. 그러
나 간의에서는 계형을 쓰는 편이 편리하다고 생각하고 있는 듯하
다. 적도경도 중 α를 측정하는 것은 적도환에 이미 새겨둔 특정 거

성의 눈금이다. 적도경도 중 τ를 측정하는 것은 시각을 측정하는 문제이므로, 다음에서 보듯이 백각환을 이용한다.

(5) 백각환을 이용한 시각의 측정

낮 시각의 측정

낮 시각을 측정하려면, 우선 한 계형의 두 실끈이 태양과 마주보게 맞춘다. 그러면 그 때 그 계형 아래의 백각환의 눈금이 바로 그 때의 낮 시각을 나타낸다.

밤 시각의 측정

밤 시각의 측정에 관해서 『원사』는 백각환과 별을 이용한다는 말만 전하고 있을 뿐 구체적인 방법의 언급이 없다. 세종 때의 '일성정시의'를 참고하면, 아마도 可動의 적도환을 쓰지 않았을까? 일성정시의를 참고하여 밤 시각의 측정방법을 다음과 같이 추측해 볼 수 있다.

① 우선 외부의 자료를 이용하여 기준시각, 예컨대 '冬至初日晨前子正'의 순간을 정한다.
② 다음 그 기준시각에 특정 별의 경도 τ를 관측한다. '특정 별'이란 일년 내내 쉽게 관측할 수 있는 별이 좋다. 日星定時儀에서는 그런 별로 북극 근처의 '北極第二星' 즉 '帝星'을 선택하고 있다. 여기서도 그 특정 별이 '제성'이라고 상정하자.
③ 그 기준시각에 적도환의 0점을 제성의 적도경도 τ에 맞추고, 적도환의 눈금 중 백각환의 0점 즉 子正점과 마주하는 눈금을 찾아 표시해 놓는다.
④ 제성의 적도경도와 적도환의 0점이 계속 맞추어지도록 적도환을 돌려,

의 밤 시각이다.

⑤ 만 하루가 지난 자정에 제성은 1日度 앞서가 있다. 그러므로 적도환의
표시눈금은 자정에서 약 4분 지난 시각을 가리키게 된다. 그러므로 적
도환의 표시눈금을 뒤로 1日度 이동시켜, 새 표시눈금이 백각환의 자
정에 맞춰지도록 한다. 이러기를 매일 반복한다.

이상이 일성정시의에서 보는 바와 유사한 조정방법이다. 1년 후,
4년 후의 상황 설명은 여기서 생략한다. 특히 별을 북극제2성인 帝星
으로 삼으면, 일성정시의의 경우처럼 일 년 내내 별을 바꿀 필요가
없을 것이다. 특정 中星 또는 距星을 써서 이런 조정을 한다면, 절기
에 따라 그 中星을 바꾸어야 한다. 일 년 내내 보이는 것이 아니기
때문이다.

3) 『元史』의 簡儀 설명문

(1) 간의의 전체구조

簡儀之制, 四方為趺, 縱一丈八尺(180寸), 三分去一以為廣(120寸). 趺面
上廣六寸(6寸), 下廣八寸(8寸), 厚如上廣. 中布橫軱三 縱軱三. 南二, 北
抵南軱 ; 北一, 南抵中軱. 趺面四周為水渠, 深一寸(1寸), 廣加五分(1.5
寸). 四隅為礎, 出趺面內外各二寸(2寸). 繞礎為渠, 深廣皆一寸(1寸), 與
四周渠相灌通. 又為礎於卯酉位, 廣加四維, 長加廣三之二, 水渠亦如之.
간의의 사방에 받침틀 趺가 있다. 남북이 180촌, 동서가 120촌의 직사각
형이다. 받침틀의 趺面 윗너비는 6촌, 아랫너비는 8촌이고, 두께는 6촌이
다. 받침틀로 둘러싸인 중간에는 가로지름대인 橫軱이 셋 있다. 즉 북광
중광 남광이다. 또 세로지름대 종광이 셋 있다. 그런데 종광은 짧아서 남

쪽 둘은 남광까지만 이르고, 북쪽 하나는 중광까지만 이른다. 받침틀 네 둘레에는 물도랑이 있다. 깊이가 1촌 너비가 1.5촌이다. 네 귀퉁이에는 주초가 있다. 跌面 내외 각 2촌이다. 주초 위에도 물도랑이 있는데, 깊이와 가 모두 1촌씩이다. 네 둘레의 도랑이 모두 연결된다. 또 中東 中西에도 주초가 있다. 너비는 사유를 더하고, 길이는 너비의 3분의 2를 더한다. 물도랑 역시 같다.

(2) 북극운가

北極雲架柱二, 徑四寸(4寸), 長一丈二尺八寸(128寸). 下爲鰲雲, 植於乾艮二隅礎上, 左右內向, 其勢斜准赤道, 合貫上規. 規環徑二尺四寸(24寸), 廣一寸五分(1.5寸), 厚倍之(3寸). 中爲距, 相交爲斜十字, 廣厚如規. 中心爲竅, 上廣五分(0.5寸), 方一寸有半(1.5寸), 下二寸五分(2.5寸), 方一寸(1寸), 以受北極樞軸. 自雲架柱斜上, 去跌面七尺二寸(72寸), 爲橫軏. 自軏心上至竅心六尺八寸(68寸). 又爲龍柱二, 植於卯酉礎中分之北, 皆飾以龍, 下爲山形, 北向斜植, 以柱北架.

북극운가는 기둥이 둘이다. 지름이 4촌, 길이가 128촌이다. 아래는 오운으로 장식한다. 곤손 두 귀퉁이가 주초 위에 심는다. 좌우 내향하게 하고, 그 자세는 적도에 맞추어 기울어 져서 합하여 上規를 관통한다. 상규의 환은 지름이 24촌, 너비 1.5촌, 두께 3촌이다. 가운데는 距가 있어, 斜十字로 서로 교차한다. 距의 너비 두께는 規와 같다. 거의 중심은 구멍이다. 구멍의 윗너비는 0.5촌, 方은 1.5촌이고, 아랫너비는 2.5촌, 方은 1촌이다. 이 구멍은 북극추축을 받는다. 운가기둥을 비스듬히 올라가 부면에서 72촌 떨어진 곳에 횡광을 설치한다. 軏心에서 竅心까지는 68촌이다.

【필자 주】북극운가의 길이는 128촌, 그에 상규의 지름 24촌이 이어진다. 그러므로 상규의 중심은 부면에서 128+12=140촌 되는 지점에 있다. 횡광은 (더 정확하게는 횡광 단면원의 중심인 광심은)

받침에서 72촌 떨어져 있다. 그러므로 광심에서 상규 중심인 교심까지의 거리는 140-72=68촌이다. 즉 이 글에서 주장하는 값과 같다.

또 용주 둘을 심는다. 묘유 주초를 중분한 북쪽에 심는데, 두 기둥 모두 용으로 장식하고, 아래는 山形이다. 북향으로 기울게 심어, 북가를 버틴다.

【필자 주】부면에서 횡광까지의 높이는 72×sin(50도)=55촌밖에 안 되는데, 그 아래에 입운환을 어떻게 설치할까? 그 답은 입운환의 지름이 60촌보다 작다는 것이다. 『원사』에는 입운환 음위환의 지름에 대한 언급이 없다. 명대의 복원품에서 입운환 음위환의 지름은 작다.

(3) 남극운가

南極雲架柱二, 植於卯酉礎中分之南, 廣厚形制, 一如北架. 斜向坤巽二隅, 相交爲十字, 其上與百刻環邊齊, 在辰巳 未申之間, 南傾之勢准赤道, 各長一丈一尺五寸(115寸). 自趺面斜上三尺八寸(38寸)爲橫軏, 以承百刻環. 下邊又爲龍柱二, 植於坤巽二隅礎上, 北向斜柱, 其端形制, 一如北柱.

남극운가는 기둥이 둘이다. 묘유주초를 중분한 남쪽에 심는다. 너비 두께 모양 모두 북가와 같다. 곤손 두 귀퉁이를 향하여 비스듬하여 서로 十자로 만나며, 기둥 위가 백각환의 변과 같게 한다. 진사 미간 사이 남쪽으로 자세를 기울여 적도에 맞춘다. 두 기둥 각각의 길이는 115촌이다. 부면에서 38촌의 위치에 횡광을 설치하여 백각환을 받치도록 한다.

【필자 주】백각환의 지름은 64촌이므로 반지름은 32촌인데 두 운가 끝과 백각환이 만난다. 그러므로 그 끝에서 32촌 되는 지점에서 90도로 즉 十자로 교차한다. 그 교차점에서 횡광까지의 거리는 115-(32+38)촌, 즉 45촌인가? 두 내각이 45도인 직각삼각형에서 직

각을 낀 변이 32촌이고, 빗변이 그 거리여야 한다. 그러므로 그 거리는 32촌/sin(45도)이고 이를 구하면 그 값은 45촌이다. 계산이 맞는다.

하변에는 또 용주 둘을, 곤손 두 귀퉁이 주초 위에 심는다. 북쪽으로 기운 기둥으로, 그 모양 등은 북주와 똑같다.

(4) 사유쌍환

四游雙環, 徑六尺(60寸), 廣二寸(2寸), 厚一寸(1寸), 中間相離一寸(1寸), 相連於子午卯酉. 當子午為圓竅, 以受南北極樞軸. 兩面皆列周天度分, 起南極, 抵北極, 余分附於北極. 去南北樞竅兩旁四寸(4寸), 各為直距, 廣厚如環. 距中心各為橫關, 東西與兩距相連, 廣厚亦如之. 關中心相連, 厚三寸(3寸), 為竅方八分(0.8寸), 以受窺衡樞軸.

사유쌍환은 지름이 60촌, 폭이 2촌, 두께가 1촌이다. 중간은 서로 1촌 떨어져 있고 자, 오, 묘, 유 네 군데에서 두 환이 서로 이어져 있다. 자와 오는 둥근 구멍이 있어, 남북극의 추축을 받는다. 쌍환 양면에는 모두 주천도분이 벌려있다. 남극에서 시작하여 북극에서 끝나는데, 여분은 북극에 붙인다.

【필자 주】 주천총도는 365.25도이므로 남극에서 북극까지는 그 반인 182.625도다. 이 가운데 0.625도를 북극에 귀속시킨다는 말이다.

남북 樞竅에서 각각 양방으로 4촌 떨어진 곳에 직거가 있다. 직거의 너비와 두께는 환의 그것과 같다. 즉 2촌과 1촌이다. 직거의 중심에는 각각 횡관이 있고, 동과 서에서 두 직거와 이어진다. 횡관의 너비와 두께도 앞의 경우와 같다. 즉 2촌과 1촌이다. 횡관의 중심은 서로 이어져 두께가 3촌이 된다. 거기에 한 변이 0.8촌인 정방형 구멍이 있다. 이 구멍은 규형의 추축을 받는다.

(5) 규형

窺衡長五尺九寸四分(59.4寸), 廣厚皆如環, 中腰為圓竅, 逕五分(0.5寸),
以受樞軸. 衡兩端為圭首, 以取中縮. 去圭首五分(0.5寸), 各為側立橫耳,
高二寸二分(2.2寸), 廣如衡面, 厚三分(0.3寸), 中為圓竅, 徑六分(0.6寸).
其中心, 上下一線界之, 以知度分.

규형의 길이는 59.4촌이고, 너비와 두께는 환과 같다. 가운데 허리에 지
름 0.5촌의 둥근 구멍이 있어서, 이 구멍이 추축을 받는다. 규형의 양단의
머리는 가운데가 뾰족한 규수로 되어 있다. 규수에서 0.5촌 떨어진 곳에
각각 횡이가 옆으로 세워져 있다. 횡이의 높이는 2.2촌이고, 너비는 형면
과 똑같고, 두께는 0.3촌이다. 횡이의 가운데에는 지름 0.6촌의 둥근 구멍
이 있다. 그리고 그 구멍의 중심에는 상하로 가는 줄이 경계를 만들고 있
다. 이 경계 줄로 도와 분을 알 수 있다.

(6) 백각환

百刻環, 徑六尺四寸(64寸), 面廣二寸(2寸), 周布十二時 百刻, 每刻作三
十六分, 厚二寸(2寸), 自半已上廣三寸(3寸). 又為十字距, 皆所以承赤道
環也. 百刻環內廣面臥施圓軸四, 使赤道環旋轉無澁滯之患. 其環陷入南
極架一寸(1寸), 仍釘之.

백각환은 지름이 64촌이고, 환면의 너비는 2촌이다. 둘레를 따라 12시와
100각이 벌려있고, 매각은 36분이다. 백각환의 두께는 2촌인데, 반 이상
부터는 너비가 3촌이다. 또 十자거가 있다. 이 모두 적도환을 싣기 위함
이다. 백각환 안의 광면에는 원주 4개를 설치한다. 적도환을 돌릴 때 삽
체지환 즉 뻑뻑함을 없애기 위함이다. 적도환은 남극운가 1촌 깊이로 함
입하고 못으로 고정한다.

(7) 적도환

赤道環, 徑廣厚皆如四游, 環面細刻列舍 周天度分. 中為十字距, 廣三寸, 中空一寸(1寸), 厚一寸(1寸). 當心為竅, 竅徑一寸(1寸), 以受南極樞軸.

적도환은 지름, 너비, 두께 모두 사유환과 같다. 한면에는 열사 즉 28수와, 주천도분이 상세히 새겨져 있다. 가운데는 十자거가 있는데 폭이 3촌이고, 가운데 1촌이 비어 있고, 두께는 1촌이다. 한가운데 구멍이 있는데, 구멍의 지름은 1촌이다. 남극추축을 받는다.

(8) 계형

界衡二, 各長五尺九寸四分(59.4寸), 廣三寸(3寸). 衡首斜剡五分(0.5寸), 刻度分以對環面. 中腰為竅, 重置赤道環 南極樞軸. 其上衡兩端, 自長竅處邊至衡首底, 厚倍之, 取二衡運轉, 皆著環面, 而無低昂之失, 且易得度分也. 二極樞軸皆以鋼鐵為之, 長六寸(6寸), 半為本, 半為軸. 本之分寸一如上規距心, 適取能容軸徑一寸(1寸). 北極軸中心為孔, 孔底橫穿, 通兩旁, 中出一線, 曲其本, 出橫孔兩旁結之. 孔中線留三分(0.3寸), 亦結之. 上下各穿一線, 貫界衡兩端, 中心為孔, 下洞衡底, 順衡中心為渠以受線, 直入內界長竅中. 至衡中腰, 復為孔, 自衡底上出結之.

계형은 두 개다. 각계형의 길이는 59.4촌, 너비는 3촌이다. 계형의 머리는 5분이 비스듬히 깎여져 있다. 새겨진 도분은 환면과 마주한다. 가운데 허리는 구멍으로 되어 있어, 적도환 남극추축에 겹쳐 놓인다. 두 계형 가운데, 위쪽 계형 즉 상형의 양 끝은, 장교처변에서 형수 바닥까지의 두께의 배가 되어, 두 계형이 돌아갈 때, 둘 다 환면에 닿게 함으로써, 높낮이 차이로 인한 저양지실을 없애고, 도분의 값을 쉽게 얻을 수 있게 했다. 남북 두 극의 추축은 모두 강철로 만들어지고, 길이는 6촌이다. 그중 반은 본이고 반은 축이다(즉 3촌은 뿌리를 박고, 3촌은 굴대로 나와 있다). 본의 분촌은 상규의 거심과 똑같고, 축의 지름 1촌을 능히 수용할 수 있게 되어 있다.

북극축 중심은 (파이프처럼) 공동으로 되어 있다. 이 공동의 바닥에는 가로로 구멍이 나 있어서, 양방으로 통할 수 있다. 그 가로구멍의 중간에서 실 한 가닥을 빼내어 그 실머리를 구부려 횡공 양방으로 빼내서 매듭을 짓는다. 공동 가운데의 실은 0.3촌을 남겨놓고 역시 매듭을 짓는다. 상하로 각각 한 줄씩 뽑아내어 계형 양단에 꿴다. 중심은 공동이고, 형저 아래는 비어 있다. 형을 따라 중심은 거가 되어 있으므로 실을 받을 수 있다. (계형 양단으로 들어온 실을) 바로 내계장교 속으로 들어오게 하여, 형의 중허리에 이르러 다시 구멍이 있으니, 그 구멍을 통하여 실을 형저로부터 위로 뽑아 올려 매듭을 짓는다.

(9) 정극환

定極環, 廣半寸(0.5寸), 厚倍之(1寸), 皆勢穹窿, 中徑六度, 度約一寸(1寸)許. 極星去不動處三度, 僅容轉周. 中爲斜十字距, 廣厚如環, 連於上規. 環距中心爲孔, 徑五厘(0.05寸). 下至北極軸心六寸五分(6.5寸), 又置銅板, 連於南極雲架之十字, 方二寸(2寸), 厚五分(0.5寸). 北面剗其中心, 存一厘(0.01寸)以爲厚, 中爲圜孔, 徑一分(0.1寸), 孔心下至南極軸心亦六寸五分(6.5寸).

정극환은 폭이 0.5촌이고, 두께가 1촌이다. 모두 궁륭의 모양을 하고 있다. 정극환의 가운데 지름은 6도다. 1도는 약 1촌이다. 극성은 부동처에서 3도 떨어져 있으므로, 정극환의 안쪽에서 가까스로 돌 수 있다. 정극환의 가운데는 비스듬한 十자거로 되어 있다. 이 十자거는 폭과 두께가 정극환의 고리와 같다. 그리고 정극환 전체는 상규와 이어져 있다. 환거의 중심은 구멍이 나 있고, 구멍의 지름은 0.05촌이다. 그 구멍의 아래로 북극축심까지는 6.5촌이다. 정극의 목적을 달성하기 위해서는 또 동판을 설치한다. 동판은 남극운가의 十자에 이어지는데, 방 2촌에 두께는 0.5촌이다. 동판의 북면은 중심을 깎아내되, 0.01촌 정도의 두께는 남겨둔다. 그리고 그 가운데에 둥근 구멍을 만드는데, 구멍의 지름은 0.1촌이다. 이 구멍의 중심에서 아래로 남극축심까지는 역시 6.5촌이다.

候極장치의 接眼孔이 없는 복원품 簡儀

上規 안의 작은 定極環이 후극장치의 對物렌즈에 해당한다면, 두 雲架의 ×자형 교차점 위에 있는 銅版의 작은 구멍은 候極장치의 接眼렌즈에 해당한다. 『元史』 에서는 이처럼 자세하게 설명해 주고 있다. 이 사진에는 이 接眼孔이 없다.

【필자 주】이 설명은 간의의 후극체계를 잘 설명해 주고 있다. 여기서 극성은 현재의 북극성인 폴라리스를 가리킨다. 당시 북극에서 3도 가량 떨어져 있었다. 이 별은 북극을 중심으로 3도를 반지름으로 일주운동을 하기 때문에, 그보다 약간 큰 환 안에서 일주운동을 할 수 있도록 '정극환'을 설계하고 있다. 이때 '북극'은 정극환의 중심이 되는 것이다. 그리하여 '북극-정극환의 중심-동판의 중심'을 잇는 직선이 사유환의 회전축 즉 極線과 평행하도록 설계하는 것이다.

(10) 음위환과 입운환

又爲環二 : 其一陰緯環, 面刻方位, 取趺面縱橫軹北十字爲中心, 臥置之. 其一日立運環, 面刻度分, 施於北極雲架柱下, 當臥環中心, 上屬架之橫軹, 下抵趺軹之十字, 上下各施樞軸, 令可旋轉. 中爲直距, 當心爲竅, 以施窺衡, 令可俯仰, 用窺日月星辰出地度分.

또 환이 두 개 더 있다. 하나는 음위환인데, 그 환면에는 방위가 새겨진다. 부면을 종횡하는 받침대의 북十자가 은위환의 중심이 된다. 그 중심에 환을 뉘어 설치한다. 또 하나는 입운환이다. 환면에는 도분이 새겨진다. 북극운가의 기둥 아래 설치하여, 누운 음위환 중심과 맞춘다. 위는 운가의 가로 받침대에 잇고, 아래는 바닥 받침대 十자에 올린다. 위 아래에는 각각 추축이 있어, 旋轉할 수 있게 한다. 가운데는 세로로 직거가 있고, 직거의 한가운데에 구멍이 있다. 여기에 규형을 설치하여, 규형이 俯仰할 수 있게 한다. 이 규형을 써서 일월성진의 출지도분을 관측한다.

(11) 사유환과 적도환을 이용한 천문의 관측

又四游環, 東西運轉, 南北低昂, 凡七政　列舍　中外官去極度分皆測之. 赤道環旋轉, 與列舍距星相當, 卽轉界衡使兩線相對, 凡日月五星　中外官入宿度分皆測之.

사유환 자체를 동서로 돌리고, 규형은 남북으로 오르고 내려, 천체의 거극도분 즉 적위도를 측정한다. 적도환을 돌려, 한 계형의 양쪽 실끈으로 맞춘 열사거성의 경도와 적도환에 표시된 열사거성의 도수를 맞춘다. 다른 계형의 양쪽 실끈으로 일월오성 중외관의 입수도(즉 거성으로부터 떨어진 적경의 크기)를 측정한다.

(12) 백각환을 이용한 시각의 측정

百刻環, 轉界衡令兩線與日相對, 其下直時刻, 則晝刻也, 夜則以星定之. 比舊儀測日月五星出沒, 而無陽經陰緯雲柱之映.

백각환으로 주간의 시와 각을 측정하려면, 한 계형의 두 실끈이 태양과 마주보게 하면, 그 바로 아래가 시와 각의 눈금이며, 그것이 낮의 시각이다. 밤에는 별을 보고 시각을 측정한다. 옛 의기로 일월오성의 출몰을 측정할 때와 비교하면, 양경 음위 운주의 비춤이 없다.

자금산의 신복원 간의(적도좌표 계열)

사유환과 적도환/백각환과 계형이다. 계형의 실은 매어져 있지 않다. 두 계형은 두께가 달라 위의 것의 끝은 아래 것의 2배다. 아래 것은 뭉툭하고 짧으며 위의 것은 길고 뾰족하다. 그리고 끝부분이 아래로 내려와 있어서, 주천도수를 읽을 수 있다. 사유환에 연결된 비스듬한 막대기는 백각환의 시각을 읽도록 되어 있다. 적도환은 可動環인데, 그 용도에 관해서는 명시적으로 언급된 바가 '어디에도' 없다. 이는 분명히 별시계용일 것이다. 매일 1도씩 적도환을 움직여 밤 시각을 읽을 수 있지 않았을까?

자금산 간의의 정방안
해시계로 대치되어 있다.

자금산의 신복원 간의(지평 계열)

입운환이 사유환과 마찬가지로 쌍환으로 되어 있다. 입운환을 돌려서 특정 천체의 지평경도를 측정하고, 망통을 아래위로 움직여서 지평위도를 측정한다. 입운환과 함께 도는 비스듬한 막대 지침은 지평경도를 읽는 데 쓰인다. 입운환의 '가로'막대는 『원사』에 의하면 '세로'막대가 옳다. 이치로 보더라도, 변형을 막기 위한 것이라면, 세로막대가 맞다.

명대의 구복원 간의

입운환이 사유환과 마찬가지로 쌍환으로 되어 있다. 입운환을 돌려서 특정 천체의 지평경도를 측정하고, 망통을 아래위로 움직여서 지평위도를 측정한다. (망통이 보이지 않는다.) 입운환과 함께 도는 비스듬한 막대 지침은 지평경도를 읽는 데 쓰인다. (이 역시 보이지 않는다.) 입운환의 변형방지 막대는 '가로'로 되어 있다. 『원사』의 설명과 일치한다.

4) 小簡儀

소간의는 간의를 더욱 간단하게 구조를 바꾼 의기다. 간의와 같은 용도의 의기라고 보아야 할 것이다. 그러면 과연 소간의로, 간의처럼 적도좌표와 지평좌표를 모두 관측할 수 있었을까? 지평좌표인 방위와 지평고도의 측정은 별문제가 없었을 듯하다. 다만 백각환 24소시 눈금에 방위표시가 추가되어야 할 것이다. 관측지의 중심자오선을 기준으로 하는 적도경도의 관측과 적도위도 내지 거극도의 관측도 문제가 없다. 절대 적도경도인 α의 관측은 좀 복잡할 수 있었을 것이다. 우선 적도환에 주천도 눈금뿐 아니라 28수 경계의 표시도 있어야 한다. 그리고 계형이 없기 때문에 입수도의 관측에서 간의와 같은 편리함은 기대할 수 없다.

또 의기의 자세를 바로잡는 문제, 안정성의 문제, 정확성의 문제에 있어서도 간의보다 뒤질 수밖에 없다.

(1) 『세종실록』의 〈小簡儀〉 기사

其小簡儀則藝文館大提學鄭招爲銘幷序, 曰: 唐堯馭世, 首命羲 和, 以正日晷. 由茲以降, 代各有器, 至元而備. 今上十六年秋, 命李蕆 鄭招 鄭麟趾等, 作小樣簡儀, 雖由古制, 實出新規. 趺以精銅, 緣以水渠, 以定準平, 子午斯位. 赤道一環, 面分周天度分, 東西運轉, 以測七政 中外官入宿度分. 百刻環在赤道環內, 面分十二時百刻, 晝以知日晷, 夜以定中星. 四游環持窺衡, 東西運轉, 南北低昂, 以待窺測. 乃樹以柱, 以貫三環. 斜倚之, 則四游準北極, 赤道準天腹. 直竪之, 則四維爲立運, 百刻爲陰緯. 工作甫訖, 群下請刻銘示後, 王命臣招, 臣拜獻銘. 銘曰:

'小簡儀'는 예문관대제학 鄭招가 銘을 짓고 또 序를 지었다. 그 내용은 다음과 같다.

唐堯가 세상을 다스리면서, 먼저 羲·和에게 명하여 해그림자를 바르게 하였다. 이로부터 내려오면서 왕조마다 각각 의기를 가지게 되었고, 원나라에 이르러 의기를 모두 갖추게 되었다.

우리 임금 16년(1434) 가을에 李蕆·鄭招·鄭麟趾 등에게 작은 모양의 간의를 만들도록 명하였다. 이 '소간의'는 비록 옛 제도를 참고하였으나, 실은 새로운 창작품이다. 밑받침[趺]은 精銅으로 만든다. 거기에 물도랑을 만들어서 수평을 잡을 수 있도록 하고, 남북의 방위를 바로하였다. 赤道環의 환면은 주천도분으로 나눈다. 그리고 적도환은 동서로 돌면서 七政과 中外官의 入宿度를 관측한다.

'百刻環'은 '적도환'의 안쪽에 있다. 환면은 12시와 100刻으로 나눈다. 낮에는 해시계로 쓰고, 밤에는 中星을 측정한다. 四游環에는 窺衡이 붙어 있어서, 동서로 돌고 남북으로 오르내려, 窺測할 수 있다. 기둥을 세워 세 환을 꿴다. 세 환을 꿴 기둥을 비스듬히 하면, 사유환의 자세는 북극에 맞추어지고, 적도환의 자세는 天腹 즉 하늘의 적도면에 맞추어진다. 세 환을 꿴 기둥을 곧게 세우면, 사유환은 입운환이 되고, 백각환은 음위환이 된다.

의기의 제작이 끝나갈 무렵, 여러 신하들이 銘을 새겨 후세에 전하기를 청하므로, 임금께서 臣 招에게 명하시니, 신이 절하고 명을 지어 올렸다. 그 명은 다음과 같다.

(2) 〈小簡儀銘〉

天道無爲 器且尙簡. 古之簡儀 架柱棧棧.
今玆器也 近可提携, 其入用也 同於簡儀.
蓋簡之又 簡之者也.
天道는 無爲인데, 이 의기는 더욱 더 단순.
옛 簡儀 운가 기둥 얼기설기 하였는데,

이 의기 이제 보니 손으로 옮기겠네.

그 쓰임새 말하자면, 간의와 다를 바 없네.

결국 소간의는 간의를 더욱 간단하게 만든 의기인데, 간단하게 만든 원리는 천구의 적도좌표와 지평좌표 사이의 관계를 이용한 데 있다. 적도좌표를 관측하기 위한 백각환/적도환과 사유환은, 적도와 북극에 맞추어 설치했다가, 지평좌표를 관측하기 위해서는 전자를 음위환, 후자를 입운환이 되게 각도를 바꾸어 주기만 하면 된다는 사실을 이용한 의기다. 그러므로 小簡儀에서는 이 각도를 정확하고 안정적으로 바꿀 수 있는 장치가 가장 중요할 것 같다.

그러나 지금까지 시도된 복원품을 보면, 그 자세가 매우 불안정하다. 특히 사유환의 북극을 아무런 받침 없이 노출시킨 상태에서 안정적인 자세를 기대하기는 기술적으로 불가능하게 보인다. 과연 원래 그렇게 불안한 자세였을까? 구조를 설명한 '乃樹以柱, 以貫三環'의 의미를 음미해볼 필요가 있을 것 같다.

소간의 복원품의 불안한 자세

이 복원품에는 '乃樹以柱, 以貫三環'이란 표현이 반영되지 않은 것으로 보인다. 사유환까지 三環을 하나로 꿰는 장치가 있고, 그 장치의 북쪽 끝을 받쳐주는 튼튼한 '기둥'이 있어야 하는 것 아닐까? 물론 입운환으로 쓸 때는 제거할지라도 말이다.

3. 日星定時儀와 定極環

1)『세종실록』의 日星定時儀 기사

(1) 개요

初, 上命作晝夜測候之器, 名曰日星定時儀. 至是告成凡四件, 一置內庭, 飾以雲龍; 餘三件, 但有趺以受輪柄, 植柱而捧定極環. 一賜書雲觀, 以爲占候之用; 二分賜咸吉 平安兩道節制使營, 以爲軍中警守之備. 又命承旨金墩製序銘曰:

세종 19년(1437) 초에, 임금은 주야를 가리지 않고 시간을 잴 수 있는 의기를 만들도록 명하며, 그 의기를 '日星定時儀'라 명명했다. 이리하여 일성정시의 4벌이 완성되었다. 그 하나는 궁의 內庭에 안치되었는데, 그것은 구름과 용의 무늬로 장식되었다. 나머지 셋은 다만 받침만 있어, 받침이 바퀴 자루를 받고, 바퀴 위에 기둥을 세워 定極環을 받들게 하였다. 하나는 書雲觀에 주어 관측용으로 쓰게 하고, 나머지 둘은 咸吉·平安 두 道의 節制使營에 나누어 주어서 군사들이 국경을 경비하고 지키는 데 쓰도록 하였다. 또 승지 金墩에게 명하여 序와 銘을 짓게 하니, 그 내용은 다음과 같다.

(2) 김돈의 〈日星定時儀 序〉

儀象尚矣. 自堯 舜至漢 唐, 莫不重之, 其文備見於經史. 然去古旣遠, 其法不詳. 恭惟我殿下以聖神冠古之資, 萬機之暇, 留神於天文法象之理, 凡古所謂渾儀 渾象 圭表 簡儀與夫自擊漏 小簡儀 仰釜·天平·懸珠日晷等器, 制作無遺, 其欽若昊天 開物成務之意至矣.

儀象은 옛 제도다. 요·순으로부터 한당에 이르기까지 모두 귀중히 여겨서 그 글이 經史에 갖추어 나타났으나, 예전과 시대가 멀어, 그 법이 자세하지 아니하였다. 삼가 생각하건대, 우리 전하께서는 세상에 뛰어난 聖神의 자질로, 정무를 보살피는 여가에 天文法象의 이치에 유념하시어, 예전에 이르는, 渾儀, 渾象, 圭表, 簡儀 등과 自擊漏, 小簡儀, 仰釜일구, 天平일구, 縣珠일구 등의 儀器를 빠짐없이 제작하셨으니, 그 欽若昊天 開物成務의 뜻이 지극하시었다.

(3) 주야시각 의기의 필요성

然日周有百刻, 而晝夜居半, 晝則測晷知時, 器已備矣, 至於夜則『周禮』有以星分夜之文,『元史』有以星定之之語, 而不言所以測用之術. 於是命作晝夜時刻之器, 名曰日星定時儀.

그러나 하루의 돌아감이 1백각이나, 밤과 낮으로 반씩이고, 낮에는 해그림자로 시간을 관측하는 의기가 이미 갖추어져 있다. 밤에 이르러서는 『周禮』에 별을 보고 밤 시각을 안다는 글이 있고,『元史』에도 별로써 시간을 정한다는 말이 있으나, 그 측정하는 방법은 말하지 아니하였다. 이에 전하께서 晝夜時刻을 모두 알려주는 의기를 만들라고 명하시니, 그 이름을 '日星定時儀'라 하였다.

(4) 일성정시의의 개요

其制用銅爲之, 先作輪 勢準赤道 有柄. 輪經二尺 厚四分 廣三寸, 中有十字距, 廣一寸五分, 厚如輪. 十字之中有軸, 長五分半 經二寸. 北面剜掘, 中心存一釐以爲厚. 中爲圜穴如芥. 軸以貫界衡, 穴以候星也.

그 의기는 동으로 만든다. 먼저 바퀴를 만들되, 자세를 赤道에 맞춘다. 바퀴에는 자루가 있고, 그 바퀴의 지름은 20촌, 두께는 0.4촌, 너비는 3촌이다. 바퀴의 가운데에 十字距가 있는데, 十자거의 너비는 1.5촌, 두께는 바퀴와 같이 0.4촌이다. 十자 가운데는 軸이 있는데, 축의 길이는 0.55촌이고 지름은 2촌이다. 축의 北面을 파내되, 중심에는 0.01촌의 두께를 남겨놓는다. 거기에 겨자씨만한 둥근 구멍을 낸다. 그 軸은 界衡을 꿰는데 쓰이고, 구멍은 별을 관측하는데 쓰인다.

(5) 의기 전체의 구조

下有蟠龍, 含輪柄, 柄厚一寸八分, 入龍口一尺一寸, 出外三寸六分. 龍下有臺, 廣二尺 長三尺二寸, 有渠有池, 所以取平也.

아래에는 서린 용이 바퀴 자루를 물고 있다. 자루의 두께는 1.8촌이며 용의 입에 들어간 길이가 11촌이고, 밖으로 나온 길이가 3.6촌이다. 용의 밑에는 臺가 있는데, 대의 너비는 20촌, 길이는 32촌이다. 대에는 도랑과 못이 있는데, 이는 의기의 수평을 잡아주기 위함이다.

(6) 주천환, 일구환, 성구환

輪之上面, 置三環, 曰周天度分環, 曰日晷百刻環, 曰星晷百刻環. 其周天度分環居外運轉, 外有兩耳, 經二尺 厚三分 廣八分. 日晷百刻環居中不轉, 經一尺八寸四分, 廣厚與外環同. 星晷百刻環居內運轉, 內有兩耳, 經一尺六寸八分, 廣厚與中外環同, 有耳, 所以運也.

바퀴의 윗면에 고리[環] 세 개를 설치한다. 周天度分環(줄여서 주천환), 日晷百刻環(줄여서 일구환), 星晷百刻環(줄여서 성구환)이 그것이다. '주천환'은 밖에 있다. 돌아간다. 바깥쪽에 귀가 두 개 붙어 있다. 주천환의 지름은 20촌, 두께는 0.3촌, 너비는 0.8촌이다. '일구환'은 가운데에 있다. 돌아가지 않는다. 일구환의 지름은 18.4촌, 두께는 0.3촌, 너비는 0.8촌이다. '성구환'은 안에 있다. 돌아간다. 안쪽에 귀가 두 개 붙어 있다. 성구환의 지름은 16.8촌, 두께는 0.3촌, 너비는 0.8촌이다. 귀가 붙어 있는 것은 손으로 돌리기 위함이다.

(7) 정극환 계형의 구조

三環之上, 有界衡, 長二尺一
寸 廣三寸 厚五分.[이 자리에
Needham의 삽입문 있음.] 兩
頭中虛, 長二寸二分 廣一寸八
分, 所以不蔽三環之畫也.
세 고리의 위에 界衡이 있다.
계형의 길이는 21촌, 너비는 3
촌, 두께는 0.5촌이다. 양쪽 머
리의 가운데는 비어있다. 빈

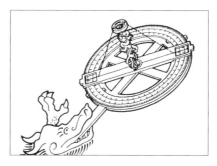

손잡이 귀가 붙어 있는 계형(Needham)

부분의 길이는 2.2촌, 너비는 1.8촌이다. 양 머리를 비우는 것은, 세 고리
의 눈금을 덮지 못하게 하려는 것이다.

【필자 주】 '兩頭中虛'의 영문번역 앞에, Needham은 한 문장을 추
가했다.

Like the inner and outer rings, it has ears; the ears are used for rotating
(the parts by hand).

이에 해당하는 표현은 『實錄』에는 없다. 없는 쪽이 더 자연스럽
다. 왜 이 문장이 들어갔을까? 이 '없던' 문장의 삽입으로, Needham
의 복원도에는 계형 양 끝에 '불필요한' 손잡이가 붙게 되었고, 그
후 '국내의 모든 복원품'에도 역시 손잡이가 붙어 있다. 잘못이다.

(8) 정극환의 구조

腰中左右, 各有一龍, 長一尺, 共捧定極環. 環有二. 外環內環之間, 勾陳
大星見; 內環之內, 天樞星見, 所以正南北赤道也.

계형의 허리중간 좌우에 용이 하나씩 있다. 용의 길이는 10촌이고, 두 용이 함께 '定極環'을 받들고 있다. 환은 둘이 있는데, 외환 내환 사이로는 句陳大星이 보이고, 내환의 안쪽에는 天樞星이 보이게 된다. 이렇게 하여, 남북과 적도를 바로잡을 수 있는 것이다.

(9) 정극환의 내외환과 계형의 실끈

外環經二寸三分 廣三分, 內環經一寸四分半 廣四釐, 厚皆二分, 些少相接如十字. 界衡兩端虛處內外, 各有小穴, 定極外環兩邊亦有小穴, 以細繩通貫六穴而結於界衡之兩端, 所以上候日星, 而下考時刻者也.

정극환의 외환은 지름이 2.3촌이고, 너비가 0.3촌이다. 정극환의 내환은 지름이 1.45촌이고, 너비가 0.04촌이다. 두께는 내외환 모두 0.2촌이다. 내외환 사이는 좁게 十자 모양으로 서로 이었다. '계형' 두 끝에 빈 곳의 안팎에 각각 작은 구멍을 뚫고, 정극환 외환의 양쪽에도 작은 구멍을 뚫는다. 가는 실끈으로 이 여섯 구멍을 관통하게 하여, 그 실끈을 계형의 두 끝에서 매듭짓는다. 이렇게 하여, 실끈으로 위로는 해와 별을 관측하고, 아래로는 시와 각을 알아본다.

(10) 주천환, 일구환, 성구환의 구조

周天環, 刻周天度, 每度作四分, 日晷環, 刻百刻, 每刻作六分, 星晷環, 亦刻如日晷, 但子正過晨前子正, 如周天, 過一度爲異耳.

주천환에는 주천도를 새긴다. 그리고 매 주천도는 $\frac{1}{4}$ 도씩 넷으로 나눈다. 일구환에는 100각을 새긴다. 그리고 매 각은 $\frac{1}{6}$ 각씩 여섯으로 나눈다. 성구환의 눈금 새기는 법은 일구환과 같다. 다만 子正에 晨前子正으로 넘어갈 때, 周天에 비추어 1도를 넘기는 일이 다를 뿐이다.

【필자 주】여기서 1도는 1주천을 $365\frac{1}{4}$ 도로 정의할 때의 1도다. 그러므로 이하에서는 이를 '1日度'라 부르기로 한다('日度'란 용어

는『숭정역서』의 용어다.『숭정역서』에서 현재의 度는 '平度'라 부르고 있다). 1주천을 360도로 정의할 때의 1도와 구별하기 위해서다. 이하의 논의에서 이 구별은 매우 중요하다.

(11) 주천환의 사용방법

用周天環之術, 先下水漏, 得冬至晨前子正, 以界衡候北極第二星所在, 以誌輪邊, 仍以周天初度之初當之.

주천환의 사용방법은 다음과 같다. 먼저 물시계의 물을 내려, '冬至晨前子正'을 알아내고, 계형을 써서 '北極第二星'이 있는 곳을 관측하여, 바퀴의 가장자리에 표시한다. 그리고 주천환의 0일도점을 그 표시에 맞춘다.

【필자 주】 이 설명에서 표준시계는 물시계였음을 알 수 있다. 당시 年首 즉 해의 시작시점은 '冬至晨前子正'이었다. 동지가 든 날의 새벽 전의 자정이다. 이 자정의 시각을 물시계로 알아내는 것이다. 그리고 이 시각에 관측에 쓸 기준 별인 '北極第二星'의 소재를 알아내어, 그 소재를 주천환을 받치고 있는 바퀴의 가장자리에 표시해 놓는다. 주천환의 기준점인 '0일도점'을 그 표시에 맞추기 위함이다.

然, 年久則天歲必差. 以授時曆 考之, 十六年有奇, 退一分, 六十六年有奇, 退一度, 至是須更候以定之.

그러나 해가 오래 되면, 천세와 주천환은 어긋나기 마련이다.「수시력」으로 상고해 보면, 16년쯤 지나면 $\frac{1}{4}$일도를 물려야 하고, 66년쯤 지나면 1일도를 물려야 한다. 이에 이르면 반드시 다시 측후를 해서 주천환의 0일도 위치를 맞추어야 한다.

【필자 주】 세차의 조정을 이야기하고 있다. 주천환은 가동환이다. 조정을 위해서 돌려 맞출 수 있는 것이다. 그러나 이상의 설명

을 보면, 시차조정을 빼고는, 수년의 단기간 내에는 주천환을 돌려
조정할 기회가 없다.

北極第二星, 近北辰而最赤明, 衆所易見, 故以之測候耳.
'北極第二星'은 북극에 가까우면서 가장 붉고 밝다. 그러므로 어디서나
쉽게 볼 수 있다. 그러므로 이 별을 측후의 기준별로 삼는 것은 바로 그
이유 때문이다.

(12) 일구환의 사용방법

日晷環用, 如簡儀.
일구환의 사용법은 '簡儀'의 경우와 같다.

(13) 성구환의 사용방법

用星晷環之術, 初年冬至初日晨前夜半子正爲始, 當周天初度之初.
성구환의 사용방법은 다음과 같다. '제1년의 시작은 初年冬至初日晨前
夜半子正, 즉 동지일 새벽전 자정'인데, 이 시각에 성구환의 0점을 '주천
환의 0일도점[周天初度之初]'에 맞춘다.

【필자 주】 初年年首=동지초일신전야반자정(冬至初日晨前夜半子
正)=초년 제1일의 시작. '동지초일이 들어있는 날의 새벽이 되기 전
의 자정'이 초년초일 즉 제1년제1일의 시작 시각이다. 그 시각에
'주천환의 0일도점'과 '성구환의 0점'을 성구환을 돌려서 맞춘다.
그러면 그 시각에 주천환의 0일도점은 어디에 맞추어져 있는가?
앞에서 이미 설명한 대로, '帝星 즉 북극제2성 βUMi'와 일치하도
록 맞추어져 있다. 그 후에는, 돌아간 '제성'에 계형을 맞추고, 성구
환의 눈금을 읽어 시각을 아는 것이다. 제1일이 끝나는 시각은 100
각 24소시가 지난 후인데, 그 시각 역시 자정이다. 그런데 그때 계

형으로 관측한 '제성'을 맞추면, 계형이 가리키는 주천환의 눈금은 0日度가 아니라 1日度다. 왜냐하면, '제성'을 포함한 모든 항성은 해보다 1일 1日度 더 빨리 돌기 때문이다. 그렇기 때문에 성구환이 시각을 제대로 나타내도록 하려면, '성구환의 조정'이 필요하다. 다음은 이 조정방법을 말하고 있는 것이다.

一日一度, 二日二度, 三日三度, 至三百六十四日乃三百六十四度.
(성구환의 기준눈금인 0의 점을, 매일 주천환의 눈금에 맞추는 일의 설명이다.) 제1일 끝에는 1日度점, 제2일 끝에는 2일도점, 제3일 끝에는 3일도점 등으로, 제364일 끝에는 364日度점에 맞추기를 계속한다.

【필자 주】성구환을 하루에 1도씩 손으로 돌려놓아야 하는 것이다. 이리하여 제365일이 시작되는 신전자정에 계형을 '제성'에 맞추면, 계형은 주천환의 364日度점과 일치하고, 또 성구환의 0점과 일치한다. 그 시각으로부터 24소시가 지나, 제365일이 끝나는 시각에는 어떤 상황이 벌어지고 있을까? 그 시각에 계형을 '제성'에 맞추면, 계형은 주천환의 365日度점과 일치하고, 또 성구환의 0점과는 '일치하지 않는다.' '제성'이 24소시간 동안에 1주천보다 '1日度를 더 돌았기' 때문이다. 그러므로 제366일을 위해서는 성구환의 0점을 주천환의 365일도점에 맞추어야 한다. 그런데 '제366일'이란 어떤 날인가? 이 날이 끝나는 시점은 주천환의 366일도점이어야 하는데 그런 점은 없다. 1주천을 넘기게 되고 따라서 제1년을 넘기게 된다. 그러므로 제366일은 제1년의 날일 수 없다. 제1년은 365일로 끝나야 한다. 따라서 제366일은 제2년의 제1일이 되어야 한다. 이러한 까닭으로 다음 이야기가 계속된다.

次年冬至初日子正三百六十五度, 一日空度三分, 二日一度三分, 至三百六十四日乃三百六十三度三分.

(앞의 '주'에서 설명한, '성구환의 0점을 주천환의 365일도점에 맞추는 일'은, 제2년제1일의 시작, 즉 '次年冬至初日子正'을 위한 일이었다.)

제2년제1 일의 시작 시점에, 성구환의 0점을 주천환의 365일도점에 맞추고 나서는, 제1일 끝에는 $\frac{3}{4}$ 日度점, 제2일 끝에는 $1\frac{3}{4}$ 일도점, 제3일 끝에는 $2\frac{3}{4}$ 일도점 등으로, 제364일 끝에는 $363\frac{3}{4}$ 日度점에 맞추기를 계속한다.

【필자 주】제2년의 시작 시점에, 성구환의 0점은 주천환의 365일도점에 맞추어져 있고, '제성' 역시 그 점에 있다. 24소시간이 지나, 제2년제1일의 끝 시점에는 어떤 상황이 벌어지고 있을까? '제성'은 주천환의 365日度점에서 1日度 더 간 점에 있을 것인데, 그 점은 주천환의 366日度점일까? 주천환의 주천도는 $365\frac{1}{4}$ 日度이기 때문에, 그런 점은 없다. 365일도점에서 1日度 더 간 점은 $\frac{3}{4}$ 일도점이다. 그러므로 제2년제1일 끝에는 성구환의 0점은 주천환의 $\frac{3}{4}$ 일도점에 맞추어져야 한다. 이하 동. 제2년제365일 끝에 성구환의 0점은 주천환의 $364\frac{3}{4}$ 일도점에 맞추어지면서 제2년은 끝난다. 제3년의 시작이다.

又次年冬至初日三百六十四度三分, 一日空度二分, 二日一度二分, 至三百六十四日乃三百六十三度二分

(제3년제1일, 즉 '又次年冬至初日'은 성구환의 0점이 주천환의 $364\frac{3}{4}$ 일도점에 맞추어진 상태에서 시작된다.) 제1일 끝에는 $\frac{2}{4}$ 日度점에, 제2일 끝에는 $1\frac{2}{4}$ 일도점에, 제3일 끝에는 $2\frac{2}{4}$ 일도점에 등으로, 제364일 끝에는 $363\frac{2}{4}$ 日점에 맞추기를 계속한다.

【필자 주】제3년의 시작 시점에, 성구환의 0점은 주천환의 $364\frac{3}{4}$ 일도점에 맞추어져 있고, '제성' 그 점에 있다. 24소시간이 지나, 제1일의 끝 시점에는 어떤 상황이 벌어지고 있을까? '제성'은 주천

환의 $364\frac{3}{4}$ 일도점에서 1일도 더 간 점에 있을 것인데, 그 점은 주천환의 $365\frac{3}{4}$ 일도점일까? 주천환의 주천도는 $365\frac{1}{4}$ 일도이기 때문에, 그런 점은 없다. $364\frac{3}{4}$ 일도점에서 1일도 더 간 점은 $\frac{2}{4}$ 일도점이다. 그러므로 제3년제1일 끝에는 성구환의 0점은 주천환의 $\frac{2}{4}$ 일도점에 맞추어져야 한다. 이하 동. 제3년제365일 끝에 성구환의 0점은 주천환의 $364\frac{2}{4}$ 일도점에 맞추어지면서 제3년은 끝난다. 제4년의 시작이다.

又次年冬至初日三百六十四度二分, 一日空度一分, 二日一度一分, 至三百六十五日乃三百六十四度一分.

(제4년제1일, 즉 '又次年冬至初日'은 성구환의 0점이 주천환의 $364\frac{2}{4}$ 일도점에 맞추어진 상태에서 시작된다. 그 점에서 1日度 더 간 점은 $\frac{1}{4}$ 일도점이다.

그러므로 제1일 끝에는 $\frac{1}{4}$ 日度점에, 제2일 끝에는 $1\frac{1}{4}$ 일도점에, 제3일 끝에는 $2\frac{1}{4}$ 일도점에 등으로, 제364일 끝에는 $363\frac{1}{4}$ 日度점에 맞추어지므로) 제365일 끝에는 $364\frac{1}{4}$ 日度점에 맞추어진다. (이리하여 제4년제366일의 끝은 주천환의 $365\frac{1}{4}$ 일도점에서 즉 주천환의 0일도점에 서 끝난다. 그런데 이는 4년 전 제1년제1일이 시작되던 때의 상황이다. 그리고 이제 제5년제1일이 그때와 똑같은 상황에서 시작될 수 있게 되었다.)

【필자 주】제4년제1일의 시작 시점에, 성구환의 0점은 주천환의 $364\frac{2}{4}$ 일도점에 맞추어져 있고, '제성'은 그 점에 있다. 24소시간이 지나, 제4년제1일의 끝 시점에는 어떤 상황이 벌어지고 있을까? '제성'은 주천환의 $364\frac{2}{4}$ 일도점에서 1日度 더 간 점에 있을 것인데, 그 점은 주천환의 $365\frac{2}{4}$ 일도점일까? 주천환의 주천도는 $365\frac{1}{4}$ 일도이기 때문에, 그런 점은 없다. $364\frac{2}{4}$ 일도점에서 1日度 더 간 점은 $\frac{1}{4}$ 일도점이다. 그러므로 제4년제1일 끝에는 성구환의 0점은 주천

환의 $\frac{1}{4}$ 일도점에 맞추어져야 한다. 이하 동. 제4년제365일 끝에 성구환의 0점은 주천환의 $364\frac{1}{4}$ 일도점에 맞추어 지면서 제4년은 끝나는가? 아니다. 1주천은 $365\frac{1}{4}$ 일도이므로, 1주천을 끝내려면 하루를 더 갈 수 있다. 제4년의 제366일 끝에 비로소 성구환의 0점, 주천환의 0일도점, 그리고 '제성', 이렇게 셋이 한 줄로 서게 되어, 제1년제1일의 시작과 같은 상황이 벌어지는 것이다. 다시 말하면, 제4년을 366일로 하면, 제5년을 제1년의 상황에서 시작할 수 있는 것이다. 이는 율리우스력에서 4년에 1일씩 윤일을 두는 것과 마찬가지로, 매 제4년에 윤일을 두는 것이 된다.

是謂一盡, 盡則復初.

(이처럼 4년 전과 똑같은 상황으로 돌아왔으므로) 이를 '一盡' 즉 '1周期'라 한다. 1주기가 끝났으므로, 다시 처음으로 돌아간다.

【필자 주】그러므로 '일진'은 학술명칭이다. 평년을 365일, 윤년을 366일이라 할 때, 3개의 평년과 1개의 윤년으로 된, '1461日'의 주기가 '一盡'이다. 1년 366일의 윤년은, 제4년, 제8년 등 4년마다 돌아온다. 제1년 제2년 제3년은 윤년이 아니다. 365일의 평년이다. 제1년 제1일은 4년주기의 '一盡'의 첫날이고, 제4년의 제366일은 그 '一盡'의 끝날이다.

이상의 조정방법이 얼마나 번거로울지는 짐작하고도 남는다.

(14) 〈日星定時儀 序〉의 마무리

夫人事動靜之機, 實關於日星之運行, 而日星之運行, 昭著於儀象之中. 古之聖人, 必以爲治道之首務, 堯之曆象 舜之在璇璣是已. 我殿下制作之美意, 直與堯 舜同一揆, 吾東方千古以來未有之盛事也. 嗚呼至哉! 是

宜銘之, 昭示來世, 臣墩敢拜手稽首而獻銘. 其辭曰:

무릇, 人事動靜의 기틀은 실로 해와 별의 운행에 매였고, 해와 별의 운행은 儀象 가운데 밝게 나타난다. 그러므로 옛 성인들은 儀象을 바루는 일을 반드시 治道의 첫째 일로 삼았으니, 堯의 曆象과 舜의 璇璣가 그것이다. 우리 전하께서 儀象을 제작하신 아름다운 뜻은 곧 堯舜과 더불어 궤를 같이 하는 것이니, 우리나라에서 千古 일찍이 없던 거룩한 일이다. 아아, 지극하도다. 이를 마땅히 새겨서 후세에 밝게 보여야 하리니, 臣 墩은 감히 공손히 절하고 머리를 조아리며 銘을 지어 올리노라. 그 銘辭는 아래와 같다.

2) 김돈의 〈日星定時儀 銘〉

堯欽曆象, 舜在璣衡.
'요임금은 역상 흠앙, 순임금은 기형 제작.
歷代相傳, 制造彌精.
대대로 전해 내려, 제조가 정밀하다.
日儀日象, 不一其名.
의기라 역상이라, 이름은 다르더라도,
俯察仰觀, 以授民事.
땅과 하늘 두루 살펴, 농사 때를 알려 주었네.

去古旣遠, 制度廢墜.
옛일 이미 멀어, 제도가 폐하고 나니,
簡策雖存, 孰知其意?
문헌에 전한들, 그 뜻을 뉘 알리오?

聖神應期, 祖述二帝.
거룩하신 우리임금, 요·순 임금 법을 이어,

表漏儀象, 悉復古制.
표루(表漏) 의상(儀象) 옛 제도를 모두 다 회복했네.

時有百刻, 晝夜分軌.
하루의 백각은 밤낮으로 나뉘는데,

測日之用, 器無不庀.
낮의 해시계는 갖출 것 더 없으나,

欲兼候夜, 命作新儀.
밤 시간도 알 수 있게, 의기 제작 명하셨네.

厥名伊何? 日星定時.
그 이름 무엇인고? '일성정시의'라네.

其用如何? 窺星配晷.
그 용법 어떠한고? 별 위치 관측일세.

厥質惟銅, 制作無比.
구리로 만드니, 멋지구나, 그 의기.

先設圓輪, 有距交施.
둥근 바퀴 만들어서, 十자로 버텨놓고,

南北低昂, 擬赤道規.
남북 서로 높낮으니, 적도규를 닮았도다.

龍蟠于臺, 口含輪柄.
대 위엔 용이 서려, 바퀴 자루 물고 있고,

有渠連池, 惟水至正.
도랑물 못과 이어, 수평이 똑바르다.

輪上三環, 自相依附.
바퀴 위의 세 고리, 서로서로 붙어있네.

外日周天, 度分布列.
바깥 고리 주천환은, 주천도가 벌여있고,

內有二環, 日星分路.

그 안의 두 고리는 일구환과 성구환.

星環之刻, 過如天度.

성구환의 눈금은 천도 따라 지나쳐 간다.

內外則運, 中獨膠固.

안팎 두 고리 움직이나, 중간 고리는 그 자리.

衡橫于面, 軸貫其心.

계형은 가로 놓여, 그 중심을 축이 관통.

鑿軸爲穴, 如芥如針.

굴대 중심 파낸 자리 겨자씨 같은 구멍 하나,

虛衡之端, 度刻班班.

계형 양 끝 네모구멍으로, 고리 눈금 모두 또렷.

雙龍挾軸, 擎定極環.

쌍룡은 굴대 끼고, 정극환을 받들었다.

環有表裏, 星見兩間.

정극환의 안팎 두 고리, 그 사이로 별이 뵈네.

其星伊何? 勾陳天樞.

그 별 이름 무엇인고? 천추와 구진이지.

南北以定, 卯酉相須.

그 별로 남북 정하니, 동서는 따라오네,

其候如何? 用線以察.

관측을 어찌 할꼬? 실끈으로 관측하네.

直跨環上, 下貫衡末.

실끈 두 끝 정극환에 걸고, 계형 양끝에 내려 꿰어,

測日用二, 推星用一.

해 관측엔 두 실 쓰고, 별 관측엔 하나 쓴다.

帝座赤明, 近于北極.

제성이 적명하고, 북극에 가까우니,

用線而窺, 可知辰刻.

실끈으로 관측하며, 시각을 알 수 있다.

先下水漏, 子正是視.

물시계를 먼저 내려, 자정을 알아내어,

誌標輪環, 天周所起.

바퀴 가에 표해놓아, 주천의 기준 삼고,

每夜過周, 度分終始.

밤마다 성구환 돌려, 시작점을 맞춘다.

器簡而精, 用周而密.

이 의기 간정하나, 쓰임은 주밀하다.

幾經先哲, 玆制惟缺.

옛 성현 많았으나, 이 의기 몰랐는데,

我后先天, 斯儀肇造.

우리 임금 처음으로, 이 의기 만드시어,

畀厥羲和, 萬歲攸寶.

서운관에 내리시니 만세의 보배일세.'

김돈이 말하는 〈日星定時儀 序銘〉의 내력

自其制用銅爲之, 止盡則復初, 乃上親製也. 示承旨金墩 直提學金鑌曰:
'予非敢爲文, 但欲卿等就此刪潤撰銘若序, 以圖不朽爾.' 上之鋪敍定時制
度, 簡易詳悉, 昭若指掌, 故墩等不能贊易隻字, 而只補其首尾, 仍贊銘云.

序에, '그 의기는 동으로 만든다'로부터, '1주기가 끝났으므로, 다시 처음
으로 돌아간다'까지는 임금께서 친히 지은 것인데, 승지 김돈과 직제학
김빈에게 보이며 이르시기를, '내가 감히 글을 짓고자 함이 아니라, 다만

경들이 이를 가지고 깎고 보태어서 명과 서를 지어 오래 전하기를 도모하려고 하노라'라고 하셨다. 임금께서 시각을 정하는 제도를 서술한 글이 간이하고 상세하여 손바닥을 가리킴과 같이 명백하기 때문에 墩 등이 능히 한 글자도 바꾸지 못하고 序의 머리와 끝만 보태고, 이어서 銘을 지어 바쳤다

3) '日度'의 개념과 日星定時儀 조정 메커니즘

태양은 하루에 1주천한다. 그러나 항성은 태양보다 빠르다. 동아시아에서 1日度는 태양이 1주천한 후, 특정 항성이 태양을 앞서간 도수의 평균값으로 정의된다. 태양이 평균 1일에 a日度 회전한다면 항성은 (a+1)일도 회전하는 것이다. 그런데 동아시아인의 관측에 의하면, 하루에 1일도씩 앞서가는 항성은 일정시간 후에 태양의 회전수보다 정확히 1회전 더하여 태양과 항성이 만난다. 그 기간을 1년이라고 정의한다. 그러나 같은 시각에 만나는 것은 아니다. 태양과 항성이 같은 시각에 다시 만나는 것은 1461일이 지난 후 4번째 만남에서다. 즉 4년이 흐른 후다(관측 결과가 그렇다는 것이다). 그러므로 1년의 일수는,

$$1년 = \frac{1461}{4} = 365\frac{1}{4} 일$$

이다. 이것은 양력의 일수와 같다. 즉 日星定時儀의 야간시간 관측에서 고려하는 1년은 음력이 아니라 '태양력의 1년'이다. 그리하여 4년에 하루씩 '윤일'이 있는 것이다.

또 항성은 태양보다 1일에 1日度 더 돌고, 1년에 1주천 더 돈다. 그러면 1주천은 몇 日度일까? 1년 $365\frac{1}{4}$일에 $365\frac{1}{4}$日度 더 돈 것이 1주천 더 돈 것이 되므로, 1주천은

$$1주천=365\frac{1}{4}\ 日度$$

가 된다. 이것은 통상의 '1주천=360도'와 대비된다.

(1) 年首, 즉 해의 시작 시점의 상황

제1년 年首 시점에, 북극과 βUrmi을 잇는 사선 위에 주천환의 0일도점, 성구환의 0점 즉 자정점을 맞춘다(주천환에는 주천도가 새겨져 있고, 성구환에는 시각이 새겨져 있음에 유의할 것).

제1년 제1일 23시에, 성구환의 23시점(즉 子初점)은 βUrmi 사선 상에 있다.

24시간 후, 성구환의 24시점 즉 자정시점은 βUrmi 사선상에 있 다. 그러나 그 사선은 24시간 전의 βUrmi 사선과는 다르다. 전의 사 선은 주천환의 0일도점을 지났으나, 후의 사선은 1일도점을 지나고 있는 것이다. 24시간 후에 태양은 365.25일도 회전하지만, 항성은 그 보다 1도 더 회전하여, 366.25도를 회전한 것이다. 그러므로 제2일의 시작점은 주천환의 1일도점에서 출발해야 한다. 즉 그 점이 자정점 이 되어야 한다. 그런데 제1일의 성구환의 자정점은 주천환의 0일도 에 맞추어져 있다. 그러므로 성구환을 1도 전진시켜, 성구환의 자정 점 즉 0점이 주천환의 1일도점과 맞춰주어야 한다. 그러면 제2일의 시각은 βUrmi 사선과 성구환의 눈금으로 알 수 있다.

그런데 여기에 문제가 있다. 성구환에 표시된 23시점은 태양시 의 23시점이다. 그런데 23시에 태양은 볼 수 없으므로 βUrmin을 보고 태양시 23시를 알고자 하는데, βUrmi은 태양보다 빠르므로, 23시에 βUrmi은 이미 약 4분 전에 23시점을 지나쳤다. 그런데 우 리가 23시를 인식하는 방법이, βUrmi이 23시점을 지나가는 순간 을 23시라고 인식하는 것이라고 한다면, 이 인식방법으로는 23시에 서 약 4분 전의 시각을 23시라고 인식하는 셈이 된다. 이 인식방법

을 제1일의 24시에 적용한다면, 우리가 인식하는 24시는 진정한 24
보다 약 4분 전의 시각이다.

이러한 상황에서도 우리는 제2일의 0시 즉 자정은 진정한 0시를
얻고 싶다. 기술적으로, 제2일의 0시는 제1일의 24시와 같다. 그런
데 그 24시가 진정한 시각으로는 23시 56분이었다면, 이 시각을 제
2일의 0시로 삼을 수는 없다. 4분을 더해준 시각을 0시로 함이 옳
다. 어떻게 하면 될까? 성구환을 약간 앞으로 돌려놓으면 된다. 약
간이란 얼마인가? 주천환을 따라 1日度 돌려놓으면 된다.

좀 엄밀하게 설명해 보자. 해는 24시간에 365.25일도 돌고,
βUrmi을 포함하여 항성은 366.25도 돈다. 1주천은 365.25일도이고,
성구환의 1주도 365.25일도다. 그러므로 항성이 성구환을 1주하는
데 걸리는 시간을 x시간이라 하면, 다음 비례관계가 성립한다.

24시간 : 366.25 = x시간 : 365.25

이 비례식을 풀면

x시간 = (24시간 × 365.25)/366.25 = 23시간 56분

그러므로 βUrmi는 4분 빠른 시계인 것이다. 회전각으로는 1日
度 차이가 난다(동아시아에서 1'日度'는 바로 이러한 의미를 가지
도록 '定義'되는 개념인 것이다). 기술적으로는 제1일에 주천환의 0
일도점에 맞추어져 있는 성구환의 0점을 주천환의 1日度점으로 옮
기면, βUrmi가 성구환의 0점까지 가는데 정확히 24시간이 걸린다.
즉 그 점이 제2일의 0점이 되는데 손색이 없다.

이처럼 매일 자정에 성구환의 0점을 주천환에서 1日度씩 이동시
키는 일을 하면, 모든 날짜의 성구환의 0점이 바로잡히게 된다. 이
것이 '일성정시의'에서 사용하는 방법이다(이는 마치 하루에 4분씩
빨리 가는 시계를 매일 맞춰주는 것에 비유할 수 있다).

이 방법을 쓰면 자정 이전의 시각은 최대 4분 정도 오차가 생기

게 된다. 자정 이후는 오차가 거의 없다. 이는 연속변수를 불연속변수로 다루는데 따른 불가피한 약점이다. 오차를 줄이려면, 성구환의 조정을 초저녁에 하는 방법이 있지 않을까? 그렇게 하면 저녁 6시경에는 오차가 +1분, 0시 전후는 오차가 0분, 다음날 아침 6시경에는 -1분 정도에 그치기 때문이다.

(2) 제365일 이후의 상황

'일성정시의'의 방법을 365일간 쓰고 나서 제366일에 어떤 일이 생기는지를 보자. 제365일 0시에 성구환의 0점은 주천환의 364일도점에 맞추어진다. 양력에서처럼 제1년을 365일로 하면, 제366일은 제2년의 제1일이다. 이 날의 0시에 성구환의 0점은 주천환의 365日度점에 맞추어진다. 제2년 제2일 0시에는 주천환의 366日度점에 맞추어져야 한다. 그러나 주천환에는 그런 점이 없다. 1주천도는 365.25日度이기 때문이다. 그러므로 365日度에서 1日度 더 간 점은 0.75日度점이다. 그 점이 366日度점에 해당한다. 제3일 0시에는 1.75日度점에 제4일 0시에는 2.75日度점에 맞추어지는 등으로 되어 있는 것이 '일성정시의'에 대한 설명 내용이다. 계속하여, 365일인 제2년이 지나고, 제3년 제1일 0시에는 성구환의 0점이 주천환의 364.75일도점에 맞추어지고, 역시 365일인 제3년이 지나고, 제4년 제1일 0시에는 성구환의 0점이 주천환의 364.50일도점에 맞추어지고, 제2일 0시에는 그 점에서 1일도 더 간 0.25일도점에 맞추어 진다. 제4년 역시 1년을 365일로 하면, 마지막 날은 364.25일도점에서 끝난다. 제366일을 제5년 제1일이라고 보면, 제1일 0시는 364.25일도점에 맞추어지고, 제2일은 365.25일도점 즉 0일도점에 맞추어진다(여기서 번거롭게 '日度'라는 단위를 강조하는 이유를 이해하기 바란다). 즉 만 4년이 지나서 날짜가 하루 빨라진 것이다. 왜 이런 일이 생겼을까?

　태양년으로 1년은 365.25일이다. 그런데 1년의 날수는 整數 값일 수밖에 없으므로, 1년을 365일로 잡아서 4년을 지난 것이다. 즉 1460일을 지난 것이다. 그런데 태양년의 4년은 1461일이다. 그러므로 365일짜리 4년의 길이가 4태양년보다 1일이 짧아진 것이다. 日星定時儀에서는 이를 바로잡기 위하여 '제4년의 길이'를 365일이 아니라 366일로 잡고 있다. 그러면 제4년의 마지막 날인 제366일은 주천환의 365.25日度점 즉 0日度점에서 끝난다. 그러면 제5년은 바로 이 점에서 시작할 수 있게 되어, 제1년의 시작과 똑같은 상황이 되는 것이다. 이 4년의 주기를 '일성정시의'에서는 '一盡'이라고 부르고 있다. 이 '일진'이 끝나면 최초의 상태로 돌아가, 같은 패턴이 반복된다. 이 방식은, 4년에 1일씩 윤일을 두는, 서양의 '율리우스력의 방법'과 똑같다.

5) 小日星定時儀

(1) '소일성정시의'의 조정방법

先以漏水, 得初年冬至晨前夜半, 候北極第二星所在, 以誌輪邊, 其畫最長 向北更畫三畫 以漸而短, 其間皆距 四分度之一.

먼저 물시계의 물을 내려 '初年冬至晨前夜半'을 알아내고, '北極第二星'의 소재를 관측하여 바퀴의 가장자리에 표지한다. 그 표지의 획의 길이가 가장 길다.

북쪽을 향하여, 점점 짧아지게, 세 획을 더 긋는다. 그 획들 사이의 간격은 모두 $\frac{1}{4}$일도다.

【해설】 '일성정시의'와 같다. 다만 바퀴의 가장자리에 한 획이 아니라 세 획을 더 긋는 것이 다르다. 조정방법의 차이는 여기서

생긴다.

初年冬至初日晨前夜半 以周天環之初度 當輪邊之長畫, 次年當次畫, 又次年又當次畫, 又次年 當最短之畫, 每年一移, 至第五年 還復於初.

같은 시각 즉 '初年冬至初日晨前夜半'에, 주천환의 初度, 즉 주천환의 0日度점을 바퀴 가장자리의 가장 긴 획에 맞춘다. 다음 해는 다음 획, 다음다음 해는 다음다음 획에 맞추는 등으로, 매년 하나씩 옮기다가, 제5년에 이르러서는 처음의 긴 획으로 되돌린다.

【해설】조정방법의 차이의 핵심이다. 그리고 매년의 조정을 주천환을 $\frac{1}{4}$일도씩 돌려서 행하다가, 제5년에는 원래의 상태로 되돌린다. '일성정시의'의 경우 '一盡'에 해당한다.

冬至初日, 以星晷環之晨前子正 當周天環之初度, 一日子正 當一度, 二日二度, 三日三度, 每歲皆然, 無有餘分. 此小異於前儀也.

동지 첫날, 성구환의 '晨前子正'점 즉 0점을 주천환의 0日度점에 맞춘다. 1일자정에는 0점을 1일도점에 맞추고, 2일에는 2일도점, 3일에는 3일도점 등으로 매년 똑같은 방법으로 맞춘다. ($\frac{1}{4}$일도 같은) 여분이 생기지 않는다. 이렇게 하는 것이 '일성정시의'의 경우와 좀 다른 점이다.

【해설】이처럼 매년 똑같은 방법으로 조정하는 것이 달라진 점이다. $\frac{1}{4}$日度 단위의 여분 단위가 필요없다. 그렇다면 주천환에 $\frac{1}{4}$日度 단위를 새길 필요조차도 없다는 이야기가 된다. 365日度점과 0日度점 사이가 $\frac{1}{4}$日度라는 것 빼고는 말이다. 또, 매년 똑같은 방법으로 조종하기 때문에, 주천환의 둘레를 따라 24절기를 표시할 수 있다. 주천환의 0日度점에 "동지"라 표시하고, 24등분 점에 차례로 24절기명을 표시하면, 해당 절기일에 성구환의 0점이 맞춰진다.

(2) 小日星定時儀 조정방법의 주천환 可動性 활용

앞의 설명에서 느낄 수 있듯이, '일성정시의'의 조정방법은 너무 복잡하다. 성구환의 위치를 매일 바꾸는 일을, '4년에 걸쳐서 연결된 상태에서' 진행하게 되어 있는 것이다. 얼마나 신경이 쓰이는 일인가! '소일성정시의'에서는 이 작업을 1년씩 끊어서 할 수 있게 설명되어 있다. 이를 가능하게 하는 것은 '일성정시의'에서는 그 회전이동 기능이 거의 죽어 있는 주천환의 회전 기능을 활용하는 것이다.

'일성정시의'에는 세 고리 즉 환이 있다. 그리고 이 셋 가운데, 맨 가운데의 일구환은 고정되어 있고, 맨 안쪽의 성구환과 맨 바깥쪽의 주천환은 손으로 돌릴 수 있도록 손잡이까지 마련되어 있다. 그리고 위의 설명에서 볼 수 있듯이 성구환은 매일 손으로 돌려서 성구환의 0점을 주천환의 적절한 日度점에 맞추게 되어 있다. 그러나 이 과정에서 주천환을 돌릴 일은 없다. 그러면 주천환을 돌릴 일은 언제 생기는 것일까? '일성정시의'의 설명에서 주천환의 회전 조정이 필요한 경우를 찾아보면 다음과 같은 기술이 있다.

初年年首(=冬至初日晨前夜半子正=초년 제1일의 시작)에, 성구환의 0점을 주천환의 0日度점에 맞출 때, 주천환을 돌려서 맞춘다. 왜일까? '동지초일이 들어있는 날의 새벽이 되기 전의 자정'이란 시각이 초년초일의 시작시각이다. 그 순간에 성구환의 0점은, 북극제2성 βUrmi와 계형의 두 실끈이 일직선에 오도록 조정된 계형에 맞춰져 있다. 그러므로 성구환은 그 상태에서 고정되고 주천환이 회전해서 주천환의 0일도점과 성구환의 0점이 맞춰져야 한다. 그런데 이 조정작업은, 매년도 아니고 4년주기의 초년에만 있는 일이다.

또 하나의 언급은 세차 때문에, 16년 지난 다음에는 1분(=$\frac{1}{4}$일도), 66년 쯤 지나면 1일도를 물려야 한다는 언급이다. 그러나 이는 그야말로 장시간 후의 일을 말하고 있으므로, 주천환의 회전을 필요로 하는 조정은 4년에 한 번, 초년 초일의 0일도점을 맞추는 일하나뿐이다. 그 이후는, 주천환 회전 조정의 필요성은 사실상 전무하다.

그런데 '소일성정시의'에서는 주천환의 회전조정 기능을 유용하게 이용하고 있다. 즉 4년마다 초년 초일뿐 아니라 매년 초일의 0일도점이 성구환의 0점과 일치하는 조정에 주천환의 회전조정 기능을 이용하는 것이다.

(3) 임금과 신하의 아름다운 배려

김돈의 말대로 日星定時儀의 조정방법은 세종 임금 자신이 제시한 방법이다. 그러나 그 방법에 잘못이 있는 것은 아니기 때문에, 왕이 고쳐도 좋다고 하였으나, 신하들은 감히 고치지 않았다. 小日星定時儀의 조정방법은 확실히 개량된 방법이다. 그 개량된 방법을 日星定時儀 제작 때도 알았을 것이다. 그러나 임금의 의견을 배려하기 위하여 보류해 두었다가, 새 의기를 만들면서 개량된 방법을 쓰지 않았을까?

(4) 참고 : 句陳大星과 天樞星

『經天該』의 〈紫微垣〉 중에,

垣高先論極出地 北向須尋不動處 欲知眞極本無星 列宿皆旋斯獨異 近極小星强名極 … 句陳七星中甚明 離極三度認最易 句陳柄曲句更曲 句內微星天皇帝 ….

라는 표현이 있다. 이로 미루어볼 때, 그 노래를 지을 당시에 북극에는 별이 없었음을 알 수 있다. 그리하여, '북극에서 가까운 작은 별[近極小星]'을 억지로 極星이라 이름하였다. 즉 그 별을 天樞星이라 이름하였다는 것을 알 수 있다. 즉 천추성 역시 북극에 있지 않았다. 다만 '북극에 가까운 별'일 뿐이었다. 그런데 '句陳 제7星'의 중간에는 매우 밝은 별이 있는데, 이 별은 극에서 3度 떨어져 있었다(현재 개념의 도로 환산하려면 360/365.25를 곱해주어야 한다. 즉 3도에 약간 미달이다). 이 별이 '句陳大星'이라고 부르는 별 즉 Polaris다. 현재 이 별은 북위 89도 16분, 따라서 북극에서 약 44분 떨어져 있다. 즉 현재의 북극성이다. 그런데 그 명칭으로부터 옛 별지도에 나타나는 天皇大帝가 구진대성이 아닌가라는 의문이 있다. 그러나 이 노래에서는 이를 분명히 밝혀주고 있다. 즉 天皇大帝는 句內微星이라는 것이다. 구진의 손잡이 반대쪽의 오목한 부분의 가운데에 있는 그리 크지 않은 별을 말한다는 것이다(Needham 등은 구진대성을 천황대제로 본다. 이는 그 전의 네덜란드 학자 슐레겔의 설에 따른 것이 된다). 천황대제는 스스로가 큰 별이 아니라, 큰 별들의 호위를 잘 받는 위치에 있는 별인 것이다.

(5) 백각환과 계형의 손잡이

다음 그림은 백각환의 그림이다.

이 백각환의 눈금을 설명하면 다음과 같다. 우선 맨 바깥 테를 600분으로 등분하였다. 4상한으로 나누어, 맨 아래의 子正으로부터 시계방향으로 卯正, 午正, 酉正을 배치하였다. 다음 테에는 刻을 표시하고, 그 다음 테에는 子初, 子正 등 24小時의 경계를 표시하고, 네 번째 테에는 子正, 丑正 등의 자리에 子, 丑 등의 글자를 써 넣었다.

600분을 24小時로 나누면 各小時는 25분이 되는데, 1刻을 6분으로 하면, 1小時는 4각＋1분이다. 그리하여 이 백각환에는 各小時가

正初刻, 정일각, 정이각, 정삼각이라는 4개의 정상적인 각에 더하여, 1분짜리 불완전한 각이 正四刻으로 들어온다. 24소시에는 24x4=96의 96각과, 24개의 불완전한 刻이 모여서 된 4刻이 합쳐져서, 100각이 존재하게 된다.

이 백각환 자체는 고정되어 돌릴 필요가 없다. 그러므

세종대왕기념관의 백각환

로 손잡이가 필요 없다. 그 위에 얹혀진 계형은 관측을 위하여 항상 손으로 돌려야 함에도 손잡이가 따로 없다. 계형을 잡고 돌리면 되는 것이지, 손잡이가 따로 있을 필요가 없기 때문이다. 일성정시의의 계형도, 마찬가지 이유로, 손잡이가 없다. 그러나 복원품에는 예외 없이 손잡이가 있다.

4) 定極環 고찰

정극환은 간의와 일성정시의의 일부분으로서, 의기의 자세를 바로잡는데 쓰이는 의기다. 즉 이를 써서 의기가 천구의 북극을 바로 가리키도록 하는 것이다. 이 정극환이 필요한 이유는 북극에 뚜렷한 별이 없다는 사실 때문이다. 그리고 북극의 위치가 세차운동으로 시간의 경과에 따라 일정한 규칙에 따라 이동하기 때문에, 그 의기의 제작 시기에 따라 정극환의 구조가 달라질 수밖에 없다. 간의와 일성정시의의 연구에서는 이 점이 고려되지 않으면 아니 되는 것이지만, 지금까지의 연구에서 이 점이 충분한 주목을 받지 못했다. 이 연구에서는 이 점에 주목해보고자 한다.

(1) 세차운동

세차운동이란 자전하는 팽이가 자전과는 별도로, 자전축 자체가 느린 회전운동을 하는 것과 마찬가지 이유로, 자전하는 지구도 그 자전축이 느리게 회전운동하는 현상을 말한다. 지구의 경우, 이 세차운동으로 천구의 북극은 천구상에서 다음 그림과 같은 원궤적을 그리는 것이 알려져 있다.

CE2000년 현재, 북극은 작은곰자리의 알파성 부근에 있다. 그래서 우리는 흔히 이 별을 북극성이라고 부른다. 그러나 모든 시기에 그 별을 북극성이라 부를 수는 없었다. BCE1000년경에는 작은곰자

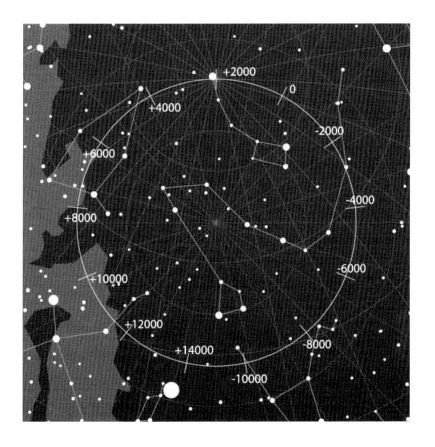

리의 베타성 근처에 북극이 있었고, 이집트에서 피라미드가 조성될 무렵인 BCE3000년경에는 용자리의 알파성이 북극성이었다. 그러므로 당시 이집트인들은 이 별을 보면서 피라미드의 방위를 맞추었을 것이다.

이 북극 원궤적의 중심은 황도좌표의 북극이고, 원 자체는 황위 66.5도의 원을 투영한 것이다. 즉 그 원의 황위는 66.5도로서, 황극에서 23.5도 떨어져 있는 점들의 집합이다.

천구의 반지름을 1로 놓을 때, 이 궤적원의 반지름은 sin(23.5도)이므로 그 둘레는 여기에 2pi를 곱한 2.505가 된다. 1도를 라디안으로 표시하면 rad(1도)=pi/180이므로, 2.505를 이 값으로 나눈 값 143.5도는 궤적원의 둘레를 "'도'라는 길이 단위"로 나타낸 것이다 이 거리, 143도를 가는 데 26,000년이 걸리는 것이다. 즉 1도를 가는 데 181년이 걸린다. 천추성은 구진대성(현재의 북극성)에서 7도 떨어져 있다. 그러므로 역사상 어떤 시점에서 천추성이 북극이었다고 할 때, 북극이 현재의 북극성에 도달하는 데는 1,268년 즉 약 1,300년이 걸린다. Needham 등이, 천추성이 漢唐대의 북극성이었다고 추정하는 근거는 바로 이것이다. 그렇다면, 650년경 즉 1350년경의 곽수경 시대에는 그 중간인 지점, 즉 구진대성에서 3.5도 떨어진 점이 북극이었을 것이고, 그 100년 후인 세종대에, 북극은 구진대성에서 3도 가량 떨어져 있었을 것이다. 이 사실이 정극환이 필요한 이유가 된다.

(2) 북극부근의 별사진

북극 1, 2, 3, 4, 5 가운데 1과 2는 Ursa Minor의 γ와 β이고, 이 이름이 太子와 帝다. 그 위로 오목하게 연장하여 3, 4 즉 庶子와 后宮이 있다. 북극 5인 천추성은 약간 더 오목하게 1~4의 간격만큼

현대판 중국식 성좌 (북극 부근)

'천황대제'의 위치가 잘못되었다. 句陳 二와 六 중간 '陳'자 옆의 별이 맞다. '左樞'가 속해있는 우상방의 성좌는 '紫薇左垣'이 맞다. 세차운동의 중심인 '黃北極'은 적경도 18시, 적북위 66.5도의 위치다. 동심원이 적위도 9도 간격임을 감안하면 그 위치를 짐작할 수 있다.

떨어진 곳에 있다. Ursa Minor의 α, β, ϵ, ζ는 각각 句陳 1, 2, 3, 4이고, 句陳 1 즉 α가 현재의 북극성이다. 句陳 5, 6은 구진 1에서 거의

90도 왼쪽으로 꺾이고 또 꺾여 있다. 天皇大帝는 1과 6을 이은 선분의 근방에 있다. Ursa Minor의 η와 Ursa Major의 ζ를 이은 선분의 중점 근처에 있는 Draco α는 바로 右樞인데, 이 별과 천추성과 북극성 세 별은 세차운동으로 움직이는 북극점의 이동경로에 아주 가깝다. 세종 때는 북극점이 북극성보다 천추성에 가까웠지만 북극점에 있지는 않았다. 그렇기 때문에 定極環의 작도/설계가 그렇게 이루어진 것이다.

(3) 帝星과 성구환의 조정

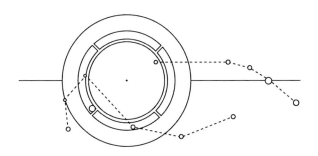

이 그림은 Needham 등의 그림 接眼구멍을 통하여 쳐다볼 때, 정극환과 하늘의 모습이다. 정극환의 중심은 북극이고, 북극을 중심으로 가로 세로 직교하는 직선을 그리면, 세로선은 중심자오환이다. 이 중심자오환은 아래쪽에서 지평북과 만나고, 위쪽으로 연장하면 천정을 지나 결국 지평남과 만난다. 북극에서 지평북까지는 아래로 ϕ, 지평남까지는 위로 180-ϕ다. 그러므로 방위로는 위가 남쪽, 아래가 북쪽인 셈이다. 이 그림에서 제성(Kochab)은 오른쪽 가로직선 상에 있다. 방위로는 동쪽이다. 정남을 기준으로 하는 적도경도좌표 τ로 보면, 위가 0, 오른쪽이 90, 아래가 180이다. 모든 항성은 북극을 중심으로 반시계방향으로 돈다. 그러므로 적경α는 시

계방향으로 증가한다.

　제성 역시 북극을 중심으로, 1일에 $(365\frac{1}{4}+1)$日度의 각속도로, 반시계방향의 원운동을 한다. '동지초일신전자정'을 출발시점 내지 시작점이라고 하자. 그러면 이 출발시점에 태양은 어디 있을까? 동지이므로 적경 α=270에 있고, 자정이므로 τ=180이다. 이 그림에서 보면 그 위치는 북극의 연직 아래가 된다. 태양 역시 반시계방향으로 원운동을 하는데, 각속도는 항성보다 느려, 1일에 $365\frac{1}{4}$日度 =360度다. 한편 제성은 적경 α=223도의 항성이다. 이 적경 α 값은 그 항성의 고유값으로 변하지 않는다. 태양의 동지 적경 α=270도와 비교하면, 태양과의 상대적 위치를 알 수 있다. 적경 α는 시계방향으로 증가하므로, 정북에 있는 태양에서 47도 동쪽에 있다. 적도경도 τ로 보면, τ=180-47=133도다. 거의 북동쪽이다(그림에서는 아래가 남쪽임을 명심할 것). 정극환에서의 위치는 τ로 나타내는 것이 편리하므로 이하에서는, 출발시점에 제성의 위치는 τ=133도라고 하기로 한다.

　태양과 제성은 모두 반시계방향으로 도는데, 1일이 지나 자정이 되면 어디에 있을까? 그림에서 태양의 위치는 출발시점과 같이 τ=180도다. 그러나 제성은 태양보다 속도가 빠르므로 1日度 더 간 지점에 있다. 즉 그 위치는 τ=(133도+1일도)다.

　이쯤에서 '일성정시의'의 주천환과 성구환의 조정을 생각해 보자. 『실록』의 설명에 의하면, 시작시점인 제1년초 즉, '동지초일신전자정'에, 주천환의 0일도점이 제성과 맞춰지고, 또 그 점에 성구환의 0점이 맞춰지는 것으로 되어 있다. 즉 모두 τ=133도 점에 맞춰져 있는 것이다.

　1일이 지난 후, 태양은 한 바퀴를 돌아, τ=180도 즉 자정의 위치에 돌아와 있다. 그동안 주천환의 0일도점은 조정된 자리에 그대로 고정되어 있다. 1일 후 제성은 한 바퀴를 돌고 1일도를 더 돌아 주천환의 0일도점을 1일도만큼 지나쳐 가 있다. 그러므로 그 점에 성구환의 0점이 맞춰진 상태에서, 계형이 가리키는 성구환의 눈금을 읽으면 자정을 지난 것으로 나타난다. 이래서는 안 된다. 성구환의 눈금은 자정을 가리켜야 한다. 어떻게 가능할까? 간단하다. 즉, 주천환의 0일도점에 맞추어져 있던 성구환의 0점을, 주천환의 1일도점에 맞추어 놓으면 된다. 『실록』의 '一日一度'란 바로 이를 표현한 말이다. 그러면 이제부터는 제성을 따라가는 계형은 성구환의 눈금을 만나, 제2일의 올바른 시각을 알려준다. 이와 같은 조정은 2일 후, 3일후, … , 364일 후에도 계속된다.

364일이 지난 후, 태양은 364바퀴를 돌아, τ=180도 즉 자정의 위치에 돌아와 있다. 그동안 주천환의 0일도점은 조정된 자리에 그대로 고정되어 있다. 364일 후 제성은 364바퀴를 돌고 364일도를 더 돌아 주천환의 0일도점을 364일도만큼 지나쳐 가 있다. 그동안 성구환은 매일 1일도씩 조정되어, 이 날은 성구환 0점이 주천환 364일도점에 맞추어 조정된다. 『실록』의 '三百六十四日乃三百六十四度'란 바로 이를 표현한 말이다. 제성을 따라가는 계형은 성구환의 눈금을 만나, 제365일의 올바른 시각을 알려준다.

그러면 365일이 지난 후에는 어떻게 될까? 태양은 365바퀴를 돌아, τ=180도 즉 자정의 위치에 돌아와 있다. 그동안 주천환의 0일도점은 조정된 자리에 그대로 고정되어 있다. 365일 후 제성은 365바퀴를 돌고 365일도를 더 돌아 주천환의 0일도점을 365일도만큼 지나쳐 가 있다. 그동안 성구환은 매일 1일도씩 조정되어, 이 날은 성구환 0점이 주천환 365일도점에 맞추어 조정된다. 제성을 따라가는 계형은 성구환의 눈금을 만나, 제366일의 올바른 시각을 알려준다. 그런데 『실록』은 이 조정이 일어나는 시각을 '次年冬至初日子正'이라고 하고 있다. 그 시점에서 제1년은 끝나고, 次年 즉 제2년이 시작된다는 것이다. 그러므로 제1년은 365일로 끝나고, 제366일은 제2년의 제1일이다.

그러면 제2년의 제1일이 지난 시점의 상황은 어떠할까? 태양은 366바퀴를 돌아, τ=180도 즉 자정의 위치에 돌아와 있다. 그동안 주천환의 0일도점은 처음 조정된 자리에 그대로 고정되어 있다. 366일 후 제성은 366바퀴를 돌고 366일도를 더 돌아 주천환의 0일도점을 366일도만큼 지나쳐 가 있다. 그런데 1주천이 $365\frac{1}{4}$일도이니, 주천환의 0일도점을 $\frac{3}{4}$일도만큼 지나쳐 있다. 그동안 성구환은 매일 1일도씩 조정되어, 이 날은 성구환 0점이 주천환 366일도점에 맞추어 조정된다. 그 점이 바로 주천환 $\frac{3}{4}$일도점이다. 『실록』의 '一日空度三分'이란 바로 이를 표현한 말이다. 제성을 따라가는 계형은 성구환의 눈금을 만나, 제2일의 올바른 시각을 알려준다.

이상의 과정을 표로 만들어 보자.

동지신전자정의 상황
태양의 적도경도 τ=180, 조정 전 주천환의 0일도점 τ=133도점

시점	제성의 위치 τ=133도점 A	성구환 0점의 위치 주천환의 0일도점 + B=A	주천환 0일도점의 조정 차분값 C	성구환의 0점 조정된 주천환의 0일도점 + D=B-C
출발시점	0일도	0일도	0일도	0일도
제1년제1일후	1일도	1일도	0일도	1일도
제1년제2일후	133도+2일도	2일도	0일도	2일도
제1년제364일후	364일도	364일도	0일도	364일도
제1년제365일후	365일도	365일도=$-\frac{1}{4}$일도	$-\frac{1}{4}$일도	0일도
(제2년제1일 출발시점)				
제2년제1일후	$\frac{3}{4}$일도	$\frac{3}{4}$일도	$-\frac{1}{4}$일도	1일도
제2년제2일후	$1\frac{3}{4}$일도	$1\frac{3}{4}$일도	$-\frac{1}{4}$일도	2일도

제2년제365일후	$364\frac{3}{4}$ 일도	$364\frac{3}{4}$ 일도$=-\frac{2}{4}$ 일도	$-\frac{2}{4}$ 일도	0일도
(제3년제1일 출발시점)				
제3년제1일후	$\frac{2}{4}$ 일도	$\frac{2}{4}$ 일도	$-\frac{2}{4}$ 일도	1일도
제3년제2일후	$1\frac{2}{4}$ 일도	$1\frac{2}{4}$ 일도	$-\frac{2}{4}$ 일도	2일도
제3년제365일후	$364\frac{2}{4}$ 일도	$364\frac{2}{4}$ 일도$=-\frac{3}{4}$ 일도	$-\frac{3}{4}$ 일도	0일도
(제4년제1일 출발시점)				
제4년제1일후	$\frac{1}{4}$ 일도	$\frac{1}{4}$ 일도	$-\frac{3}{4}$ 일도	1일도
제4년제2일후	$1\frac{1}{4}$ 일도	$1\frac{2}{4}$ 일도	$-\frac{3}{4}$ 일도	2일도
제4년제365일후	$364\frac{1}{4}$ 일도	$364\frac{1}{4}$ 일도	$-\frac{3}{4}$ 일도	365일도
제4년제366일	0일도	0일도	0일도	0일도

【주】 B는 '일성정시의' 의 조정방법이고, C와 D는 '소일성정시의' 의 방법이다. 전자는 성구환으로만 조정하고, 후자는 주천환과 성구환 둘 다 조정에 이용한다. 후자가 훨씬 덜 번거롭다. 전자는 4년 내내 다른 방법을 이어가야 하지만, 후자는 매년 똑같은 방법을 반복한다.

(4) 定極環 그림의 추가 설명

앞의 그림에서 점선으로 연결된 것은 성좌다. 위의 성좌는 '북극'이란 성좌로, 별 이름들은 왼쪽으로부터 천추성, 후궁, 서자 제, 태자다. 아래 성좌는 '구진'인데, Needham은 약간의 식별 오류를 범하고 있다. 왼쪽 위 가장 작은 두 별은 제외시키는 것이 옳다. 대신 연결 안 된 가장 큰 별, 즉 구진대성을 왼쪽 끝 별과, 오른쪽 별과 점선으로 연결한다. 별 이름은 구진대성으로부터 오른쪽으로 구진1, 구진2, 구진3 구진4이며, 왼쪽 끝별은 구진5다. 성좌 '구진'에는 6개의 별이 있는데, 구진5에서 우하방향에 있는 구진6은 이 그림에서 빠져 있다. 그림 가운데의 + 표시는 그림 설명에서, 1410년경의 '북극' 위치라고 하는데, 이 의기가 만들어진 것은 1437년이다. 이

연도의 불일치는, 이 의기 제작 당시의 '북극'이 그림의 + 표시보다 구진대성에 더 가까웠을 것임을 시사한다. 그리하여 정극환 내지 후극의라는 이 의기가 찾고자 하는 '북극'이 구진대성과 천추성에서 거의 등거리에 있었다. 그러기 때문에 이 두 별을, 구진대성은 두 환 사이에 오고, 천추성은 내환 안에 오도록 하려면, 그 경계가 되는 내환의 두께는 극히 얇아야 했다. 그 두께를 4厘라고 하였는데 이는 1mm가 약간 못되는 것이다. 이런 세공은 비록 구리로 만든다고 하여도 쉬운 일은 아니었을 것이다(그 뒤에 이 의기를 변형한 소일성정시의에서는 정극환을 없애버렸다). 이 정극환을 '들여다보는 구멍' 즉 接眼孔은 바탕이 되는 둥근 바퀴의 정중앙에 겨자씨만한 작은 크기로 뚫려있는데, 정극환에서 이 구멍까지의 거리는 기둥이 1척=100분, 계형의 두께가 5분, 환이 3분, 바퀴가 4분, 합하여 112분이다. 1분을 2mm로 보면 23cm 정도가 된다. 외환의 안지름은 23-(3x2)=17분, 내환의 바깥지름은 14.5분, 내환의 안지름은 14.5-(0.4x2)=13.7분이므로, 중심각으로 나타낸 '북극'으로부터의 거리는 각각 4.3도, 3.7도, 3.5도가 된다[라디안으로는 각각 17/112=0.152, 14.5/112=0.129, 13.7/112=0.122이고 여기에 28.6도(=0.5rad)를 곱하면 이 각들이 얻어진다]. 즉 이 의기는 구진대성은 북극으로부터 3.7도 내지 4.3도 떨어져 있고, 천추성은 3.5도 이하만큼 떨어져 있다는 판단에서 제작된 것임을 알 수 있다(정극환은 바깥지름이 23분=46mm밖에 안 되는 작은 의기다. 이 작은 의기로 이와 같은 기능을 할 수 있게 하려는 시도가 놀랍다). '帝(Kochab)'는 북극에서 약 14도 떨어져 있다(현재는 16도 정도). 밤에 시각을 알기 위하여 '帝'를 관측할 때도 눈의 위치는 '겨자씨 구멍' 즉 接眼孔이다. 그 구멍으로 볼 때 위의 그림이 나타난다.

현시점에서 정극환을 설계한다면 이 그림과는 크게 달라야 한다. 구진대성이 북극에서 0.7도 떨어져 있고, 천추성은 6도 정도 떨어져 있기 때문이다.

　원나라 때의 簡儀와 명나라 때의 간의에서도 후극환을 설계할 때 비슷한 문제가 발생하였을 것이다. 즉 세차운동의 효과가 감안 되어야 했을 것이다.

　다음 그림을 보자.

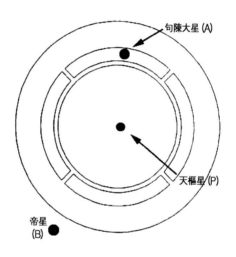

　이 그림은 잘못이다. 세종 때 천추성이 이 그림처럼 북극성이었 다면 정극환 자체가 필요하지 않았다. 그 별에 의기 방향을 맞추면 그만이기 때문이다. 세종 당시에는 '북극'이 구진대성과 천추성 사 이에 있으면서 약간 천추성 쪽에 가까웠다. 그러하기 때문에 내환 과 외환 사이의 경계를 그렇게 얇게 설계하여 구진대성은 그 경계 밖의 외환을 돌고, 천추성은 그보다 약간 안쪽의 내환을 그 경계 가까이에서 돌도록 설계했던 것이다. 그 설계에 맞게 그 두 별이 돌아준다면 환의 중심은 '북극'이 되는 것이다. 의기의 설치는 그렇 게 돌아주도록 배려한 것이다.

그리고 정극환에 별들이 이 그림처럼 보이려면, 바라보는 눈의 위치가 중요하다. 구진대성과 천추성 사이의 각도는 약 6도다. 이를 라디안으로 표현하면 약 0.1라디안이다. 이 말의 뜻은, 정극환의 지름과 정극환에서 눈까지의 거리의 비가 1:10 정도여야 한다는 것을 의미한다. 『세종실록』의 정극환의 치수를 보면, 기둥이 1척=100분이고 정극환의 안지름이 14.5분이다. 기둥의 높이에 계형의 두께, 환의 두께, 바퀴의 두께 등을 합하면, 환의 가운데 뚫린 겨자씨만한 구멍 아래의 눈에서 정극환까지의 거리는 '112분 + 바퀴에서 눈까지의 거리'가 되므로, 0.1라디안에 가까운 범위를 볼 수 있게 된다.

이 그림은 위의 Needham의 그림과 비교된다. 그리고 현시점에 맞는 정극환을 만든다면, 내환의 크기가 극히 작아져야 하고, 그 내환 안에 구진대성 즉 Polaris가 와야 한다.

(5) 참고 : 簡儀의 候極體系

간의의 사유환 북쪽에는 둥근 테가 있다. 그것을 보통 候極環이라고 하지만 『원사』의 설명에는 그 이름이 없고 다만 위에 있다고 하여 '上規' 또는 '上環'이라고 부르고 있다. 사유환의 지름은 6척(=60촌)이고, 상환의 지름은 24촌이다. 상환을 斜十字 즉 ×자 형태로 4개 상한으로 나눈 위쪽 상한의 속에 環形의 定極環이 있다. 정극환의 지름은 6촌 가량이다. 정극환 역시 + 형태로 4개 상한으로 나누었는데, 환의 한가운데에 작은 구멍이 뚫려 있다. 그 구멍의 지름은 5리 즉 0.05촌이다. 1mm가 조금 넘을 정도의 작은 구멍이다. 북극의 위치를 식별하는데 쓰일 구멍이다. 그런데 당시 북극에는 뚜렷한 별이 없었다. 그러므로 북극에서 가장 가까운 큰 별로 오늘날의 북극성(Polaris)을 이용하여 당시의 북극을 식별하려는 것이 이 정극환의 존재 이유다.

당시 북극은 폴라리스에서 3도 가량 떨어져 있었다(서기2000년 에는 0.7도 가량 떨어져 있다). 즉 폴라리스는 북극에서 3도 가량 떨어져 북극을 돌고 있었다[極星去不動處三度]. 이 폴라리스가 정극환 안쪽에 바짝 붙어서 돌도록[僅容轉周] 정극환을 설계하여, 징극환의 중심에 북극이 오도록 하려는 것이다.

폴라리스 궤도의 북극을 중심으로 하는 지름은 6도 가량임은 이미 알고 있었다. 이 각을 라디안으로 표현하면 0.1라디안 정도다. 그러므로 정극환의 지름이 사유환의 지름의 0.1배가 되면, 사유환의 남쪽 끝에서 정극환의 지름을 바라보는 각도가 0.1라디안 즉 6도 가량이 되는 것이다.

이러한 관측목적을 달성하기 위해서는 정극환의 중심과 눈을 잇는 직선이 사유환의 회전축과 평행해야 한다. 이렇게 되기 위해서는 정극환의 중심과 사유환 회전축 사이의 거리가 6.5촌이 되므로, 눈의 위치와 사유환 회전축 사이의 거리도 6.5촌일 필요가 있다. 이 위치를 물리적으로 확정하기 위해서, 간의에서는 다음과 같은 조치를 취하고 있다.

사유환 남쪽의 ×자형 남극운가의 위쪽 상한에 이어 동판을 설치한다. 동판은 방 2촌 두께 0.5촌이다. 사유환의 남극축심에서 6.5촌 떨어진 동판 위의 점에 구멍을 뚫되, 동판의 북면을 깎아 지름 0.1촌의 구멍을 내는데, 다 깎지 않고 0.01촌(0.2mm) 정도는 남긴다. 그 가운데에 지름 0.1촌(2mm 정도)의 둥근 구멍을 내어 이 구멍을 통하여 정극환을 관찰할 수 있게 한다. 이 구멍은 接眼孔이라 부를 수 있을 것이다. 이 접안공을 통해서 바라볼 때만 정극환은 의미를 가질 수 있다. 간의가 올바로 설치되어 있을 때, 폴라라스는 이 구멍을 통해서 볼 때만 정극환 내부를 회전하고 있게 된다(이 구멍에서 정극환까지의 거리는 60촌이 넘는다. 그러므로 폴라리스의 궤도는 정극환 안에 여유 있게 들어간다).

복원품 간의를 보면 정극환은 있으나, 동판은 없다. 정극환과 동
판의 接眼孔이 합쳐져야 비로소 '후극 시스템'이 완성되는 것임에
도 불구하고 말이다.

(6) 북극 부근의 상황

12시

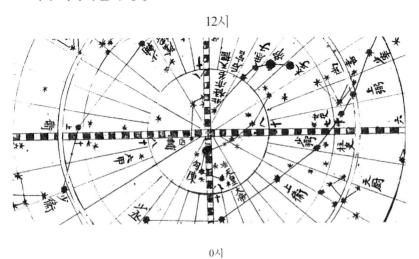

0시

이 그림은 〈방성도〉의 북극 부근을 확대한 것이다. 별자리 '북극
5성'과 '구진6성'이 잘 나타나 있다. 천황대제가 구진2와 구진6을
이은 선분 가까이에 그려져 있다. 별이 없는 '북극'과, 구진대성 사
이의 각거리가 3도 정도인 것도 알 수 있다. 현재는 0.7도 정도인데,
이 성도의 제작연도가 1711년임을 감안하면 300년간의 변화를 실
감하게 한다. 황북극은 18시-북극권 교점.

부록 1)『원사』의 〈仰儀銘〉과 매문정의 補注
: 번역과 해설

『원사』의 〈앙의명〉은 좀 난해하다. 그런데 청나라에 들어와 매문정이 새로운 버전의 〈앙의명〉을 발견하고, 거기에 자신의 補注를 붙인 것이『사고전서』에 실려 있다(이 내용은『국조역상고』에도 실려 있으나, 차이가 있다). 이하는 이를 번역하고 해설한 것이다. 이 내용을 면밀히 검토해 보면, 원나라의 앙의가 세종 때의 앙부일구, 보물 앙부일구 어느 것과도 같지 않음을 알 수 있다.

不可形體 莫天大也. 無競維人 仰釜載也.

그 몸을 형상화할 수 없는 것에 하늘보다 큰 것이 없는데,
다툴 것도 없이 오직 사람만이 하나의 앙부 속에 하늘을 실었네.

註曰 : 言天體之大 本不可以爲之形似 而今以虛坳似釜之器 仰而省之 則 以下半渾圓 對覆幬之 上半渾圓 而周天度數 悉載其中. 此人巧之足以 代天工 故曰 '無競維人'也.

천체 즉 하늘몸의 크기는 본디 그것을 형태로 나타내어 비슷하게 해 볼 수 있는 것이 아니다. 그러나 지금 빈 오목한, 솥처럼 생긴 의기가 위를 쳐다보며 하늘을 닮았다. 즉, 아래쪽의 하반혼원이 위에서 덮고 있는 상반혼원과 對가 되게 함으로써, 주천도수를 하나도 빠짐없이 하반혼원 속에 실어담는 효과를 보이고 있는 것이다. 이것은 사람의 재주가 족히 하늘의 재주를 대신하고 있는 것이다. 그래서, '無競維人'이라고 말한 것이다.

六尺爲深, 廣自倍也. 兼深廣倍, 絜釜兌也.

앙부 깊이 6척이요, 너비는 그 배라네.
깊이너비의 합을 두 배 하니, 솥 입의 둘레로다.

註曰 : 釜形是半渾圓 而其深六尺是渾圓之半徑也. 倍之爲廣則渾圓之全徑也. 兼
深與(廣)之度而又倍之 渾圓之周也. 盖仰儀之口圓 徑一丈二尺 周三丈六尺也. 兌
爲口故曰釜兌. 絜猶度也. 此雖亦 徑一圍三古率 然其器果圓 則畸零在其中矣.

솥 모양은 반혼원이다. 그리고 그 깊이가 6척이라고 한 것은 그 혼원의 반지름이
다. 그것의 배가 너비라고 한 것은 혼원의 지름을 말한다. 깊이와 너비의 치수를
더하고 그 배라고 한 것은 혼원의 둘레다. 여기서 앙의의 입은 원이므로, 지름이
12척이니, 둘레는 36척이다. 兌는 입[口]이라는 뜻이다. 그래서 '釜兌'라고 한 것이
다. 혈(絜)은 헤아린다[度]는 뜻이다. 여기 사용한 원주율은 비록 지름 1에 둘레 3이라는 옛
비율이지만, 앙부가 과연 원이기 때문에 약간의 오차가 있다.

振漑不洩, 繚以澮也. 正位辨方, 日子卦也.
물을 부어 새지 않으니 도랑을 둘러친듯.
위치를 분변하여 방위를 바로하니, 子卦가 그것이네.

註曰 : 釜口周圍爲水渠 環繞注水取平. 故曰 '振漑不洩, 繚以澮也'. 釜口之面 均
列二十四方位 而從子半起 子午正則 諸方皆正 故曰 '正位辨方, 日子卦也.'

솥 입 주위가 물도랑이니 둥글게 물을 부어 수평을 취한다. 그러므로, '振漑不洩,
繚以澮也'라고 한 것이다. 솥 입 면을 24방위로 같은 간격으로 벌려놓는다. 자반
(子半)부터 시작하므로, 子午가 바르면 모두가 바르게 된다. 그러므로 '正位辨方,
日子卦也'라고 한 것이다.

衡縮度中, 平斜載也. 斜起南極, 平釜皼也. 度入聲.
가로 세로로 중앙을 재되, 평탁 사탁 두 번 재네.
사탁 시작은 남극이요, 평탁 시작은 부대로다.

註曰 : 縮直也. 仰儀象地平下半周之渾天, 其度必皆與地平上之天度 相對待. 故先
平度之 從儀面之卯酉作弧線相聯 必過儀心 以橫剖釜 形爲二地平下卯酉半規也.
又直度之 從儀面之子午作弧線相聯 亦過儀心 以直剖釜 形爲二地平下子午半規

也. 兩半規交於儀心正中天 在地平下正對天頂處也. 故曰 '衡縮度中'. 然 此所謂
中 乃平度之中 其衡縮度之者 並自地平之子午卯酉出弧線而會於地平下之中心. 若在天之度
固自斜轉卽 非以此爲中. 旣平度之 復斜度之 有兩種取中之法 故曰 '平斜載也'.
載猶再也. 斜度奈何? 曰宗南極也. 法於地平下了午牛規 均分半周天度 乃用此度自
地平午 數至南極入地度 命爲斜度之中心 故曰 '斜起南極'. 言緯度從此起. 釜鐵者
釜之鐵 卽儀心也. 鐵 徒對切. 矛戟底平者曰鐵. 曲禮: '進矛戟者 前其鐵.' 類篇: '矛戟柲下銅
也.' 儀類釜而形仰 最坳深處爲其底心 故謂之鐵. 爲地平下兩半規十字交處 而下半渾圓
之心 平度以此爲宗, 亦如斜度之宗南極. 故曰 '平釜鐵也'. 盖以此二句 釋上二句
也. 不言起省文.

축(縮)은 직(直)이다. 즉 세로라는 말이다. 앙의는 지평 아래 半周의 渾天을 형상
화했다. 그러므로 그 도수는 반드시 모두 지평 위의 천도와 서로 대응한다. 먼저
가로로 이를 평탁(平度)해보자. 즉 의면의 묘(卯)·유(酉)로부터 弧를 그려 이를 서
로 연결하면, 그 호는 반드시 앙의의 중심을 지나면서 솥을 가로로 갈라 모양을 둘
로 하니, 지평 아래의 묘유반원이다. 또, 세로로 이를 직탁(直度)해보자. 즉 의면의
자·오로부터 弧를 그려 이를 서로 연결하면, 그 호는 역시 앙의의 중심을 지나면서
솥을 세로로 갈라 모양을 둘로 하니, 지평아래의 子午반원이다. 이 두 반원은 앙의
의 중심에서 교차하는데, 이 儀心의 正中天은, 바로 天頂과 마주하는 지평 아래의
자리다. 그러므로 '衡縮度中'이라고 한 것이다. 하지만 여기에서 소위 '중'이라고
한 것은 평탁의 중앙이다. 여기서 衡縮度中이라고 하여 두 번 잰 것은, 둘 다 지평의 자오와
묘유에서 출발하는 두 弧線이 지평 아래에서 만나는 중심을 잰 것이다. 그런데 하늘의 도수는
틀림없이 스스로 기울어져서 돌아가는 것이므로, 이것을 중심이라고 할 수는 없다.
그러므로 우리가 이미 평탁으로 중심을 쟀지만, 다시 기울여서 사탁으로 중심을
잰다. 말하자면 중심을 취하는 방법에 두 가지가 있는 것이다. 그래서 '平斜載也'
라고 한 것이다. 여기서 載는 再의 뜻이다. 그러면 사탁이란 어떻게 한다는 말인가? 남
극을 기준으로 삼는 것이다. 즉 그 방법은, 우선 지평 아래 자오반원을 반주천도로
균분한다. 그리고 이 도수를 써서 지평의 午에서 남극입지도만큼을 세어서, 그 점,
즉 남극을 사탁(斜度)의 중심으로 삼는 것이다. 그래서 '斜起南極(사탁은 남극에서

시작한다)'이라고 한 것이다. 이 말은 위도(緯度) 즉 距極度가 여기에서 시작한다는 뜻이다. 부대(釜懟)라는 것은 솥의 물미란 말이니, 바로 앙의의 중심이다. '懟'의 음은 徒對切 즉 '대'다. 창 손잡이 바닥의 편평한 부분을 말한다. 『예기(禮記)』 「곡례(曲禮)」편에 '進矛戟 者, 前其懟'라고 하여, 즉 '창을 남에게 줄 때는 창 손잡이를 앞으로 한다'라고 한 용법과 같다. 類篇에 '창 손잡이 아래, 銅으로 만든다'라고 되어 있다. 우리의 의기는 위를 향한 솥 모양으로, 가장 오목 깊은 곳이 그 바닥중심이므로 懟라고 한 것이다. 그리고 이것은 지평 아래의 두 반원이 십자로 만나는 곳이고, 아래 반혼원의 중심이다. 평탁에서 이를 기준으로 삼는 것은, 역시 사탁에서 남극을 기준으로 삼는 것과 같다. 그러므로, '平釜懟也' 라고 한 것이다. 그리하여 뒤의 두 구로써 앞의 두 구를 풀이하고 있다. 여기서 平起 釜懟(평탁은 대에서 시작한다)라고 '起'를 말하지 않은 것은 생략법이다.

【필자 주】이 이야기는 두 좌표계에 관한 이야기로도 볼 수 있다. 적도좌표계는 남극을 중심으로 하고, 지평좌표계는 부대 즉 천저를 중심으로 한다고 보면 된다. 지평좌표계의 '경도'는 방위, '위도'는 고도다. 영표의 표단이 가리키는 것은, 적도좌표계에서는 시각과 절기이며, 이것은 앙의에서 직접 읽을 수 있도록, 눈금이 그려져 있다. 지평좌표계에서는 방위와 태양고도를 알 수 있으나, 앙부일구에서는 방위가 솥전에 표시되어 있을 뿐, 고도는 명시적으로 나타나지 않는다. 천저 즉 부대를 원점으로 동심원을 그리면 등고선 즉 등고도곡선이 될 것인데, 이것이 그려져 있지 않기 때문에, 고도는 직접 읽을 수 없다. 그러나 재서 알 수는 있다(원의 앙의에는 그려져 있었을까?). 전통적 동양천문학에서 고도와 위도의 기점은 극이다. 그러므로 '거극도'인 것이다.

小大必周, 入地畫也. 始周浸斷, 浸極外也.
작으나 크나 한 바퀴를 돌지만, 그린 것은 땅 아래뿐.
비로소 잠겨서 끊어지니, 잠기는 건 극의 바깥.

註曰 : 此言斜度之法也. 斜畫之度 旣宗南極, 則其緯度之常隱不見者 每度 皆繞
極環行而成圓象. 每度相去約一寸弱. 雖有大小 皆全圓也. 近南極旁則小 漸遠漸大 每度
相離一寸 其圓徑之大小每度必加二寸. 故曰 '小大必周' 而明其爲入地之畫也. 在南極
常隱界內故也. 若過此以往則 離極益遠 緯度之圓益大 其圓之在地下下者 漸不能
成全圓 而其闕如玦 以其漸出南極常隱界外也. 故曰 '始周浸斷 浸極外也.' 亦是 以
下句釋上句.

이것은 사탁의 방법을 말하는 것이다. 비스듬한 사탁 그림의 도수는 이미 남극을
기준으로 하고 있다. 그러므로 그 위도 가운데 '늘 가려져 보이지 않는' 위도들의
每度는, 모두 극을 중심으로 둥그렇게 돌아가면서, 원의 모습을 그린다. 每度의 서로
떨어진 거리는 約 1寸弱이다(둘레가 약 36尺(=360寸)이기 때문이다). 그러므로 비록 크고 작
음은 있으나, 모두 온전한 원이다. 남극 근방은 작고, 남극에서 멀어질수록 점점 커진다. 매
도의 서로 떨어진 거리가 1寸이므로, 그 원지름의 크기는 매도 2寸씩 늘어나게 된다. 그러므로
'小大必周'라고 했다. 그러나 그것은 入地의 그림일 따름임을 밝혔다. 남극의 '늘 가
려져 보이지 않는 경계'의 안쪽에 있을 때 그렇다는 것이다. 이 경계를 벗어나면,
즉 극을 벗어나 멀어지면 멀어질수록 위도원은 점점 더 커지며, 그 원의 지평아래
부분은 점점 더 온전한 원이 될 수 없다 그리하여 그 결여 부분은 결옥(玦玉)처럼
되어 남극상은계 밖으로 나오게 된다. 그래서 '始周浸斷, 浸極外也'라고 한 것이
다. 역시 下句로 上句를 해석하고 있다.

極入地深, 四十太也. 北九十一, 赤道齘也. 列刻五十, 六時配也.
남극의 입지 깊이 40도(太),
북으로 91도, 적도의 경계, 적도 따라 50각은 6시에 배정되네.

註曰 : 儀設於元大都 大都北極出地四十度太 四分之三爲太. 則南極入地亦然 仰儀
準之 近南極四十度內 皆常隱界也. 若四十一度以上 則所謂 '始周浸斷'者也. 至
於離南極一象限 四分天周各九十一度奇爲象限 銘蓋擧成數也. 則爲赤道之齘 而居渾天
腰圍矣. 齘 齒相切之界縫也. 考工記 函人衣之欲其無齘也. 仰觀經緯之度入算處並只一線 故曰

齘. 凡晝夜時刻並宗赤道, 赤道全周勻分百刻 以配十二時. 仰儀赤道乃地平下半周
故列刻五十配六時也. 六時者 起卯正初刻畢酉初四刻皆晝時. 仰儀赤道半周居地
平下 而紀晝時者, 日光所射必在其衝也. 日在卯光必射酉 日在午光必射子. 餘時亦皆若是.
앙의는 元의 大都(현재의 북경)에 설치했다. 대도의 북극고도는 40도 태(太)즉
40.75도다.

【필자 주】日度로 40.75도다. 여기서는 모두 일도를 쓴다.

남극 입지도 이와 같고, 앙의는 이를 기준으로 한다. 남극 40도 안쪽은 모두 늘 가
려서 보이지 않는 상은계다. 만약 41도 이상이라면, 곧 이른바 '위도원이 비로소
잠겨서 끊어지는 始周浸斷'의 형국이 된다. 남극에서 1상한 떨어진 부분에 이르면,
하늘의 둘레를 4등분하여 91도 남짓 되는 부분을 상한이라고 한다. 이 명(銘)에서는 '奇 즉, 남짓'
을 빼고 정수부분만을 사용하고 있다. 적도의 경계(齘)가 된다. 즉 혼천(渾天)의 허리가
된다. 계(齘)는 이빨 자국을 말한다. 『고공기(考工記)』에 '갑옷과 투구를 만드는 장인은 옷의 꿰맨
경계가 없는 無齘의 경지에 이르고자 한다'라는 말이 있다. 하늘을 쳐다보면서 경도 몇 도, 위도
몇 도라고 하나, 보이는 것은 모두 하나의 선에 불과하기 때문에 '齘'라고 하는 것이다. 무릇 밤
과 낮의 時와 刻은 모두 적도를 기준으로 한다. 적도의 둘레를 100각으로 등분하
고, 12시에 배분한다. 그런데 앙의의 적도는 지평 아래의 반원주이기 때문에, 이를
50각으로 등분하여 6시에 배분한다. 여기서 6시란 시간은, 묘정초각(卯正初刻)에
서 시작하여 유초사각(酉初四刻)에서 끝나는 시간으로, 모두 낮 시간이다. 앙의의
적도반원주가 지평 아래에 있으면서도 낮 시각을 기록하는 것은, 일광이 투사되는
곳이 반드시 그 충(衝)이기 때문이다. 해가 묘(卯)에 있으면 일광은 반드시 유(酉)로 투사되
고, 해가 오(午)에 있으면 일광은 반드시 자(子)로 투사된다. 나머지 다른 시각도 모두 마찬가지다.
(『국조역상고』의 주 按 我朝仰釜日晷之制 應以漢陽南極入地三十八度少爲法 而史無所著.
우리나라의 앙부일구의 구조를 보면, 응당 한양의 남극 입지인 38도少 즉 38.25도를 기준으로 하였
을 것이지만, 史官은 이를 밝히지 않고 있다.)

【필자 주】이 언급은 현전하는 37도 20분의 보물 앙부일구의 존

재를 무시한 말일까? '38도소'란 현행의 각도인 평도로는 37도 42
분쯤 된다. 이는 『원사』에 나오는 고려의 북극고다. 따라서 이는 고
려의 수도인 개성의 북극고지 한양의 북극고일 수 없다. 보물 앙부
일구에 '한양북극고 37도 20분'이라고 쓰여 있는 것은, 그 값에서
22분을 뺀 값으로 한양의 북극고를 계산한 값이 아닐까? (그 차이
22분은, 『국조역상고』(1796)의 개념인 '10리=3분'에 비추어 볼 때,
남북 '70리 거리'에 해당한다. 그리고 이 표현에서 우리가 추가로
추측할 수 있는 것은, 세종 때 만든 앙부일구에는 한양북극고의 명
문이 없었을지 모른다는 것이다.) 현전하는 다른 앙부일구들에는
'한양북극고 37도39분15초'라는 명문이 있다. 이는 1713년(숙종 39)
하국주의 관측 이후의 일로, 한양북극고의 공식 측정치가 1713년
이후로 바뀌었음을 시사한다. 그렇다면 1713년 훨씬 후에 편술된 『국
조역상고』에서 왜 이런 말을 할까?

衡竿加卦, 巽坤内也. 以負縮竿, 子午對也. 末旋機板, 竅納芥也.
上下懸直, 與鏃會也. 視日漏光, 何度在也.
橫竿을 卦에 얹으니 巽坤의 안쪽이라.
橫竿에 지운 直竿, 子午를 마주했네
直竿 끝 도는 機板 겨자씨 구멍 있네.
그 구멍에서 연직선 내리니 부대와 만난다.
투광 햇살 눈금으로, 해의 위치 알겠네.

註曰 : 此仰儀上事件也. 巽東南坤西南 所定釜口之卦位也. 橫竿之兩端加此二卦
者 以負直竿也. 直竿正與口爲平面承之者 必稍下, 故曰'内'也. 直竿加橫竿上如十
字 其本在午而末指子, 故曰'對'也. 直竿必圓 取其可以旋轉 而竿末則方 其形類
板. 板之心爲圓竅 甚小僅可容芥子, 故曰'竅納芥', 竅卽竅也. 然 必上下懸直 以爲
之準. 蓋直竿之長 適如半徑 其末端雖自午指子 實不至子 而納芥之竅 正在釜口

平圓之心, 於此懸繩取正則直線下垂亦正直釜底鐵心 故曰 '與鐵會也' 旣上下相
應 無毫髮之差殊 則竅納芥處 亦卽爲渾圓心矣. 凡所以爲此者 以取日光求眞度也,
何? 則仰儀爲釜形以象地平下之半天 而所測者地平上之天也. 故必取其衝度以命
之. 而渾圓上經緯之相衝 必過其心玆也. 機板之竅旣在渾圓之最中中央 從此透日
光以至釜底 視其光之何度分 卽可以知天上日躔之度分矣. 漏卽透也.

이것은 앙의 위에서 일어나는 사건을 설명하고 있다. 손(巽)은 동남(東南)이고 곤
(坤)은 서남(西南)인데, 정해진 바의 솥 주둥이의 방위다. 橫竿의 양단은 이 두 방
위에 겹쳐져서 直竿을 짊어지고 있다. 이 직간은 솥 주둥이와 한 평면으로 이어져
있으므로, 직간을 받치고 있는 횡간은 반드시 이보다 조금 아래, 즉 안쪽에 있어야
한다. 그러므로 손·곤 양괘의 '內'라고 한 것이다. 직간은 횡간 위에 십자 모양으로
덧붙어 있으므로, 직간의 뿌리[本]는 午에 있고 끝[末]은 子를 가리키고 있다. 그러
므로 '對'라고 한 것이다. 직간은 반드시 둥글어야 회전할 수 있는데, 그 끝은 네모
난 판모양이다. 판심은 동그란 구멍인데, 그 구멍은 매우 작아서 겨우 겨자씨가 들
어갈 만하다. 그러므로 '竅納芥也'라고 한 것이다. 竅은 구멍이다. 그러나 반드시
상하 懸直으로 기준을 삼아야 한다. 직간의 길이는 반지름의 길이와 똑같기 때문
에, 직간의 말초가 비록 午로부터 子의 방향을 가리킨다고 하더라도 실은 子에 이
르지 못하고, 그 겨자씨 구멍은 솥 주둥이 지평원의 正中心에 있다. 때문에 이 구
멍에서 똑바로 연직선을 내리면, 그 수선이 떨어지는 곳은 바로 솥바닥의 鐵心이
다. 그러므로 '與鐵會也'라고 한 것이다. 이처럼 상하가 상응하여 터럭만큼의 오차
도 없으므로, 그 겨자씨 구멍의 자리는 또한 渾圓의 중심이 된다. 이렇게 해서 햇
빛을 받으면 진정한 도수를 구할 수 있다는 것인데, 어째서 그럴까? 앙의는 솥 모
양으로, 지평 아래 半天을 표상하고 있지만, 우리가 측정하려는 것은 지평 위의 반
천이다. 그러므로 반드시 衝의 도수를 취하여 그것을 알아내야 한다. 그런데 혼원
상에서 서로 충인 경위도는 반드시 그 혼원의 중심을 지나는 것이 맞다. 기판의 구
멍이 이미 혼원의 最中央에 있으니, 이 구멍을 투과한 햇빛이 솥바닥의 몇 도 몇
분에 있는지를 보면, 하늘의 태양이 지나가고 있는 점의 도수를 알 수 있다. 漏는
透다.

暘谷朝賓, 夕餞昧也. 寒暑發斂, 驗進退也.
暘谷에서 해맞이 하고, 昧谷에서 전송하기,
한서, 발렴, 진퇴 모두 이 의기로 측험하네.

註曰 : 此詳言測日度之用也. 「虞書」: '分命羲仲, 宅嵎夷, 曰暘谷. 寅賓出日, 分命
和仲, 宅西, 曰昧谷. 寅餞納日.' 此古人測日用里差之法也. 今有此器則 隨地隨時
可測日度 卽里差已在其中 不必暘谷昧谷 而寅餞之用已全矣. 「周禮」:以土圭致日
日至之影尺有五寸爲土中 又取最長之影以定冬至. 此古人冬夏致日之法也. 今有
此器 以測日度之發南斂北 日躔在赤道以南謂之發 在赤道以北謂之斂 皆以其遠近於北極而
立之名. 則每日可知其進退之數 二分前後黃赤斜交 故緯度之進退速, 二至前後黃赤平行 故
緯度之進退緩 細攷之亦逐日各有差數. 不必待南至北至 而可得眞度 視表影所測尤爲親
切矣.

이 글은 日度 측정의 쓰임을 상세히 말하고 있다. 『상서(尙書)』 중 「우서(虞書)」의
「요전(堯典)」에 나오는, '分命羲仲, 宅嵎夷, 曰暘谷. 寅賓出日, 分命和仲, 宅西, 曰
昧谷. 寅餞納日, 나누어 희중(羲仲)에게 명하여 가장 동쪽[嵎夷]에 살게 하여 (그
곳을) 暘谷(해가 나오는 계곡)이라 하고 나오는 해를 공손히 맞도록 하고, 또 나누
어 화중(和仲)에게 명하여 서쪽에 살게 하여 그곳을 매곡昧谷(해가 들어가는 계곡)
이라 하고 들어가는 해를 공손히 전송하도록 했다'라는 구절이 있다. 이것은, 古人
이 日度를 측정하는데 이차(里差)를 사용하는 방법이다. 지금은 이 의기가 있어서
지역과 시간을 가릴 것 없이 일도를 측정할 수 있으니, 里差가 이미 그 안에 있다
고 볼 수 있고, 양곡과 매곡이 필요하지 않다. 태양을 맞고 보내는 일의 쓰임이 이
미 온전하기 때문이다. 『주례(周禮)』에 의하면, 예전에는 土圭로 날짜를 알아냈는
데, 하지 날에 해그림자가 1척 5촌 되는 곳을 土中으로 삼았다. 또 그림자가 가장
긴 때를 동지로 정했다. 이것은 古人이 동·하지를 알아내는 방법이다. 지금은 이
의기가 있어서 日道의 發南·斂北을 측정할 수 있으니, 해의 궤도가 적도 이남에 있으면
발(發)이라 하고 적도 이북에 있으면 렴(斂)이라 한다. 이것은 모두 북극으로부터의 원근을 따라
붙인 명칭이다. 곧 매일의 進退도수를 알 수 있기 때문에 춘·추분 전후에는 황·적도가 비
스듬히 교차하기 때문에 위도의 진퇴가 빠르고, 동·하지 전후에는 황·적도가 나란히 가기 때문에

위도의 진퇴가 느리다. 세밀하게 살펴보면 또한 매일매일의 도수 차이가 있다. 우리는 이제 동지나 하지까지 기다릴 필요 없이, 진정한 도수를 얻을 수 있고, 表影으로 측정한 값이 더욱 정확하다.

薄蝕終起, 鑒生殺也. 以避赫曦, 奪目害也.
교식의 시작과 끝, 살리고 죽임을 비추누나.
눈부신 빛 아니 보니, 눈 저절로 보호되네

註曰 : 言仰儀又可以測交食也. 日月交食 一日薄食. 歷家之測驗 莫大於交食 而測算之難亦莫如交食 是故測食者 有食之分秒 有食之時刻 有食之方位, 必測其何時何刻於何方位 初虧爲食之起 何時何刻於何方位 復圓爲食之終 何時何刻於何方位 食分最深爲食之甚 自虧至甚爲食之進 自甚至復爲食之退. 凡此數者 一一得其眞數 始可以驗歷之疎密 以爲治歷之資. 然, 太陽之光最盛 難以目窺. 今得此器 透芥子之光 於儀底必成小小圓象 而食分之淺深進退畢肖其中 但, 食於左者 光必闚於右, 食於右者 光必闚於左 上下亦然. 皆取其對衝方位. 而時刻亦 眞不煩他器矣. 古者 日食修德 月食修刑. 然, 春生秋殺之理 固在寒暑發斂中 而起虧(또는 휴復)進退尤測蝕之精理 此盖與上文互見相明也.

앙의는 또한 교식현상도 측정할 수 있음을 말하고 있다. 일월교식을 일명 박식이라 한다. 해와 달이 가까이 육박했을 때 일어나는 현상으로 보았기 때문에 그렇게 부른 것이다. 歷家들의 측험 중에 교식보다 큰 것이 없고, 測算의 어려움 중에 역시 교식 같이 어려운 것이 없다. 그러므로 식을 관측하는 사람은 식의 정도[分秒]를 알아야 하고, 식의 시와 각을 알아야 하고, 또 식의 방위를 알아야 한다. 즉 반드시 몇 시 몇 각에 어느 방위에서 처음으로 이지러져서 식이 시작되는지를 관측해야 하고, 몇 시 몇 각에 어느 방위에서 다시 둥근 모양을 되찾아 식이 끝나는지를 관측해야 하고, 그리고 몇 시 몇 각에 어느 방위에서 식이 가장 심하게 되는지를 측정해 食甚을 관측해야 한다. 처음 이지러지는 食虧에서 가장 심한 식심까지가 食進의 국면이고, 식심에서 둥근 모양을 회복하는 食復까지는 食退의 국면이다. 무릇 일일이 이 수치들의 정확한 값을 얻을 수 있을 때 비로소 우리는 致曆의 疏密을 논할 수 있고, 그것은 治曆의 資本이 될 수 있다. 그러나 교식 즈음에, 태양 광선은 너무 눈부셔서 맨눈으로 쳐다보기 힘들다. 이제 우리는 이 의기를 얻으니, 겨자씨구멍으로 들어온 빛이 태양의 모습을 양의 바닥에 조그마한 원 모양으로 또렷이 맺게 한다. 그리고 이 작은 원 속에, 식분의 얕고 깊음, 식의 진퇴가 빠짐없이 구현된다. 다만 蝕이 왼쪽에서 일어나는 경우 빛은 오른쪽에서 없어지고 식이 오른쪽에서 일어나는 경우 빛은 왼쪽에서 없어진다. 상하의 경우도 이와 같은 원리이니 우리는 對衝의 방위를 취한다. 그리고 또한 정확한 시각이 동시에 나타나니, 번거로이 다른 의기를 사용할 필요가 없다. 예전에, 일식엔 修德하고 월식엔 修刑한다고 하였다. 그러나 봄에 나게 하고 가을에 죽게 하는 春生秋殺의 이치는 확실히 더위와 추위의 寒暑發斂 중에 있는 것이다. 그러나 식의 이지러지고 나아가고 물러가는 起虧進退의 과정이야말로 測蝕의 精理다. 이 문장은 앞 문장[上文]과 서로 견주어 보면, 그 의미가 서로 더욱 분명해진다.

南北之偏, 亦可槪也.
極淺十七, 林邑界也. 深五十二, 鐵勒塞也.
淺赤道高, 人所載也. 夏永冬短, 猶少差也.
深故赤平, 冬晝晦也. 夏則不沒, 永短最也.
남북으로 편벽돼도 이 의기로 설명되네.
북극 얕아 17도인 임읍계를 살펴보자.
북극 깊어 52도인 철륵새를 살펴보자.
얕으니 적도 높아 머리 위에 적도 있고,
여름 해 길다 하고, 겨울 해 짧다 하나,
길이가 고만고만, 느낌이 별로 없네.
깊으니 적도 낮아, 바닥에 드러누운 듯,
겨울엔 해 안 뜨고, 여름엔 지지 않네.
겨울 낮 여름 낮 길이 그 차이 엄청나네!

註曰：此言仰儀之法 不特可施之大都 而推之各方並可施用 因擧二處以槪其餘也.
蓋時刻宗赤道 赤道宗兩極 而各方之人所居有南北 北極之出地 遂有高卑 而南極
之入地因之有深淺 則有地偏於南 如林邑者 其地在交趾之南 是爲最南 故其見北
極之高 只十七度 卽南極之入地亦只十七度 而爲最淺. 又有地偏於北如鐵勒者 其
地在朔漠之北 是爲最北 故其見北極之高只五十餘度 卽南極之入地亦五十餘度
而爲最深. 南極入地淺則赤道入地深 而成立勢, 其赤道之半在地上者 漸近天頂爲
人所戴 故夏日亦不甚長 冬日亦不甚短 而永短之此少也. 南極入地深則赤道入地
淺 而成眠勢 其赤道之半在地上者漸近地平 繞地平轉 故冬日甚短 而或至晝晦,
夏晝甚長 而日或不沒 永短之最 斯爲極致也. 按『元史』鐵勒北極高五十五度 夏至晝七
十刻 夜三十刻. 北海北極高六十五度 夏至晝八十二刻 夜十八刻 未至於夏日不沒 則冬亦不至晝
晦. 然, 北海之北尙有其北 北極有漸直人上之時遠 徵之『周牌』所言近驗之西海所測 '夏不沒冬晝
晦' 容當有之. 銘蓋二方差度 而遂以推極其變也.

이것은 앙의의 기법을 단지 원의 수도인 大都에서만 시행할 수 있는 것이 아니고
미루어서 어느 지역에서도 시행할 수 있음을 말하고 있다. 따라서 두 군데를 예로
듦으로써 여타 경우를 가늠할 수 있게 한다. 그런데 시각은 적도를 기준으로 하고,
적도는 남북 양극을 기준으로 한다. 그리고 사람이 사는 각 지역마다 나름대로의
남북이 있고, 그에 따라 北極出地의 높낮이 즉 高卑가 있고, 그에 따른 南極入地
의 깊이 즉 深淺이 있다. 그리하여, 땅이 남쪽으로 치우쳐 있는 林邑과 같은 경우
를 보면, 그곳은 交趾보다도 남쪽이니 매우 남쪽이다. 그러므로 그곳의 북극고는
17도에 그치고 남극입지도 17도에 그쳐 매우 얕다. 또 땅이 북쪽으로 치우쳐 있는
鐵勒과 같은 경우를 보면, 그곳은 朔漠보다도 북쪽이니 매우 북쪽이다. 그곳의 북
극고는 50도 남짓이고, 남극입지도 역시 50도 남짓으로 매우 깊다. 남극입지가 얕
으면 赤道入地가 깊어서 적도가 서 있는 형세가 되며, 지상에 있는 적도의 반은
점점 天頂에 가까워져서 사람이 머리 위에 이고 있는 모양새가 된다. 그러므로 여
름의 낮도 그다지 길지 않고 겨울의 낮도 그다지 짧지 않아서, 주야장단의 차가 적
다. 또 남극입지가 깊으면 적도입지가 얕아서 적도가 누운 형세가 되며, 지상에 있
는 적도의 반은 점점 地平에 가까워져서 지평을 감고 도는 모양새가 된다. 그러므

로 겨울 해가 아주 짧거나, 더 나아가서 낮인데도 어두운 경우가 있고 여름의 낮은 아주 길거나 더 나아가서 해가 지지 않는 경우도 있어서, 주야장단의 차가 매우 크다. 『元史』에 따르면, 철륵의 북극고도는 55도로 하지에는 낮이 70각이고 밤이 30각이다. 北海의 북극고도는 65도로 하지에는 낮이 82각이고 밤이 18각이어서, 여름날에 해가 지지 않거나 겨울날에 해가 뜨지 않는 데까지는 이르지 못하였다. 그러나 그 북해의 북쪽에는 아직도 북쪽이 있으니, 그런 땅은 북극이 점점 사람의 바로 위에 있게 되는 때가 있을 만큼 먼 땅이다. 이는 「周髀」에서 말하고 있는 바, 가깝게 경험했다는, 西海에서 여름에는 해가 지지 않고 겨울에는 해가 뜨지 않는다는, '夏不沒冬晝晦'의 현상이 아마도 틀림없이 있었을 것이라는 사실을 증험한다. 그리하여 이 銘은, 두 지역의 差度를 가지고, 나아가서 극지방의 變相을 추측하여 말하고 있다.

【필자 주】 임읍과 철륵의 앙부일구의 모양이 다른 사실을 설명할 필요가 있을 것이다. 임읍은 북극고가 낮기 때문에, 적도가 솥의 가운데 가까이를 지나고, 철륵은 북극고가 높기 때문에 적도가 솥의 가장자리 가까이를 지난다. 이 차이를 머리에 그리면 위의 설명이 쉽게 이해된다.

二天之書, 日渾蓋也. 一儀卽揆, 何不悖也.
以指爲告, 無煩喙也. 闇資以明, 疑者沛也. 智者是之, 膠者怪也.
하늘에 관한 이론, 혼천 개천 둘이라네
한 의기로 바로 아니, 어찌 이리 자명한가!
가리킴에 알고 마니, 군말이 필요 없네.
모르던 것 밝혀주고, 의문 모두 쓸어버려,
어진 이는 끄덕끄덕, 고집쟁인 갸우뚱.

『원사』의 〈앙의명〉은 다음과 같이 되어 있다.

安渾宣夜, 昕穹蓋也. 六天之书, 言殊话也. 一仪一揆, 孰善悖也.
(安渾宣夜, 昕穹蓋也. 六天之書, 言殊話也. 一儀一揆, 孰善悖也.)

(하늘에 관한 6가지 이론이 있는데, 그 여섯 가지 글은 서로 다른 이야기를 하고 있지만, 일의에 일규 즉 한 우주에 한 법칙이 있을 뿐인데, 어느 것이 쉽게 무너질 수 있으랴!)

【필자 주】괄호 안의 부분은『원사』의 내용이다. 매문정은 이를 새로 발견한 버전으로 바꾸고 있다. 그 6가지 이론이란 안, 혼, 선야, 흔, 궁, 개다. 즉 안천, 혼천, 선야, 흔천, 궁천, 개천이다.〈천상열차분야지도〉에도 이 6가지 이론이 언급되고 있다.

註曰 : 此言仰儀之有裨於推步也. 渾天蓋天 並古者 測天之法 蓋同出於一源 傳久而分 遂成岐指. 近代蓋天之說 浸微 惟「周髀算經」猶存十一於千百 而習之者稀. 今得此器 以肖地平下之天 雖常隱不見之南極 其度數皆如掌紋 而渾天之理賴以益明即蓋天家所言七衡之說並可相通 初無齟齬, 然後知渾蓋兩家 實有先後 一揆並行而不悖者矣 所以者何也? 多言亂聽喙愈煩而心惑 一儀惟肖指相授而目喻也. 由是而理之闇者資之以明. 從來疑義渙然氷釋, 雖其器創作 或爲膠固者之所怪 而其理不易 終爲明智者之 所服矣.「周髀算經」云: 北極之左右 物有朝生暮穫. 趙爽注曰: 北極之下 從春分至秋分爲晝 從秋分至春分爲夜. 是北極直人上 而南極益深爲人所履 赤道平偃與地面平 日遶有時而不沒地 爲永短之最. 觀於仰儀 可信其理.

이것은 앙의가 추보에 도움이 됨을 말하고 있다. 渾天과 蓋天은 모두 옛날에 하늘을 관측하는 방법이다. 이 둘은 같은 근원에서 나왔으나 그것이 전해지는 과정이 오래 지나면서 나뉘어져서 결국 다른 설명의 체계를 갖추게 되었다. 근래에 개천설은 점점 미약해지고『周髀算經』중의 내용이 千百 중에 十一만이 남았으니 그것을 習得하는 사람도 드물어졌다. 이제 이 의기를 얻어 보니, 지평 아래의 하늘을 본떠 놓았는데, 비록 항상 숨어 보이지 않는 남극조차도, 그 도수를 모두 손금처럼 그려놓았다. 그리고 혼천설의 이치가 이로 인하여 더욱 명백해지고, 蓋天家가 말하는 七衡의 설도 이것과 상통할 수 있음을 알 수 있다. 즉, 처음부터 혼천 개천 두 설이 어긋남이 없었던 것이다. 이러한 연후에 우리는 혼천·개천 兩家가 실제로 선후가 있을 뿐, 둘 다 같은 내용의 이론으로 서로 모순이 없음을 알 수 있다. 그

까닭은 무엇인가? 이를 말로 설명하면 괜히 듣기에 혼란스럽고 마음만 산란해진다. 다만 仰儀 하나를 들여다보면, 그 이치가 저절로 드러나고 눈이 유쾌해진다. 이로써 불명하던 이치도 이 의기를 들여다보면 환히 알 수 있어서, 이해가 잘 안되던 부분이 얼음 녹듯 풀리게 된다. 비록 그 의기가 처음 만들어진 때는 융통성 없는 사람이 괴이하게 여길 수도 있지만, 그 이치는 바뀌지 않기 때문에, 결국에는 밝고 지혜로운 사람들이 따르는 바가 될 것이다. 『주비산경』에 '북극 근처에는 아침에 싹이 나서 저녁에 거둬들이는 식물이 있다'라고 했다. 趙爽의 주석에는, '북극 바로 아래에는 춘분에서 추분까지는 낮이고 추분에서 춘분까지는 밤이다'라고 했다. 이것은 북극이 똑바로 서 있는 사람의 위에 있는 곳이고 남극은 사람이 밟고 있는 곳에 있기 때문이다. 북극에서 볼 때, 적도는 지면에 벌렁 드러누워 있는 형국이어서, 해가 지지 않는 때도 있어서, 낮의 길이의 장단의 차가 최대로 된다. 우리는 앙의를 들여다봄으로써 이 이치의 타당성을 믿을 수 있다.

【필자 주】이 글에서 매문정은 자신의 개인 생각을 최대한 개진하고 있다. 그리고 그는 여러 위도의 상이한 앙의를 소상히 알고 있었던 듯하다.

古今巧曆, 不億輩也. 非讓不為, 思不逮也.
將窺天朕, 造化愛也. 其有俊明, 昭聖代也.
泰山礪乎, 河如帶也. 黃金不磨, 悠久賴也.
鬼神禁訶, 勿銘壞也.
고금의 정묘한 역법 이와 견줄만한 것 없네.
겸양으로 하지 않은 것이 아니라 생각이 못 미쳤지.
하늘의 조짐 알려 해도, 조화옹은 아까워했지.
俊明 있는 태평성대 비로소 밝혀졌네.
황하가 마르고 태산이 닳도록
황금은 닳지 않아 유구히 변치 않듯

우리는 앙의를 유구히 신뢰할 수 있으리라.
귀신도 척책을 거두시어, 이 명이 영원하게 하소서.

註曰 : 此承上文而深贊之也. 言古來巧歷不可數計 然, 不知爲此者. 豈其謙讓不徨
乎! 無亦精思有所未及耳. 抑天道幽遠 將造物者不欲以朕兆 令人窺測 而或有愛
惜耶? 其或待人 而行非時不顯 故? 若有所竢 必至聖代 而始昭耶? 然則 茲器也實
振 古所未有 而茲器之在宇宙間亦當與天地 而常存. 雖泰山如礪 長河如帶 而茲
器也悠久賴之 如黃金之不磨 而鬼神且爲之呵護以庶幾勿壞矣.

이것은 앞의 글을 이어 그 앙의를 깊이 찬양하는 내용이다. 말하기를, 예로부터 이
어온 정교한 역법이 이루 헤아릴 수 없이 많으나, 이 앙의를 만들 줄은 몰랐다는
것이다. 이것이 어찌 겸양 때문이거나 겨를이 없기 때문이었겠는가! 역시 정밀한
생각이 없어서 거기까지 미치지 못했기 때문인 것이다. 아니면, 天道의 幽遠함을
조물자는 사람이 규측할 수 있게 조짐을 보여주기 싫어서, 아까워한 것은 아닐
까? 또는 그것은 사람을 기다리면서, 사람의 행실이 마음에 들지 않을 때는 보여주
지 않으려 한 때문은 아닐까? 만일 그렇게 기다렸다면, 마침내 어진 이의 시대가
확실히 이르니, 비로소 환히 밝혀준 것은 아닐까! 그렇다면 이 의기는 실로 귀하게
보존되어야 할 물건이다. 실로 예전에는 없었던 것이지만, 이 의기가 우주 간에 존
재하게 된 이상, 이 의기는 앞으로 천지와 더불어 상존해야 마땅하다. 비록 태산이
닳아 없어지고, 황하가 말라버리는 날이 있다고 하더라도 이 의기는, 황금이 마모
되지 않는 것과 마찬가지로, 유구히 이어가야 할 것이다. 그리고 천지신명도 이 의
기를 파괴되지 않도록 보호해 주리라.

(『국조역상고』의 주) 仰儀銘 역시 牧菴(姚燧를 가리킴)이 지은 것이고, 註는 勿菴(梅文鼎을 가
리킴)이 지은 것이다.)

매문정의 추가분

按『史』載 斯銘 引古六天之說 而謂仰儀 可衷其得失 是等 盖天於 宣
夜諸家 而 歸重渾天也. 然, 郭太史 有異方 渾盖圖 固 已觀其會通 茲 則

竝 舉 渾 盖 且 以 仰儀 信 其 揆之一 盖 牧菴之 歷學深矣 愚 故以斷其
爲重定之本也. 學無止法 理愈析益精 古之人 皆如是. 上海徐公之治西
歷也 開局後數年 推宗郭法 乃重於前. 惟公則明 惟虛受益. 好學深思者
其知所取法哉.

『元史』에 실려 있는 이 銘은, 예전부터 내려오는 하늘에 관한 6가지 이론
즉 六天之說을 인용하면서, 앙의가 그 이론들의 득실을 채워줄 수 있을
것으로 설명한다. 이들 개천 선야 제가는 거듭 혼천으로 귀속한다. 그러
나 태사 곽수경은 혼개의 구도에 관해서 다른 생각을 가지고 있었다. 즉
확실히 그 회통 가능성을 이미 보았던 것이다. 이 銘은, 혼천 개천 두 이
론을 다시 들어, 앙의를 가지고 그 두 원리를 하나로 묶고 있다. 이는 목
암 요수의 曆學이 얼마나 깊은지를 보여준다. 그러하기 때문에, 나는 그
것이 다시 고쳐 지은 重定之本이라고 斷言한다.

【필자 주】목암이 처음에는 육천지설을 바탕으로 명을 지었다
가, 생각을 바꾸어 이천지설에 바탕을 둔 명으로 고쳐 지었다는 뜻
일 것이다. 그러므로 물암은 이 명이 목암의 重定本이라고 보는 것
이다.

학문은 멈추는 법이 없다. 이치는 따져볼수록 더욱 정밀해진다. 선인들은
모두 그러하였다. 상해의 徐光啓공이 西曆을 다스린 과정을 보더라도,
(신법역서를 위한 기관의) 開局 후 수년, 곽수경의 방법을 존중하여 이를
밀었다. 그러다가 西法을 중요시하게 되었다. 서광계공은 총명한 분이기
때문에 이처럼 마음을 비우고 이로움을 받아들일 수 있었다. 학문을 좋아하
고 생각이 깊은 사람이 지식을 얻는 방법이 바로 이런 것이 아니겠는가!

부록 2)『세종실록』의 〈앙부일구銘〉 : 번역과 해설

『세종실록』의 〈仰俯日晷銘〉은 集賢殿 直提學 金墩이 지은 것으로, 그 내용은 다음과 같다.

凡所設施, 莫大時也. 夜有更漏, 晝難知也.
鑄銅爲器, 形似釜也. 經設圓距, 子對午也.
竅隨拗回, 點芥然也. 晝度於內, 半周天也.
圖畫神身, 爲愚氓也. 刻分昭昭, 透日明也.
置于路傍, 觀者聚也. 自今伊始, 民知作也.

필자의 번역은 다음과 같다.

어떤 일에든지 때보다 더 중요한 것이 없는데,
밤에는 경루가 알려주나, 낮에는 알기 어려웠네.
이제 구리를 부어 의기를 만드니 모양이 솥 같구나.
세로로 둥근 막대, 남북을 가로질러.
구멍이 꺾여 도니, 그 점이 겨자씨로다.
의기 안에 눈금을 그리니 반주천이로다.
신의 몸으로 때를 나타내니, 어린 백성 위함일세.
시와 각이 또렷하니, 들어온 빛 밝도다.
길가에 설치하니, 백성들이 몰려드네.
이제부터 백성들은 농사 때를 알겠네.

참고로 다른 번역도 소개한다.

모든 施設에 시각보다 큰 것이 없는데,

밤에는 更漏가 있으나 낮에는 알기 어렵다.

구리로 부어서 그릇을 만들었으니 모양이 가마솥과 같고,

지름에는 둥근 톱니를 설치하였으니 子方과 午方이 상대하였다.

구멍이 꺾이는 데 따라서 도니 겨자씨를 점찍은 듯하고,

度數를 안에 그었으니 周天의 반이요,

神의 몸을 그렸으니 어리석은 백성을 위한 것이요,

刻과 分이 昭昭하니 해에 비쳐 밝은 것이요,

길 옆에 설치한 것은 보는 사람이 모이기 때문이다.

지금부터 시작하여 백성들이 만들 줄을 알 것이다.

(국사편찬위원회 인터넷 사이트)

【필자 주】두 군데 오역이 보인다. '톱니'와 '만들 줄을 알 것'이라 한 부분이다. 절대로 '톱니'를 설치한 게 아니고, 백성들이 앙부일구를 '만들 줄 안다'는 것도 어불성설이다.

또 하나의 번역도 살펴보자.

무릇 가설해서 베푸는 중에 시간만큼 중대한 것은 없다.

밤에는 경루가 있어 시간을 알 수 있지만, 낮에는 알기가 어렵다.

구리를 주조하여 기구를 만들었으니, 형태는 솥과 같다.

(반구의) 지름을 가로질러 둥근 송곳을 설치하여 북극을 가리키도록 했다.

움푹 패인 곳에서 휘어져 돌게 했고, 점은 겨자씨만큼 작게 찍었다.

그 안에 반주천의 도수를 표시했는데,

십이지신의 그림으로 그려 넣은 것은 어리석은 백성을 위한 것이다.

(그리하여) 시각이 정확하고 해그림자가 또렷하다.

길가에 이것을 놓아 두었는데, 구경꾼이 모여들었다.

이때부터 백성들이 이것이 만들어졌다는 사실을 알았다.

(이은희 등(2004))

【필자 주】 네 군데 오역이 있다. '둥근 송곳을 설치하여 북극을 가리키도록 했다'라는 부분과 '움푹 패인 곳에서 … 찍었다'라는 부분은 오역이다. '십이지신…' 운운한 부분의 경우 이를 다 그릴 공간이 없다. '이것이 … 알았다' 부분 역시 오역이다.

또 하나의 번역을 보자.

'앙부일구를 기념하여 쓴 글 紀念詩文'
무엇을 하든 간에 때를 아는 것보다 중요한 것이 없거늘
밤에는 경루가 있지만 낮에는 길이 없더니
구리를 부어 기구를 만드니
형체는 가마솥 같고
지름에는 둥근 톱니를 설치하여
남과 북이 마주하게 하였다.
구멍이 꺾이는데 따라 도니 점을 찍은 듯하고,
도수를 안에 그었으니 주천의 반이요
神의 몸을 그렸으니
어리석은 백성을 위한 것이요
각과 분이 또렷한 것은
햇볕이 통하기 때문이요
길가에 두는 것은
구경꾼이 모이기 때문이니
이것으로 비롯하여 백성이 일할 것을 알게 하리라.
(고궁박물관의 설명문)

　【필자 주】'銘'을 紀念詩文이라고 번역할 수 있을까? 이밖에 두 군데 오역이 있다. '둥근 톱니'는 앞서도 말한 것처럼 톱니가 아니다. 距는 막대기다. '구멍이 ⋯ 점을 찍은 듯'이라 번역했는데 구멍과 점의 관계는 무엇인가? 무엇이 꺾이는가?

부록 3) 〈簡儀銘〉과 매문정의 補注 : 번역과 해설

簡儀의 구조에 대한 설명은 『원사』에 있으나, 그 銘은 없다. 簡儀 銘은 牧菴姚燧가 지은 것이고, 勿菴梅文鼎이 補注를 붙인 것이 『사 고전서』에 실려 있다. 이 내용은 『국조역상고』에도 실려 있다. 이 하는 이를 번역하고 해설한 것이다.

舊儀昆侖 六合包外 經緯縱橫 天常袞帶
三辰內循 黃赤道交 其中四游 頻仰均簫.
옛 의기 혼륜하여, 육합의는 포외했고,
자오묘유 종횡하고 천상이 빗겨있네.
삼진의는 내순하니, 황적兩道 엇만났고,
그 가운데 사유의로 두루두루 관측하네.

　　　註曰 : 此將言簡儀 先述渾儀也. 昆侖卽混淪 古者渾天儀 渾圓如球 故曰 '舊儀昆
　　侖'也. 渾天儀 有 三重: 外第一重爲六合儀. 有地平環 平分二十四方向. 有子午規
　　卯酉規 與地平相結於四正. 又自相結於天頂 以象宇宙間四方上下之定位. 故曰 '六
　　合包外 經緯縱橫'也. 又依北極出地 於子午規上 數其度分 命爲南北二極之樞. 兩
　　樞間 中分其度 斜設一規 南高北下 以象赤道之位而分時刻 謂之天常規, 故又曰
　　'天常袞帶'也.

이 구절은 簡儀를 말하기에 앞서 渾儀에 대해서 서술한 것이다. 昆侖은 곧 混淪인 데, 그 뜻은, '氣形質具而未相離曰渾淪'이란 표현에서 알 수 있듯이, 서로 엉거서 분리되지 않은 상태를 말한다. 옛 渾天儀는 그 속에 여러 가지를 채워 넣은 球처 럼 渾圓했다. 그렇기 때문에 옛 혼의를 '舊儀昆侖'이라고 표현한 것이다.

渾天儀는 세 겹으로 되어 있는데, 맨 바깥 겹이 六合儀다. 육합의에는 地平環이 있는데, 이 지평환은 24방향으로 평분되어 있다. 子午規와 卯酉規는 지평환의 네 방향 즉 四正인 子·午·卯·酉에서 지평환과 만나는 원규다. 또 이 두 원규는 스스로 天頂에서 만나, 六合을 형상화 함으로써 宇宙공간의 上下四方의 방위를 정해 주고 있다. 그렇기 때문에 '六合包外 經緯縱橫'이라고 한 것이다. 또 자오규 상에서, 북극출지도에 따라, 몇 도 몇 분을 세어 내려가고 올라간 점을 각각 南極樞 北極樞라고 이름을 붙인다. 이 두 樞 사이의 (자오규의) 도수를 中分하여, 원규 하나를 비스듬히 설치하되, 남쪽이 높고 북쪽이 낮게 설치하면, 이 원규는 赤道의 자리를 형상화 한다. 이 적도규에 時와 刻을 나누어 표시한다. 이 원규를, '하늘의 늘 같은 자리에 있다'고 하여, 天常規라 부른다. 그렇기 때문에 또, '天常衰帶'라고 한 것이다.

【필자 주】〈선기옥형도〉에는 보통 묘유규가 없다. 따라서 자오규와 묘유규의 교점인 천정/천저도 명시적으로 표시되어있지 않다. 대개의 혼의에는 육합의의 묘유규가 없다고 볼 때, 매문정의 설명은 특이하다. 그리고 이는 혼의의 구조를 더욱 복잡하게 하고, 매문정의 의도대로 간의의 출현을 합리화하는 데 유리하다.

註曰：內第二重爲三辰儀, 亦有子午規卯酉規 而相結於兩極, 各爲樞軸 以綴於六合儀之樞, 中分兩極間度, 設赤道規與天常相直 又於赤道內外 數南北二至日度 斜設一規爲黃道. 兩道斜交 以紀宿度 以分節氣 而象天體, 故曰'三辰內循 黃赤道交'也.

六合儀 안의 두 번째 겹은 三辰儀다. 여기에도 역시 子午規와 卯酉規가 있어, 남북 兩極에 서로 연결되어 있다. 그리하여 남북 兩極 각각은 樞가 되고, 그 둘을 이으면 軸이 되어 육합의의 樞와 연결되어 있다. 양극 사이의 도수를 中分하여 赤道規를 설치한다. 이 적도규는 天常規와 서로 똑바르게 즉 평행하게 된다. 또 적도규에서 안팎으로 동지와 하지의 日度를 세어서, 비스듬히 또 하나의 規를 설치해서 이를 黃道規로 한다. 적도규와 황도규는 비스듬히 교차해 있으면서 (각각) 宿度를 기록하고 節氣를 나눔으로써, 하늘의 몸 즉 天體를 형상화 하고 있다. 그래서 '三辰內循 黃赤道交'라 한 것이다.

【필자 주】육합의의 樞가 삼진의에서는 樞와 軸의 역할을 한다. 樞와 軸의 의미차를 느끼게 한다. 육합의의 천상규와 삼진의의 적도규는 같은 것으로 볼 수도 있지만, 그 미묘한 차이를 말하고 있다. 천상규는 시와 각을 표시하고, 적도는 천체의 위치좌표 중 경도를 나타낸다. 황도규는 절기를 나타낸다. 역할분담이 뚜렷하다.

註曰 : 內第三重 爲四遊儀 亦有圓規 內設直距 以帶橫簫 橫簫有二並 綴於直距 而能運動 故 可以上下轉 而 周窺. 規樞在兩極 又 可以左右旋 而 徧測. 故 曰'其 中四遊 頻仰鈞簫'也.

삼진의 안쪽에 있는 세 번째 겹은 四游儀다. 사유의에도 역시 圓規가 있다. 원규 안쪽에 直距를 설치하고, 직거에는 橫簫가 붙어있다. 횡소에는 두 개의 並이 있는 데, 이 둘은 직거에 붙어있다. 직거는 움직일 수 있게 되어 있기 때문에, 상하로 돌면서 (두개의 병을 통하여) 두루 엿볼 수 있다. 원규의 樞가 양극에 있으면서 또 한 좌우로 선회할 수 있어서, 어디든지 관측할 수 있다. 그렇기 때문에 '其中四遊 頻仰鈞簫'라고 한 것이다.

凡今改爲 皆析而異 繇能疎明 無窒於視
이제 의기 간단해져 모두 갈라 떼어 놨네
성글어 시원하니 시야 막힘 걱정 없네

註曰 : 此 承 上文 而 言作 簡儀之大意 也. 渾天儀 經緯相結 而 重重相包. 今 則 析 爲 單環 以 各盡其用. 故 曰 '皆析而異'. 各環 無經緯相結 作之 旣簡 而 各儀 各測 無 重環掩暎之 患. 故 曰 '疏明 無窒於視'也.

이 구절은 앞에 이어서, 簡儀 제작의 大意를 말하고 있다. 혼천의는 經緯가 서로 결합되어 있고, 여러 겹으로 서로 에워싸고 있다. 이제 간의에서는 經과 緯가 쪼개져서 單環으로 되었으며, 각각의 단환은 자신의 쓰임만 다하면 된다. 그렇기 때문에 '皆析而異'라고 한 것이다. 각각의 環은 經緯가 서로 결합됨이 없다는 것만으로도 이미 간단해졌다고 할 수 있는 것이지만, 더 나아가서 각각의 의기가 자신에 맞는 각각의 관측을 할 때, 여러 환들이 남의 시야를 막는 폐단도 없다. 그렇기 때문에 '疏明 無窒於視'라고 했다.

四游兩軸 二極是當 南軸收杳 下乃天常
維北欹傾 取軸矩應 鏤以百刻 及時初正
赤道上載 周列經星 三百六十 五度奇嬴.
사유환 두 軸 두 極에 맞닿았네,
남축 멀리 아래 天常과 맞닿았네.
북운가 기울어 軸을 바로하네.
백각환에 백각, 時初正도 새겨 넣네.
그 위의 적도환엔 경성과 365 주천도.

註曰 : 此以下正言簡儀之製也. 簡儀之四遊環用法 與渾儀之四遊同 而厥製迥異. 原亦有 經緯相結, 今只一環 (雖用雙環 而左右平列 無經緯相結 卽如一環) 又原在渾儀之內 爲第三重, 今取出在外 而中分其環 命爲兩極. 北極樞軸 連於上規之心 南極樞軸 在赤道環心, 故 曰 '四遊兩軸 二極是當. 南軸收杳 下乃天常'也.

天常卽百刻環 與赤道相疊 言天常不言赤道 省文也. 上規貫北雲架柱之端, 赤道百刻疊置承以南雲架柱. 兩雲架柱 斜倚之勢 並準赤道 但言 維北欹傾者 省文互見也. 兩並倚傾 則二軸相應如繩正指兩極 而四遊環可以運動. 其勢 恒與上下兩規作正方 折其方中矩. 故曰 '取軸矩應'.

此以上言四遊環也. 百刻環勻分百刻 又勻分十二時 時又分初正. 此二句言百刻環也. 赤道環疊於百刻環上. 故曰 '上載'. 其環勻分十二次 周天全度於中, 又細分二十八舍距度. 故曰 '周列經星 三百六十 五度奇嬴'也. (百刻環 卽六合儀上 斜帶之天常, 赤道環 卽三辰儀之赤道. 然, 皆不用子午規 而單環疊置. 此其異也.)

이 구절 이하는 바로 簡儀의 구조 설명이다. 간의의 사유환의 용법은 혼천의의 사유환의 용법과 동일하나 그 구조는 매우 다르다. 원래 혼천의에서는 經緯의 환들이 서로 얽혀 있었으나 이제 간의에서는 단지 한 개의 環에 불과하다. (비록 雙環을 사용하지만 좌우가 평행으로 벌려 있어 경위의 환들이 서로 얽히지 않으므로 하나의 環과 같다.) 또 원래 혼천의에서는 제일 안쪽 세 번째 겹이었으나, 이제 간의에서는 바깥쪽으로 드러내져 있다. 그리고 그 環은 가운데를 나누어 兩極이 되었다. 북극의 樞軸은 上規의 중심에 연결되고, 남극의 추축은 적도환의 중심에 놓여 있다. 그렇기 때문에 '四遊兩軸 二極是當. 南軸攸眷 下乃天常'이라 한 것이다. 天常은 백각환을 말한다. 이는 赤道와 중첩하고 있다. 天常이라 말하고 적도를 말하지 않은 것은 생략법이다. 上規는 북쪽운가주를 꿰고 있고, 적도환과 백각환은 겹쳐서 남쪽 雲架柱로 받쳐져 있다. 두 운가주는 서로 비스듬히 기대어 서있는 형세로 둘 다 적도를 기준한다. 단지 '維北欹傾'이라고 한 것은 생략법이므로 남북 운가주를 함께 보아야 한다. 양 운가주가 둘 다 기울어야만 두 축이 상응하여 먹줄처럼 상응하여 양극을 똑바로 가리킬 수 있고 또 사유환이 돌아갈 수 있는 것이다. 이처럼 사유환의 세가 항상 상하의 兩規와 더불어 正方을 만들고, 규격이 바른 것이다. 그렇기 때문에 '取軸矩應'이라고 한 것이다.

이상은 사유환을 설명한 것이다. 백각환은 100刻으로 균분하고 또 12시로 균분하였다. 시는 또 初와 正의 둘로 나누었다. 이 두 구절은 백각환을 설명한 것이다. 적도환은 백각환 위에 겹쳐 놓여 있다. 그렇기에 '上載'라고 한 것이다. 그 적도환은 12次를 균분하고, 그 가운데에 주천전도가 들어있다. 적도환에는 또 28宿距度가 세분되어 있다. 그렇기 때문에 '周列經星 三百六十 五度奇嬴'이라고 한 것이다. (백각환은 바로 육합의에서 비스듬히 놓인 天常規이다. 적도환은 삼진의의 적도규이다. 그러나 둘 다 자오규를 사용하지 않고 다만 單環 둘만 포개어 놓았다. 이것이 그 다른 점이다.)

地平安加 立運所履 錯列干隅 若十二子
지평환을 안치한 위에, 입운환이 밟고 있고,
8간4우 12지와 교차 배열하니 24방위.

  註曰 : 地平環分二十四方位 與渾儀同 干, 八干:甲乙丙丁 庚申壬癸; 隅,四維:乾坤艮巽; 十

二子, 支辰:子丑寅卯辰巳午未申酉戌亥也. 然, 被爲 六合儀之一規, 此則獨用平環臥置
以承立運 故日 '立運所履'也. 立運環渾儀所無 玆特設之 以佐四遊之用. 其製 亦
平環分度 而中分之爲上下二樞 上樞在北雲架柱之橫軱 下樞在地平環中心 二樞
上下相應 如垂繩之立而環以之運 故謂之立運,

지평환은 24방위로 나눈다. 이는 혼천의와 같다. 干은 8干이니, 甲·乙·丙·丁·庚·辛·壬·
癸이고, 隅는 4維이니 乾·坤·艮·巽이며, 12子는 12支辰이니 자子·丑·寅·卯·辰·巳·午·未·申·酉·
戌·亥다. 지평환은 六合儀 중의 한 規이지만, 여기서는 하나의 독립된 平環으로 입
운환을 받치고 있으므로, '立運所履'라고 한 것이다. 입운환은 渾儀에는 없던 것으
로 여기서 특별히 설치해 사유환의 활용을 보조하도록 했다. 그 구조는 역시 平環
이다. 이를 度數로 나누되, 中分하여 상하 두 樞로 된다. 上樞는 북운가주의 가로
막대에 위치해 있고 下樞는 지평환의 중심에 위치해 있다. 이 두 추가 上下相應하
는 모습은 마치 드리운 먹줄이 서 있는 듯하고, 입운환은 그 두 추를 중심으로 선
회한다. 그렇기 때문에 이름을 立運環 즉 '서서 도는 고리'라 한 것이다.

五環三旋 四衡絜焉
다섯 환 중 셋은 돌고,
네 衡으론 하늘 재네.

註曰 : 一四遊, 二百刻, 三赤道, 四地平, 五立運, 凡爲環者五也. 旋運轉也. 五環
之內, 百刻地平不動. 四遊赤道立運並能運轉, 是能旋者三也. 衡卽橫簫, 古稱玉衡.
絜猶絜矩之絜; 用衡測天 如算家之[ ]術, 絜而度之以得其度也. 簡儀之衡 凡四, 而
並施於旋環之上, 故曰 '五環三旋 四衡絜焉'也. 下文詳之.

제1環은 사유환, 제2환은 백각환, 제3환은 적도환, 제4환은 지평환, 제5환은 입운
환으로, 환은 모두 5개다. 旋은 運轉 즉 돌아간다는 뜻이다. 다섯 개의 환 중에서
백각환과 지평환은 不動이다. 사유환, 적도환, 입운환은 모두 돌아갈 수 있으니, 이
를 '三旋'이라 한 것이다. 衡은 橫簫인데, 옛 이름은 玉衡이다. 絜은 絜矩(끈이나
자로 재다)라고 할 때의 絜과 같이 '재다'의 뜻이다. 衡을 이용해 하늘을 재는 것

은, 산술가가 하는 방법으로, 재고 헤아려서 그 도수를 얻는 것이다. 簡儀의 衡은
모두 4개인데, 모두 돌아가는 환 위에 설치해 사용한다. 그렇기 때문에 '五環三旋
四衡絜焉'이라고 한 것이다. 아래 글에서 이를 자세히 설명한다.

兩綴闚距 隨捩留遷 欲知出地 究玆立運 去極幾何 卽游是問.
두 규형은 규거에 붙어 지두리 따라 돌아가고,
출지를 알려면 입운환으로 알아보고,
거극도 알려면 사유환으로 알아본다.

> 註曰 : 兩者兩衡, 承上文四衡分別言之, 先擧其兩也. 兩者維何? 一在立運環, 一
> 在四遊環也. 闚闚管, 距直距, 捩關捩卽樞軸也. 留遷者 言或留或遷, 惟人所用也.
> 闚管綴於直距 有樞軸以轉動, 隨其所測 可以頻仰周闚. 此兩衡之所同也. 然各有
> 其用, 欲知日月星辰何方出地 及其距地平之高下, 則惟立運可以測之; 若欲知其去
> 北極遠近幾何度分, 惟四遊可以測之. 此又兩衡之所異也.
>
> 兩은 兩衡 즉 두 개의 衡을 말한다. 앞 글을 이어 이야기하고 있는데, 거기에 나온
> 四衡 즉 네 개의 형과 분별하기 위해서 이렇게 달리 말하면서, 그 중의 둘을 먼저
> 들고 있는 것이다. 그러면 그 둘은 어디에 연결되어 있는가? 하나는 입운환에 있
> 고, 또 하나는 사유환에 있다. 闚는 闚管을 말하고, 距는 直距를 말한다. 捩은 關
> 捩이니 곧 樞軸이다. 留遷은 멈추기도 하고 움직이기도 한다는 말인데, 오직 사람
> 이 그렇게 하는 것이다. 그러므로 이 명의 뜻은, 闚管이 直距에 붙어있으면서, 추
> 축을 따라 돌릴 수 있으므로, 관측 대상에 따라, 마음대로 아래위로 돌려서, 두루
> 관측할 수 있다는 것이다. 이것이 두 규형의 공통점이다. 그러나 그 두 규형은 각
> 각의 용도가 있다. 日月星辰이 어느 방위에서 땅 위로 떠오르는지를 알고, 일월성
> 신의 지평고도가 얼마인지를 알고자 한다면, 입운환의 규형으로써 이를 측정할 수
> 있다. 또, 만약 이들이 북극에서 떨어진 거극도가 얼마인지를 알고자 한다면, 오직
> 사유환의 규형으로써 이를 측정할 수 있다. 이것이 두 규형의 차이점이다.

赤道重衡 四弦末張 上結北軸 移景相望

測日用一 推星兼二 定距入宿 兩候齊視

적도환의 겹 계형, 네 弦 끝이 팽팽하다.

北軸에 매어 있어, 그림자를 돌려 마주본다.

해 관측엔 하나 쓰고, 별 추보엔 둘 다 쓴다.

入宿度를 측정할 땐 두 사람 함께 본다.

　　註曰 : 前云四衡, 而上文已詳其兩. 尙有二衡, 復於何施? 曰並在赤道環也. 赤道
一環何以能施二衡? 曰凡衡之樞在腰, 而此二衡者 並以赤道中心之南極軸爲軸,
重疊交加 可開可合. 故曰'重衡'也. 衡旣相重 故不曰闚衡 而謂之界衡. 界衡之用
在線, 不設闚管也. 用線奈何? 其法以線, 自衡樞間 循衡底之渠 貫衡端小孔 上出
至北極軸 穿軸端所結線 折而下行 至衡之又一端 入貫衡端小孔 順衡底渠 至衡中
腰結之. 如此則一線折而成兩. 並自衡端上屬北極, 其勢斜直張而不弛. 半衡如句
而線爲之弦. 一衡首尾二線, 重衡則四線矣. 故曰 '四線末張'. '末'指衡端, 張者狀
其線之弦直也. '北軸' 卽 北極之軸穿線處也.

　　四弦線 並起衡端而宗北極. 故 又曰'上結北軸'也. '景'謂日影, 移衡對日取前線之
景 正加後線 則衡之首尾二線 與太陽參直. 故曰'移景相望'也. 衡上二線旣與太陽
參直, 則界衡正對太陽, 衡端所指 卽太陽所到, 加時早晚 時初時正何刻何分 並可
得之 (百刻環中具列其數.) 則一衡已足, 故曰'測日用一'也.

　　測星之法 移衡就星 用目眈視 取衡上二線與其星相參値 則爲正對與用日景同理,
但須二衡並測. 故曰'推星兼二'也. 二衡並測奈何? 曰二十八舍皆有距星, 以命初
度. 若欲知'各宿距度廣狹'者 法當以一衡正對距星, 又以一衡正對次宿距星, 則兩
衡間赤道度分 卽'本宿赤道度分'矣. 若欲知'中外官星入宿深淺'者 法當 以一衡對
定所入宿距星, 復以一衡正對此星, 稽兩衡間赤道 卽得'此星入宿度分'矣. 旣用二
衡 卽亦可兩人並測, 故曰'定距入宿 兩候齊視'也.

　　앞에서 형이 네 개 있다고 하였다. 이미 上文은 그 중에 두 개를 상세히 설명하였
다. 아직도 둘이 남았는데 이 둘은 또 어디에 설치되어 있는가? 모두 적도환에 설

치돼 있다. 적도환은 하나인데 어찌 두 개의 형이 설치될 수 있는가? 일반적으로 형의 樞는 형의 허리에 있는 법인데, 이 두 형은 모두 적도환 중심에 위치한 南極軸이 軸으로 되어 포개어져서 교차해 있으며, 서로 벌어질 수도 있고 합할 수도 있다. 그렇기 때문에 重衡 즉 '겹 형'이라 한 것이다. 형이 이와 같이 이미 겹쳐있기 때문에 闚衡이라 부르지 않고 '界衡'이라 부른다. 계형의 활용은 실끈[線]에 있기 때문에 闚管을 설치하지 않는다. 실끈을 어떻게 쓰는가? 그 법은 다음과 같다. 실끈 하나를 衡樞 사이로부터 衡底의 홈을 따라가다가 衡端의 小孔을 뚫고 위로 나와, 北極軸에 이르게 한다. 그 실끈을 軸端의 구멍을 貫通하게 한 후 매듭짓는다. 이제 그 실끈의 방향을 틀어 내려, 그 衡의 다른 한 端까지 이르게 한 다음, 그 실끈이 그 衡端의 小孔을 뚫고 나가, 衡底의 홈을 따라 衡의 中腰 즉 중허리에 이르게 한 후, 그 실끈을 매듭짓는다. 이리하여 한 형 위에서 실끈 하나는 꺾어서 두 가닥이 되었다. 그리고 衡端으로부터 北極에 이어진 모습을 보면 그 勢는 비스듬히 곧게 팽팽하여 느슨함이 없다. 그 衡의 반쪽만 보면, 그것은 直角三角形 같이 생겼고, 실끈은 그 삼각형의 弦이 된다. 衡 하나에 실끈이 두 가닥이므로, 重衡에는 실끈이 모두 네 가닥이 된다. 그렇기 때문에 '四線末張'이라고 한 것이다. 여기서 '末'은 衡端을 말한다. '張'은 직각삼각형의 弦인 실끈의 모습이 팽팽함을 형용한 것이다. '北軸'은 北極의 軸으로, 실끈이 뚫고 나가는 곳이다.

네 弦의 실끈이 모두 衡端에서 출발하여 北極을 향한다. 그렇기 때문에 '上結北軸'이라고 한 것이다. '景'은 日影 즉 해그림자를 말한다. 계형을 옮겨 해를 마주하게 하면, 앞 실끈의 해그림자는 뒷 실끈 위에 겹쳐진다. 계형의 앞뒤 두 실이 태양과 한 직선상에 오게 된다. 그렇기 때문에 '移景相望'이라고 한 것이다. 계형의 두 실끈과 태양, 이렇게 셋이 일직선상에 오게 되므로, 그 계형은 태양과 똑바로 마주하게 되고, 衡端이 가리키는 곳은 태양이 도달한 곳이 된다. 이 태양의 위치를, 時의 早晩을 나타내는 눈금과 겹치면, 지금이 몇 시 몇 각 몇 분인지를 소상히 알 수 있다. 백각환에는 이를 아는 데 필요한 눈금이 모두 갖추어져 있다. 이처럼 태양을 관측할 때는 하나의 계형으로 이미 충분하기 때문에, '測日用一'이라고 한 것이다.

별을 관측하는 방법은, 계형을 옮겨 별을 잡는데, 한 쪽 눈을 감고 외눈으로, 한 계형의 두 실끈과 별이 모두 일직선상에 오도록 한다. 이렇게 하면 별과 그 계형이 마주하게 되는데, 이는 해그림자를 이용할 때와 같은 원리다. 다만 두 계형으로 동시에 관측해야 한다는 점이 다르다. 그렇기 때문에 '推星兼二'라고 한 것이다. 두 계형으로 동시에 관측한다고 함은 무엇을 말하는가? 이를 설명하면 다음과 같다. 즉, 28宿에는 모두 距星이 하나씩 있다. 이 거성을 그 宿의 0도 즉 初度로 정한다. 만약 各宿의 廣狹을 알고자 하면, 그 방법은 마땅히 한 계형이 한 거성을 똑바로 마주하도록 하고, 다른 한 계형이 다음 宿의 거성을 똑바로 마주하도록 해야 한다. 그렇게 하면 두 계형 사이의 적도 경도의 度分은 바로 그 宿의 적도 경도의 광협이 된다. 만약 中外官 별들의 入宿度의 深淺을 알려면, 그 방법은 마땅히 하나의 계형으로 (관측하고자 하는 별이 속한) 宿의 距星을 지정하고, 다시 다른 하나의 계형으로 관측하고자 하는 별을 똑바로 마주 한다. (여기서 얻은) 두 계형 사이의 적도도수를 계산하면 이 별의 入宿度數를 얻는다. 이처럼 두 계형을 동시에 사용하게 되므로, 두 사람이 동시에 관측한다. 그렇기 때문에 '定距入宿 兩候齊視'라고 한 것이다.

巍巍其高 莫莫其遙 蕩蕩其大 赫赫其昭
步仞之間 肆所磧考 明乎制器 運掌有道
法簡而中 用密不窮 歷考古陳 未有侔功
猗與皇元 發帝之蘊 昺厥羲和 萬世其訓.

우뚝 솟았구나 그 높음이여! 막막하구나 그 아득함이여!
광대하구나 그 큼이여! 혁혁하구나 그 밝음이여!
한길 정도의 가까운 사이에 깊이 생각하고 살핀 의기를 펼쳐놓으니
밝도다 그 의기여! 의기의 운용에도 도가 있으니,
법은 간단하면서도 딱 들어맞고 쓰임은 치밀하면서도 궁색하지 않도다.
과거의 의기를 두루 살펴보아도 이처럼 뛰어난 작품은 없었도다.
아아, 우리 성대 이룩한 으뜸가는 의기여,

희화에게 내려주어 만세에 전하리라.

註曰 : 簡儀之製及其用法 上文已明. 此則贊其制作之善, 歸美本朝也. 言天道如斯
高遠, 乃今測諸步仭之間, 如示諸掌 則制器有道耳. 其爲法也 簡而適中, 其爲用也
密而不窮, 歷攷古制 未有如我皇元斯器之善者, 誠可以垂之久遠也. (未有如斯器
之善者也.)

간의의 제작법과 사용법은 앞의 글에서 이미 밝혔다. 이 글은 곧 그 구조의 훌륭함
을 찬미하고, 아름다움을 現王朝에 돌리고 있다. 天道가 高遠하며, 이제 그 천도를
步仭之間에 관측하여, 손금 보듯이 뚜렷이 보여주니, 이 의기의 구조야말로 規律
이 있을 따름이라고 말한다. 또, 그 의기의 구조는 간단하면서도 꼭 들어맞는 것이
고, 그 쓰임은 치밀하면서도 다함이 없는 것이라고 한다. 옛 의기를 모두 조사해
보아도 우리 皇代의 이 의기만큼 훌륭한 것이 없으니, 진실로 오래오래 후세까지
전할 만하다라고 찬양하면서 끝맺는다.

【필자 주】銘에는, 그리고 매문정의 주에는, 정극환과 규형의 설
명이 빠졌다. 정극환으로 남북극의 축을 잡아주는 일이 중요한 데
도 말이다.

매문정의 계속된 주석

按 郭太史 守敬 授時歷 得之 測驗爲多 所製簡儀 用二線 以代管闚 可得宿度餘
分 視古爲密然 推星 兼二之用 ,史志未言, 得斯銘 以補之, 洵有功於來學.

태사 곽수경의 수시력은 측험으로 얻은 것인데, 그 측험은 그가 만든 간의에 의존
한 바가 많다. 간의에서는 두 실끈으로 된 계형을 사용하여 관규를 대신하게 함으
로써, 宿度의 여분까지를 얻을 수 있었는데, 이는 옛 자료를 살피건대 과거 측험에
서는 알 수 없었던 결과였다. 그런데 별의 관측에 두 실끈의 계형을 사용한다는 내
용이 『元史』〈天文志〉에는 언급이 없다. 내가 이제 이 銘을 얻음으로써 이를 보충
할 수 있게 되었으니, 진실로 후학들의 연구에 도움을 줄 수 있게 되었다.

或問: 渾儀如球 而簡儀之五環三旋 並只單環何也? 曰:渾儀 雖如球 而運規以測 亦止在單環之 上. 今以單環 旋而測之 卽與渾儀無二, 而去 其繁複之累 與測時掩 暎之患 以較渾儀 不帝(不止)勝之, 今者西器 或一環之半 爲半周儀, 或四分環之 一 爲象限儀, 並因此而 益簡之 以測渾體 初 無不足.

혹자는 묻는다: 혼의는 공처럼 생겼는데, 간의의 다섯 개의 고리 五環三旋은 모두 가 다만 한 개의 환, 즉 단환으로만 이루어져 있으니, 어찌된 일이냐고 내 대답은 이렇다. 혼의가 비록 공처럼 생겼으나, 고리를 돌려가며 관측하는 것은 간의에서와 마찬가지로 단환 위에서 이루어질 뿐이다. 이제 간의로 단환을 돌려가며 관측하는 것은 혼의와 전혀 다르지 않다. 게다가, 간의는 혼의의 복잡한 구조를 없애버림으로써 관측할 때 앞이 가려지는 근심을 제거해주기 때문에 혼의보다도 우수한 것이다. 이제 와서 보면, 서양의 관측의기 중에는 한 고리의 반으로 된 半周儀가 있고, 또는 반의 반으로 된 象限儀가 있다. 이리하여 이들은 모두 간의보다도 더 간단하지만, 전체를 관측하는데 처음부터 아무 부족함이 없는 것이다.

然則 世有謂, 郭公陰用回回法者非歟? 曰: 非也. 元世祖初, 西域人進萬年歷 稍須 用之 未幾旋罷者 以其疎也. 今 札馬魯丁之測器 具載史志, 其所爲曷景堂. 地理 志者 無有郭公相似之端. 至於線代管闚 實出精思創制. 今 西術本之, 亦二線 施 於地平儀, 而反謂郭云陰用回歷 是 未讀元史也.

이리하여 세상에는 이런 이야기도 있다. 즉 태사 곽공이 은밀히 이슬람의 관측의 기 법을 가져다 쓴 것이 아닐까? 내 답은, '결코 아니다'이다. 원나라 세조 초에, 이슬람인 즉 서역인이 萬年歷를 만들어 이를 사용하도록 진언한 일이 있고, 이것 이 조금 퍼져 사용된 일이 있으나, 오래지 않아서 사용이 중지되었다. 그 내용이 소략하였기 때문이다. 이제 자말 알 딘의 관측의기가 모두 史志(=「元史」〈天文志〉) 에 실려 있고, 그 의기들이 설치되었던 곳이 구영당(曷景堂)이다. 地里志에 보면, 이 의기들이 태사 곽공의 것과 비슷하다는 단서가 아무것도 없다. 계형의 두 실끈 으로 관규를 대신했다는 사실에 이르러서 보면, 이는 실로 깊이 생각하여 얻은 독 창적인 발상이다. 지금 서양의 관측술에서는 이를 본받아서, 역시 두 실끈을 地平

儀에서 사용하고 있다. 이러한 사실에 반하여, 곽공이 이슬람력의 관측법을 사용했을 것이라고 이야기하는 사람이 있다면 이는 『元史』를 읽어보지 않았다는 증좌다.

『국조역상고』의 변형된 글

按 簡儀銘 卽牧菴姚燧所撰, 註乃勿菴梅文鼎所著也. 本朝簡儀,圭表,景符之制, 皆遵郭法. 今考『元史』, 其儀象諸說 錯雜無條理. 簡儀尤甚. 而牧菴銘辭 絜其綱要 勿菴註語 詳其制度, 可按而 施諸用, 故備載于首. 圭表, 景符 則仍元史本文, 略校 字句而錄之云.

〈간의명〉은 목암 요수가 지은 것이고, 〈간의명주〉는 물암 매문정이 지은 것이다. 우리나라의 간의 규표 영부의 제작은 모두 곽수경의 의기제작법을 따르고 있다. 이제 『원사』를 참고해보면, 그 천문의기의 설명이 착잡하고 조리가 없다. 특히 간의가 더욱 심하다. 목암의 〈간의명〉은 그 강요를 잘 잡아주고, 물암의 〈간의명주〉는 그 제작과 용법을 상세히 설명해주고 있다. 그러므로 이 둘은 우리가 간의를 이해하고 사용하는데 참고할만하다고 보아 머리에 실어 놓았다. 규표와 영부는 『원사』의 본문을 따르되, 약간의 자구를 교정하여 싣는다.

【필자 주】『국조역상고』를 보면, 간의 규표 영부를 차례로 설명하고 있다. '머리에 실어놓았다'라고 하는 것은 맨 앞에 '간의'를 실어 놓았다는 뜻이다. 그리고 그 뒤에 규표와 영부에 관한 설명이 뒤따르는데, 이는 『원사』 본문을 거의 그대로 실었다는 것이다(이 책에서는 생략한다). 다른 번역(이은희 등(2004, p.133))에서, '온갖 圭表와 영부(景符)를 갖추어 기록하니'라고 되어 있는 것은 이 내용을 오해한 번역이다('備載于首'의 '首'를 '具'로 잘못 본 듯하다).

III. 천구의 투영

1. 정사투영(正射投影, Orthographic projection)

1) 정사투영의 원리

정사투영은, 조본이 천구 밖 무한원점이다. 그러므로 천구를 투과하는 광선은 평행광선이다. 이 평행광선과 수직이며 천구면에 접하는 평면이 투영평면이다. 투영의 중심은 그 접점이다. 그림은 투영의 중심이 북극 N인 정사투영의 원리를 보여준다.

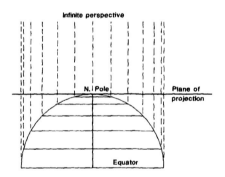

2) 정사투영의 성질

① 천구 밖 무한원점으로부터의 투시투영(perspective projection)이다.
② 투영평면은 천구의 접평면이고, 투영의 중심은 그 접점이다.
③ 투영의 중심에서 방위는 변하지 않는다. 즉 방위보존(azimuthal) 투영법이다.
④ 모든 경선과 위선은 이심률 0과 1 사이의 타원으로 투영된다.
⑤ 투영의 대상 범위는 반구다.
⑥ 투영의 중심에서 멀어질수록 축소왜곡이 급격히 심해진다.

3) 여러 각도에서의 정사투영

다음 그림은 여러 각도에서의 정사투영이다. 경도 및 위도의 간격은 30도다.

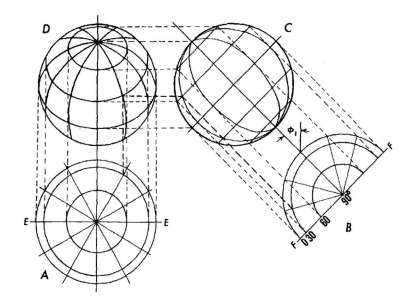

(1) 극정사투영(Polar aspect orthographic projection)

그림 A는 극을 투영의 중심에 놓은 정사투영이다. 모든 경선은 중심인 극에서 방사하는 射線이다. 위선은 극을 중심으로 하는 동심원이다. 투영의 한계는 적도다. 적도에 가까울수록 축소왜곡이 심하다.

(2) 적도정사투영

그림 C는 적도를 투영의 중심에 놓은 정사투영이다. 모든 경선

은 타원으로 투영된다. 단, 離心率이 다르다. 중심경선은 이심률이
1인 직선이고, 경계경선은 이심률이 0인 원이다. 중심에서 경계로
갈수록 경선의 이심률이 작아진다.

　적도는 직선으로 투영된다. 그리고 모든 위선은 적도와 평행이
다. 서로 평행인 위선들 간의 간격은 극에 가까울수록 축소왜곡이
심해진다.

　다음 그림의 아래 부분은 천구의 북반구를 적도중심으로 정사
투영해서 얻어진 도형이다. 평행인 위선간의 간격 변화를 볼 수 있
다. 그림의 윗부분은 북극중심의 정사투영에서 경선들의 지름이 변
화하는 모습을 보여준다.

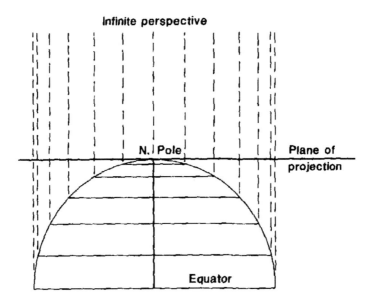

(3) 임의정사투영(Oblique orthographic projection)

그림 D는 임의의 위도상의 한 점(여기서는 북위 40도)을 투영의 중심에 놓은 정사투영이다. 모든 경선은 타원으로 투영된다. 단, 이심률이 서로 다르다. 중심경선은 이심률이 1인 직선이고, 중심에서 멀어질수록 이심률이 작아진다. 그리고 180도 떨어진 경선끼리는 이심률이 같아서, 북극(또는 남극)에서 하나의 타원으로 서로 이어진다. 이심률이 0인 완전한 원을 그리는 경선은 없다.

적도를 포함한 모든 위선은 타원이다. 그리고 그 이심률이 모두 동일하다.

이심률(eccentricity) e에 관한 주석

타원의 반장축을 a, 반단축을 b라 하면, a=b일 때 이심률이 0이다. 즉 원일 때의 이심률은 0이다. 한편, b=0이면 타원은 선분으로 퇴화한다. 이 경우, 이심률은 1이다. 일반적으로 이심률은

$$e = \sqrt{\frac{a^2 - b^2}{a^2}}$$

로 정의된다. 이 정의식으로부터 위의 두 특수경우를 확인할 수 있다. 임의정사투영의 경우, 적도의 반장축을 a라 하면, 반단축은 $b = a \sin(\phi)$이다. 그러므로 이 관계를 이심률 정의식에 대입하면,

$$e = \sqrt{\frac{a^2 - b^2}{a^2}} = \sqrt{\frac{a^2(1 - \sin^2(\phi))}{a^2}} = \sqrt{\cos^2(\phi)}$$

즉

$$e = \cos(\phi)$$

이다. 적도정사투영의 경우, ϕ=0이므로, $e = \cos(\phi)$=1이어서, 적도 및 모든 위선의 투영은 직선이고, 극정사투영의 경우, ϕ=90이므로, $e = \cos(\phi)$=0이어서, 적도 및 모든 위선의 투영은 원이라는 것을

확인할 수 있다. 임의정사투영의 경우, ϕ=40이면, 이심률은 e=0.766 이다. 또, 적도정사투영의 경우, 중심자오선으로부터 τ도 떨어진 경선과 -τ도 떨어진 경선 둘이 합쳐져서 하나의 타원이 완성된다. 그리고 그 타원의 반장축을 a라 하면, 반단축은 $a\sin(\tau)$다. 그러므로 이심률은, $e = \cos(\tau)$다. 즉, τ=0인 중심자오선은 이심률이 1인 직선이고, τ=90도인 경계경선은 이심률이 0인 원이다.

다음 그림은 정사투영을 지구에 적용한 그림이다. A는 극투영, C는 적도투영, C는 북위도 40도에서의 임의투영이다. 경도와 위도의 간격은 모두 15도다.

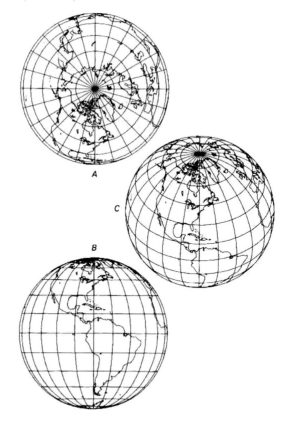

(4) 천문의기에서의 응용례

천문의기에 이 극사투영이 응용된 예로 가장 두드러진 예는 簡平儀다.

① 간평의의 天盤

간평의의 천반은 적도좌표로 구획된 천구에 적도정사투영을 적용한다. 그러면 위의 그림 B에서처럼 남북극을 이은 극선이 중심세로선으로 투영되고, 적도는 중심가로선으로 투영된다. 그리고 모든 경선은 적도와 평행인 직선이므로, 24절기선은 해당 위도에 맞는 직선으로 적도와 평행하게 그려진다. 다음 그림이 그것이다.

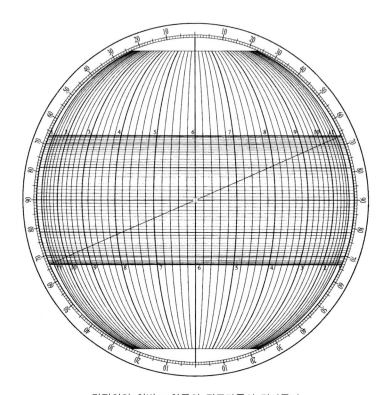

간평의의 천반 : 천구의 적도좌표의 정사투영

그림에서 중심세로선 위는 '북극'이고 아래는 '남극'이다. 그러므로 이 중
심세로선은 '極線'이다. 극선 양쪽에는 이심률을 달리하는 타원들이 그려
져 있는데, 이는 '경선'이다.

극선과 직각을 이루는 중심세로선 90-90은 '적도'다 적도 상하의 평행선들
은 '위선'인데 특히 이 그림에서 위선들은 적도 상하 23.5도 사이에서, '절
기선'의 의미를 갖도록 그려져 있다. 특히 황도경도 30도씩에 대응하는 위
선은 굵은 선으로 그려, '12中氣線'이 되게 하고 있다.

② 간평의의 地盤

한편, 간평의의 지반은 지평좌표로 구획된 천구를 적도정사투영하여 얻어진다. 지평좌표의 양극은 천정과 천저이고, 지평좌표의 적도는 지평환에 해당한다. 경선은 방위선이고, 위선은 지평고도선이다. 그러므로 지평좌표의 천구는 이름만 다를 뿐 적도좌표의 천구와 똑같은 기하학적 구조를 가지고 있다. 그러므로 간평의의 지반 역시 천반과 똑같은 구조의 '지평정사투영'으로 얻을 수 있다. 다만 해석이 달라질 뿐이다. 즉 적도에 대응하는 것이 지평이고 북극과 남극에 대응하는 것이 천정과 천저다. 경선은 방위선이 되며, 위선은 지평고도선이 된다. 방위선은 이심률이 서로 다른 타원이며, 지평고도선은 적도와 평행인 직선들로 그려진다. 다음 그림이 간평의의 지반이다.

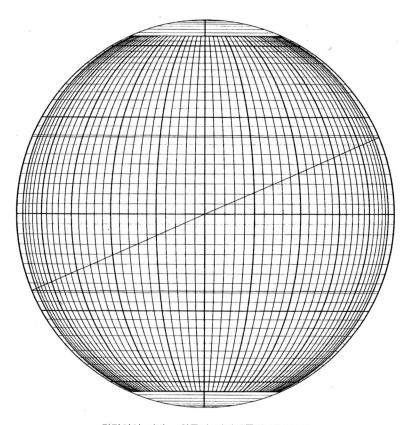

간평의의 지반 : 천구의 지평좌표의 정사투영

그림에서 중심세로선 위는 '천정'이고 아래는 '천저'다. 그러므로 중심세로선 자체는 '천정선'이다. 천정선 양쪽에는 이심률을 달리하는 타원들이 그려져 있는데, 이는 '방위곡선'이다. 천정선과 직각을 이루는 중심세로선은 '지평선'이다 지평선 상하의 평행선들은 '지평고도선'이다. 보통 간평의에서는 지평선 아래를 비워놓는다. 다만 지평선 아래 -18도의 지평고도선을 '몽영선'이라고 하여 그려 넣는 경우가 있다.

　다음 그림은 천반과 지반을 겹쳐서 만든 간평의다. 겹칠 때는 천
반의 위도에 지반의 지평선을 맞춘다. 이때 위도는 관측지의 위도
다(이 그림에서는 위도가 북위 40도다).

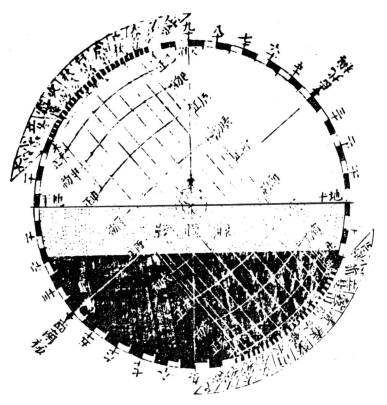

북위 40도의 간평의(『천학초함』(五)의 『천문략』에서 인용)

북위 40도는 관측지의 위도다. 이 그림을 보면 지반의 지평선과 천반의 극선
이 이루는 교각이 40도임을 알 수 있다. 지평고도 40도에 북극이 있어, '북극출
지40도'다. 천반의 위선은, 황도경도 15도 간격에 대응하게 그려져 있어, 24절
기선이 되어 있고, 천반의 경선은 15도 간격으로 그려져, 24小時를 나타내주고
있다. 지반에는 천정선과 지평선 이외의 방위곡선, 지평고도선이 그려져 있지
않다. 다만 지평선과 평행하게 −18도의 지평고도선이 '몽롱영'의 경계로 그려
져 있을 뿐이다.

③ 간평의의 구조에 대한 오해

이상에서 우리는 정사투영을 설명하고, 간평의라는 의기의 구조가 정사투영의 이론에 의하여 완벽하게 설명될 수 있음을 보았다. 그러나 간평의의 구조에 대한 한 사람의 오해는 또 다른 오해를 낳는 악순환이 21세기에 들어선 지금까지도 계속되고 있음을 본다. 예를 들어보자.

守山閣叢書本에서의 錢熙祚의 오류

전희조는 웅삼발의 『간평의설』에 그림이 전혀 없다는 사실이 그 이해에 어려움을 준다고 생각하여, 전희조 나름대로 천반과 지반의 그림을 그려 이해를 돕고자 하였다. 그 그림은 다음과 같다.

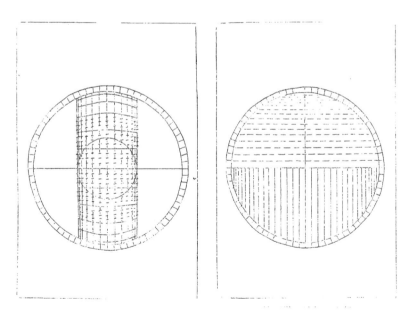

전희조가 그린 간평의의 천반과 지반

이 그림을 보면 '천반'에는 문제가 없다. 그러나 '지반'에는 문제가 있다. 지반 윗부분의 지평선과 평행한 점선들이 지평고도를 나타내는 데도 문제가 없다. 그러나 아래의 수직평행선들은 문제가 있다. 대개의 경우, 간평의의 지반에 방위곡선을 그리지 않는다. 그림이 복잡해지기 때문이다. 대신 지평선을 따라, 방위에 대응하는 눈금 直應度그린다. 그 눈금은 전희조 그림에서의 간격과 같다. 그러나 방위곡선을 그리려면, 우리가 위에서 설명한 대로, 이심률을 달리하는 타원으로 그려야 한다. 전희조처럼 평행직선으로 그려서는 안 된다. 그것은 '정사투영'이 아니기 때문이다.

이 전희조의 '地盤' 그림을 본 홍대용은 그의 〈측관의〉에서 '지반'을 설명하면서 다음과 같이 말한다.

'上爲天頂線, 下爲垂線. 垂線左右疏密直線 與垂線平行 外應周天度分 爲直應度分.'

여기서 '垂線'이란 천정선 아래 부분을 말한다. 이 '수선'의 좌우에 간격이 같지 않은 수선과 평행인 직선들이 '직응도분'의 직선들이라는 것이다. 이는 분명히 전희조의 '지반 그림'의 아래 부분을 설명하고 있는 것이다. 홍대용은 간평의/측관의가 정사투영에 기반을 둔 의기라는 점을 충분히 이해하지 못한 것이다.

또 전희조의 '지반 그림'을 본 남병철은 〈簡平儀製法〉에서, 다음과 같이 말하고 있다.

'舊制上盤上虛下實. 虛處作日晷線 實處作直應度分.'

여기서 舊制란 『천문략』의 간평의 그림을 보고 하는 말임이 분명하다. 왜냐하면, 『천문략』의 간평의의 上盤 즉 '지반'은 上虛下實

이기 때문이다. 즉 지평선 위는 비어 있고, 아래는 점묘법으로 또는 까맣게 채워져 있기 때문이다. 그런데 남병철은 '舊制'를 따르지 않고, 上虛處에는 日晷線을 그려 넣고, 下實處에는 直應度分을 그려 넣는다는 것이다. 이는 전희조의 '잘못된 지반 그림'을 그대로 따르겠다는 것이 된다.

이러한 오해는 21세기까지 이어져, 권위 있는 기관이 최근 출간한 책에서도 다음 그림이 '긍정적으로' 인용되고 있다.

이 두 그림은 전희조의 전통을 그대로 이어받은 것으로 볼 수 있다. '지반' 그림의 잘못된 부분까지 포함해서 말이다. 그런데 자세히 보면, 이는 전희조를 그대로 이어받은 것이 아니라 상황을 악화시킨 것임을 알 수 있다. 전희조의 '천반' 그림에는

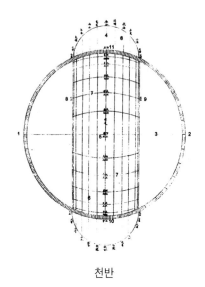

천반

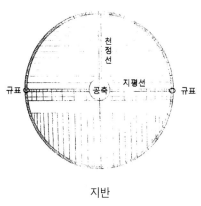

지반

문제가 없다. 시각선/경선이 서로 다른 이심률의 타원으로 그려져 있다. 단, 이심률이 다르다. 중심경선인 묘정/유정 시각선은 이심률이 1인 직선이고, 중심에서 멀어질수록 이심률은 작아져서 경계경선인 자정/오정시각선은 이심률이 0인 원이다. 그 사이의 이심률의 변화는 연속적이다. 전희조의 그림은 연속적이다. 그러나 여기 인

용된 그림은 그 변화가 비연속적이다. 정사투영의 원리에 맞지 않
는다.

이렇게 볼 때, 정사투영의 원리를 올바로 이해하는 것이 간평의
의 이해에 얼마나 중요한지를 알 수 있다.

2. 心射投影(Gnomonic projection)

1) 심사투영의 원리

심사투영은 조본이 천구의 중심에 있는 투영이다. 천구의 중심은 表(gnomon)가 세워지는 자리이기 때문에 gnomonic projection이라 한다. 천구의 중심에서 나온 광선이 천구를 투사하여 천구면을 투영평면에 투영하는 것인데, 이때 투영평면은 천구의 접평면이다. 접점이 투영의 중심이 된다.

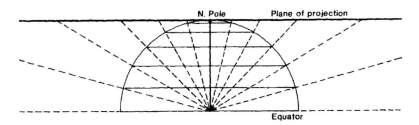

심사투영의 기하학(출처: Snyder)

2) 심사투영의 성질

① 천구의 중심으로부터의 투시투영(perspective projection)이다.
② 투영평면은 천구의 접평면이고, 투영의 중심은 그 접점이다.
③ 투영의 중심에서 방위는 변하지 않는다. 즉 방위보존(azimuthal) 투영법이다.
④ 모든 천구의 대원은 직선으로 투영된다. 따라서 적도와 황도, 모든 경선은 직선이다.

⑤ 투영의 대상범위는 반구보다 작다.

⑥ 투영의 중심에서 멀어질수록 왜곡이 급격히 심해진다.

다음 그림은 여러 각도에서의 심사투영을 보여주고 있다.

(1) 극심사투영

그림 A는 극을 투영의 중심으로 하는 극심사투영이다. 모든 경선은 극점으로부터의 사선으로 투영되며, 방위가 보존된다. 위선은 중심에서 멀어질수록 확대왜곡이 심하다. 이 그림은 중심에서 60도까지만 그렸음에도 왜곡의 정도가 심함을 볼 수 있다.

(2) 적도심사투영

그림 B는 적도를 투영의 중심으로 하는 심사투영이다. 모든 경선들이 평행직선이라는 점이 먼저 눈에 띄는 특징이다. 적도 역시 직선이다. 다른 위선들은 쌍곡선을 그린다.

(3) 임의심사투영

투영의 중심이 일반적인 임의의 점일 때의 심사투영이다. 그림 C는 위도가 $\phi=40$도의 경우다. 이 경우 역시 경선들은 모두 직선으로 투영된다. 위선 가운데는 적도만이 직선이고 나머지는 이심률에 따라 쌍곡선, 포물선, 타원 등으로 투영된다.

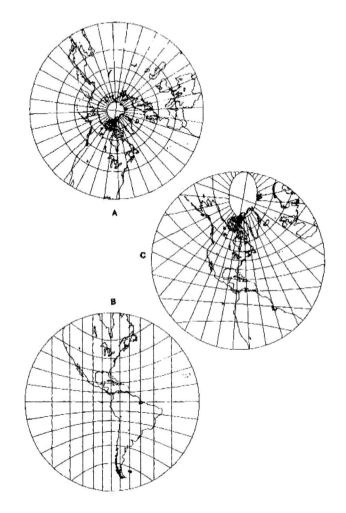

원추곡선의 이심률 e 는, 투영의 중심위도가 40도인 그림 C의 경우,
$$e = \cos(40)/\sin(\phi) = \sin(50)/\sin(\phi)$$
로 주어진다. $\phi=0$인 적도의 이심률은 무한대로 직선이고, ϕ가 50
도 미만일 때는 이심률이 1보다 커서 쌍곡선, $\phi=50$도일 때는 이심
률이 1이므로 포물선, ϕ가 50도보다 클 때는 이심률이 1보다 작아
서 타원이 된다.

3) 심사투영의 응용례 1 : 신법지평일구

다음 그림은 역사적으로, "新法地平日晷"로 알려진 해시계의 時盤面이다. 이 해시계는 심사투영을 응용한 대표적인 의기다.

이 그림은 위의 C의 경우와 매우 유사하다. 위도를 서울에 맞게 ϕ=37.5도로 작도되었다. 앙부일구의 시반면을 심사투영한 것이라고 보면 이해하기가 훨씬 간단하다. 시각선이 직선, 절기선이 포물선으로 그려져 있다. 시각선은 경선에 대응하고, 절기선은 위선에 대응한다. 가로직선으로 표현된 것은 춘추분 절기선인데, 이는 적도의 투영이다. 적도가 대원이기 때문에 직선으로 투영된 것임을 알 수 있다. 맨 위의 곡선은 하지의 절기선, 맨 아래는 동지의 절기선이다. 각각 적도에서 23.5도 떨어진 위선의 투영이다. "B"라고 표시된 점은 남극의 투영점이고, "A"는 천저 즉 솥바닥 점이다. 모든 시각선은 점 "B"로 수렴한다. 자세한 추가 논의는 "신법지평일구"에서 다루어진다.

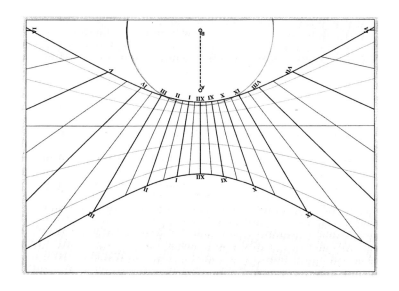

4) 심사투영의 응용례 2 : 〈방성도〉

方星圖는 극심사투영 또는 적도심사투영을 6개의 점에서 수행하여 결합한 별지도다. 심사투영은 별지도의 투영법으로는 그리 적합하지 않다. 기껏해야 반구를 투영할 수 있고, 투영의 중심에서 멀어질수록 확대왜곡이 심하기 때문이다. 그러나 투영의 중심에서 45도 정도의 경우에는 왜곡이 심하지 않다는 성질을 이용한 것이 〈방성도〉다. 〈방성도〉 6면은 주사위처럼 정6면체로 결합할 수도 있다.

〈방성도〉의 특징을 보면 다음과 같다.

(1) 모든 경선은 직선으로 투영된다.
(2) 극심사투영에서 모든 위선은 동심원을 그린다.
(3) 황도와 적도는 천구의 대원이므로 직선으로 투영된다.
(4) 적도심사투영에서 적도를 제외한 위선은 모두 쌍곡선으로 투영된다.

자세한 추가 논의는 "방성도"에서 다루어진다.

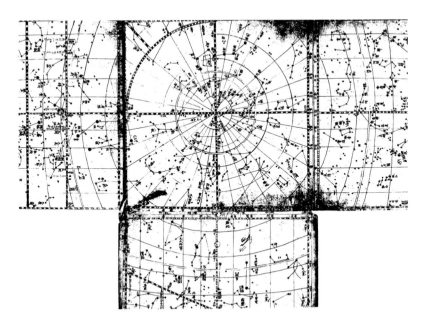

모두 천구의 중심에서 바라본 모습니다. 천구 중심을 조본으로 하고, 투영면 반대편에서 바라본 모습으로 반전시키면, 6면을 정6면체로 연결할 수 있다. 그러나 이대로는 만들 수 없다. 혹 만든 것은 잘못된 것이다.

3. 極射投影(Stereographic projection)

조본이 구면상의 極點인 투시투영을 말한다. 여기서 극점이란 남극 북극 등 한정된 점을 말하는 것이 아니라, 구면상의 어느 점이라도 극점으로서의 자격이 있다.

1) 극사투영의 원리

다음 그림은 남극 S를 照本으로 하는 극사투영의 원리를 보여준다. 남극 S를 떠난 광선은 구면을 透過하여 투영평면에 像 즉 投影像을 맺는다. 이 그림에서 투영평면은 북극 N을 접점으로하는 '접평면'이다. 그리고 그 점이 투영의 중심이다. 그러나 이 평면과 평행인 '적도평면'을 투영평면으로 삼는 경우도 많다. 이럴 경우, 적도의 지름이 같은 크기로 투영된다는 장점이 있기 때문이다.

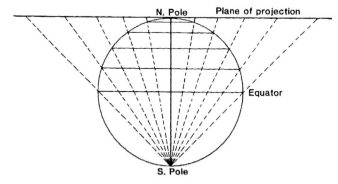

극사투영의 기하학(출처: Snyder)

이 그림은 투영의 중심에서 90도 범위 안에서의 상황을 보여준다. 그러나 극사투영은 원리상, 조본(여기서는 남극)을 제외한 모든 점의 극사투영이 가능하다. 다만, 투영의 중심에서 멀어질수록 확대왜곡이 심해진다.

2) 극사투영의 성질

① 조본 또는 극이라고 불리는 천구의 구면상의 한 점으로부터의 투시투영(perspective projection)이다.
② 투영평면은 극에선 천구의 접평면이고, 투영의 중심은 그 접점이다. 그 접평면과 평행이고 천구의 중심을 지나는 평면일 수도 있다.
③ 투영의 중심에서 방위는 변하지 않는다. 즉 방위보존(azimuthal) 투영법이다.
④ 조본을 지나는 모든 원호는 직선으로 투영된다.
⑤ 조본을 지나지 않는 모든 원호는 원호로 투영된다.
⑥ 투영의 대상범위는 조본을 제외한 전구면이다.
⑦ 투영의 중심에서 멀어질수록 확대왜곡이 심해진다.
⑧ 국소적으로, 각보존성(angle-preserving)과 형태보존성(conformal)을 가진다.

3) 여러 각도에서의 극사투영

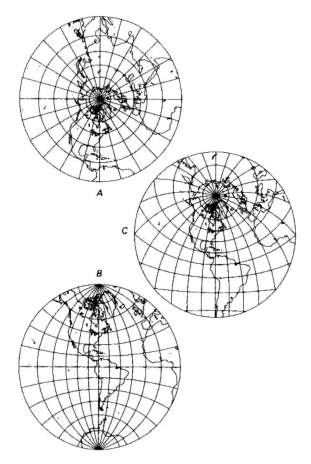

(A) 극중심 극사투영 / (B) 적도중심 극사투영 / (C) 북위40도중심 극사투영

위 그림은 극사투영의 원리를 지구에 적용한 예를 보여준다. 극사투영의 "극"을 어디로 잡느냐에 따라 다양한 극사투영이 실현됨을 이 그림에서 볼 수 있다. 여기에 예시한 세 경우 모두에서 극사투영의 특징이 나타남을 볼 수 있다. 어느 경우, 어디서나 경선과 위선은 직교한다. 세 경우 모두 투영의 범위를 투영의 중심에서 90도로 한정하였다.

(1) 극중심 극사투영

그림 A는 조본인 극을 남극으로 했을 때의 극사투영이다. 북극이 투영의 중심이다. 모든 경선은 직선이다. 모두 조본을 통과하는 원이기 때문이다. 위선은 모두 동심원이다. 이 투영은 각보존성과 형태보존성을 갖는다. 모든 경선과 위선의 교점에서 그 교각은 직각이다. 세 그림 모두는 그 교각이 예외 없이 직각임을 보여줌으로써 각보존성을 실증하고 있다.

(2) 적도중심 극사투영

그림 B는 조본이 적도 위에 있고, 투영의 중심 역시 적도 위에 있는 극사투영이다. 모든 경선과 위선은 원호다. 다만 중심자오선과 적도만 직선이다.

(3) 임의중심 극사투영

그림 C는 임의의 위도상의 한 점(여기서는 북위 40도)을 투영의 중심에 놓은 극사투영이다. 조본은 남위 40도에 있다. 그러므로 남위 40도 위선은 직선으로 투영된다. 조본을 지나는 중심자오선도 직선으로 투영된다. 그 밖의 모든 경선은 원호다, 위선들은 중심이 서로 다른 원호들로 투영된다.

4) 極射投影의 기하학적 표현

남극 S를 照本으로 한다. 그리고 그 광선은 구면을 透過하여 투영평면에 像 즉 投影像을 맺는다. 이 그림에서는 북극 N을 접점으로 하는 접평면과 평행인 적도평면이 투영평면이다. 이 경우 적도규의 지름이 적도환의 지름과 같아진다.

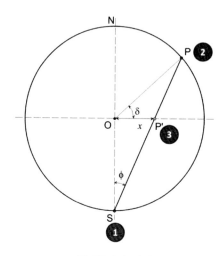

극사투영의 원리

그림은 천구의 한 정사투영이고, 원은 천구의 중심자오환이다(천구의 반지름은 1로 한다). 점 N과 S는 천구의 북극과 남극이고 중심가로직선은 적도의 투영이다. 또는 이렇게 해석해도 좋다. 즉, 이 그림은 중심자오환평면과 천구의 교집합이라고. 그러면 O는 천구의 중심이다. 이제 천구의 적도환을 품는 적도평면을 고려하자. 그림의 Ox직선을 품는 평면이다. Ox직선은 그 평면의 x축이다. 이제 점 P를 적도평면에 극사투영하려고 한다. 조본은 남극 S다. 그러면 P의 극사투영점은 Ox직선과 SP직선이 만나는 점 P'이다. 점 P의 위도를 δ라 할 때, OP'의 길이 x는 얼마일까? $\angle OSP' = \gamma$라 하면(그림에서는 이를 ϕ로 표기했다. 그러나 이 기호는 다른 의미로 쓰고 있기 때문에 이렇게 바꾼다), OS는 천구의 반지름 1과 같기 때문에

$$x = \mathrm{OP'} = \mathrm{OS}\tan(\gamma) = \tan(\gamma)$$

가 된다. 그런데 γ는 호 NP의 원둘레각이고, 90-δ는 호 NP의 중심각이다. 그리고 원둘레각은 언제나 중심각의 반이다. 그러므로 다음 식이 성립한다.

$$\gamma = \frac{90 - \delta}{2}$$

따라서 다음 식이 성립한다.

$$x = \mathrm{OP'} = \tan(\frac{90 - \delta}{2})$$

이것은 극사투영의 기본식이 된다. 중심자오선을 따라 적도에서 N 방향으로 δ 만큼 떨어진 점의 극사투영은 x좌표가 이 식으로 주어진다. 주장규, 주야평규, 주단규 각각의 경우를 표로 보이면 다음과 같다.

규	δ	$x = \mathrm{OP}' = \tan\left(\dfrac{90-\delta}{2}\right)$
주장규(=북회귀선)	+23.5	0.6556
주야평규(=적도)	0	1
주단규(=남회귀선)	-23.5	1.5253

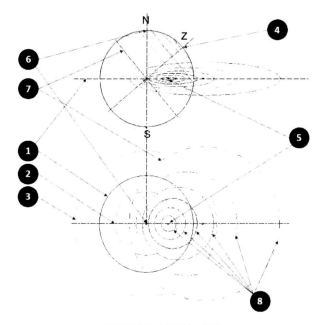

극사투영을 설명하는 그림

이 그림은 천구의 적도좌표와 지평좌표를 극사투영하는 과정을 그리고 있다. 지평좌표는 적위도 40°N의 지점에 해당한다. 특히 적도좌표의 위도와 지평좌표의 고도를 투영하고 있다.

먼저 그림의 상반부를 보자. 이 그림은 천구의 정사투영이다. N과 S는 천구의 북극과 남극이며, Z는 위도 40°N 지점의 천정이다. 천구의 적도는 NS의 수직2등분선으로 정사투영되고, 지평은 적도를 −50° 회전한 직선으로 투영되고, 천정 Z는 북극 N을 −50° 회전한 점이다. 지평과 천정선은 당연히 서로 수직이다. 이 그림에서는 복잡을 피하기 위해서 적도 이외의 적도경선은 그리지 않았다. 다만 지평경선에 해당하는 등고도선은 고도 0°인 지평으로부터 15° 간격으로 고도 90° 인 점까지 등고도선을 그려주고 있다.

위의 원은 중심자오환이고, 그 환 위에 천구의 남극S, 북극N이 있고, 관측자의 천정Z가 있다. 적도1은 중심 가로직선으로 표시되어 있다. Z는 북위 40도, 즉 ϕ =40으로 그려져 있고, 지평환7은 북쪽의 지평남과 남쪽의 지평북을 잇는 직선으로 표현되어 있다. 지평남은 남극S에서 반시계방향으로 ϕ, 지평북은 북극N에서 반시계방향으로 ϕ만큼 떨어진 점이다. 위의 그림은 천구를 중심자오선과 직각을 이루는 무한원점에서 적도를 바라본 그림이라면, 아래 그림은 천구의 투영면인 적도평면이다. 즉, 남극S를 조본으로 하는 극사투영의 투영평면이다.

아래의 투영평면에 우선 적도를 투영해보자. 우선 윗 그림에서 적도선분의 양 끝점은 어떻게 투영되는지 보자. S가 조본이므로, S와 그 두 점을 각각 잇는 직선이 적도선분과 만나는 점은 그 두 점 자체다. 그러므로 적도의 투영은 그 두 점을 잇는 선분을 지름으로 하는 원1이다. 그 이유는 무엇일까? 지평환은 천구면 위의 대원이다. 그런데 극사투영의 가장 큰 특징은 "원은 원으로"투영된다는 성질이다. 그리고 적도선분의 양 끝점의 투영점은 적도규의 지름이다. 그러므로 원1이 적도환의 극사투영인 적도규1이 되는 것이다. 아래 그림의 적도규1은 윗 그림의 자오규와 크기가 똑같은 원이다. 그 반지름은 천구의 반지름 1과 같이 둘 다 1이다.

아래 그림에는 적도규 안쪽에 작은 원으로 주장규가 있고, 적도 바깥에는 주장규가 그려 있다. 윗 그림에 그려져 있지 않으나, 적도선분과 평행하게 북과 남으로 각각 23.5도 떨어진 선분을 그리면, 그 각각은 주장권=북회귀선권, 주단권=남회귀선권이 되는데, 이 둘을 극사투영하면 각각 아래 그림의 주장규와 주단규가 된다.

천정Z의 극사투영을 보자. S가 조본이므로, 윗 그림에서는 SZ를 연결하는 직선이 가로직선1과 만나는 점이 Z의 투영점5다. 아래의 투영평면에서는 역시 중심 가로직선 상의 점5가 Z의 투영점이다. 지평환7은 윗 그림에선 하나의 선분으로 표현된다. 그리고 선분 양 끝점이 각각 지평북과 지평남이다. 이 두 점을 극사투영하는 요령도 똑같다. 즉 조본S와 해당 점을 연결한 직선이 가로직선1과 만나는 점이 투영점이며, 이를 아래 그림에 표현하면, 역시 중심가로직선 상의 두 점으로 표현된다. 그 두 점을 지름으로 하는 원은 아래 그림에서 지평규7로 그려져 있다.

아래 8로 표현된 비동심의 겹치지 않는 원들은 등지평고도를 나타내는 점승도규들이다. 윗그림에서 지평으로부터 천정을 향하여 15도 간격으로 그린 평행선들을 극사투영한 것이다. 아래 그림에서 전체 중심점은 북극의 투영점이다. 이 그림이 ϕ=40인 지점의 그림이라면 북극고도가 40도일 것이다. 아래 그림에서 보면 과연 중심점인 "북극"은 30도와 45도 사이에 있고, 45도 쪽에 가까움을 확인함으로서, 과연 북극고도가 40도임을 알 수 있다.

5) 극사투영의 응용례

(1) 앙부일구의 극사투영의 예

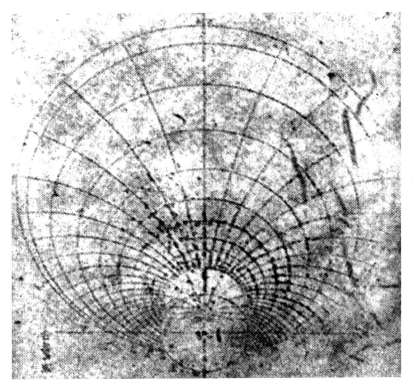

혼개일구(앙부일구의 극사투영)

  "혼개일구"는 앙부일구의 극사투영이다. 그리고 그 투영의 조본은 天底다. 아래 작은 원은 지평규이고 十자 중앙 점이 천정의 투영이다. 가운데 十자를 기준으로, 위가 子방, 아래가 午방이다. 오른쪽이 卯방, 왼쪽이 酉방이다. 천저는 무한원점이다.
  투영의 중심은 天頂이다. 그 중심은 아래 작은 원의 중심이다. 아래쪽 한 점으로 수렴하는 곡선들은 적도경선들이고 동시에 시각선들이다. 경선과 위선은 모두 원호로 투영됨을 확인할 수 있다.

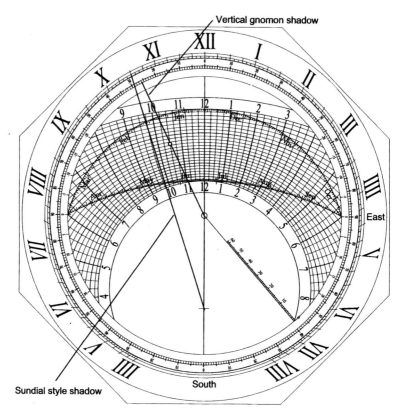

앙부일구의 극사투영으로 볼 수 있는 그림(출처: Morrison)

　천정이 조본이므로, 투영의 중심은 天底다. 아래쪽 어느 한 점으로 수렴하는 것으로 보이는 곡선들은 적도경선들이고 동시에 시각선들이다. 경선과 직각을 이루는 원호들은 위선이다. 오전6시 오후6시의 경선과 적도가 만나는 두 점을 잇는, 눈금이 매겨진 두 원로는 황도의 극사투영이다. 그 두 원호를 따라 날짜가 표시되어 있다.

부록 1) 극사투영의 이론

반지름이 1인 구의 중심을 삼차원좌표계의 원점으로 삼는다. 즉 구의 중심 O, 남극 Π, 북극 N의 좌표는 각각 다음과 같다.

$$O = (0,\ 0,\ 0)$$
$$\Pi = (0,\ 0,\ -1)$$
$$N = (0,\ 0,\ 1)$$

남극을 제외한 구면상의 임의의 점 P의 좌표는 다음과 같다.

$$P = (x,\ y,\ z) \qquad 단,\ z \neq -1$$

구면의 남극 $\Pi = (0,\ 0,\ -1)$와 구면상의 임의의 점 $P = (x,\ y,\ z)$를 잇는 직선상의 임의의 점의 좌표를 $(X,\ Y,\ Z)$라 하고 이를 매개변수 t를 써서 나타내면

$$(X,\ Y,\ Z) = \Pi + t(P - \Pi) = (0,\ 0,\ -1) + t(x,\ y,\ z+1)$$
$$= (xt,\ yt,\ (z+1)t - 1)$$

즉,

$$X = X(t) = xt$$
$$Y = Y(t) = yt$$
$$Z = Z(t) = (1+z)t - 1$$

(즉 t가 0이면 Π, t가 1이면 P다.)

(1) 투영평면이 북극접평면일 때

한편, 북극 N에서 구면에 접하는 평면, 즉 북극접평면은,

$$(북극접평면):\ Z = 1$$

으로 나타낼 수 있는데, "남극 Π를 광원으로 하고, 북극접평면을 스테레오투영면으로 할 때, 점 $P = (x,\ y,\ z)$의 스테레오 투영점 $P' = (X,\ Y,\ Z)$"는, 위에서 정의된 직선과 북극접평면이 만나는 점으로 정의된다.

투영점 $P' = (X,\ Y,\ Z)$의 좌표를 피투영점 $P = (x,\ y,\ z)$의 좌표와 매개변수 t로 표현

그러면 투영점

$$P' = (X,\ Y,\ Z) = (X,\ Y,\ 1)$$

을 주어진 피투영점 $P = (x,\ y,\ z)$만으로 나타낼 수 있을까? 우리는 이미 투영사선 상의 임의의 점의 좌표를 P와 매개변수 t로 나타낸 바 있다. 그러므로 P'에 대응하는 매개변수의 값 t를 P로 나타낼 수 있으면 된다. 그런데 투영점 P'에서 $Z = 1$이므로,

$$Z = Z(t) = (1 + z)t - 1 = 1$$

를 만족하는 t를 구하면 된다. 그 값은

$$t = \frac{2}{1 + z}$$

이다. 이 값을 P'의 좌표에 대입하면, 다음 결과를 얻는다.

$$P' = (X(t)\ \ Y(t),\ 1)\ = (\frac{2x}{1 + z},\ \frac{2y}{1 + z},\ 1).$$

피투영점 $P = (x,\ y,\ z)$의 좌표를 투영점 $P' = (X, Y, 1)$의 좌표로 표현

이처럼 투영점 $P' = (X,\ Y,\ 1)$의 좌표를 투영점 $P = (x,\ y,\ z)$의 좌표만으로 표현할 수 있다면, 그 역은 어떠할까? 즉 피투영점 $P = (x,\ y,\ z)$의 좌표를 투영점 $P' = (X,\ Y,\ 1)$의 좌표만으로 나타낼 수 있을까? 가능하다. 그리고 그 유도과정은 다음과 같다.

지금 주어진 점은 투영점 $P' = (X,\ Y,\ 1)$과 조본 $\Pi = (0,\ 0,\ -1)$이며, 점 $P = (x,\ y,\ z)$는 이 두 점을 잇는 직선과 단위구 $x^2 + y^2 + z^2 = 1$가 만나는 점이다. 단위구 상에 있으려면, $x,\ y,\ z$는

$$x^2 + y^2 + z^2 = 1$$

라는 조건을 만족해야 하며,

두 점 Π와 P'을 잇는 직선상에 있는 점의 좌표를 매개변수 s를 써서 나타내면 다음과 같다.

$$\begin{aligned}
(x(s),\ y(s),\ z(s)) &= \Pi + s(P' - \Pi) \\
&= (0,\ 0,\ -1) + s((X,\ Y,\ 1) - (0,\ 0,\ -1)) \\
&= (0,\ 0,\ -1) + s(X,\ Y,\ 2) \\
&= (sX,\ sY,\ 2s - 1)
\end{aligned}$$

여기서 s라는 매개변수의 값에 따라서 그 직선 상의 점의 위치가 확정되는데, 우리의 경우, 그 매개변수 s의 값은, 점 P가 단위구 상에 있다는 조건으로, 확정될 수 있다. 단위구 상에 있다는 조건은 다음과 같다. 즉,

$$x^2 + y^2 + z^2 = (sX)^2 + (sY)^2 + (2s - 1)^2 = 1$$

이 식을 매개변수 s에 관해서 풀어보자. 우선 다음 조건이 얻어진다.

$$(sX)^2 + (sY)^2 + (2s - 1)^2 = s^2(X^2 + Y^2) + 4s^2 - 4s + 1 = 1$$

즉,

$$s(s(X^2 + Y^2 + 4) - 4) = 0$$

이는 s에 관한 2차방정식이므로 다음과 같이 2개의 근을 얻는다. 즉,

$$s = 0,$$
$$s = \frac{4}{X^2 + Y^2 + 4}$$

이 두 근을 써서 피투영점

$$P = (x, \ y, \ z) = (x(s), \ y(s), \ z(s))$$

를 구해보자.

① $s = 0$ 일 때,

$$P = (x(s), \ y(s), \ z(s)) = (x(0), \ y(0), \ z(0)) = (0, \ 0, \ -1) = \Pi$$

즉 조본인 점 Π가 얻어진다. 그러나 우리는 조본을 피투영점으로부터 원천적으로 배제한 바 있다. 스테레오투영의 대상에서는 제외되는 점이다. 따라서 다른 s값에서 피투영점을 찾아야 한다.

② $s = \dfrac{4}{X^2 + Y^2 + 4}$ 일 때,

$$P = (x(s), \ y(s), \ z(s)) = (sX, \ sY, \ 2s - 1)$$

$$= \frac{1}{X^2 + Y^2 + 4} (4X, \ 4Y, \ 4 - X^2 - Y^2)$$

즉, 피투영점 P가 투영점 P'의 좌표, X와 Y만으로 표현되었다.

(2) 투영평면이 적도평면일 때

이상에서 우리는 투영평면이 북극접평면일 때를 다루었다. 접평면이 적도평면일 경우에는, 두 투영평면이 평행이라는 사실로부터 쉽게 후자의 경우를 표현할 수 있다. 적도평면의 투영점을 P^*라 하면,

$$P^* = \frac{1}{2}(\Pi + P') = \frac{1}{2}(\frac{2x}{1+z}, \ \frac{2y}{1+z}, \ 0) = (\frac{x}{1+z}, \ \frac{y}{1+z}, \ 0).$$

$P^* = (X^*, \ Y^*, \ 0)$가 되는 것이다.

다음, 피투영점 $P = (x, \ y, \ z)$의 좌표를 투영점 의 좌표로 표현하는 문제를 다루어 보자. 이 문제 역시, 다음 항등식을 이용하는 것

이 편리하다. 항등식은,

$$P^* = (X^*, \ Y^*, \ 0) = \frac{1}{2}(\Pi + P')$$

$$= \frac{1}{2}((0, \ 0, \ -1) + (X, \ Y, \ 1)) = (\frac{X}{2}, \ \frac{Y}{2}, \ 0)$$

그러므로 다음 두 항등식을 얻는다. 즉,

$$X = 2X^*$$

$$Y = 2Y^*$$

이를

$$P = (x(s), \ y(s), \ z(s)) = (sX, \ sY, \ 2s - 1)$$

$$= \frac{1}{X^2 + Y^2 + 4}(4X, \ 4Y, \ 4 - X^2 - Y^2)$$

에 대입하면 우리가 원하는 식이 얻어진다. 즉,

$$P \ = \frac{1}{X^2 + Y^2 + 4}(4X, \ 4Y, \ 4 - X^2 - Y^2)$$

$$= \frac{4}{4(X^* + Y^* + 1)}(2X^*, \ 2Y^*, \ 1 - X^* - Y^*)$$

$$= \frac{1}{X^* + Y^* + 1}(2X^*, \ 2Y^*, \ 1 - X^* - Y^*)$$

여기서 부호를 단순화하기 위하여, 정의하기를

$$M \equiv X^* + Y^*$$

라 하면, 식은 다음과 같이 단순화 된다. 즉.

$$P = \frac{1}{M + 1}(2X^*, \ 2Y^*, \ 1 - M)$$

이것이 투영점 P^*의 좌표로 표현한 피투영점 P의 좌표다.

부록 2) 극사투영이론 응용

(1) 투영평면을 적도평면으로 삼는 경우, 투영점 $Q(u, v, 0)$의 좌표 구하기

단위구면 상의 점 투영 $P = (x, y, z)$의 투영점을 $Q = (u, v, 0)$는, t를 써서 다음과 같이 표현할 수 있다.

$$Q = (u, v, 0) = (xt, yt, (1+z)t - 1)$$

그러므로 이 경우 매개변수의 값은 다음과 같이 표현된다.

$$t = \frac{1}{1+z}$$

그리고 이 값을 써서 투영점의 좌표를 다음과 같이 표현할 수 있다.

$$Q = (u, v, 0) = (\frac{x}{1+z}, \frac{y}{1+z}, 0).$$

이리하여 우리는 구면상의 임의의 점 $P = (x, y, z)$의 적도평면으로의 투영점 Q의 좌표를 얻었다.

(2) 투영점 $Q(u, v, 0)$의 좌표로부터 $P = (x, y, z)$의 좌표 구하기

그러면 그 역도 가능할까? 즉, 스테레오 투영점 $Q = (u, v, 0)$를 알 때, 그에 대응하는 구면상의 점 $P = (x, y, z)$의 좌표를 Q의 좌표만으로 나타낼 수 있을까? 가능하다. 그리고 그 결과는 다음과 같다.

지금 주어진 점은 투영점 Q와 조본 Π이며, 점 P는 이 두 점을 잇는 직선과 단위원이 만나는 점이다. 단위원 상에 있으려면, x, y, z는

$$x^2 + y^2 + z^2 = 1$$

라는 조건을 만족해야 하며, Π와 Q를 잇는 직선상에 있으려면 다음 조건을 만족해야 한다. 즉,

$$\begin{aligned} P = (x,\ y,\ z) &= \Pi + s\,(Q - \Pi) \\ &= (0,\ 0,\ -1) + s\,(u,\ v,\ 1) \\ &= (su,\ sv,\ s-1) \end{aligned}$$

여기서 s라는 매개변수의 값에 따라서 직선상의 위치가 확정되는데, 점 $P = (x,\ y,\ z)$에 대응하는 매개변수 s의 값은, 점 P가 단위원상에 있다는 조건으로 확정될 수 있다. 그 조건은 다음과 같다. 즉,

$$x^2 + y^2 + z^2 = (su)^2 + (sv)^2 + (s-1)^2 = 1$$

이 식을 풀어서 매개변수 s를, $Q = (u,\ v,\ 0)$의 좌표인 u와 v로 표현할 수 있다. 즉,

$$(su)^2 + (sv)^2 + (s-1)^2 = s^2(u^2 + v^2) + s^2 - 2s + 1 = 1$$

즉,

$$s\,(s\,(u^2 + v^2 + 1) - 2) = 0$$

이 식을 풀면, s의 근은 둘이다. 즉,

$$\begin{aligned} s &= 0, \\ s &= \frac{2}{u^2 + v^2 + 1} \end{aligned}$$

여기서 $s = 0$일 때, $P = (0,\ 0,\ -1) = \Pi$다. 그런데, 조본인 Π가 그 직선상에 있는 것은 맞으나, 그 점은 스테레오투영의 대상에서는 제외되는 점이다. 따라서 우리가 구하는 점 P에 대응하는 값이 아니다. 그러므로 다른 s값

$$s = \frac{2}{u^2 + v^2 + 1}$$

에 대응하는 P를 찾아야 한다. 그리하여 투영점 Q에 대응하는 $P = (x, \ y, \ z)$의 좌표를 다음과 같이 구할 수 있다.

$$P = (x, \ y, \ z) = (su, \ sv, \ s-1)$$

$$= \frac{1}{u^2 + v^2 + 1}(2u, \ 2v, \ 1 - u^2 - v^2)$$

$$= \frac{1}{M+1}(2u, \ 2v, \ 1 - M)$$

즉, P가 u와 v만으로 표현되었다. 단, $M \equiv u^2 + v^2$ 이다.

이처럼 스테레오투영변환은 $S(\,.\,)$를 스테레오투영 연산자라 할 때, $Q = S(P), \quad P = S^{-1}(Q)$ 라는 1대1의 대응관계가 있다.

(3) 스테레오투영은 원인 피투영도형을 원으로 투영하는가?

이제 3차원 공간에서의 임의의 평면을

$$Ax + By + Cz + D = 0$$

라 하자. 그런데 구면 상의 원은, 한 평면과 그 구의 교집합으로 특징화할 수 있다. 그러므로 구면 상의 특정 원주에 점 P가 있을 조건은, 그 원주와 그 평면의 교집합 내에 그 점이 있을 조건과 같다. 그리하여 다음과 같은 추론이 가능하다.

이제 구면상의 점 P가 특정 원주상에 있을 조건은 그 점이 특정 평면상에 있을 조건과 동치다. 이제 그 점 $P = (x, \ y, \ z)$가 특정 평면의 식,

$$Ax + By + Cz + D = 0$$

을 만족한다고 하자. 그러면 피투영도형은 원이다. 그리고 스테레오투영법에 의하면,

$$P = (x, \ y, \ z) = \frac{1}{M+1}(2u, \ 2v, \ 1 - M)$$

라는 관계가 성립한다.

그러면 이제, 피투영도형이 원일 때 투영도형이 원임을 보이려면 어떻게 하면 될까? 이는 피투영도형의 좌표 (x, y, z)로 표현된 식을 투영도형의 좌표 (u, v)로 변환한 식이 과연 원의 식인가를 확인하면 된다.

그 조건은 이 평면식의 좌표 (x, y, z)를

$$\frac{1}{M+1}(2u,\ 2v,\ 1-M)$$

으로 치환하면 얻어진다. 을 대입하면 얻어진다. 즉,

$$\frac{1}{M+1}(2Au + 2Bv + (1-M)C) + D = 0$$

이다. 이 식을 변형하여 단순화하자.

$$2Au + 2Bv + (1-M)C + (M+1)D = 0$$

또는

$$2Au + 2Bv + (D-C)M + (D+C) = 0$$

즉,

$$(D-C)(u^2 + v^2) + 2Au + 2Bv - (D+C) = 0.$$

이는 구면상의 점 P가 구면상의 특정 원주 상을 움직일 때, 그 스테레오투영점 $Q = S(P)$가 투영평면 (u, v)에 그리는 평면도형의 식이다.

우리는 이 마지막 식으로부터, 이 도형의 형태상의 특징을 이해하는 데는 $D-C$의 값이 0이냐 아니냐가 중요함을 알 수 있다. 그 중요성을 검토해 보자.

① $D-C=0$ 일 때

이때, 즉 $D=C$일 때, 이 도형은 투영평면 (u, v)에서 직선이다. 왜냐하면 이 때 식은

$$2Au + 2Bv = D + C.$$

라는 (u, v)에 관한 1차식이 되기 때문이다.

이 경우에는 피투영 도형이 구면상의 원 역시 특이한 성질을 가
진다. 그 원은 반드시 님극을 지난다는 것이나. 이때 점 $(0, 0, -1)$
은 식 $Ax + By + Cz + D = 0$ 을 항등적으로 만족시킨다. 그러면 그
점은 무엇인가? 조본인 남극이다. 그러므로 피투영 도형인 원은 반
드시 남극 즉 조본을 지난다. 이것은 스테레오투영의 매우 중요한
성질이다. 적도좌표에서 경선들은 모두 남극을 지난다. 그러므로
경선들은 모두 직선으로 투영된다.

② $D - C \neq 0$ 일 때

즉 D와 C가 같지 않을 때다, 이때, 그 투영 도형은 원이다. 왜
냐하면 이 때 식은

$$(D - C)(u^2 + v^2) + 2Au + 2Bv - (D + C) = 0.$$

로서 (u, v)의 2차항의 계수가 같기 때문이다.

구면상의 어떤 원이 $D - C \neq 0$의 조건을 충족하면 그 원의 어
떤 점도 조본인 남극을 지나지 않는다. 이처럼 조본을 지나지 않는
원은 반드시 원으로 투영된다는 것이다. 원의 크기와 관계없다. 이
역시 스테레오투영의 핵심적으로 중요한 성질이다. 적도좌표에서
모든 위선은 원이다. 그러므로 모든 위선은 원으로 투영된다. 황도
권, 지평권 등은 원이다. 황도권 지평권 역시 원으로 투영된다. 모
든 방위권은 원이다. 따라서 모든 방위권은 원으로 투영된다. 그러
나 예외가 하나 있다. 남극을 지나는 방위권은 직선으로 투영된다.
이 방위권은 남극과 북극을 지나는 중심자오권으로 직선으로 투영
되는 유일한 방위권이다. 남북을 가리킨다. 동서를 가리키는 방위
권은 직선으로 투영되지 않는다. 원으로 투영된다. 지평고도를 나

타내는 등고도권들 역시 원이므로 모두 원으로 투영된다. 다만 마이너스의 등고도권 중에서 남극을 지나는 등고도권 (서울의 경우, -37.5도의 등고도권)의 투영은 직선이다.

(4) 원(Circles)과 원에서 성립하는 두 명제

① $PP'^2 = AP' \cdot BP'$

O를 중심으로 하고 반지름이 1인 단위원을 고려하자. 원주상의 임의의 점 P의 좌표를

$$P = (x,\ y)$$

라 하면, 단위원의 정의로부터 다음 식이 성립한다.

$$x^2 + y^2 = 1$$

또는

$$y^2 = 1 - x^2 = (1+x)(1-x)$$

또는

$$\frac{1+x}{y} = \frac{y}{1-x}$$

라는 관계가 항등적으로 성립한다.

이 관계를 기하학적으로 확인하기 위하여, x축과 단위원과의 두 교점을 각각 A, B 라 하고, 점 P 에서 x축에 내린 수선의 발을 P' 이라 하자. 그러면, 두 삼각형 $\triangle PAP'$과 $\triangle BPP'$에서, $PP' = y$, $AP' = 1+x$, $BP' = 1-x$ 이므로, 위의 항등관계로부터 다음 관계를 얻는다.

$$\frac{AP'}{PP'} = \frac{PP'}{BP'} \quad \text{또는} \quad PP'^2 = AP' \cdot BP'$$

이는 두 삼각형이 닮은 삼각형임을 의미한다. 그 역도 성립함은 말할 필요도 없다.

② 원주각과 중심각

원에서는 동일한 호에 대응하는 중심각은 원주각의 두배다. 그리고 동일한 호에 대응하는 원주각들은 모두 같다.

(5) 원뿔의 원단면들

한 평면이 있다. 이 평면에 원을 하나 그린다. 이 평면 밖의 한 점 S를 잡고, S를 꼭지점으로 하는 원뿔을 상정한다. 그리고 이 원뿔의 모양은, 우리 평면 (이를 투영평면이라 부르자.)과의 단면 즉 교집합이 원이라는 특징을 가진다.

① 원뿔의 추축평면 Axial plane

원뿔의 추축이란 꼭지점 S와 원의 중심 O를 잇는 직선이며, 추축을 포함하며 투영면과 수직인 평면이다. 추축평면에는 S에서 투영평면에 내린 수선과 수선의 발 N이 포함된다. 투영평면과 추축평면이 만나는 교직선 위에는 원의 지름을 이루는 두 점 A와 B, 원의 중심 O, 그리고 수선의 발 N도 포함된다.

추축평면 내의 삼각형 SAB를 고려하자. 그리고 SA상에 점 A', SB상에 점 B'을 잡아 SAB와 닮은 삼각형 SB'A'을 그리자. 이 두 삼각형은 서로 방향이 반대인 닮은 삼각형이다. 즉 각 A와 각 B'이 같고, 각 B와 각 A'이 같다.

두 점 A'과 B'은 추축평면 내의 점이다. 이제 이 두 점을 포함하며 추축평면과는 수직인 평면을 고려하자. 이 수직평면은 원뿔을 자를 것인데, 그 단면은 어떤 곡선일까? 우리는 그 단면곡선이 원임을 보이고자 한다.

먼저 그 단면곡선은 두 점 A'과 B'을 포함한다. 그 두 점이 원뿔의 점들이기 때문이다. 그 단면곡선 상의 임의의 한 점을 P라 하고, P에서 선분 A'B'에 내린 수선의 발을 P'이라 하자. 우리가 증명하고자 하는 것은 A', B', P가 동일원주상의 점이라는 것이다. 그런데 그것은 다음 식이 성립하는 것을 보이면 된다. 즉,

(1) $PP'^2 = A'P' \cdot B'P'$

이 식이 성립하는 것을 어떻게 증명할 수 있을까?

우선, 선분 PP'의 성질을 검토해 보자. 이 선분은 추축평면에 수직이다. 투영평면도 추축평면에 수직이다. 그러면, 추축평면에 수직인 선분 PP'은, 추축평면에 수직인 투영평면과 어떤 관계일까? 서로 평행의 관계다. 그렇다면 우리는 선분 PP'을 포함하며 투영평면에 평행인 평면을 고려할 수 있다. 그리고 이 평행평면과 두 직선 SA, SB와의 교점을 각각 a, b라 하자. 그러면, a, b를 지나는 평행평면과 원뿔의 교집합은 투영평면이 만드는 원래의 큰 원뿔과 완전히 닮은꼴이기 때문에, 그 교집합은 ab를 지름으로 하는 원이다. 그리고 그 지름 위에 점 P'이 있으며, 점 P는 그 원의 원주상의 점이다. 따라서 그 원에 관해서 다음 식이 성립한다.

(2) $PP'^2 = aP' \cdot bP'$

다음은, 두 삼각형 $A'aP'$와 $bB'P'$을 고려하자. 두 삼각형의 각들 사이에는, 두 선분 $A'B'$ 및 ab의 작도에서 알 수 있는 바와 같이, 다음 관계가 성립한다.

$\angle A'aP' = \angle bB'P'$

그리고 낀각이 서로 같다. 즉,

$$\angle A'P'a = \angle B'P'b$$

그러므로 두 삼각형은 닮은 삼각형이고, 변들 사이에는 다음 관계가 성립한다.

(3) $A'P' \cdot B'P' = aP' \cdot bP'$

두 식 (2)와 (3)을 결합하면 다음 식 (1)이 얻어진다.

$$PP'^2 = A'P' \cdot P'B'$$

이 식은 바로 우리가 증명하고자 한 식이다. 즉, 추축평면과 수직이고, 점 A', B'을 지나는 평면을 고려할 때, 우리의 원뿔이 이 평면과 만나서 얻어지는 교집합은 원이다.

우리는 우리가 관심을 갖는 한 평면을 투영평면이라고 불렀다. 왜 그렇게 부를 수 있을까? 그것은 우리가 설명하려는 스테레오투영에서 이 평면이 과연 투영평면이 되기 때문이다.

투영의 대상이 되는 단위구를 고려하자. 이 구의 위의 극을 N, 아래의 극을 S라 하고 S를 조본, N에서의 접평면을 투영평면으로 하는 스테레오투영을 고려하자. N과 S를 각각 북극과 남극으로 보아도 좋다.

이제, 구면상의 어떤 도형을 고려하자. 그리고 S를 조본으로 하여 이 도형을 스테레오투영하여 얻은 투영평면 투영의 상이 원이라고 하자.

이 투영에서 조본 S를 지난 광선이 투영의 대상인 구면상의 도형을 지나 투명평면에 비추인 모양 전체를 상상해 보면 이는 원뿔 모양임을 알 수 있다. 투영평면의 상이 원이기 때문이다. 즉 조본 S를 꼭지점으로 하고, 투영 상인 원의 중심 O를 추축으로 하는 원뿔이다. 그리고 이때 추축평면은 SO와 SN을 포함하는 평면이다. 그리고 SN이 투영평면과 수직이기 때문에, 추축평면은 투영평면과 수직이다.

추축평면과 투영평면의 교직선을 고려하자. 이 직선에는 이미 두 점 O와 N이 있다. 이 직선과 원뿔의 두 교점을 A와 B라 하면, AB는 원의 지름이고, O는 AB의 중점이다. 추축평면에는 교직선상의 점 A, O, B, N 이외에 교직선 밖의 점인 꼭지점 S가 있다. 그리고 이 평면의 선분 AS와 BS는 원뿔의 두 변이다.

투영대상인 구와 추축평면과의 교집합을 고려하자. 이 교집합은 추축평면에서 SN을 지름으로 하는 원이다. 이 교집합인 원이 SA, SB와 만나는 점을 각각 A', B' 이라고 하자. 투영광선은 S에서 나와서, SA'A, SB'B의 경로를 거친다. 즉, 두 점 A와 B은 투영대상 도형의 점이다.

이제 우리의 문제가 무엇인지를 생각해볼 차례다. 투영의 상이 원일 때, 투영대상도형 역시 원이라는 증명을 하고 싶은 것이다. 우리는 앞에서 일정 조건이 충족되면, 투영대상 도형은 A'B'을 지름으로 하는 원임을 확인한 바 있다. 여기서는 과연 그 "일정 조건"이 충족되는가를 확인하고자 하는 것이다. 그것은 두 삼각형 SAB와 SB'A'이 닮은 삼각형임을 보이는 일이다. (여기서 흥미있는 사실은, 그 조건을 추축평면 안에 한정해서 찾을 수 있다는 것이다. 투영대상의 형태가 무엇이든지 그것은 추축평면에서는 A'B'으로 표현될 뿐이고 그 투영은 AB로 표현된다. 그것이 원이라는 것은 추축평면에 수직인 평면 속에서 나타나는 형태이지, 추축평면에서는 다만 AB라는 선분으로 표현될 뿐이다. 우리가 추구하는 사실도 A'B'을 지름으로 하는 원이 A'B'을 포함하면서 추축평면과 수직인 평면 속에 존재한다는 사실이다. 그러나 그 존재조건의 추구는 추축평면 안에서 이루어질 수 있다.) 추축평면 안의 이 두 삼각형에서 한 각은 공통이므로, 나머지 한 각이 같음을 보여주면 끝인 것이다. 여기서는

$$\angle\,SAB = \angle\,SB'A'$$

을 보이고자 한다.

추축평면 안에서 조본인 점에서 접선 St를 그리면, 이는 NA와 평행이다. 그러므로

$$\angle\,SAB = \angle\,ASt$$

다. 서로 엇각이기 때문이다.

부록 3) 모리슨 각보존성 증명의 불완비성

　　Morrison은 천구상의 임의의 점 P에서의 두 접선 t_1과 t_2가 이루는 각 α이라 할 때, P의 투영점을 P'라 할 때, 각 α의 투영각 α'이 α와 같다는 것을 다음과 같이 증명하고 있다. 그리고 스테레오 투영의 conformality라는 성질을 이 성질로 규정하고 있다.

　　모리슨이 이 증명에서 이용하고 있는 스테레오 투영의 성질은 다음 두 가지다. 즉, 남극 S를 광원이라 하고, 북극에서의 접평면을 투영평면이라 할 때,

1. 남극을 지나는 천구상의 원의 투영은 모두 직선이다.
2. 남극 S에서의 접평면은 투영평면과 평행이다.

　　그러나 실제로 모리슨의 증명은 제3의 성질을 이용해야하게 되어있다. 그 성질은 다음과 같이 표현할 수 있다. 즉,

3. 천구상의 두 점 P와 S를 공유하는 천구상의 두 원을 c_1과 c_2 라 하고, P에서의 원 c_1과 c_2의 접선을 각각 t_1과 t_2라 하자. 마찬가지로 S에서의 원 c_1과 c_2의 접선을 각각 τ_1과 τ_2라 하자. 그러면 점 P에서의 두 접선 t_1과 t_2가 이루는 각 α는, 점 S에서의 두 접선 τ_1과 τ_2가 이루는 각 α'는 그 크기가 같다.

　　이 성질은 결코 자명한 것이 아니며 설명이 필요한 것이지만, 모리슨은 당연한 것으로 보았는지 아무런 설명 없이, 자신의 증명에서 이 성질을 이용하고 있다.

　　그의 증명을 보자.

Let t_1 and t_2 be tangents to the sphere intersecting at P and defining the angle α at their intersection. $t_1{}'$ and $t_2{}'$ are their projections defining the angle α' on the projection plane. Conformality means $\alpha = \alpha'$

여기서 $t_1{}'$과 $t_2{}'$는 두 선분이다. 그런데 "$t_1{}'$ and $t_2{}'$ are their projections" 라고 하여, 천구의 접선인 t_1과 t_2의 투영이라고 말하고 있다. 그러나 스테레오 투영은 구면상의 점을 투영하는 것이지 접선을 투영하는 것은 아니다. 접선상의 유일한 구면상의 점인 P가 P'으로 투영될 수 있을 뿐이다. P의 접선이 아니라 P를 지나는 구면상의 선분이 P'을 지나는 곡선분으로 투영될 수 있을 뿐이다. 그러면 t_1을 접선으로 가지는 구면상의 곡선분은 어떤 모양의 곡선분일까? 그리고 그러한 곡선분은 유일할까? 우선 그것은 유일하지 않다. 그리고 그 곡선분은 우리의 투영과정에서 일반적으로 "직선분으로" 투영되지 않는다. 그런데 모리슨은 다음과 같이 말을 잇는다.

The plane containing t_1 intersects the sphere as a circle passing through S, so t_1 projects as a straight line $t_1{}'$ passing through P'.

즉, 선분 t_1을 포함하며 광원의 점 S를 지나는 특정평면을 아무 설명 없이 도입한다. 이 평면과 천구가 만나서 이루어지는 원은 점 P와 S를 지나는 천구상의 원이며, 이 원의 스테레오 투영은 점 P'을 지나는 직선이다. 그리고 이 원의 P 근방의 곡선분은 그 투영직선의 일부분인 P' 근방의 선분이 된다. 이 선분이 바로 $t_1{}'$인 것이다. 즉 선분 $t_1{}'$은 선분 t_1의 투영이 아니다. 모리슨의 설명은 정확한 표현이 아니다. 모리슨의 설명은 다음과 같이 수정되는 것이 바람직하다.

Define a plane p_1, containing tangent t_1 and point S. The plane intersects the sphere as a circle passing through S, so t_1 projects as a straight line t_1' passing through P'.

이어서 모리슨은 다음과 같이 말한다.

The tangent τ_1 to this circle at S is parallel to t_1' because all tangents at S will be parallel to the projection plane.

점 S에서의 접평면이 투영평면과 평행이란 말은 옳다. 그리고 점 S에서의 접선들은 모두 그 접평면에 있으므로, 그 접선들이 모두 투영평면과 평행이라는 말도 받아들일 수 있다. 특히, 특정 접선 τ_1이 "투영평면"과 평행이라고 말한다면 좋다. 그러나 모리슨은 τ_1이, "투영평면상의 특정 선분 t_1'"과 평행이라고 말하고 있는 것이다. 이 주장을 뒷받침하려면, "τ_1과 t_1'이 동일 평면상에 있음"을 보여야 한다. 모리슨은 이를 명확히 보이지 않고 있다. 이를 보이가 위해서는 다음 설명이 필요하다.

천구상의 임의의 점 P에서의 임의의 접선 t_1과 광원점 S를 포함하는 평면을 p_1이라 하면, 평면 p_1 속에는 투영점 P', 투영선분 t_1', S에서의 접선 τ_1 등이 모두 포함된다. 그러므로 앞의 모리슨의 문장은 다음과 같이 수정되어야 한다.

The tangent τ_1 to this circle at S is parallel to t_1' because tangent plane at S is parallel to the projection plane, and τ_1 and t_1' are in the same plane p_1.

또는, 우리의 앞의 수정된 문장과 관련해서는, 다음과 같이 수정될 수 있다.

The tangent τ_1 to this circle at S is parallel to t_1' because τ_1 and t_1' are both in the same plane p_1.

모리슨의 말은 다음 문장으로 이어진다.

Similarly, the plane defined by t_2 and S has the tangent τ_2 parallel to $t_2{'}$.

이 문장에 관해서는 더 설명할 것이 없다. 다만 나중을 위하여 그 평면의 이름을 p_2라고 히여 문장을 약간 고쳐본다.

Similarly, the plane p_2 defined by t_2 and S has the tangent τ_2 parallel to $t_2{'}$.

그 다음 문장을 보자.

Therefore, the angle between t_1 and t_2 = [is equal to] $\alpha{'}$.

그러나 이 문장은 다음과 같이 바뀌어야 한다. 단순한 오식이라고 볼 수 있다.

Therefore, the angle between τ_1 and τ_2 = [is equal to] $\alpha{'}$.

그런데 우리의 목적은 $\alpha{'} = \alpha$ 의 관계가 성립함을 증명하는데 있다. 그러므로 증명의 남은 단계는 두 접선 τ_1과 τ_2 사이의 교각이 t_1과 t_2 사이의 각인 α와 같음을 보이는 것이다. 모리슨의 증명의 마지막 문장은 다음과 같다.

But, the angle between τ_1 and τ_2 at S is the same as the angle α between the tangents t_1 and t_2 and $\alpha{'} = \alpha$. QED

여기서 모리슨은 해야 할 증명을 하지 않은 채로, 증명해야 할 명제를 단순히 진술하고 있다. 결코 그 명제가 자명한 것이 아닌데도 불구하고 말이다. 우리는 이하에서 다음 명제를 증명하고자 한다.

Proposition: The angle between the tangents τ_1 and τ_2 at S is the same as the angle α between the tangents t_1 and t_2 at P.

 모리슨은 먼저, 이 명제를 증명해야 했다. 점 P에서의 접선 t_1과 S에서의 접선 τ_1은 동일한 평면 p_1 속에 있다. 평면 p_1 속에서, 이 두 접선 t_1과 τ_1을 연장하여, 만나는 점을 Q_1이라 하면, $\triangle Q_1 PS$는 이 등변삼각형이다. $Q_1 P = Q_1 S$이기 때문이다. 마찬가지로, 점 P에서의 접선 t_2와 S에서의 접선 τ_2는 동일한 평면 p_2 속에 있다. 평면 p_2 속에서, 이 두 접선의 연장이 만나는 점을 Q_2라 하면, $\triangle Q_2 PS$는 이 등변삼각형이다. 역시 $Q_2 P = Q_2 S$이기 때문이다.

 이제, 두 삼각형 $\triangle Q_1 P Q_2$와 $\triangle Q_1 S Q_2$를 고려하자. 이 두 삼각형은 합동이다. 대응하는 세 변의 길이가 같기 때문이다. 즉, 대응하는 두 변은, $Q_1 P = Q_1 S$, $Q_2 P = Q_2 S$이고 또 한 변 $Q_1 Q_2$는 두 삼각형에 공통이기 때문이다. 그러므로, 합동인 두 삼각형의 대응하는 각 사이에는, $\angle Q_1 P Q_2 = \angle Q_1 S Q_2$ 의 관계가 성립한다. 즉, 우리가 증명하고자하는 명제가 성립한다. QED

 【참고】 다른 증명에서는 이등변삼각형의 밑변 PS의 양쪽 각이 같다는 성질을 이용하기도 한다. 두 이등변삼각형의 밑변의 양쪽 각이 같으므로 그 차도 같다고 할 수 있으면 좋은데, 그렇지는 않다. P에서의 두 접선이 PS와 동일평면에 있는 것은 아니기 때문이다. "다른 증명"이 보통 끝을 어정쩡하게 얼버무리는 것은 이를 분명히 하지 않기 때문이다. S에서의 접평면과 P에서의 접평면 사이의 관계를 추가로 설명할 필요가 있다. 그 두 접평면의 교선은 직선 Q1Q2이며, 즉 각 Q1PQ2와 Q1SQ2는 같음을 보여주어야 하는데, 그러면 결국 위의 증명과 별로 다를 것이 없게 된다.

 【별해】 세 점 S P P'과, P에서의 접선 t1을 포함하는 평면 p1' 을 고려하자. 이 평면과 천구면과의 교집합은 하나의 원으로, 그 원은 두 점 P와 S를 지나고, P에서 t1과 접한다. 즉 t1이 그 원의 P에서의

접선이다. 그러면 그 원의 스테레오투영의 이미지는 무엇일까? 그 원은 S를 지나고, S를 지나는 구면상의 원의 이미지는 모두 직선이므로, 그 원의 이미지도 역시 직선이다. 그리고 그 원주상의 점 P의 이미지는 P'이고, 그 원의 P 근방의 이미지는 바로 t1'이다.

마찬가지 추론을 접선 t2에 관해서 해본다. 즉, 세 점 S P P'과, P에서의 접선 t2를 포함하는 평면 p2' 을 고려하자. 이 평면과 천구면과의 교집합은 하나의 원으로, 그 원은 두 점 P와 S를 지나고, P에서 t2와 접한다. 즉 t2가 그 원의 P에서의 접선이다. 그러면 그 원의 스테레오투영의 이미지는 무엇일까? 그 원은 S를 지나고, S를 지나는 구면상의 원의 이미지는 모두 직선이므로, 그 원의 이미지도 역시 직선이다. 그리고 그 원주상의 점 P의 이미지는 P'이고, 그 원의 P 근방의 이미지는 바로 t2'이다.

이제, t1과 t2는 모두 P의 접평면 상에 있고, t1'과 t2'은 P'을 포함하는 스테레오투영평면 상에 있음을 유의하면서, t1의 연장과 t1'의 연장이 만나는 점을 Q1', t2의 연장과 t2'의 연장이 만나는 점을 Q2'이라 하자. 그러면 Q1'과 Q2'은 모두 두 평면, 즉 (S에서의 접평면과 평행인) 투영평면과 P에서의 접평면, 의 교직선상에 있다. 그리고 두 삼각형 $\triangle Q_1{}'PQ_2{}'$ 와 $\triangle Q_1{}'P'Q_2{}'$ 는 합동이다.

부록 4) 힐버트의 극사투영이론

하나의 구가 수평면위에 자라잡고 있다고 하자. 이제 그 평면에 그 구의 가장 높은 점 N으로부터, 그 구를 그 평면에 투영해 보자. 그 구면상의 한 점 P'을 투영평면 상의 점 P로 보내는 이런 방법의 투영을 스테레오투영이라고 한다.

점 N을 제외한 그 구면 전체가 그 투영평면 p 전체에 투영된다. 그 투영평면 p는 N에서의 접평면 n과 평행이다. 더욱이, 점 P'에서의 접평면을 p'이라 하면, 두 평면 n과 p'의 교직선 q'을 고려해 보면, 구면은 완전대칭성을 가지므로, 그 교직선 q'과 직선 NP'은 서로 수직이다. (그러나 그 두 직선이 서로 만나는 것은 아니다.) 그 교직선 q' 상의 한 점 Q'과, 점 N, P'을 각각 이으면, 두 각 ∠Q'NP'과 ∠Q'P'N은 크기가 같다. 즉 그 삼각형은 이등변삼각형이다.

조본 접평면 n은 투영평면 p와 평행이므로, (앞에서 본,) n과 p'이 이루는 각의 관계는 p와 p'이 이루는 관계와 같다. 그리고 이 경우, 투영사선 NP의 일부분인 NP'이 하던 역할은 그 그 나머지 부분인 P'P가 하게 된다. 그 상황을 설명해 보면 다음과 같다. 두 평면, 즉 투영평면 p와 P'에서의 접평면 p'을 고려해 보자, 이 두 평면이 만나서 이루어지는 교직선을 q라 하면, 두 직선 q와 P'P는 서로 수직이다. (그러나 이 경우에도 그 두 직선이 서로 만나는 것은 아니다.) 교직선 q 상의 한 점 Q와, 점 P'와 P를 각각 이으면, 두 각 ∠QP'P와 ∠QPP'은 크기가 같다. 즉 그 삼각형은 이등변삼각형이다.

이 사실로부터 우리는 스테레오투영이 가지는 몇 가지 시각적 특성을 설명할 수 있다. 그 특성 중 중요한 것은 각보존성과 원보존성이다. 즉, 구면상의 한 점 P'에서 그은 두 접선이 이루는 각인 구면각은, 비록 투영평면에 평면각을 투영되지만, 그 크기가 같다는 것이 각보존성의 내용이고, 구면상의 원의 투영은 투영평면상에서 원으로 나타난다는 것이 원보존성이다. 원보전성의 특례는 구면상에서 조본 즉 광원을 지나는 원의 경우다. 이 경우 스테레오투영의 상인 원은 그 지름이 무한대다. 그러므로 직선이다. 직선은 반경이 무한대인 원의 원주로 볼 수 있기 때문이다. 이 성질은 그 역도 성립한다. 즉, 상이 직선인 경우 그것의 구면상의 원상은 광원 N을 지나는 원이라는 것이다. 그러므로 "광원 N을 지나는 원의 스테레오투영은 직선이며, 그 역도 성립한다." 라는 말로 그 사실을 표현할 수 있다.

  첫째 명제: r'을 점 P'의 한 접선이라 하고, r'의 투영평면에서의 상을 r이라 하자. 그러면 r'과 r이 선분 PP'과 이루는 각은 서로 같다.

  이 명제를 증명하기 전에 이 명제의 의미를 정확하게 이해해 보자. 점 P'은 구면상의 임의의 점이다. 그리고 그 점에서의 구면에 대한 접선은 수없이 많다. r'은 그 중의 하나다. 구면 상의 점 P'에서 그릴 수 있는 수없이 많은 접선들은 하나의 평면상에 있다. 그 평면, 즉, 점 P'에서의 접평면은 유일하다. 이 유일한 접평면을 p'이라는 기호로 나타내기로 하자. 그러므로 P'에서의 한 접선 r'은 평면 p' 내의 한 벡터가 되는 것이다.
  힐버트는 접선 r'의 투영상 r을 이야기한다. 그러나 이 표현은 정확하지 않다. 스테레오투영의 상은 우리의 구의 구면상의 도형의 상인 것이다. 그러나 r'은 구면상의 도형이 아니다. 힐버트를 호의적으로 해석하는 방법은, N에서 나온 사선이 P'을 포함하는 P'의 접선 r'을 지나 투영평면에 닿은 상이 r이라고 해석하는 것이다. 힐버트는 그런 뜻으로 말했을 것이다. 그러나 좀 엄밀히 표현하는 방법

도 있다. 구의 북극 N을 지나고, 접선 r'을 포함하는 평면을 고려하
자. 이 평면은 조본인 점 N과 접선 r'을 포함하면서, 점 P'에서 구를
절단한다. 그러므로 이 평면을 r'접단면평면이라고 부르자. 뒤에서
힐버트는 이 평면을 e라는 기호로 나타내고 있으므로, 우리도 이 r'
접단면평면을 e라고 나타내자. 평면 e는 재미있는 성질을 가진다.
이 평면은 구를 절단하므로, 그 절단면은 원이다. 그리고 r'은 P'에
서의 그 원의 접선이다. 그 원은 N을 포함하므로, 그 원의 스테레
오투영은 직선이다. 그리고 그 직선은, 힐버트가 r'의 상이라고 말
했던 r을 당연히 포함한다. 그러므로 r은 그 원의 P' 근방의 상이다.
그러므로 평면 e는 실로 여러 가지를 포함하게 된다. 즉 그 평면에
포함되는 것들을 나열하면, 점 N, P', P는 물론이고, 절단원과 그 접
선 r', 직선 r 등이다.

 이렇게 명제의 의미를 확인하고 나면, 그 명제의 성립은 증명이
라고 할 것도 없이 거의 자명한 것으로 되고 만다. 그러나 힐버트
는 이를 다음과 같이 증명하고 있다.

힐버트의 증명: 직선 r은 평면 p와 평면 e의 교직선이다. 그리고 접선 r'은
접평면 p'과 평면 e의 교직선이다. 이처럼 두 직선 r과 r'이 둘 다, P'P을
포함하는 평면 e에 있다. 그러면 동일평면 e 상의 두 직선 r'과 r이 만나는
점 Q는 어떤 성질을 가질까? 이 점 역시 평면 e의 점이다. 그리고 두 평
면 p'과 p의 교직선 q 상의 점이기도 하다. 그런데 우리는 이미, 이 교직
선상의 임의의 점과 두 점 P' 및 P는 이등변삼각형을 이룬다는 것을 확인
한 바 있다. 그리고 여기서 임의의 점은 바로 우리가 정의한 점 Q도 해당
한다. 그러므로 첫째 명제가 성립한다. 즉,

첫째 명제: r'을 점 P'의 한 접선이라 하고, r'의 투영평면에서의 상을 r이
라 하자. 그러면 r'과 r이 선분 PP'과 이루는 각은 서로 같다.

투영점 P를 포함하는 투영평면 p와, 피투영점 P'에서의 접평면 p', 이 두 평면의 교직선 q. 그리고 r'접단면평면 상의 접선 r'과 그 투영상인 직선 r, 두 직선 r과 r'의 교점 Q. 그 교점은 교직선 q의 한 점이라는 사실, △QP'P가 접단면평면 e의 한 이등변삼각형이라는 사실. 그리고, ∠QP'P=∠QPP'라는 사실, 등이 확인되었다. 한가지 더: P'Q=PQ 까지 확인하자.

점 P'에서 구면에 그릴 수 있는 접선은 r'뿐이 아니다. 접평면 p'에는 다른 접선들도 있다. 다른 접선 하나를 s'이라 하자. 이 접선도 접평면 p' 속에 있다. 그러나 s'과 N을 포함하는 평면은 e와는 다른 평면이다. 이 s'접단면평면을 f라 하면, 평면 f는 N, P', P를 포함하며, s'의 투영상인, P를 지나는 직선 s도 포함한다. 그러므로 첫째 명제와 구조가 똑같은 둘째 명제가 성립한다.

둘째 명제: s'을, r'과는 다른, 점 P'의 한 접선이라 하고, 투영평면에서의 s'의 투영상을 s라 하자. 그러면, s'접단면평면 f 상에서, s'과 s가 선분 PP'과 이루는 각은 서로 같다.

첫째 명제가 충분히 설명되었으므로, 구조가 똑같은 둘째 명제 더 설명할 여지는 없다. 힐버트도 그렇게 생각하여 곧바로 다음 명제가 성립한다고 진술하고 추가 설명 없이 논의를 끝내고 있다.

힐버트의 결론적 명제: r과 s가 이루는 각은, r'과 s'이 이루는 각과 크기가 같다.

이 명제의 내용은 스테레오투영의 각보존성 angle preserving, isogonal, or conformal property의 내용이다. 이는 핵심적인 내용이므로, 이를 증명하려고 지금까지 복잡한 과정을 설명해 왔던 것이다.

그러면 이제 우리는 이 명제의 증명을 위한 추가 설명이 필요없는 단계에 와 있는가? 그렇지 않은 것으로 나에게는 판단된다. 그 이유를 검토해 보자.

먼저 설명의 편의를 위해서, 접선 및 그 투영상들을 다음과 같이 확정적 길이의 선분으로 이해하기로 하자.

$$r' = P'Q$$
$$r = PQ$$
$$s' = P'R$$
$$s = PR$$

단, 제2명제의 s는 제1명제의 r에 대응하고, 제2명제의 R은 제1명제의 Q에 대응한다.

제1명제의 r'접단면평면 e 속에는 P'P, r', r, Q가 들어있고, 선분 P'P이 각각 r', r과 이루는 각이 같다. 제2명제의 s'접절단평면 f 속에는 P'P, s', s, R이 들어있고, 선분 P'P이 각각 s', s와 이루는 각이 같다.

두 접절단평면 e와 f는 선분 P'P를 공유한다. 즉 직선 P'P는 두 평면의 교직선이다. 두 점 Q와 R은 모두 두 평면 p'과 p의 교직선 상에 있다. 그러므로 그 두 평면은 선분 QR을 공유한다. 두 직선 P'P와 QR은 같은 평면에 있지 않다. 그러므로 서로 만나지 않으면서 서로 직각을 이룬다.

두 선분 r'과 s'은 평면 p' 상에 있고, 두 선분 r과 s는 평면 p 상에 있다. 그러므로

두 선분 r'과 s'사이의 각은   평면 p' 상의 각
두 선분 r과 s 사이의 각은   평면 p 상의 각

이다, 그런데,

선분 P'P와 r'/r 사이의 각은   평면 e 상의 각

선분 P'P와 s'/s 사이의 각은   평면 f 상의 각

으로 각의 존재평면이 서로 다르므로, 각을 서로 빼거나 더하는 것
이 자연스럽지 않다. 그러므로 제1명제와 제2명제에서 각이 서로
같다는 것이, 결론적 명제에서의 각이 같다는 명제로, 아무 설명 없
이 넘어갈 수는 없다. 그리하여 우리의 추가 증명과정은 다음 과
같다.

힐버트가 빠뜨린 추가증명과정

제1명제의 각이 같다는 데서,

r'=r 또는 P'Q=PQ

을 유도한다 그리고 제2명제에서

s'=s 또는 P'R=PR

를 유도한다. 그런데 r'과 s'은 동일 평면 p' 내의 선분이므로, 역시
동일평면내의 선분 QR을 포함한 세 선분으로 삼각형 P'QR이 만들
어진다. 마찬가지로, r과 s는 동일 평면 p 내의 선분이므로, 역시 동
일평면내의 선분 QR을 포함한 세 선분으로 삼각형 PQR이 만들어
진다.

이 두 삼각형은 합동임을 보일 수 있으므로

$$\angle QP'R = \angle QPR$$

이로써 증명은 완전히 끝났다.

힐버트의 원보존성 증명

k'을 구면위의 임의의 원이라 하자. 이 원은 조본 N을 지나지 않는다. 힐버트는 원 k'으로부터 k'의 포락원뿔 개념을 도입한다. 즉, 원 k'의 점들에서 구에 접하는 평면들로 포락되는 원뿔, 즉 포락원뿔을 상정하는 것이다. 그 포락원뿔의 꼭지점을 S라 하면, NS는 구에 접하지 않는다. N이 k'의 점이 아니기 때문이다. 마찬가지 이유로 NS는 투영평면과 평행하지도 않다.

이제, 직선 NS가 투영평면과 만나는 점을 M이라 하자. 이제 상황을 점검해 보면, 조본 N은 원래 주어진 점이므로, 원 k'이 일단 주어지면, 점 S와 M도 주어진 점이 된다.

이제 원 k'의 원주상의 임의의 점을 P'이라 하고 직선 NP'과 투영평면의 교점을 P라 하자. (즉, P는 P'의 투영점이다.) 그러면 P'S는 하나의 접선분이고, PM은 접선분 P'S의 스테레오투영이다.

이 시점에서 힐버트는 "그러므로 $\angle SP'P = \angle MPP'$ 이다."라고 하고 있다. 왜 그럴까라는 문제는 일단 접어두고, 힐버트의 논리 전개를 따라가 보자. 이제 세 점 N, M, P는 삼각형을 이루고, S와 P'는 이 삼각형의 변 위에 있다. 변 NP 상에 점 P"를 잡아, SP"가 MP에 평행하도록 하자. 그러면 가능한 경우가 둘 있다.

(1) $P'' = P'$ 인 경우

(2) $P'' \neq P'$ 인 경우

이 가운데 (1)을 배제하고 (2)의 경우를 보자. 그러면

$$\angle SP''P' = \angle MPP'$$

이므로 앞의 $\angle SP'P = \angle MPP'$ 를 감안하면, $\triangle SP''P'$ 은 이등변 삼각형이 되어,

$$SP' = SP''$$

의 관계가 얻어진다. 따라서 다음과 같은 일련의 비례식들이 얻어
진다.

$$\frac{MP}{SP'} = \frac{MP}{SP''} = \frac{MN}{SN}$$

따라서 다음 식이 얻어진다.

$$MP = SP' \frac{MN}{SN}$$

이 식의 우변은 점 P'의 선택과 관계없이 일정하다. SP'이 일정
하기 때문이다. 좌변에서 M은 일정한 점이므로, MP가 일정하다는
것은, 원 k'에서 점 P'가 그 원주를 따라 움직일 때, 그 점의 투영점
P는 M을 중심으로 일정한 길이 MP를 반지름으로 하는 원을 그린
다는 것을 의미한다. 그런데 이 원은 바로 원 k'의 스테레오투영 즉
극사투영점이다.

힐버트의 명제 $\angle SP'P = \angle MPP'$의 증명

앞의 설명 일단 접어두었던 명제를 설명한다. 바로
$\angle SP'P = \angle MPP'$라는 명제다. 이는 앞에서 설명했던 접단면평
면 e의 개념으로 설명할 수 있다. 다섯 개의 점 NSMPP'은 모두 한
접단면평면 e의 점들이다. 그리고 선분 P'S는 접선 r'에 해당하고,
접평면 p'에 속한다. 선분 PM은 선분 r에 해당하고, 투영평면 p에
속한다. 이제 선분 P'S의 연장과 선분 PM의 연장이 만나는 점을 Q
라고 하면, 점 Q는 접평면 p'과 투영평면 p의 교직선상에 있다. 그
런데 그 교직선은 선분 P'P의 수직이등분평면 상에 있다. 따라서 교
직선상의 점 Q는 두 점 P'와 P에서 등거리에 있으므로 $\triangle QPP'$은
이등변 삼각형이며, 다음 명제가 성립한다.

$$QP' = QP$$
$$\angle SP'P = \angle MPP' \ .$$

부록 5) 극사투영의 작도와 삼각함수 항등관계

판면의 위를 午, 아래를 子, 왼쪽을 卯, 오른쪽을 酉로 한다. (각각 남 북 동 서 인 셈이다.) 적도의 酉를 0도로 하여 오방향으로 각도를 재서 이를 남쪽각으로 이해한다. 묘에서 자방향으로 재는 각도는 북쪽각으로 이해한다.

묘에서 북쪽각 37.5도 되는 점과 酉의 0도 점을 잇는 선분이 자오선과 만나는 점이 지평북(북지평)이다. 그리고 酉에서 남쪽각 37.5도 되는 점과 酉의 0도 점을 잇는 직선이 자오선과 만나는 점이 지평남(남지평)이다. 이는 우리의 방법과 기본적으로 같다.

『국조역상고』는 또 다른 방법을 제시하고 있다. 지평남은 보통 너무 멀리 떨어져 있으므로, 이를 구하지 않고 지평환의 중심을 찾는 방법인 것이다. 이는 酉에서 적도환을 따라 남쪽으로 북극출지도의 2배가 되는 각 즉 75도가 되는 점을 잡으면, 이 점과 酉를 잇는 직선이 자오선과 만나는 점은 지평환의 중심이라는 것이다. 즉, 이 점을 중심으로 하고, 그 점에서 지평북까지의 거리를 반지름으로 하는 원을 그리면, 그 원은 바로 지평환이 된다는 것이다. 이 주장의 타당성을 증명해 보자.

네 점, 묘, 지평북, 酉, 지평남은 모두 지평환 위에 있다.

이 방법에 의한 지평환의 반지름은, 북극고를 d라 할 때,

$$지평환의\ 반지름 = \tan\frac{d}{2} + \frac{1}{\tan d} = t + \frac{1}{\tan d}$$

라고 주장하는 셈이다. 우리는 그 타당성을 이미 증명해 보였다. 그러므로 『혼개통헌도설』의 방법은 옳은 것이다.

추가 항등식과 그 증명

삼각함수의 항등식 중에는 다음과 같은 것들도 있다.
(단, $t \equiv \tan(d/2)$.)

$$\sin(d) = \frac{2t}{1+t^2}, \quad \cos(d) = \frac{1-t^2}{1+t^2}, \quad t = \frac{\sin(d)}{1+\cos(d)}.$$

앞의 둘로부터 우리가 이미 말고 있는 항등식 $\tan(d) = \dfrac{2t}{1-t^2}$
는 자명하다. 새 항등식을 이용하면, 지평환의 반지름을 더욱 간단
히 나타낼 수 있다.

지평환의 반지름 =

$$\tan\frac{d}{2} + \frac{1}{\tan d} = t + \frac{1}{\tan d} = t + \frac{1-t^2}{2t} = \frac{1+t^2}{2t} = \frac{1}{\sin(d)}$$

두 항등식의 증명:

앞의 둘만 증명하면, 나머지는 자명하다. 둘만 증명한다.

$$\sin(d) = 2\sin(d/2)\cos(d/2) = \frac{(2\sin(d/2)\cos(d/2))/\cos^2(d/2)}{1/\cos^2(d/2)}$$

$$= \frac{2\tan(d/2)}{1+\tan^2(d/2)} = \frac{2t}{1+t^2}$$

$$\cos(d) = \cos^2(d/2) - \sin^2(d/2) \ .$$

$$= \frac{(\cos^2(d/2) - \sin^2(d/2))/\cos^2(d/2)}{1/\cos^2(d/2)} = \frac{1-t^2}{1+t^2}$$

이 증명에서는 일반적으로 잘 알려진 다음 두 항등식을 썼다.

$$1 + \tan^2(\alpha) \equiv \sec^2(\alpha)$$
$$1/\cos(\alpha) \equiv \sec(\alpha).$$

이 항등식들을 기억하는데 편리한 정6각형의 그림이 있다.

$$\begin{array}{ccc} \sin & & \cos \\[1em] \tan & 1 & \cot \\[1em] \sec & \mathrm{cosec} & \end{array}$$

여각관계

이 그림의 구조를 보면, 왼쪽에 sin, tan, sec 세 삼각함수가 있고, 그 오른쪽에 거기에 co-를 붙친, 여각관계의 삼각함수들이 배열되어 있다. 그 여각관계란, 항등관계,

$$\sin(90-\alpha) \equiv \cos(\alpha), \ \cos(90-\alpha) \equiv \sin(\alpha)$$
$$\tan(90-\alpha) \equiv \cot(\alpha), \ \cot(90-\alpha) \equiv \tan(\alpha)$$
$$\sec(90-\alpha) \equiv \mathrm{cosec}(\alpha), \ \mathrm{cosec}(90-\alpha) \equiv \sec(\alpha)$$

인데, 그림에서 보면, 좌우 어느 방향으로도 이 여각관계가 성립함을 알 수 있다.

역수관계

이 그림의 대각선들을 보면 서로 역수관계의 삼각함수들이 배열되어 있음을 알 수 있다. 예컨대,

$$1/\sin(\alpha) \equiv \mathrm{cosec}(\alpha), \ 1/\mathrm{cosec}(\alpha) \equiv \sin(\alpha).$$

이를 말로 하면,

"sin 분의 1은 cosec", "cosec 분의 1은 sin"

이 되는데 이는 대각선을 따라, "어느 방향으로든지 차례로 읽는 것"이 된다. 시작점을 어디로 하든 역수관계의 항등식이 된다. 예컨대,

"tan 분의 1은 cot", "cot 분의 1은 tan"

라는 명제가 항등적으로 성립한다.

분수관계

이 그림의 둘레와 분수관계를 보자. 예컨대,

$$\sin(\alpha)/\cos(\alpha) \equiv \tan(\alpha), \ \sin(\alpha)/\tan(\alpha) \equiv \cos(\alpha).$$

이를 말로 하면,

"cos 분의 sin은 tan", "tan 분의 sin은 cos"

이 되는데 이는 둘레를 따라, "어느 방향으로든지 차례로 읽는 것"
이 된다. 시작점을 어디로 하든 분수관계의 항등식이 된다. 예컨대,

"tan 분의 sec는 cosec", "cosec 분의 sec은 tan"

라는 명제가 항등적으로 성립한다.

제곱관계

이 그림에서 역삼각형 ▽의 형태를 이루는 세 요소군을 세 개
발견할 수 있다. 이 중 하나, 예컨대,

sin   cos

1

를 보면 이들 사이에는 다음과 같은 제곱관계가 항등적으로 성립
한다:

$$\sin^2(\alpha) + \cos^2(\alpha) \equiv 1^2$$

즉, 위의 두 요소의 제곱의 합이 아래 요소의 제곱의 합과 같다
는 것이다. 이 제곱의 항등관계는 나머지 두 역삼각형 요소군에서
도 성립한다. 즉,

$$\tan^2(\alpha) + 1^2 \equiv \sec^2(\alpha)$$
$$1^2 + \cot^2(\alpha) \equiv \csc^2(\alpha)$$

이처럼 이 그림은 삼각함수들 간의 항등관계를 기억하는데 유용하다. 우리는 위의 증명에서 그 항등관계의 일부를 사용하였다. 즉,

$$1/\cos(\alpha) \equiv \sec(\alpha), \ \ \text{즉} \ \ 1/\cos^2(\alpha) \equiv \sec^2(\alpha)$$

라는 관계와

$$\tan^2(\alpha) + 1^2 \equiv \sec^2(\alpha)$$

라는 관계를 결합하여 이용하였다.

우리의 증명의 대상이 된 세 항등식 중에서는 앞의 둘이 기본이다. 다른 항등식들은 이로부터 쉽게 유도되기 때문이다. 예컨대,

$$\tan(d) = \frac{\sin(d)}{\cos(d)} = \frac{2t}{1+t^2} / \frac{1-t^2}{1+t^2} = \frac{2t}{1-t^2}$$

$$\frac{\sin(d)}{1+\cos(d)} = \frac{2t}{1+t^2} / \frac{(1-t^2+1+t^2)}{1+t^2} = t$$

$$\frac{\cos(d)}{1+\sin(d)} = \frac{1-t^2}{1+t^2} / \frac{2t+1+t^2}{1+t^2} = \frac{1-t^2}{(1+t)^2} = \frac{1-t}{1+t}$$

$$= \tan((90-d)/2)$$

이 두 식의 기하학적 증명은 Morrison(2007) p.47의 그림을 이용할 수 있다.

지평규와 평행인 점승규, 몽영규 등의 경계와 반지름

위도 북위 d인 지역의 지평점승도 a인 점승규를 고려하자. 그리고 그 점승규의 북한계, 남한계를 다음과 같이 나타내자. (여기서는 북을 -, 남을 +로 하였다.)

규의 남한 $y_{Ua} = 1/\tan((d+a)/2) \equiv 1/\tan(A)$

규의 북한 $y_{La} = -\tan((d-a)/2) \equiv -\tan(B)$

단, $A \equiv \dfrac{d+a}{2}$, $B \equiv \dfrac{d-a}{2}$, $A+B=d$, $A-B=a$.

규의 중심 $y_a = \dfrac{y_{Ua}+y_{La}}{2} = \dfrac{\cos(d)}{\sin(d)+\sin(a)}$

반지름 $r_a = \dfrac{y_{Ua}-y_{La}}{2} = \dfrac{\cos(a)}{\sin(d)+\sin(a)}$

규의 중심증명:

$$2y_a = y_{Ua}+y_{La} = \frac{1}{\tan(A)} - \tan(B) = \frac{\cos(A)}{\sin(A)} - \frac{\sin(B)}{\cos(B)}$$

$$= \frac{\cos(A)\cos(B)-\sin(A)\sin(B)}{\sin(A)\cos(B)} = \frac{\cos(A+B)}{\sin(A)\sin(B)}$$

마지막 등호가 성립하는 이유는 다음 항등관계 때문이다:

$$\cos(A+B) \equiv \cos(A)\cos(B)-\sin(A)\sin(B).$$

그러므로

$$y_a = \frac{\cos(A+B)}{2\sin(A)\sin(B)} = \frac{\cos(d)}{\sin(A+B)+\sin(A-B)}$$

$$= \frac{\cos(d)}{\sin(d)+\sin(a)}$$

로, 증명이 끝났다. 마지막에서 두 번째 등호가 성립하는 이유는 다음 두 항등관계 때문이다:

$$\sin(A+B) \equiv \sin(A)\cos(B)+\cos(A)\sin(B)$$

$$\sin(A-B) \equiv \sin(A)\cos(B)-\cos(A)\sin(B).$$

반지름 증명

$$2r_a = y_{Ua}-y_{La} = \frac{1}{\tan(A)} + \tan(B) = \frac{\cos(A)}{\sin(A)} + \frac{\sin(B)}{\cos(B)}$$

$$= \frac{\cos(A)\cos(B)+\sin(A)\sin(B)}{\sin(A)\cos(B)} = \frac{\cos(A-B)}{\sin(A)\sin(B)}$$

마지막 등호가 성립하는 이유는 다음 항등관계 때문이다:

$$\cos(A-B) \equiv \cos(A)\cos(B) + \sin(A)\sin(B).$$

그러므로

$$r_a = \frac{\cos(A-B)}{2\sin(A)\sin(B)} = \frac{\cos(a)}{\sin(A+B)+\sin(A-B)}$$

$$= \frac{\cos(a)}{\sin(d)+\sin(a)}$$

로, 증명이 끝났다.

특히 $a = 0$일 때,

규의 중심 $\quad y_a = \dfrac{\cos(d)}{\sin(d)+\sin(a)} = \dfrac{\cos(d)}{\sin(d)} = \dfrac{1}{\tan(d)}$

반지름 $\quad r_a = \dfrac{\cos(a)}{\sin(d)+\sin(a)} = \dfrac{1}{\sin(d)}$

이 두 관계는 우리가 지평규의 경우에 얻은 결과와 일치한다. 그리고 $a = -18$도일 때는 몽영규의 경우다.

규의 중심, $y_a = \dfrac{\cos(d)}{\sin(d) + \sin(a)}$ 과

반지름, $r_a = \dfrac{\cos(a)}{\sin(d) + \sin(a)}$ 을 다양하게 변화시켜 보자.

먼저 a를 바꾸어 보자.

a	규의 중심 y_a	규의 반지름 r_a	
$a = 90$	$\dfrac{\cos(d)}{1 + \sin(d)}$	0	천정의 경우로, 규는 1점으로 퇴화한다.
$a = d$	$\dfrac{1}{2\tan(d)}$	$\dfrac{1}{2\tan(d)}$	규는 묘유횡선에 접한다.
$a = 0$	$\dfrac{1}{\tan(d)}$	$\dfrac{1}{\sin(d)}$	지평규 자체다.
$a = -d$	$\pm\infty$	∞	수평직선으로, 방위규의 중심직선이다.
$a = -90$	$\dfrac{-\cos(d)}{1 - \sin(d)}$	0	천저의 경우로, 규는 1점으로 퇴화한다.

표주: $\dfrac{\cos(d)}{1+\sin(d)} \equiv \dfrac{1-t}{1+t} \equiv \tan\left(\dfrac{90-d}{2}\right)$ 라는 항등식이 성립한다. 단 $t \equiv \tan\left(\dfrac{d}{2}\right)$. 반원그림으로도 증명가능하나, 여기서는 다음과 같이 증명해본다.

$$\dfrac{\cos(d)}{1+\sin(d)} = \dfrac{(1-t^2)/(1+t^2)}{1+(2t)/(1+t^2)} = \dfrac{(1+t)(1-t)}{(1+t)^2} = \dfrac{1-t}{1+t}$$

$$\tan\left(\dfrac{90 \pm d}{2}\right) = \dfrac{\sin(90) \pm \sin(d)}{\cos(90) + \cos(d)} = \dfrac{1 \pm \sin(d)}{\cos(d)},$$

또는

$$\tan\left(\dfrac{90 \pm d}{2}\right) = -\dfrac{\cos(90) - \cos(d)}{\sin(90) \mp \sin(d)} = \dfrac{\cos(d)}{1 \mp \sin(d)}$$

또 $\dfrac{-\cos(d)}{1-\sin(d)} = \left(\dfrac{\cos(d)}{1+\sin(d)}\right)^{-1}$ 로 $a = 90$도의 경우와 음의 역수관계다.

다음은 d를 바꾸어 보자. 단, 규의 중심,

d	규의 중심 y_a	규의 반지름 r_a	
$d=90$	0	$\dfrac{\cos(a)}{1+\sin(a)}$	북극이 천정인 경우. 규는 동심원이다.
$d=66.5$	$\dfrac{0.3987}{0.9171+\sin(a)}$	$\dfrac{\cos(a)}{0.9171+\sin(a)}$	황북극이 천정인 경우.
$d=37.5$	$\dfrac{0.7934}{0.6088+\sin(a)}$	$\dfrac{1}{2\tan(d)}$	규는 점승규다. 천정을 중심으로 하는 비동심원.
$d=0$	$\dfrac{1}{\sin(a)}$	$\dfrac{1}{\tan(a)}$	적도가 천정. $a=0$일 때가 지평/중심횡직선.
$d=-90$	0	$\dfrac{\cos(a)}{\sin(a)-1}$	남극중심 투영의 경우로, 규는 동심원이다.
$a=-d$	$\pm\infty$	∞	그 위선은 수평직선: 방위규의 중심직선이다.

표주: $\dfrac{\cos(a)}{1+\sin(a)} \equiv \tan\left(\dfrac{90-a}{2}\right)$ 라는 항등식이 성립한다.

$y_a = \dfrac{\cos(d)}{\sin(d)+\sin(a)}$ 과 반지름, $r_a = \dfrac{\cos(a)}{\sin(d)+\sin(a)}$.

黃道規와 赤道規의 크기 비교

천구에서 적도와 황도는 크기가 똑같다. 그러나 스테레오투영에서 적도규 즉 적도환과 환도규 즉 황도환은 그렇지 않다. 투영은 광원과 투영면에 따라 달라지기 때문이다. 특히 적도규의 정동과 정서에서 적도규와 황도규가 교차한다는 사실과 그 두 원의 크기가 같다는 명제는 상충된다. 스테레오투영에서는 후자를 희생한다.

황도규는 북위 66.5도의 지평규와 같다. 그러므로 황도규의 중심의 좌표는 다음과 같이 구해진다.

황도규의 중심좌표 $= \dfrac{1}{\tan 66.5} = 0.435 = \tan 23.5$

황도규의 지름 $= \tan\dfrac{66.5}{2} + \dfrac{1}{\tan 66.5} = 0.655 + 0.435 = 1.090$

즉 황도규는 적도규보다 9% 더 크다. 그러나 황도환은 적도규는 정동 정서에서 정확히 만난다. 다만 황도규의 중심이 적도규의 중심 0보다 0.435 남쪽에 있다.

天頂 地平環 方位曲線

천정으로부터 방위곡선이 지평선을 향하여 뻗어나갈 때, 그 곡선들은 모두 원호다. 그리고 그 원호들의 중심은 모두 하나의 직선상에 놓이게 된다.

천정으로부터 나오는 방위곡선인 원호를 지평선에서 끊지 않고, 완전한 원을 그리면, 그 원들은 당연히 천정을 지날 뿐만 아니라 천저를 지난다는 특징을 가진다. 그 원들의 스테레오투영 역시 원이며, 천정의 투영점과 천저의 투영점을 지난다. 그 두 투영점은 대척점의 성질로부터, 중앙 자오선상에 있고, 천정의 위도가 (90-d)도이면 천저의 위도는 -(90-d)도가 된다. (즉 북위 (90-d)도와 남위 (90-d)도다.)

(1) 남북 방위곡선 동서 방위곡선

방위곡선은 어느 것을 막론하고 천정과 천저를 지난다. 특히 천정을 지나는 남북 방위곡선은 천저뿐만 아니라 천구의 남극을 지나는 자오선이다. 그러면 그 자오선의 스테레오투영은 어떤 모습일까? 그것은 직선이다. 천정에서 북극을 지나 북쪽 지평선까지가 북방 방위곡선이고, 천정에서 남극을 향하는 그 반대쪽 선분이 남방 방위곡선이다. 북방 방위곡선을 북쪽 지평선을 넘어 연장하면 천저를 지나 남극을 향하여 뻗게 된다. 스테레오투영의 방위곡선이 이처럼 직선이 되는 것은 이 남북 방위곡선의 경우뿐이다. 다른 방위곡선들은 모두 원호다. 그러므로 그 원호의 중심과 반지름만 알면 방위곡선을 그릴 수 있다. 구체적으로 동서 방위곡선을 고려해 보자.

동서방위곡선은 남북방위곡선인 자오선과 직교한다. 그러나 직선은 아니다. 스테레오투영에서 이는 역시 원호다. (이를 『혼개통헌도설』에서는 "천정규" 또는 "자오규"라고 부르고 있다.) 그 원호는 적도환 즉 적도규, 그리고 지평환 즉 지평규와 같은 두 점 즉 묘와 유에서 만난다. 특히 지평규와는 직교한다. (방위곡선들과 지평규는 언제나 직교한다.)

그 방위원호를 연장하여 얻는 "동서방위원" 즉 천정규의 모습은 어떠할까? 그 방위원호는 지금 말한 두 점 묘, 유와 천정점을 지난다. 세 점이 정해지면 전체 원은 정해진다. 그 세 점을 각각 E, W, Z 라 하면 선분 EW의 수직이등분선과 WZ의 수직이등분선이 만나는 점이, 그 방위원 즉 천정규의 중심이다. 이 점을 Z_O라 하자.

그 천정규의 중심점 Z_O에서 천정규 상의 세 점, E, W, Z까지의 길이는 같은데, 이 공통의 길이가 그 천정규의 반지름이다. 그러면 Z_O의 좌표와 동서방위원의 반지름은 어떻게 구할 수 있을까?

이 문제를 해결하기 위하여, 다음과 같이 부호를 정한다.

적도남 오 :		S	
천정 :		Z	
묘, 체계총중심, 유 :	E	O	W
적도북 즉, 자 :		N	
천정규 중심 :		Z_O	
천저 :		Z_N	

적도규 즉 적도환은 O를 중심으로 하고, 점 N, W, S, E, N 을 지나는 원이다. 천정규 즉 동서방위곡선은 Z_O를 중심으로 하고, 점 Z, E, Z_N, W, Z 를 지나는 원이다. 중심 Z_O는 바로 천정과 천저의

투영점, Z와 Z_N의 중점이다.

우리는 여기서 중심각과 원주각의 관계로부터, 여러 각의 크기를 알 수 있고, 그로부터 각점의 좌표를 다음과 같이 추론할 수 있다.

천정 Z의 좌표 : $-\tan\dfrac{90-d}{2}=-0.4931$

(중심각 90-d의 반이 원주각이므로.)

천저 Z_N의 좌표 : $\tan\dfrac{90+d}{2}$
$$= \tan(90-\frac{90-d}{2}) = \cot\frac{90-d}{2} = 1/\tan\frac{90-d}{2}$$
$$= 2.0278$$

천정규 원의 반지름: $\dfrac{1}{2}(1/\tan\dfrac{90-d}{2}+\tan\dfrac{90-d}{2})$
$$= \frac{1}{\sin(90-d)} = 1.2605 \text{ (두 좌표의 중간.)}$$

천정규심 Z_O의 좌표: $\dfrac{1}{2}(1/\tan\dfrac{90-d}{2}+\tan\dfrac{90-d}{2})-\tan\dfrac{90-d}{2}$
$$=0.7673$$
$$= \frac{1}{2}(1/\tan\frac{90-d}{2}-\tan\frac{90-d}{2}) = \frac{1}{\tan(90-d)} = \tan d$$

(2) 남북 동서 이외의 방위곡선들

남북 동서 이외의 방위원 내지 방위 원호들은 어떨까? 그 원호들의 중심은 모두 하나의 직선상에 놓이게 된다. 그리고 그 직선은 바로 천정과 천저의 투영점, Z와 Z_N을 잇는 선분의 수직이등분선 즉 점 Z_O를 지나는 직선이다. 즉 그 중심점들의 모두 이 직선상에 있다. 스테레오투영에서 남극을 지나는 원의 투영은 언제나 직선이다. 그 역도 성립한다. 즉, 직선은 어느 경우나 광원인 남극을 지나는 원의 투영이다. 그렇다면 방위곡선들의 중심이 놓여있는, Z_O를 지나는 수직이등분선에 대응하는 천구상의 원은 어떤 모습일까? 천구상에서 그 원은 역시 남극을 지난다. 그리고 그 천구상의 원은 천저에서의 거리가 같은 점들의 궤적이다. (천정에서의 거리도 같다.) 그렇다면 천저와 천정을 지나는 자오선 평면과 그 원의 교점은 둘인데, 그 중 하나는 남극이다. 다른 하나는 그 자오선 상에서, 천정-천저 축에 대하여 남극과 대칭인 점일 수밖에 없다. 남극은 천저에서 자오선을 따라 남쪽으로 $90 - d$ 도 떨어져 있다. 그 점 역시 천저에서 자오선을 따라 북쪽으로 $90 - d$ 도 떨어져 있다. 이는 남극에서 $180 - 2d$ 도 떨어져 있다는 말이므로, 적도에서는 북쪽으로 $90 - 2d$ 도 떨어져 있는 것이 된다. 즉 우리 자오선 상의 북위 $90 - 2d = 15$도인 점인 것이다. 그러므로 우리의 원은, 이 점과 남극을 이은 선분을 지름으로 하는 천구의 단면원인 것이다.

이제 우리는 어떤 방위곡선이라도 그릴 수 있는 준비가 되었다. 방위곡선의 중심들이 존재하는 직선위의 한 점을 중심으로 천정을 지나는 원을 그리면 되기 때문이다. 단, 특정 방위곡선에 대응하는 특정 방위는 그 곡선의 천저에서의 방위와 같다. 스테레오투영에서 교차하는 곡선 간의 각은 보존되기 때문이다. 그리고 방위곡선은 지평환 내부에 한정해서 작도하는 것이 관례다. 그리고 모든 방위곡선은 지평규와, 그리고 모든 점승규와, 직각으로 만난다. 이 역시 스테레오투영의 각보존성의 한 결과다.

Ⅳ. 투영과 성도

1. 『國朝曆象考』의 〈東國見界總星圖〉

『국조역상고』에서는 '총성도' 작도에 관해서 자세한 설명을 하고 있다.

우선 조선의 총성도를 〈東國見界總星圖〉라 하여, 그 개요를 설명하고 있다. 『國朝曆象考』의 저자는 전라도 海南을 국토의 남쪽 끝으로 보고, 해남에서 볼 수 있는 별을 모두 담을 수 있는 〈현계총성도〉를 고려하고 있다. 즉 해남의 위도가 ϕ=33도로 보고, 見界를 천구의 남위 57도로 계산해주고 있는 것이다. 해남의 天頂이 적도북위 33도이므로, 거기서 90도 남쪽이면 적도남위 57도가 되는 것이다. 〈현계총성도〉는 북위 90도의 북극이 중심이므로 남위 57도까지는 90+57=147, 즉 위도로 147도의 반지름을 가지는 성도가 되는 것이다.

1) 〈현계총성도〉의 바깥 경계원의 크기

이 총성도를 남극을 조본으로 하는 극사투영에 의해서 그린다면, 총성도의 경계인 남위 57도의 원은 지름이 얼마나 될까? 천구 적도의 반지름을 1로 놓으면, 북극에서 위도로 $\theta \equiv 180 - \phi$ 떨어진 점의 극사투영은 투영의 중심에서 $\tan(\frac{\theta}{2})$ 떨어진 점이 된다. 그러므로 그 반지름은

$$\tan(\frac{\theta}{2}) = \tan(\frac{147}{2}) = \tan(\frac{180-33}{2}) = 3.38$$

이다. 적도의 반지름이 1임을 감안하면 이는 너무 크다는 감이 든다. 그리하여 『국조역상고』에서는 일종의 變法을 설명한다. 그것은 『숭정역서』의 『항성역지』에서 설명하는 변법과 같다. 목적은 총성도 境界圓의 반지름을 줄이는 데 있다.

그 변법이란, 照本을 南極에서 좀 떨어진 점으로 잡는 것이다. 이를 설명하기 위하여, 천구의 중심을 甲이라 하고, 남극을 壬, 북극을 癸, 壬癸를 잇는 대원 過極經圈의 적도상의 점을 乙이라 하자. 그리고 이 예에서처럼, 과극경권 壬乙癸를 따라, 距南極, 33도의 점 즉 남위 57도의 점을 丙이라 하고, 丙에서 과극경권에 그은 접선과 남북축 癸壬의 연장선이 만나는 점을 丁이라 하자. 이 변법은 남극 壬 대신에 점 丁을 投影의 照本으로 삼는 것이다. 다음은, 길이가 1인 적도반지름 甲乙의 연장선과 앞에서 설명한 접선 丁乙의 연장선이 만나는 점을 辛이라 한다. 그러면, 삼각형 甲丙辛에서, 선분 甲丙의 길이는 적도반지름이므로 1, 角 丙은 直角이고 角 丙甲辛은 57도이므로, 선분 丙辛은 tan(57) (『국조역상고』의 표현으로는 과극경권의 남위 57도의 切線) 이 되고, 선분 甲辛은,

$$(甲丙)/(甲辛)=1/(甲辛)=\cos(57) = \sin(33)$$

이므로,

$$(甲辛)=\frac{1}{\cos(57)} = \sec(57)=1.84$$

이다. 즉, 이것은 『국조역상고』의 표현으로는 '그 角의 割線'이다.

이 변법은 경계의 반지름 즉 外規半徑을 줄이는 데는 성공적이다. 3.38을 1.84로 줄였다. 다른 위도의 지역에 관해서는 어떤 효과가 있는지를 알아보기 위하여 계산을 해 보았다. 다음 작은 표가 그것이다.

위도 ϕ=	20	33	38	40
甲辛의 길이(外規半徑)	2.92	1.84	1.62	1.56
극사투영 길이	5.67	3.38	2.90	2.75

우리는 여기서 위도 ϕ가 낮을수록 길이 단축효과가 큼을 알 수 있다. 그리고 『숭정역서』에서 이 변법을 고려하게 된 것도 $\phi=20$인 중국의 남부를 고려했기 때문이었다. 극사투영에 의한 총성도의 지름이 적도의 6배 가까이 되는 것은 허용하기 힘든 큰 값이었던 것이다.

그러나 극사투영에 의한 총성도는 그만한 매력이 있는 것이다. 각보존성과 형태보존성 때문에 형태의 왜곡이 극히 작은 것이다. 이 사실을 『국조역상고』의 저자들도 잘 알고 있었다. 『국조역상고』에서는 다음과 같이 말하고 있다.

妙在以照取影 轉球爲面 克肖星座之體勢也.

신묘한 것은, 빛을 비춰 그림자를 얻음으로써, 구면을 평면으로 바꾸는 것인데, 바뀐 별자리 체세가 원래의 구면의 별자리 체세와 아주 비슷하다는 사실이다.

2) 〈현계총성도〉外規 밖의 눈금

次以外規以南 旋四重規. 最南重平分十二宮二十四氣; 次內重平分天周三百六十度; 次內重分日周三百六十五度四分度之一; 最內重分二十八宿距度.

다음으로 바깥 원의 이남에 네 개의 겹원을 그린다. 가장 남쪽의 겹원은 12궁과 24기로 평분한다. 그 다음 안쪽 겹원은 天周를 360도로 평분한다. 그 다음 안쪽 겹원은 日周를 365 1/4도로 나눈다. 가장 안쪽 겹원은 28수 距度로 나눈다.

간단히 말해서 눈금 매기는 방법의 설명이다. 다음 그림이 『숭정역서』의 〈현계총성도〉의 눈금 모습이다.

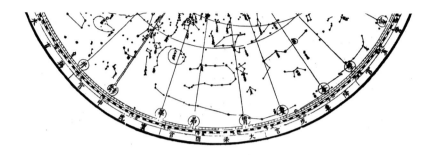

대체로 위의 설명과 같다. 가장 바깥에 12궁이 있고, 24기는 없다. 그 다음 黑白교차 눈금은 주천을 360도로 나눈 것이고 고유 도수가 적도경도(right ascension)로 표시되어 있다. 그 다음 白눈금은 365와 1/4도로 나눈 일주 눈금이다. 그 다음은 28수가 일주눈금으로 세어서 표시되어 있다. 28수 경계의 표준은 白눈금이다.

여기에서 유의해야 할 문제가 있다. 12궁이다. 황도 12궁은 황도경도의 개념이므로, 적도경도를 다루는 여기서 다루어질 개념이 아니다. 그러므로 여기서의 12궁은 황도 12궁이 아닌 다른 개념의 12궁이다. 적도경도 360도를 12로 균분한 개념이다.

『숭정역서』의 총성도에는 왜 24기 즉 24절기의 경계가 없을까? 24절기 역시 황도경도의 개념이기 때문에 그렇다.『국조역상고』에는 왜 총성도에 24기를 넣는다고 했을까? 총성도에서는 적도경도만을 다루고 있기 때문에, 24기의 경계를 넣는 것은 옳지 않다.

다음은『숭정역서』의 〈적도북총성도〉다. 엄밀한 극사투영에 의한 성도다. 적도경도의 12궁 경계와 황도경도의 12궁 경계가 모두 그려져 있다. 적도경도의 12궁은 중심 즉 적도북극에서 방사상으로 직선으로 그려져 있고, 황도경도는 황도북극에서 방사상의 원호로 그려져 있다. 두 경계는 황도상에서는 최대 2.5도 정도의 차이가 난다. 그러나 극 주변에서는 큰 차이가 난다.

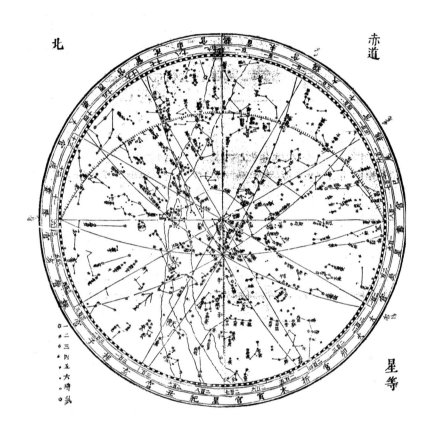

3) 〈현계총성도〉 위도의 작도

『국조역상고』에서는 위도의 작도를 다음과 같이 설명한다.

次以外規半徑 依赤道正弦之句股比例 北加南減 而分一百四十七度. 愈
近心愈密 而愈近界愈疎 卽本圖緯度之所宗也.

그 다음, 바깥 원의 반경을, 赤道正弦之句股比例에 의거해 북은 더하고
남은 빼서, 위도 147도에 걸쳐서 나눈다. 의기 중심에 가까울수록 조밀하

며 경계에 가까울수록 소활한 것이 즉 이 성도의 위도를 정하는 기본원
칙이다.

이렇게 풀이해 봐도 무슨 뜻인지 알기 어렵다. '赤道正弦之句股
比例에 의거해 북은 더하고 남은 빼서'의 뜻을 모르겠기 때문이다.
그래서 『항성역지』를 보기로 하였다.

그런데 『항성역지』의 그 부분 설명은 그렇게 간단한 것이 아니다.
이 부분의 『항성역지』의 설명은 다음과 같다.

次引丁丙切線 與甲癸之引長線過于辛, 則辛點定百六十度之限, 爲平圖
之半徑矣. 次以緯度 分甲辛線, 恒令 丁戊與戊己若甲丁與甲庚, (주: 丁
戊/戊己 ＝ 甲丁/甲庚라는 뜻) 則赤道內庚分向北之 緯度, 赤道外庚分向
南之緯度也. 欲得各丁戊線 以加減取之: 向南距度之正弦 以減甲丁割線
得小丁戊, 因得大甲庚; 向北距度之正弦 以加甲丁割線得大丁戊, 因得小
甲庚也. 盖正弦雖在癸己左右, 因甲戊其平行線, 卽與正弦等故. 左邊爲
北, 右邊爲南.

丁丙접선의 연장과, 甲癸의 연장이 辛에서 만난다면, 점 辛은 160도의
경계를 정해준다. 그러면 이제 위도로 甲辛을 나누어 보자. 이제 우리가
丁戊/戊己 ＝ 甲丁/甲庚의 비례관계가 항상 유지되도록 한다면, 적도내의
庚은 곧 북으로 향한 위도를 나누고, 적도외의 庚은 남으로 향한 위도를
나눈다. 각각의 丁戊선을 얻고자 하면, 加減법을 써서 얻을 수 있다. 즉
甲丁割線에서, 向南距度의 正弦을 減해주면 짧은 丁戊를 얻고, 이로 인
해서 긴 甲庚을 얻는다. 또, 甲丁割線에, 向北距度의 正弦을 加해주면
긴 丁戊를 얻고, 이로 인해서 짧은 甲庚을 얻는다. 이것이 가능한 이유를
설명하면, 向南北距度의 正弦은 비록 점癸의 좌우의 癸己이지만, 그것과
甲戊는 평행이기 때문에 甲戊가 그 正弦과 같기 때문이다. 그림에서 좌
변이 북이고, 우변이 남이다.

여기서 向南距度, 向北距度란 각 己甲癸를 말한다. 그러므로 그 正弦 즉 그 각의 sin은 己癸를 말한다. 그런데 지금 向北距度=向南距度로 놓고 이야기를 하고 있으므로, 그림에서 식별할 수 있는 두 己癸는 길이가 같다. 그리고 己癸와 壬甲은 평행이므로, 두 己癸는 각각 두 戊甲과 같다. 그리하여 '丁戊=甲丁±己癸'이므로, 비례관계 '丁戊/戊己 = 甲丁/甲庚'를 변형하여 얻은 식, '정무×갑경 = 갑정×무기'에서, 갑정과 무기는 일정하므로, 그 곱, '갑정×무기'도 일정하다. 그러므로 다음 식이 얻어진다.

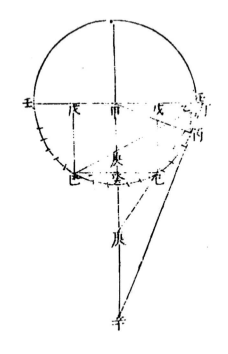

4무×갑경 = 일정

그런데 '丁戊=甲丁±己癸'에서,

(짧은 丁戊) = (甲丁-己癸);
(긴 丁戊) = (甲丁+己癸)

이고, 갑경은 '긴 갑경'과 '짧은 갑경'이 있으므로,

(甲丁-己癸)×(긴 甲庚) = (甲丁+己癸)×(짧은 甲庚) = 일정
즉   (짧은 丁戊)×(긴 甲庚) = (긴 丁戊)×(짧은 甲庚) = 일정

이라는 관계가 성립한다. 위의 문장에서는

(向北距度의 正弦)=(向南距度의 正弦)=己癸
　　甲丁割線에서 向南距度의 正弦을 減해주면 짧은 丁戊를 얻고, 이로 인
　　해서 긴 甲庚을 얻는다. 또, 甲丁割線에 向北距度의 正弦을 加해주면 긴
　　丁戊를 얻고, 이로 인해서 짧은 甲庚을 얻는다.

라고 표현되어 있다. 여기서 甲丁을 왜 割線이라고 했을까? 割線이
란 삼각함수의 sec의 뜻이다. cos의 역수다. 그런 성질을 가지는 직
각삼각형을 찾아보니, 직각삼각형 丁丙甲이 있다. 각丁丙甲이 직각
이고, 丙甲의 길이가 1이다. 그러므로 甲丁은 각丙甲丁의 割線이다.
그러면 각 丙甲丁은 무엇인가? 本地의 북위도 ϕ다.
　『국조역상고』의 표현, '赤道正弦之句股比例에 의거해 북은 더하
고 남은 빼서'가 이런 관련에서 나온 말이라는 것을 어찌 이해할
수 있었을까? 설명의 생략이 지나쳤다고 밖에는 말할 수 없다.

4) 〈현계총성도〉의 황도규의 작도

『국조역상고』에서는 황도규의 작도에 관해 다음과 같이 말한다.

　　次以赤道北二十三度半爲晝長規界　赤道南二十三度半爲晝短規界　自短
　　規之最上界　至長規之最下界　正中致半徑　旋規斜交于赤道之東西　卽爲
　　黃道規也.
　　그 다음, 적도의 북쪽 23.5도는 낮의 길이가 가장 긴 晝長規의 경계이고,
　　적도의 남쪽 23.5도는 낮의 길이가 가장 짧은 晝短規의 경계다. 주단규의
　　최상 경계에서 주장규의 최하 경계까지의 선분을 지름으로 하여, 그 선분
　　의 중점을 중심으로 하는 원을 그리면, 그것이 황도규다.

　이것은 극사투영일 때의 방법의 설명이다. 여기서는 '變法'에 따

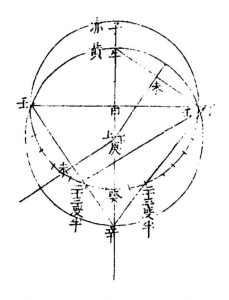

라 설명해야 한다는 사실을 『국조역상고』는 인식하지 못하고 있다. 『항성역지』는 '변법'에 의한 설명을 하고 있다.

변법에서는, 적도경도 적도위도가 모두 확정된 상태에서도, 단번에 황도규를 구하는 것은 불가능하다. 우선 황도환은 원으로 투영되지 않기 때문이다. 그러므로 세 점을 지나는 원을 그린다 해도 그린 원 전체가 황도의 투영이 될 수 없고, 부분적으로 근사적인 황도의 투영을 얻을 수 있을 뿐이다. 예를 들면, 하지점의 투영점과 적도규의 춘분점과 춘분점 이렇게 3점에 3점동원법을 적용하여 원을 그렸을 때, 그 원주상에 동지점의 투영점은 오지 않는다. 반대로, 동지점의 투영점과 적도규의 춘분점과 춘분점 이렇게 3점에 3점동원법을 적용하여 원을 그렸을 때, 그 원주상에 하지점의 투영점은 오지 않는다. 그러나 춘분-하지-추분 구간의 황도규는 앞의 원으로, 추분-동지-춘분 구간의 황도는 뒤의 원으로 근사시키는 것은 그럴듯하다. 『항성역지』는 바로 그런 방법을 제시하고 있다. 다음 그림이 그것이다.

이 그림에서는 甲이 투영의 중심인 북극이고, 오른쪽 끝 점 丁이 照本이다. 조본 근처의 춘분점 壬으로부터 반시계방향으로 壬-子-壬(추분점)-癸-壬이 적도규, 午는 하지점, 辛은 동지점이다. 이 그림은 하지점 동지점의 작도로부터 시작하여, 3점동원법의 두 원의 중심, 上庚, 下庚의 작도 그리고, 壬-辛-壬, 壬-午-壬에 3점동원법을 적용하여 얻은 두 원호를 결합한 황도의 투영을 보여주고 있다.

5) 恒見不隱界

次以距北極三十八度爲半徑 旋內規 卽漢陽北極高度恒見不隱界也.
그 다음, 북극에서 38도 떨어진 반경으로 內規 즉 안쪽 원을 그리면, 이
원은 한양북극고도인 38도의 恒見不隱界 즉 '언제나 보이고 숨겨지지 않
는 하늘의 경계'가 된다.

여기서『국조역상고』저자는 약간의 아이디어를 보태고 있다. 즉
북극고 33도의 해남의 '항현불은계'를 외규로 그린 후에, 북극고 38
도의 한양의 '항현불은계'를 내규로 그리는 아이디어다. 이는『항성
역지』에서 북극고 20도 기준의 '현계총성도'를 설명하는데 대하여,
『국조역상고』에서는 북극고 33도의 '동국현계총성도'를 설명하고 있
다.『항성역지』에서는 북경의 항현계를 언급하고 있지 않으나, 아이
디어를 추가하여, 한양의 북극고 38도의 '현계'를 고려한 것으로 볼
수 있다.

6) 12宮界 기타

次以外規十二宮界 對作十二直線 相交于北極 卽本圖經度之所宗也.
그 다음, 外規의 12궁의 경계점 각각에서 북극으로 12개의 선분을 그리
면 이것이 우리 星圖의 經度의 기본이 된다.

이 설명을 읽으면서 주의해야 할 점이 있다. 여기서 말하는 12궁
은 황도12궁이 아니라는 사실이다.

經緯度旣定然後 以英宗朝甲子恒星赤道經緯表 加減歲差 按本圖疎密度
而位置見界諸星座及天漢 其外規以南全徑 六十六度之恒隱圈截去之.

經緯度가 다 정해진 후에, 英宗朝 갑자년(1744, 영조 20년)의 「恒星赤道經緯表」를 가지고, 歲差를 가감하여, 또 우리 성도의 소밀도에 맞추어, 우리 눈에 보이는 영역인 현계의 여러 별자리와 은하를 위치에 맞게 그려 넣었다. 외규(外規) 이남 전경(全徑) 66도는, 우리가 전혀 볼 수 없는 항상 가려져 있는 항은권 恒隱圈인데, 우리는 이 부분을 잘나내 버렸다.

이 총성도는 북극에서 147도까지 그렸다고 했으므로, 남극까지 180도에서 이를 빼면, 그려지지 않은 부분이 180-147=33 즉 33도다. 반지름 33도의 원이 항은권이 되는 것이다. 그리하여 이 항은권의 지름을 66도라고 한 것이다

大抵此法 與『渾蓋通憲』同理. 妙在以照取影 轉球爲面 克肖星座之體勢也.
이 방법은 「혼개통헌(渾蓋通憲)」과 같은 원리이다. 신묘한 것은, 빛을 비춰 그림자를 얻어, 구면을 평면으로 바꾸는 것인데, 바뀐 별자리의 체세가 원래의 구면의 체세와 아주 비슷하다는 사실이다.

『혼개통헌』의 원리란 극사투영법의 원리다. 여기서 쓰고 있는 방법은 그 원리 자체가 아니라, 그 변법이다. '같은 원리'가 아니라 비슷한 원리일 뿐이다. 극사투영은 형태보존성 즉 conformality라는 성질을 가진다. 이 변법도 근사적으로 형태보존성을 가진다는 사실에 『국조역상고』의 저자는 감탄하고 있는 것이다.

星圖爲曆象之要 見界有各地之異 而雲觀星圖 皆仍中國見界 疇人輩不知通變. 殆亦北平臺官之沿襲江南舋漏 而爲勿菴所譏也.
성도는 역상의 핵심이다. 우리 눈에 보이는 현계는 각 지역마다 차이가 날 수밖에 없다. 그런데 관상감에 있는 성도는 모두 중국의 현계인데, 역

산가들이 우리 실정에 맞게 통변(通變)할 줄을 모른다. 이는 마치 梅文鼎이 나무란 바와 같다 할 수 있다. 매문정은, 北京의 대관(臺官)들이 江南에서 만든 해시계·물시계를 그대로 좇아 쓰는 것을 나무랐던 것이다.

이런 간곡한 부탁의 말에도 불구하고, 그 후에 이 충고가 잘 받아들여졌는지는 의문이다. 通變을 위해서는 원리를 이해할 수 있어야 하는데, 원리의 올바른 이해는 『국조역상고』 자체에서도 충분하지 못하였음을 우리는 위의 논의에서 이해할 수 있다.

2. 〈天象列次分野之圖〉

1) 〈天象列次分野之圖〉의 내력

국립고궁박물관이 소장하고 있는 〈天象列次分野之圖〉는 세계에서도 손꼽히는 오래된 천문도이다.

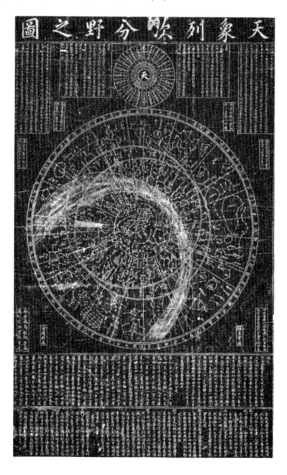

權近의 圖說에 따르면, '이 천문도의 석본은 옛날에 평양성에 있었는데, 병란으로 인하여 강에 빠졌다. 그 후 그 탁본의 존재조차도 전혀 알려져 있지 않았는데, 태조 이성계가 천명을 받아 나라를 세운 직후, 그 탁본 하나를 왕에게 바치니, 태조가 이를 중히 여겨, 서운관에 명하여 이를 石本으로 새기도록 하였다.

이 천문도를 연구한 칼 루퍼스(Carl Rufus)가 1913년에, 이 原圖는 고구려 때의 것이었다는 논문을 발표한 이후, 최근 안상현박사가 고구려가 아니라 고려 때 것이었다고 논증하였다.

2) 〈天象列次分野之圖〉의 특징

이 별지도는 북극을 중심으로 하는 전통적 현계총성도의 전형이다. 그 구도는 북극 근방의 항현권 경계와, 적도가 동심원으로 그려져 있고, 황도가 적도와 같은 반지름의 원으로 적도와 두 점에서 만난다. 두 점은 당연히 춘분점과 추분점으로, 천구에서 서로 대척점이지만, 이 별지도에서는 그렇지 않다. 두 점을 이은 선분이 북극을 지나지 않는 것이다. 이는 잘못 그린 것이 아니라. 그렇게 그려질 수밖에 없는 기하학적 사실을 반영하고 있을 따름이다. 적도와 지름이 같은 원이 적도의 두 대척점을 동시에 지날 수는 없기 때문이다. 평의 즉 아스트로라브에서 정확한 원인 황도규가, 적도규의 두 대척점을 지나는 이유는 황도규의 지름이 적도규의 지름보다 크기 때문이다. 이것이 극사투영의 매력이기도 한 것이다.

송 나라 때 만든 순우천문도 역시 구도가 비슷하다. 이 역시 춘분점과 추분점을 이은 선분이 북극을 지나지 않는다.

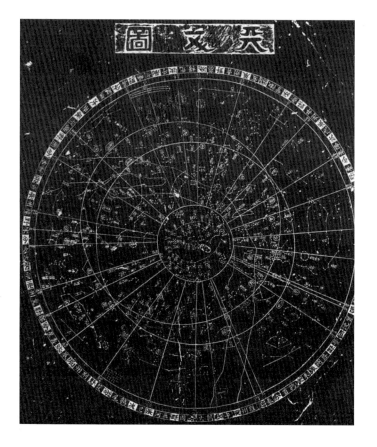

〈天象列次分野之圖〉와 〈순우천문도〉의 공통점은 북극성이 '天樞' 성이라는 것이다. (〈순우천문도〉에서의 이름은 '紐星'이다.)

천추성은 CE900년 경의 북극성으로 알려져 있다. 현재 우리가 북극성이라고 부르는 폴라리스 또는 구진대성은 『숭정역서』가 나올 때에도 북극성으로 취급되지 않았다. 세종 때에는 구진대성과 천추성이 북극에서 거의 같은 거리에 있었지만, 천추성이 약간 가까웠기 때문에, 日星定時儀의 정극환은 이를 반영하기 위하여 내외환 간의 폭을 그렇게 얇게 디자인 했던 것이다.

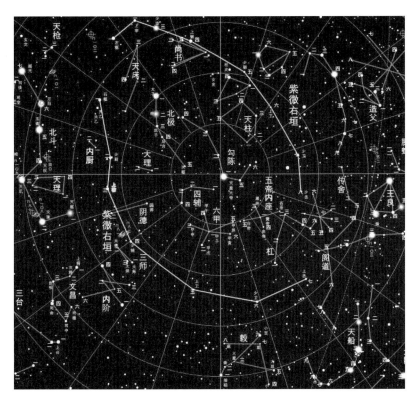

CE2000의 북극부근 성도

　위의 그림은 현대적인 작도에 의하되 중국의 전통적 별자리 이름을 사용한 별지도다. 여기에는 구진대성이 북극에 근접해 있고, '北極'이란 성좌의 다섯 번째 별인 천추성이 북극에서 6.5도 가량 떨어져 있음을 볼 수 있다. (위도 동심원의 간격이 9도다.)

3) 〈天象列次分野之圖〉의 내력에 관한 假說

〈天象列次分野之圖〉를 투영과 좌표변환의 측면에서 다룰 내용은 그리 많지 않다. 그런데 나는 여기서 이와 다른 측면의 이야기를 해보고 싶은 생각이 들었다. '내력'에 관해서다.

고구려는 CE668년까지 존재했던 왕국이다. 이태조의 건국은 CE1392년이다. 순우천문도의 제작은 1247년이다.

역대 왕조는 왕조의 권위를 드러내고, 왕조의 운명을 내다보기 위해 천체의 관측과 그 변화에 비상한 관심을 가졌다. 그리고 그 지식을 천문도로 작성하여 그것을 왕조의 권위를 위한 상징물로 이용하였다. 태조 이성계가 이 목적을 달성하기 위하여 석각 〈天象 列次分野之圖〉를 만들게 하였다는 것도 의심의 여지가 없다.

그러나 그 이전에 탁본이 이태조에게 바치게 된 경위에서는 의 문 사항이 많다.

(1) 왜 그동안 수백년간 그 탁본은 숨겨있었을까?

그 탁본을 수백년간 숨겨왔다면, 그것은 대를 이어 숨겨왔다는 것이 된다. 그리고 그것을 정성스럽게 보관해 온 사람들의 계열이 있었다는 것이 된다. 그리고 그들은 이것이 왕조의 정통성의 상징 물이라는 것을 알았기 때문에 이를 이태조에게 바친 것이다. 그러 나 고려 왕조에는 바치고 싶지 않았다는 것이 된다.

(2) 왜 평양인가?

그것이 왕조의 상징물이라면, 왕조와 관계가 있을 수밖에 없다. 그렇다면 그것은 王都에서 발견되는 것이 자연스럽다. 평양은 고구 려의 왕도였다. 그러므로 그것이 평양에서 나왔다면, 고구려 왕조를 떠올리는 것이 당연하다. 루퍼스도 그런 추론에서 고구려의 것으로 추정했을 것이다. 그러나 고구려는 CE668까지만 존재한 나라다. 그리고 멸망 후 신라의 영역도 아니었다. 평양이 고려의 영역으로 들어온 것은 고려가 건국한 뒤의 일이다. 〈天象列次分野之圖〉의 고구려 底本이 이태조에게까지 전해지는 과정을 생각해보면 아찔할 정도로 복잡하다.

(3) 假說의 提示

〈天象列次分野之圖〉의 저본의 탁본을 보관해온 세력 내지 사람들은 후기 고려왕조의 반대세력 사람들이다.

내용으로 볼 때, 〈순우천문도(1247년)〉보다는 오래된 버전이다. 〈순우천문도〉와 마찬가지로 북극의 별이 천추성이라는 것은 〈순우천문도〉보다 6백년 이상 앞선 버전이라고 보는 것이 무리임을 보여준다. 이런 사항들을 고려하여, 우리는 다음과 같은 假說을 제시해 본다.

'〈天象列次分野之圖〉의 底本은 大爲國의 것이다.'

대위국은 1135년에 세워진 短命한 '나라'였지만, 1129년에 평양에 大華宮을 짓고, 고려 仁宗에게 西京遷都와 稱帝建元을 건의한 세력의 나라였다. 年號를 天開, 軍號를 天譴忠義軍이라 하고, 주변 26國이 조공할 것이라고 주장하는 등, 象徵을 중시한 세력이 만든 상징물 중에 〈天象列次分野之圖〉의 石刻底本도 들어있었다고 보는 것은 자연스럽지 않을까?

만일 이것이 들어있었다면, 모든 의문은 자연스럽게 풀린다. 그 탁본도 대위국 세력의 일원이 만들었을 것이고, 그 물건을 고려왕조에 숨기는 것은 당연했다. 그리고 고려 왕조가 망하자, 신흥세력인 이태조에게 새 왕조의 상징물로 쓸 수 있도록 이를 바쳤다. 이가설을 받아들인다면, 알려진 사실들이 모두 자연스럽게 연결된다. 이 가설에 대한 반론을 기대한다.

3. 〈方星圖〉

〈방성도〉는 심사투영(gnomonic projection)을 이용하는 별지도다. 〈방성도〉의 투영면이 되는 정사각형은 접점 즉 투영의 중심에서 45도 떨어진 직선을 1변으로 하는 정사각형이다. 천구의 중심 즉 조본에서, 접점 즉 투영의 중심까지의 거리를 1로 하면, 투영의 중심에서 투영면의 각 변까지의 거리 역시 1이며, 따라서 투영면은 각변의 길이가 2인 정사각형이 된다. 그리고 접점에서 45도 떨어진 천구상의 점은 각변의 중점을 지나는 반지름이 1인 원주상으로 투영된다.

이런 방법으로 투영되기 때문에 정사각형과 내접하는 원 사이에는 네 귀퉁이에 공간이 생긴다. 이 공간에는 45도 바깥의 천구면이 투영된다. 귀퉁이점에 대응하는 천구면상의 점은, 어디일까? 투영점이 중심에서 $\sqrt{2}$(약 1.41) 떨어진 점이 되려면 천구에서 $\arctan(\sqrt{2}) = 54.7$도 즉 약 55도 떨어진 점이다.

1) 〈방성도〉의 수학

이처럼, 〈방성도〉란 정6면체의 6면 모두가 천구에 접하는 상황에서, 정방형인 6면에 천구를 심사투영한 성도다. 이때 각 투영면의 접점은 춘분점, 북극, 추분점, 남극, 그리고 하지점, 동지점에 대응하는 경도의 적도상의 두 점, 이렇게 총 여섯 점이다.

투영면이 북극에 접하는 경우, 정방형인 투영면의 각변의 중심은 북극에서 반지름만큼 즉 1만큼 떨어져 있고, 각꼭지점은 $\sqrt{2}$ 만큼 떨어져 있다.

북극을 중심으로 하는 투영면의 각변의 중심에 대응하는 천구의 경도는 0도, 90도, 180도, 270도가 되며, 꼭지점에 대응하는 경도는 45도, 135도, 225도, 315도다. 즉 경선은 북극에서 방사상으로 등각으로 분할된 직선이다.

북극을 중심으로 하는 투영면에서 위선은 북극을 공통중심으로 하는 동심원을 그린다. 그리고 그 동심원들의 반지름은 위도의 함수다. 천구면상의 각점의 위도를 ϕ라 하고, 북극으로부터 떨어진 각을 ϕ^*라 하면, $\phi + \phi^* \equiv 90$도이므로, 동심원의 반지름 r은 $\tan(\phi^*)$다. 그러므로 ϕ^*의 크기보다 반지름 r이 비례 이상으로 빨리 증가한다. 투영면의 각변의 중심을 지나는 동심원의 반지름은 1이므로 그에 대응하는 ϕ^*는 45도이며, 위도는

$$\phi = 90 - \phi^* = 45도$$

가 된다. 투영면의 네 꼭지점에 대응하는 ϕ^*는

$$\phi^* = \arctan\left(\sqrt{2}\right) = 54.73도 = 약 55도$$

이며, 위도는 약 35도다.

투영면이 적도상의 한 점, 즉, 위도=0인 점을 접점으로 하는 경우, 적도는 직선으로 투영되며, 경선은 모두 적도와 직교하는 직선으로 투영된다. 그리고 경선간의 간격은 투영중심 경선에서 멀어질수록 벌어진다. 적도 이외의 위선은 적도와 대칭인 쌍곡선으로 투영된다. 그리고 쌍곡선들 간의 간격은 적도에서 멀어질수록 벌어진다.

춘분점을 원점으로하는 직교좌표 (x, y)로 나타내면, 원점으로부터의 경도간격이 λ, 위도간격이 ϕ라 할 때, 좌표는 다음과 같이 주어진다.

$$x = \tan(\lambda) = \frac{\sin(\lambda)}{\cos(\lambda)}$$

$$y = \frac{\tan(\phi)}{\cos(\lambda)}.$$

구심 C = (0, 0, 0), 투영면의 원점 O = (0, 0, 1)이라 하고 투영면 상의 두 점 P = $(x,\ y,\ 1)$과 $P_x = (x,\ 0,\ 1)$ 를 정의하자. 그러면, '$y = 0$ 평면' 상에서 직각삼각형 $\triangle COP_x$의 각 O는 직각, C는 λ, CO=1이므로,

$$x = OP_x = \tan(\lambda)$$
$$CP_x = \cos(\lambda)$$

를 얻는다.

또, 직각삼각형 $\triangle CPP_x$에서, P_x는 직각, C는 ϕ, $CP_x = \cos(\lambda)$ 이므로,

$$y = PP_x = CP_x \tan(\phi) = \cos(\lambda) \tan(\phi).$$

이리하여 직교좌표를 얻는 두 식이 구해졌다.

이 두 식으로부터 다음을 유도할 수 있다.

$$x^2 = \frac{\sin^2(\lambda)}{\cos^2(\lambda)} = \frac{1 - \cos^2(\lambda)}{\cos^2(\lambda)} = \frac{1}{\cos^2(\lambda)} - 1$$
$$y^2 = \tan^2(\phi) \frac{1}{\cos^2(\lambda)} = \tan^2(\phi)(x^2 + 1)$$

즉, $$y^2 = \tan^2(\phi)(x^2 + 1).$$

이는 원점을 중심으로 하는 쌍곡선으로, 점근선이

$$y = \pm \tan(\phi)x$$

로 주어지는 전형적인 쌍곡선의 식이다.

대원은 언제나 직선으로 투영된다. 모든 경선들과 적도가 그 예다. 그리고 황도는 대원이므로 황도 역시 언제나 직선으로 투영된다. 춘분점 추분점이 투영의 중심인 경우에 황도는 비스듬한 직선

이고, 투영의 중심이 경도 90도, 270도인 적도상의 점일 때, 황도는 적도와 평행인 직선이다. 황도가 직선인 것은 북극중심의 투영에서 경도 23.5도의 경선과 중심자오선과의 관계를 유추해서 이해할 수 도 있을 것이다. 그리고 적도의 경도 90도 중심의 투영에서 황도가 적도와 평행인 것도, 춘분점 중심의 투영에서 중심자오선과 23.5도의 경선과의 관계를 유추해서 이해할 수 있다.

2) 〈방성도〉 6면

이 그림은 경도를 0도에서 360도까지 나누고, 0도의 자오선이 중심인 북극에서 아래쪽으로 그려져 있고, 시계방향으로 10도 간격의 자오선이 그려져 있다. 그리하여 경도 90도인 자오선이 왼쪽 수평선으로 270도인 자오선이 오른쪽 수평선으로 되어 일직선을 이루고 있다. 경도 180도 자오선은 위쪽으로 뻗어 0도인 자오선과 일직선을 이룬다.

그런데 이 4개의 자오선들의 끝은 위도가 모두 북위 45다. 북극으로부터 45도인 점의 심사투영은 북극에서 tan(45도)=1 만큼 떨어져 있기 때문이다. 이 그림에는 북극을 중심으로 10도 단위로 위선이 그려져 있는데, 만일 45도위 위선을 그린다면 투영면인 정사각형의 4변 모두에 접하는 원이 그려질 것이다.

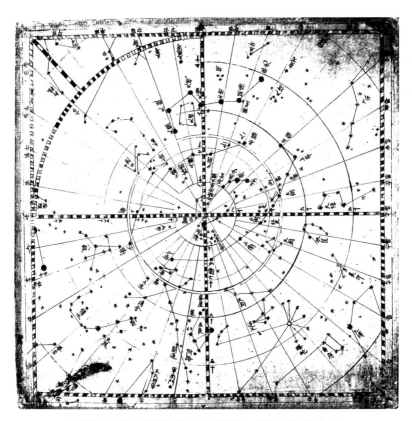

북극중심 45도-54.7도 북위 45-35.3도 이북 북위 90도까지

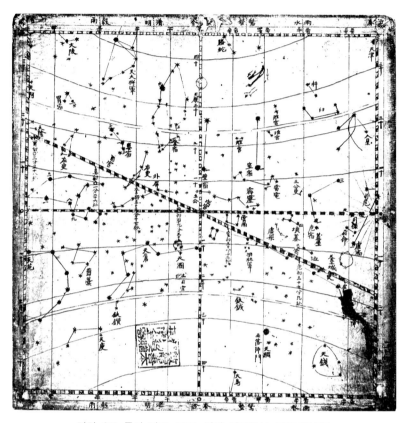

적경 0도 중심 좌우 45도, 적위 적도중심 45도-35.3도

+자의 중심, 적도와 황도가 만나는 점에 戌宮이라고 되어있다 이는 황도 12궁중의 '백양궁' Aries에 해당한다. 24절기로는 춘분이다. 해가 그 점에 있기 때문에, 이 면의 하늘은 6개월 후인 추분 자정에 볼 수 있다. 이 점으로부터 해는 적도 북으로 올라간다.

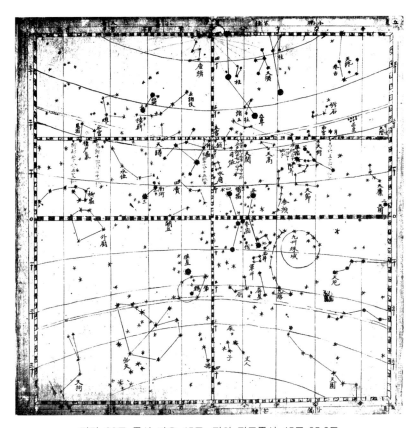

적경 90도 중심 좌우 45도, 적위 적도중심 45도-35.3도

＋자의 중심에서 23.5도 북쪽의 황도에 未宮이라고 되어있다 이는 황도 12궁중의 '거해궁' Cancer에 해당한다. 24절기로는 하지다. 이 점에서 황도는 북회귀선 즉 주장규와 접하고, 해는 북한계에 도달한다. 해가 그 점에 있기 때문에, 이 면의 하늘은 6개월 후인 동지 자정에 볼 수 있다. 이 점으로부터 해는 남으로 내려가기 시작한다.

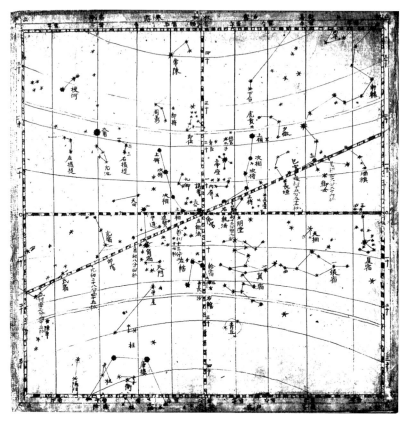

적경 180도 중심 좌우 45도 적위 적도중심 45도-35.3도

十자의 중심, 적도와 황도가 만나는 점에 辰宮이라고 되어있다 이는 황도 12궁중의 '천칭궁' Libra에 해당한다. 24절기로는 추분이다. 해가 그 점에 있기 때문에, 이 면의 하늘은 6개월 후인 춘분 자정에 볼 수 있다. 이 점으로부터 해는 적도 남으로 내려간다.

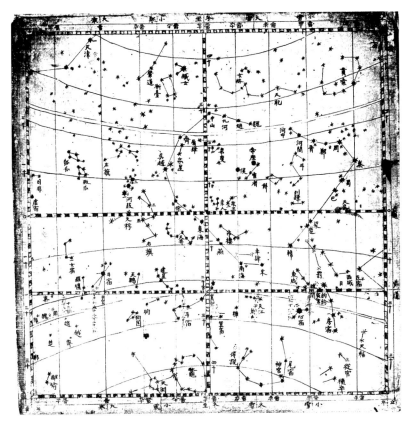

적경 270도 중심 좌우 45도,
적위 적도중심 45도-35.3도

十자의 중심에서 23.5도 남쪽의 황도에 丑宮이라고 되어있다 이는 황도 12궁중의 '마갈궁' Capricornus에 해당한다. 24절기로는 동지다. 이 점에서 황도는 남회귀선 즉 주단규와 접하고, 해는 남한계에 도달한다. 해가 그 점에 있기 때문에, 이 면의 하늘은 6개월 후인 하지 자정에 볼 수 있다. 이 점으로부터 해는 북으로 내려가기 시작하여, 3개월 후에는 戌宮 즉 춘분점에 도착한다.

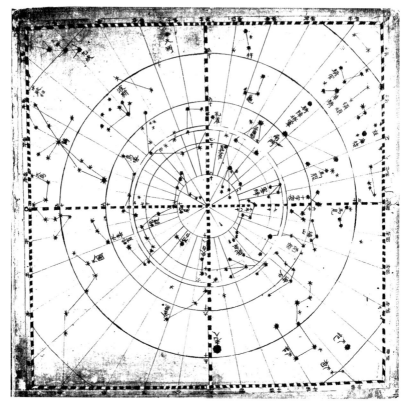

남극중심 45도-54.7도 남위 45-35.3도 이남 남위 90도까지

3) 〈방성도〉의 연결

〈방성도〉 6면을 모두 연결하면 천구 전체의 성도가 된다. 특히 주사위 모양의 정6면체가 된다. 그러나 각 면은 천구의 중심에서 바라본 모습이기 때문에 안으로 오그려서 연결해야 하며, 따라서 정6면체를 만들어 바깥에서 볼 수는 없다. 아래 그림은 북극중심으로 네 면을 연결한 모습이다.

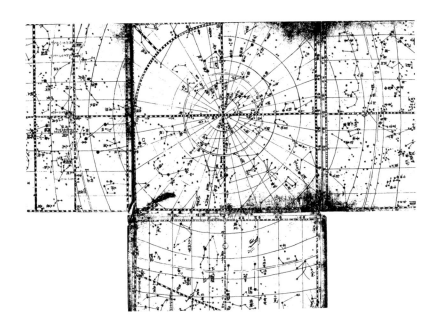

　이를 안으로 오그려서 보면 천구의 일부를 안에서 들여다보는 모습이 된다. 그리고 우리가 실제로 하늘을 쳐다보는 것은 천구의 중심에서 올려다보는 셈이므로, 이 오그린 모습을 안에서 들여다보는 것과 같다. 오그렸을 때, 경선과 황도가 연결되는 모습을 볼 수 있다. 그리고 주변 세 면의 경선들은 북극면의 방사상의 경선들을 받아, 모두 평행선을 이룸도 볼 수 있다.

다음 그림은 천구의 양극을 연결한 〈방성도〉 네 면의 연결그림
이다. 이 역시 오그려서 안에서 바라보아야 한다.

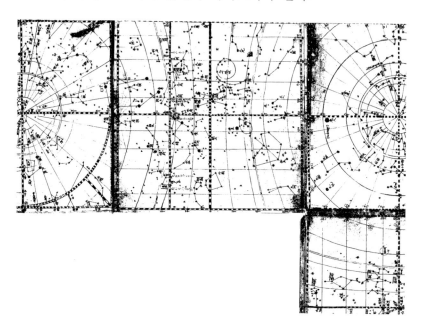

왼쪽의 북극에서 오른쪽의 남극에 이르기까지 90도 경선이 1직
선을 이루고 있다. 오그리면 양극 투영면의 방사상의 경선과 가운
데 면의 평행경선이 연결되는 모습을 볼 수 있다. 또, 오른쪽 아래
면의 적도와 가운데 면의 적도가 잘 이어지게 되어있다.

4) 〈방성도〉의 특이성

『항성역지』의 평혼의의에서는 성도에 적합한 투영법에 관해서
언급하고 있다. 그 언급 속에는 정사투영과 극사투영만 있고, 심사
투영은 없다. 심사투영은 성도를 그리는데 적합한 투영법으로 보지
않았던 것이다.

성도를 평면에 국한해서 생각한다면 심사투영의 성도는 좋은 성도라고 말할 수 없다. 투영중심에서 90도를 넘을 수 없는 것은 말할 필요가 없고, 90도 근장에서도 확대왜곡이 너무 심한 것이다. 그러나 〈방성도〉에서 처럼 투영중심에서 45도 정도까지만 고려한다면 왜곡이 그리 문제될 것 없다. 그리고 심사투영이기 때문에 여섯 각도에서의 투영도를 정6면체로 결합한다면, 천구가 가지는 입체감을 얻을 수 있는 것이다.

위에서 본 바와 같이 6면을 오그려서 천구의 중심에서 바라본다고 하면, 그 나름대로 의미가 있으나, 정6면체를 천구의 밖에서 본다고 생각하면, 6개의 각 투영도는 반전을 시킬 필요가 있다. 천구의 안에서 바라보는 것이 아니라, 밖에서 바라보는 것이 되기 때문이다. 일부 인사들이 현행의 〈방성도〉를 그대로 정6면체로 만들어 보는 수가 있는데, 그것은 옳은 방법이 아니다.

부록 1)『숭정역서』의 〈현계총성도〉

『숭정역서』의 〈현계총성도〉가 과연 어떠한 방법으로 그려져 있는가를 확인해보았다. 우선 항현권이 북극으로부터 36도임이 확인된다. 북두칠성의 마지막 별인 요광이 37.4도인데, 이것이 바깥에 있고, 33.2도인 천기를 포함한 나머지 6개의 별 전체가 항현권 안에 있다. 경계가 36도일 때 이런 일이 발생한다. 북경의 40도라면 북두칠성의 모든 별이 항현권 안에 오게 된다. 항현권이 북극으로부터 36도라면 현계는 남극으로부터 36도여야 한다. (20도가 아니다.)

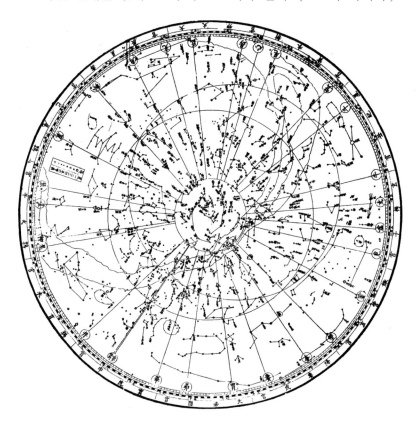

이『숭정역서』의 〈현계총성도〉가 어떤 도법으로 그려져 있는가를 알아보기 위하여 우선 목측에 의하여 각 경계까지의 거리를 알아보았다. 비교를 위하여 북극에서 적도까지의 거리를 1로 한 것이 다음 표다.

북극 거리	목측	극사 투영법	비례법	변법 34	35	36	40	20(36)	34(36)
항현권계	0.392	0.325	0.400	0.331	0.343	0.355	0.405	0.334	0.352
주장규	0.692	0.656	0.739	0.689	0.691	0.693	0.703	0.667	0.689
적도	1	1	1	1	1	1	1	1	1
주단규	1.327	1.525	1.261	1.370	1.362	1.354	1.320	1.467	1.370
항은권계	1.706	3.078	1.600	1.676	1.641	1.607	1.486	2.451	1.785

【주】34(36) 변법은 ϕ=34 이지만, 항은계 항현계는 36도로 계산한 것이다.

이 표에 의하면, 목측 결과가 극사투영법과 맞지 않음은 분명하다. 비례법도 아니다. 36도 변법과는 비교적 잘 맞는다. 다만 당지 항현권계만 비례법이 더 비슷하다. 그리고 36도변법의 현계가 목측보다 작다. 이는 변법이 항은권계를 너무 작게 만드는 문제점을 또다른 변법으로 수정한 결과로 보인다. 주장규와 항현권계 사이의 거리를 주단규와 항은권계 사이의 거리와 비교하면 다음과 같다. 즉,

비례법	(0.339=) 0.739-0.400=1.600-1.261 (=0.339)
목측	(0.300=)0.693-0.392 「 1.706-1.327 (=0.379)
극사투영법	(0.331=)0.656-0.325 「 3.078-1.525 (=1.553)
36도변법	(0.338=)0.693-0.355 」 1.607-1.354 (=0.253)
20(36)변법	(0.333=)0.667-0.334 「 2.451-1.467(=0.984)
34(36)변법	(0.337=)0.689-0.352 「 1.785-1.370(=0.415)

비례법은 동양의 전통적 방법으로 그 둘이 같다. 극사투영법은

서양의 방법을 충실히 따를 때의 방법으로 차이가 크다. 이 차이가 너무 크기 때문에 등장한 것이 변법인데, 이 방법에 따르면 차이의 방향이 역전된다. 이는 원하던 바가 아니다. 다만 너무 큰 차이를 줄여주려는 것이 변법의 목적이었기 때문이다. 그 목적을 임의로 달성하려는 것이 목측의 결과로 보여진다. 아무런 이론적 뒷받침 없이 말이다.

사용공식은 $\dfrac{\sec(\phi_0)\sin(90-\phi)}{\sec(\phi_0)+\cos(90-\phi)}$ 다. 단, ϕ_0 는 조본을 위한 위도, ϕ는 계산 점의 위도.

부록 2) 극사투영의 '變法'은 과연 그 변법의 목적을 달성할 수 있는가?

우리는 본문에서, 『국조역상고』가 『숭정역서』의 '변법'을 그대로 받아들이고 있음을 보았다. 그리고 부록1에서 『숭정역서』의 〈현계총성도〉가 과연 '변법'을 그대로 채용하고 있는지 여부를 검토하였다. 그렇지 않다는 결론을 내렸다.

총성도의 투영법으로서, 극사투영법은 매력적인 특징을 가지고 있다. 그러므로 아스트로라브 즉 平儀의 별판인 레테를 비롯하여 숭정역서의 남북반구총성도는 모두 극사투영을 사용한다. 그런데 〈현계총성도〉가 문제다. 북극을 중심으로 위도 90도까지, 또는 레테처럼 113.5도까지는 괜찮지만, 그 범위를 넘으면 확대왜곡이 너무 심하다. 그 문제를 회피하려면 동양의 전통적인 방법인 등간격의 정거투영법을 쓰면 된다. 그러나 그것은 형태왜곡이 심하다. 형태왜곡을 없애려는 것이 극사투영이다. 그 둘을 절충하여, 확대왜곡도 완화하고, 형태왜곡도 완화해 보려는 목적을 가지고 등장하는 것이 그 '변법'이다. 그러므로 그 변법은 '위도 간격은 극에 가까울수록 촘촘하고, 멀수록 성글어야 한다' 라는 목적을 달설 할 수 있어야 한다. 그러면 그 변법은 그 의도된 목적을 달성할 수 있는 방법인가?

이 부록에서는 그렇지 않을 수도 있음을 보이려 한다. 이 방법에 의하면, 위도간격은 남으로 갈수록 넓어지기만 하는 것이 아니라 어느 점을 지나가면 오히려 좁아진다.

위도 남위 x도의 투영도 반경을 y라 하면, 이 경우에.

$$y = \frac{\sec(20)\cos(x)}{\sec(20) - \sin(x)}$$

로 된다. 이 함수 자체는 증가함수이지만, 그 도함수는 단조함수가
아니기 때문이다. 이 식을 분석하기 위하여 다음과 같이 기호를 정
의하자. (이하의 미분에서 삼각함수의 도함수는 각을 라디안을 단
위로 보고 있다. 그러나 결과의 해석에 있어서는 각을 도를 단위로
표현했다고 보아도 아무 문제가 없다.)

$$y(x) = \frac{\sec(20)\cos(x)}{\sec(20) - \sin(x)}$$

$$a \equiv \sec(20)$$

$$Y(x) \equiv y(x)/a$$

$$f(x) \equiv \cos(x) \quad f'(x) = -\sin(x)$$

$$g(x) \equiv a - \sin(x) \quad g'(x) = -\cos(x)$$

이상의 기호정의에 따라서 식은 다음과 같이 변형된다.

$$Y(x) = \frac{f(x)}{g(x)}$$

그리고 이를 미분하면 다음과 같다.

$$Y'(x) = \frac{g(x)f'(x) - f(x)g'(x)}{[g(x)]^2}$$

$$= \frac{-(a - \sin(x))\sin(x) + \cos(x)\cos(x)}{[g(x)]^2}$$

$$= \frac{-a\sin(x)) + \sin^2(x) + \cos^2(x)}{[g(x)]^2} = \frac{1 - a\sin(x)}{[a - \sin(x)]^2}$$

$$y'(x) = \frac{\pi}{180}\frac{a(1 - a\sin(x))}{[a - \sin(x)]^2} \qquad y'(54.6) = 0.03969$$

여기서도 기호의 단순화를 위하여 다음과 같이 정의한다.

$$F(x) \equiv 1 - a\sin(x) \quad F'(x) = -a\cos(x)$$

$$G(x) \equiv [a - \sin(x)]^2$$
$$G'(x) = 2(a - \sin(x))(-\cos(x)) = 2\cos(x)(a - \sin(x))$$

이를 써서 $Y(x)$의 2계미분 $Y''(x)$를 나타내면 다음과 같다.

$$Y''(x) = \frac{GF' - FG'}{G^2} = \frac{\cos(x)[a\sin^2(x) - 2\sin(x) + a(2 - a^2)]}{G^2}$$

각도 x가 0도에서 70도 사이의 값을 가질 때, $Y(x)$는 단조증가한다. 그러나 변곡점을 가진다 즉 그 도함수 $Y'(x)$는 증가하다가 극대값을 가진 후 감소한다. 극대값을 가질 때의 x가 얼마인지는 2계도함수의 움직임을 보면 알 수 있다. 극값을 가질 필요조건은 2계도함수 $Y''(x)$ 의 값이 0이라는 것이다.

위의 마지막 식을 보면 $Y''(x)$가 0일 조건은 그 식의 분자의 꺾인 괄호 안의 값이 0이라는 것이다. 즉,

$$a\sin^2(x) - 2\sin(x) + a(2 - a^2) = 0$$

이는 $\sin(x)$ 에 관한 2차방정식이므로, 근의 공식을 써서 그 근을 구할 수 있다. 즉,

$$\sin(x) = \frac{1 - \sqrt{1 - a^2(2 - a^2)}}{a}$$

우리의 문제에서 $a = \sec(20) = 1.0642$

이므로 이를 대입하면 우리는 다음 식을 얻는다.

$$\sin(x) = \frac{1 - 0.1325}{a} = \frac{0.8675}{1.0642} = 0.8152$$

그러므로 x의 값은 다음과 같다.

$$x = \arcsin(0.8152) = 54.6도$$

실제 상황에서 어떤 일이 벌어지는지를 보자(『국조역상고』의 33

도의 경우 sec33=1.1924, sin x=0.4850, x=29.0도에서 극값을 가진다).

간단한 수치례

x(남위)	1	40	50	54	55	56	57	60	70
y	1.0165	1.6335	2.2944	2.4514	2.4911	2.5307	2.5702	2.6853	2.9238
차분	.0165	.0328	.0384	.0396	.0397	.0396	.0395	.0376	.0036

1도당 차분이 증가하다가 감소한다. 최대는 55도 때다. 54.6도에 극값이 나타난다는 명제를 뒷받침한다.

정식 극사투영 즉 스테레오투영의 경우

남위 x도에 대응하는 等緯度圓의 반경 y는 다음 식으로 표현된다

$$y(x) = \tan\left(\frac{90+x}{2}\right)$$

이를 x에 관해서 미분하고자 한다. 그런데 삼각함수의 미분은 각을 라디안으로 표현할 때 간단하다. 그리하여, 라디안으로 표현한 각 X를 다음과 같이 정의한다:

$$X = \frac{\pi}{180}\frac{90+x}{2} = \frac{\pi(90+x)}{360}$$

그러면 그 도함수는 다음과 같다.

$$\frac{dX}{dx} = \frac{\pi}{360}$$

이제 y를 X의 함수로 표현하고 미분해보자:

$$y(x) = y(X) = \tan(X)$$

$$y'(x) = y'(X)\frac{dX}{dx} = \frac{1}{\cos^2(X)}\frac{\pi}{360}$$

즉
$$y'(x) = \frac{\pi}{360} \frac{1}{\cos^2\left(\dfrac{90+x}{2}\right)}$$

그러므로 $y'(x) > 0$ 이다. 또,

$$y''(x) = y''(X)\left(\frac{dX}{dx}\right)^2 = \frac{2\sin(X)}{\cos^3(X)}\left(\frac{\pi}{360}\right)^2 = \left(\frac{\pi}{360}\right)^2 \frac{2\sin\left(\dfrac{90+x}{2}\right)}{\cos^3\left(\dfrac{90+x}{2}\right)}$$

이고, x의 정의구역이 -90에서 +90 미만이므로 이 범위에서 $y''(x) > 0$ 이다. 즉 x가 증가함에 따라, y는 그 증가율이 증가한다. 즉 변곡점을 갖지 않는다. 그러므로 극값을 가지지 않는다. 이처럼 y가 x의 단조증가함수이고 변곡점을 갖지 않는 것이 스테레오투영의 특징이다.

$$y'(X) = \frac{1}{\cos^2(X)}$$

위도	스테레오 $\tan\dfrac{90+x}{2}$	변형 $\dfrac{a\cos x}{a-\sin x}$	스테레오편차 $\dfrac{\pi/360}{\cos^2((90+x)/2)}$	변형편차 $\dfrac{(\pi/180)a(1-a\sin(x))}{(a-\sin(x))^2}$
90	0.0000	0.0000	0.00873	0.00900
60	0.2679	0.2757	935	958
30	0.5774	0.5892	0.01164	1163
23.5	0.6556	0.6671	0.01248	0.01236
0	1.0000	1.0000	1745	1640
23.5	1.5253	1.4666	2903	2415
30	1.7321	1.6335	0.09491	0.02730
40	2.1445	1.9346	4886	3305
50	2.7475	2.2944	7460	3861
51	2.8239	2.3332	0.07832	0.03900
52	2.9042	2.3724	8233	3931

53	2.9887	2.4118	8668	3954
54	3.0777	2.4514	9139	3967
54.6	3.1334	2.4752	0.09441	0.03969
55	3.1716	2.4911	9651	3968
56	3.2709	2.5308	10209	3956
57	3.3759	2.5702	10818	3926
58	3.4874	2.6092	11486	3878
59	3.6059	2.6477	0.12219	0.03806
60	3.7321	2.6853	13027	3708
69	5.3955	2.9202	26277	708
69.5	5.5301	2.9229	27560	367
69.5	5.6425	2.9238	28656	76
70	5.6713	2.9238	28941	0

$a = \sec(20) = 1.064178$, 이 표에서 x의 부호는 남반구를 +로 하였다.

이러한 이유 때문에, 『숭정역서』는, 그 책의 『항성역지』에서 열심히 설명한 '변법'을 사용한 〈현계총성도〉를 그리지 못하였던 것이다.

V. 투영과 해시계

1. 정사투영의 해시계 : 簡平日晷와 아나렘마 해시계

1) 연결된 '간평일구와 혼개일구' 유물

한국의 전통 해시계 유물 중에서 간평일구와 혼개일구 둘은 하나의 돌에 함께 새겨진 모습으로 전해진다. 즉 위는 간평일구 아래는 혼개일구로 되어있는 것이다.

이 일구가 어떻게 해시계 역할을 했을지에 관한 설명은 내가 아는 한 아무데도 없다. 다만 한영호(2005)에서 그 투영방법이 하나는 정사투영 orthographic projection, 또 하나는 평사투영stereographic projection 즉 스테레오투영 임을 밝혔을 뿐이다.

각종 출판물에 나타난 이 의기의 사진들을 보면, 가로로 길게 배치한 것이 많다. 그러나 거기 새겨진 명문을 볼 때, 세로로 길게 배열하는 것이 맞고, 이는 앙부일구와의 관계를 구명하는 과정에서도 알 수 있다.

나는 이 유물에 관하여 다음과 같은 의문을 품었다.

① 이것이 과연 해시계인가?
② 해시계라면 다른 부품들이 있지 않았을까?
③ 아래와 위는 독립적인 두 의기일까?
④ 그 둘이 독립적이라면 왜 함께 그렸을까?
⑤ 그 둘이 상호의존적이라면 어떤 의미에서 의존적일까?
등등.

나는 이 의문들을 풀기 위하여 우선 각 일구의 투영법을 개략적으로가 아니라 본격적으로 철저히 밝히는 것이 선결과제라고 보았다. 이를 밝혀보자. 우선 '간평일구'를 보자.

2) 간평일구의 투영법

그 의기의 윗부분인 간평일구는, 앙부일구에 정사투영법을 적용하여 얻어질 수 있다. 즉 앙부일구 상방의 무한원점에서 앙부일구를 내려다볼 때의 모습을 지평면에 투영한 것이다. 그러므로 이는 정사투영(orthographic projection)의 결과물이다. 그러므로 그 투영도 내지 그 의기의 성질을 알아내는 데는 정사투영의 성질을 아는 것이 필수적이다.

정사투영의 성질을 요약하면 다음과 같다.

① 방위투영법(azimuthal projection)이다. 즉, 중심에서의 방위가 보존된다.
② 모든 경선과 위선은, 타원, 원 직선 중의 하나다. (모두 넓은 의미의 타원이다.)

③ 무한원점으로부터의 투시투영(perspective projection)이다.

④ 투영의 범위는 반구에 한한다.

⑤ 투영의 왜곡이 없는 곳은 '투영의 중심'뿐이며, 가장자리로 갈수록 축소왜곡이 심하다.

구의 정사투영의 전체 모습은 구의 한쪽 반구를 보여주는 원이다. 그러나 간평일구는 구의 다른쪽 반구를 보여주는 원이라고 볼 수 있다. 더 직접적으로는, '간평일구'는 앙부일구의 정사투영이다. 앙부일구는 천구의 지평하반부를 반구로 표현하고 있고, 천구의 상반부인 천정과 북극은 없다. 천저가 앙부의 중심에 있고, 천구의 남극이 경선 내지 시각선들의 집중점으로 표현되고 있다. 간평일구의 원의 중심은 천저이고, 시각선의 합류점은 남극이다. 이 남극은 앙부일구의 영표의 뿌리가 자리하고 있는 곳이다.

남극과 천저를 잇는 직선은, 한양을 지나는 경선 즉 중심자오선의 투영이다. 이 자오선은 앙부일구에서 오시 즉 12시로 표현된 시각선이다. 이 직선을 중심으로 하여, 15도 간격의 경선들이 1소시 단위의 시각선들로 묘사되어 있다. 그리고 그 경선들의 형태는, 위의 성질 ②에 의하면, 타원호임을 추론할 수 있다. 그리고 타원인 경선들의 이심률은 중앙자오선에서 떨어진 각의 코사인과 같다. 이 경선들은 시간을 나타내는 시각선이기도 하다. 오시(12시)의 시각선의 이심률은 cos(0)=1 이다. 그러므로 직선이다. 사시(11시)와 미시(14시)의 이심률은 cos(30)=0.866 이고. 진시(8시)와 신시(16시)의 이심률은 cos(60)=0.5 다.

이 시각선들은, 남극 가까이는 1소시 단위로 그려져 있고, 하지 절기선인 남회귀선부터 동지 절기선인 북회귀선 사이의 '해그림자 범위'는 15분 즉 1각 단위로 세분하여 그려져 있다. 동지 계절선 바깥은 다시 1소시 단위다.

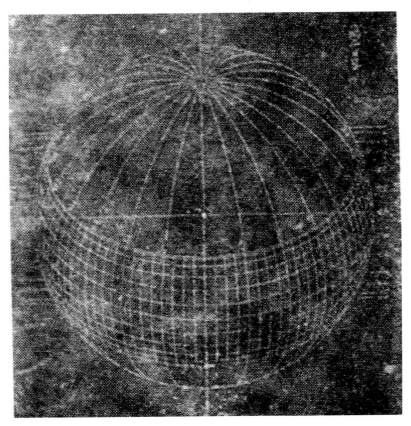

간평일구 : 앙부일구의 정사투영

의기의 한가운데 점은 天底라고 하였는데, 이 점을 지나는 가로 직선도 그려져 있다. 중심자오선과 수직인 대원의 투영이다. 그러나 그런 대원은 앙부일구에는 그려져 있지 않다. 구태여 그리자면, 이는 솥면을 따라, 천저와 지평선상의 양 적도점을 최단거리로 이은 선이다. 지평좌표의 동서방위선이다. 정사투영에서는 중심의 방위가 보존되기 때문에 동서와 남북 두 방위선은 직교한다. 이 의기에서도 분명히 이 직선의 양단은 적도선 즉 춘분과 추분의 계절선과의 교점이다.

이 의기의 '위선'은 24절기이다. 이는 천구의 지하반구의 특정경 선인 남회귀선 적도 북회귀선 등에 대응한다. 그 형태는 성질 ②에 의하여 타원호다. 그리고 이 타원호들의 이심률은 모두 같다. 즉 의기 소재 지점의 위도의 코사인과 같다. 즉 cos(37.5) =0.79다. 그 값이 위선들의 공통이심률이다. 이 타원호들은 앙부일구에서처럼 가장자리 둘은 각각 하지와 동지 두 절기에 대응하고, 적도인 한가운데 위선을 비롯한 11개의 타원호 각각은 2계절씩에 대응하여, 모두 24절기를 나타내게 된다.

이 의기를 자세히 들여다보면, 정사투영의 일반적 성질 ⑤에서 말하고 있는 것처럼, 가장자리로 갈수록 축소왜곡이 심해짐을 알 수 있다. 그리하여 시간적으로는 오정에서 멀어질수록, 절기적으로는 동지에 가까울수록, 축소왜곡이 심하여, 그야말로 가장자리에 아슬아슬하게 edge-on 붙어있어, 의기를 읽어내기가 어려워진다.

3) 간평일구의 해시계 기능

그러면 이 평면의기가 일구 즉 해시계의 역할을 할 수 있을까? 해시계 역할을 하려면, 우선 남북방향과 중심자오선이 일치하도록 놓여야 한다. 그리고 이 의기의 평면이 수평을 이루어야 한다. 이 두 조건이 충족되는 상황에서 천저 자리에 수직으로 막대 즉 표를 세우면 해그림자를 얻을 수 있다.

정사투영은, 그 성질 ①에서 알 수 있듯이, 방위보존성을 가진다. 그러므로 앙부일구에서의 방위가 이 정사투영에서도 그대로 보존된다. 이는 지평좌표의 방위좌표 a가 그대로 보존된다는 뜻이다. 그런데 우리가 원하는 것이 해시계 기능이라면, 이 정보로부터 적도좌표인 τ를 알아낼 수 있어야 한다. 이제 우리의 좌표변환 결과를 상기해보자. 그 좌표변환의 내용은 다음과 같았다.

$$\tan(a) = \frac{\sin(\tau)}{\cos(\tau)\sin(\phi) - \tan(\delta)\cos(\phi)}$$

$$\sin(e) = \cos(\delta)\cos(\tau)\cos(\phi) + \sin(\delta)\sin(\phi)$$

$$\tan(\tau) = \frac{\sin(a)}{\cos(a)\sin(\phi) + \tan(e)\cos(\phi)}$$

$$\sin(\delta) = -\cos(e)\cos(a)\cos(\phi) + \sin(e)\sin(\phi)$$

이중 세 번째 식을 보면 우리는 지평방위 a와 지평고도 e를 알면 시각을 알 수 있다. 그런데 해그림자로 지평방위는 알 수 있으나, 지평고도는 알 수 없다. 앙부일구에는 있던 지평고도 정보가 정사투영과정에서 깨져버렸다. 그런데 이 의기에서 보면, 추가로 절기정보 δ를 알면 시각정보 τ를 얻을 수 있음을 알 수 있다. 위 식에서 보면, 두 번째 식을 세 번째 식에 대입하여 τ에 관하여 풀면, τ는 a와 δ의 함수로 나타내지는 것이다. 그러므로 방위와 날짜를 알면 시각을 알 수 있는 것이다. 이 의기는 바로 이 계산을 아날로그방식으로 해 주는 의기인 것이다. 앙부일구에서는 해그림자로부터 방위와 지평고도 정보들 둘 다 얻기 때문에, 세 번째와 네 번째 식에 의하여 시각과 절기의 정보 둘 다를 얻을 수 있었지만, 이 '간평일구'는 그런 기능은 가지고 있지 못한 것이다. 즉 추가적으로 오늘의 절기가 언제인가를 알 때, 해그림자와 절기곡선이 만나는 점에서 시각을 읽을 수 있는 해시계인 것이다.

4) 간평일구의 추가적 기능

앙부일구가 가지고 있는 일부 기능을 간평일구도 추가적으로 가지고 있다. 즉, 간평일구의 경계인 대원이 $e=0$의 곡선이라는 성질을 이용해서 얻을 수 있는 정보들이 있는 것이다. 이 곡선상에 있다는 것은 지평고도가 0이라는 말이기 때문에, 일출과 일몰에 관

계되는 현상과 모두 관계된다. 위의 네 식 중 두 번째 식을 보자:

$$\sin(e) = \cos(\delta)\cos(\tau)\cos(\phi) + \sin(\delta)\sin(\phi)$$

이 식에서 $e=0$이라면, 우변이 0이 된다. 그러므로 다음 식이 성립한다.

$$\cos(\tau) = \frac{-\sin(\delta)\sin(\phi)}{\cos(\delta)\cos(\phi)} = -\tan(\delta)\tan(\phi)$$

네 번째 식을 보자:

$$\sin(\delta) = -\cos(e)\cos(a)\cos(\phi) + \sin(e)\sin(\phi)$$

이 식에서 $e=0$이라면, 다음 식이 성립한다.

$$\sin(\delta) = -\cos(a)\cos(\phi)$$

즉
$$\cos(a) = \frac{-\sin(\delta)}{\cos(\phi)}$$

이 두 관계는 δ와 ϕ를 알면 τ와 a를 구할 수 있다는 것이다. 즉, 오늘 날짜의 태양의 적도위도와 관측지의 위도를 알면, 일출 일몰의 시각을 알 수 있고, 또, 일출 일몰의 방위를 알 수 있다. 그런데 간평일구를 들여다 보면, 이런 계산을 하지 않고도 그것들을 알 수 있다. 즉, 오늘의 절기선과 대원이 만나는 점을 찾아서, 그 지나는 시각선을 보면 오늘의 일출 일몰 시각을 알 수 있고, 그 점의 방위를 읽으면 방위각을 알 수 있는 것이다.

그런데 실제로는, 대원 근방에서는 곡선들이 너무 촘촘해서, 제대로 식별하여 알아내기가 그리 쉽지는 않다고 느낄 것이다.

5) 앙부일구의 정사투영 : 추가적 설명

앙부일구의 정사투영인 간평일구 그림에서, 위쪽 경도경선들이 수렴하는 점이 남극의 투영점이다. 이 그림은 어디까지나 평면도형이지 그 자체가 입체를 그린 것은 아니다. 이 평면도형의 중심은 天底의 투영이고, 의기의 경계를 이루는 대원은 지평규다. 즉 지평좌표의 고도 e가 0인 도형이다. 천저 자체는 지평고도가 -90도이지만, 앙부일구에서는 천정의 대척점이므로 90도로 인식되는 점이다. 이 천저투영점을 지나는 세로직선은 적도경도 τ가 0도인 중심자오선의 투영이다. 이 직선의 상반부는 천저를 지나 남극을 지나 솥전으로 이어지는 부분의 투영이고, 하반부는 천저를 지나 북극을 향하여 가다가 다 가지 못하고 솥전에서 끊어지고 마는 부분의 투영이다. 중심자오선에서 15도 간격의 자오선들의 투영은 공통적으로 남극의 투영점에 수렴하는 (솥전에서 끊어지는 미완성의) 타원호다.

그러면 중심자오선과 중심에서 직교하는 중심가로선은 무엇일까? 이것은 중심자오선평면과 직각을 이루며 천저와 천정을 지나는 대원의 투영이다. (물론 양단은 솥전에 의해서 끊어지는 자리의 투영이다.) 이 대원은 이 의기 소재지의 지평좌표계의 東西를 가리키는 선 즉 卯酉선이다. 이 동서선의 兩端은 중심자오선에서 τ=+90도와 τ=-90도 되는 경선과 교차한다. 적도위도 δ가 0도인 적도와도 역시 같은 兩端에서 교차한다.

그림에서 적도인 경선은 세로곡선군들의 중간에 있다. 이 경선은 춘분과 추분의 해그림자 곡선이다. 상하양단의 세로곡선은 각각 적도위도 -23.5도와 +23.5도의 경선인데 이는 각각 하지와 동지에 해그림자가 지나가는 곡선이다. 나머지 세로곡선들도 각각 24절기 중 다른 절기의 해그림자 곡선이다.

이 의기의 경계인 대원은 앙부일구의 솥전의 투영이다. 솥전을 포함하는 평면을 지평면이라고 보고, 반구면은 이 평면에 직사투영했다고 볼 수 있기 때문이다. 24절기곡선들과 솔전이 만나는 점들은 일출점, 일몰점이다. 그러므로 중심에서 이 점들을 읽어, 일출과 일몰의 방위를 알아낼 수 있다. (방위는 정사투영에 영향을 받지 않는다.) 또 그 점들의 적도경도 τ를 읽을 수 있으므로, 일출과 일몰의 시각을 읽어낼 수도 있다. (물론 가장자리에서는 경선간의 간격이 촘촘하여 정확히 읽어내는데 어려움이 있기는 하지만 말이다.)

6) 아나렘마 해시계

정사투영 해시계로는 아나렘마 해시계(analemmatic sundial)가 있다. 현재 아나렘마라는 말은 아라비아 숫자 '8'모양으로 표현되는 소위 '균시차(equation of time)'라는 말과 관련되지만, 과거에 analemma는 정사투영(orthgraphic projection)과 동의어였고, analemmatic sundial이라고 할 때도 '정사투영'이란 의미다. 이런 의미의 analemma라는 단어를 동아시아에 가장 일찍 전해준 문헌은 『곤여만국전도』일 것이다. 거기에서 마테오 리치는 이를 '曷捺楞馬'라는 표기로 소개하고 있다.

정사투영에 의해서 앙부일구의 위선들은 모두 동일한 이심률 $\cos(\phi)$을 가지는 타원으로 투영된다. 즉 위선들의 모든 타원이 닮은 타원인 것이다. 이 타원들이 적도가 가장 크고 남북으로 갈수록 점점 작아지는데, 그 가장자리들이 대원에 흡수되면서 사라지는 꼴이 되어 대원근처에서는 식별이 어려운 것이다. 아나렘마 해시계는 이 단점을 없애고, 또 닮은 타원들을, 공통의 이심률 $\cos(\phi)$을 가지는 하나의 타원으로 축약한 해시계다. 그리고 그 '대표' 타원은 바로 '적도 타원'이다.

다음 그림은 간평일구에서 출발하여, 아나렘마 해시계의 원리를

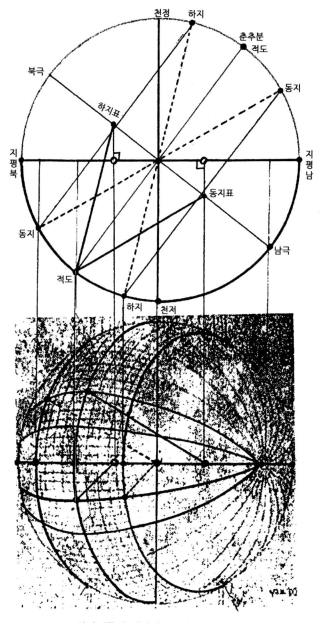

간평일구와 아나렘마해시계의 원리

설명하는 그림이다. 아래 그림은 간평일구 자체다. 즉 앙부일구의 위로부터의 정사투영이다. 아래 그림은 앙부일구의 서쪽으로부터의 정사투영이다. 두 그림의 대원은 크기가 같고, 지평북과 지평남을 잇는 중심가로서은 두 그림에서 공통이다. 아래 그림의 대원은 솥전인 지평환이다. 윗 그림의 대원은 중심자오환으로, 앙부일구 부분인 아래 반원을 굵게, 비어있는 위 반원은 가늘게 그렸다. 지평북과 지평남이 각각 솥전의 북과 남의 끝이다. 세로중심선은 두 그림에서 의미가 다르다. 아래 그림에서는 동서선이다. 아래가 서, 위가 동이다. 윗 그림에서는 아래가 천저, 위가 천정이다. 두 그림에서 모두 중심점은 앙부일구의 표의 위치에 해당한다.

아래 간평일구에는 동지, 춘추분, 하지의 절기선을 굵게 그렸다. 모두 이심률이 같은 타원이다. 또 시각선은 10시, 11시, 12시, 13시, 14시의 선을 굵게 그렸다. 이심률이 다른 타원들이다. 간평일구에서, 하지 11시에 해그림자는 중심에서 점선을 따라 11시 시각선과 하지절기선이 만나는 점을 지난다. 그런데 하지 11시의 해그림자가, 적도환인 춘추분의 절기선과, 11시의 시각선이 만나는 점을 지나도록할 수는 없을까? 이는 표를 '적당히' 북으로 옮기면 가능하다. 또 한 경우를 보자. 동지 14시에 해그림자는 중심에서 점선을 따라 14시 시각선과 동지절기선이 만나는 점을 지난다. 그런데 동지 14시의 해그림자가, 적도환인 춘추분의 절기선과, 11시의 시각선이 만나는 점을 지나도록할 수는 없을까? 이는 표를 '적당히' 남으로 옮기면 가능하다. 이는 아래 그림에서 분명하다. 왜냐하면 태양광은 평행광선이기 때문이다. 그런데 '적당히'란 얼마란 말인가? 그 답은 위의 그림에서 얻을 수 있다.

시각선은 경선이며, 경선은 모두 대원이다. 그러므로 180도 떨어진 경선과 어우르면, 어떤 경선이라고 모두 완전한 대원이 되고 그 지름은 남북극을 잇는 회전축이다. 그러므로 모든 경선은 중심자오

환으로 대표할 수 있다. 위의 그림은 모든 경선을 대표하는 중심자
오환이다. 이 중심자오환 위에는 위의 그림에 표시한 많은 중요한
점들이 있다. 그리고 그 자오환의 정사투영이 아래 그림의 중심세
로선이다. 그러므로 그 중심세로선 위에는 자오환 위의 점들이 모
두 정사투영되어 있다. 지평남, 남극, 천저, 하지, 적도, 동지, 지평
북 등의 점들이다.

　이 자오환 평면에는 그 중심에 앙부일구의 표도 있다. 그러므로
표끝을 지난 광선이 모두 이 지평환평면에 표현된다. 하지에 태양
광은 표끝을 지나 '하지'에 꽂힌다. 이를 점선으로 표현하였다. 그
리고 '하지'점은 아래 그림의 중심가로직선 상에 하지절기선과의
교점으로 표현된다. 그런데 이 태양광선이 춘추분절기선인 '적도'
에 꽂히게 하려면 어떻게 하면 될까? 표의 위치를 바꾸면 된다. 남
극과 북극을 이은 극선은 천구의 회전축이다. 그 회전축 위에 표가
있다. 바뀐 표도 이 극선위에 있어야 모든 경선에 대해서 대칭성을
유지할 수 있다. 그러므로 새 표는 이 극선상에서 찾아야 한다. 또
그 표는 그 표끝을 떠난 태양광이 '적도'에 꽂힐 수 있는 위치의 점
이어야 한다. 그런 점은 그 점과 '적도'를 이은 선분이, 태양광 경로
인 점선과 평행이어야 한다. 그리하여 그 점은 다음과 같은 과정으
로 얻어진다. 표끝과 '하지'를 점선으로 잇는다. '적도'에서 이 점선
과 평행인 직선을 그려, 이 직선과 극선의 교점을 '하지표'라 한다.
우리가 구하는 표끝은 바로 점 '하지표'다.

　그러면 이 점, '하지표'는 어떻게 특정할 수 있을까? 하지표, '적
도', 중심 세 점을 꼭지점으로 하는 직각삼각형에서 각 '적도'는 δ
이고, 천구의 반지름은 1이다. 그러므로, 원래의 표인 중심과 새로
운 표인 하지표 사이의 거리는 $\tan(\delta)$다. 그런데 이 거리는 극선을
따라서 잰 거리다. 지평을 따라서 잰 거리는 다르다. '하지표'에서
지평에 수선을 내려 얻은 지평과의 교점이 지평의 표이고, 그 점까

지의 거리는 $\cos(\phi)\tan(\delta)$다. 지평과 극선의 교각이 ϕ이기 때문이다. 옮겨진 표의 위치를 아래 그림에도 중심가로직선 상에 표시하였다.

동지의 경우에도 같은 요령으로 표의 위치를 구할 수 있다. 이 경우는 남쪽으로 $\cos(\phi)\tan(\delta)$만큼 옮기면 된다. 이 경우에도 옮겨진 표의 위치를 아래 그림에도 중심가로직선 상에 표시하였다. 그리고 그 점을 이용하여 동지 14시 해그림자가 적도의 14시점을 지나는 과정을 그림으로 설명하였다.

7) 아나렘마 해시계의 작도법

앞의 설명에서 알 수 있는 것은, 간평일구의 해그림자로 시각을 알고자 할 때, 여러 절기에 대응하는 절기타원곡선을 따로 가질 필요가 없다는 것이다. 춘추분에 대응하는 절기타원곡선 즉 적도의 투영곡선 하나만 있으면, 어느 절기의 시각이라도 그 타원상의 점에서 읽을 수 있다는 것이다. 다만 절기에 따라서 표의 위치를 바꾸어주기만 하면 되는 것이다. 그런 모습의 해시계를 아나렘마 해시계(analemmatic sundial)라 부르는 것이다.

그러면, 아나렘마 해시계는 어떻게 작도할 수 있을까? 타원을 작도하고, 시각점을 표시하며, 절기별 표의 위치를 정하면 끝이다.

우선 동심원 둘을 그리고 각각의 반지름은 1과 $\sin(\phi)$로 한다. 우리는 이제 반장축이 1, 반단축이 $\sin(\phi)$인 타원을 그리려 한다. 공통의 중심 O에서 十 자로 직교하는 직선을 그려, 두 원과 상하좌우에서 만나게 한다. 1상한과 2상한의 각 상한 90도를 15도씩 균분하여 공통중심에서 두 원을 가로질러 사선들을 그린다. 두 원과 하나의 사선이 만나는 각 점에서, 큰 원과의 교점에서는 세로선분, 작은 원과의 교점에서는 가로선분을 그려 각 선분이 만나는 점을 그

림에서처럼 6, 7, 8, ,...., 11,12, 1, 2, ...,5, 6 등으로 표시한다. 그러
면 이 점들은 적도타원의 점들이고, 각 점들은 시각점이 된다. 3상
한과 4상한에도 필요에 따라, 같은 요령으로, 몇 개의 시각점을 추
가한다. (그림 참조.)

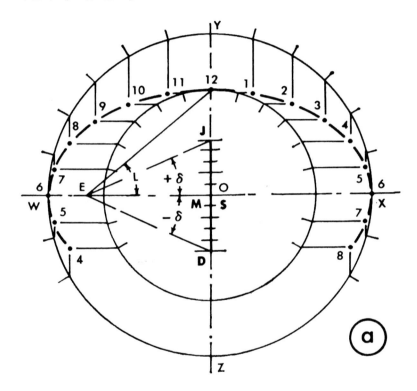

　이 타원의 이심률이 왜 $\cos(\phi)$인지는 직접 구해보면 알 수 있
다. 즉,

$$\text{이심률} = \sqrt{\frac{\text{반장축}^2 - \text{반단축}^2}{\text{반장축}^2}} = \sqrt{\frac{1 - \sin^2(\phi)}{1}}$$

$$= \sqrt{\cos^2(\phi)} = \cos(\phi)$$

또 각 시각점의 좌표가 왜 타원상의 점인지도, 다음과 같이 확인된다. 즉, 사선의 x축 대한 편각을 θ라 하면,

$$x = \cos(\theta), \quad y = \sin(\phi)\sin(\theta)$$

이다. 그런데 타원의 식은

$$\frac{x^2}{\text{반장축}^2} + \frac{y^2}{\text{반단축}^2} = 1$$

이므로, 좌변에 필요한 요소를 대입하면,

$$x^2 + \frac{y^2}{\sin^2(\phi)} = \cos^2(\theta) + \frac{\sin^2(\phi)\sin^2(\theta)}{\sin^2(\phi)} = \cos^2(\theta) + \sin^2(\theta) = 1$$

마지막 등호가 성립하는 것은 삼각함수의 항등관계 때문이다. 그러므로 시각점들은 모두 적도타원상의 점이다.

각절기의 표의 위치는 중심에서 단축방향으로 $\tan(\delta)\cos(\phi)$였다. 이를 작도하기 위해서 우선 장축방향으로 EO=$\cos(\phi)$인 점 E를 잡아보자. O에서 12시각점까지가 $\sin(\phi)$이므로, 12시각점에서 거리가 1인 점 E를 잡으면, 이 조건이 충족된다. 그러므로 E에서 단축방향으로 x축과의 편각이 δ인 직선이 단축과 만나는 점을 J라 하면,

$$\text{OJ} = \tan(\delta)\cos(\phi)$$

가 되어 우리가 원하는 점을 얻는다. 즉 그 절기에 점 J에 표를 세우면 된다.

완성품은 다음 그림과 같은 모습입니다.

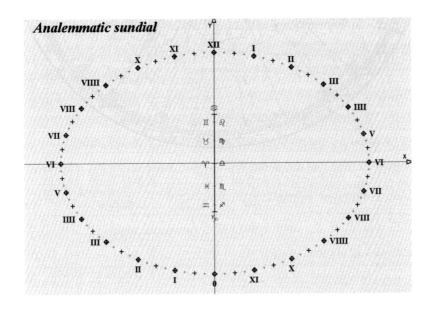

아래가 남쪽이다. 표의 위치는 황도12궁의 기호로 나타냈는데
이는 12中氣와 완전히 일치한다. 즉, 가운데의 춘분으로부터 시작
하여, 곡우, 소만, 하지로 하지가 맨 위이고, 아래로는, 하지, 대서,
처서, 추분, 상강, 소설, 동지로 동지가 맨 아래다.

2. 심사투영의 해시계 : 신법지평일구

지평일구는 심사투영을 이용한 해시계다. 역사적으로는 '신법지평일구'가 그 대표적인 예다. 그 일구의 시반면이 어떻게 작도되는 것인지를 우선 『국조역상고』의 설명을 중심으로 검토하자.

1) 時刻線 구하는 법

시각선은, 심사투영의 관점에서 보면, 경선의 투영이고, 경선은 대원이기 때문에 직선으로 투영된다는 사실을 우리는 알고 있다. 그러나 그 사실을 모르는 상태에서는 어떻게 설명할 수 있을까? 『국조역상고』는 지평일구의 時刻線 구하는 방법을 다음과 같이 설명한다:

地平日晷之制 以京都北極高度爲句股, 南卽北極高 北卽赤道高. 股指北極 卽 過極經圈, 句指赤道 卽 赤道半徑. 依赤道影線 (卽 赤徑所抵之 東西直線) 取午正前 距辰初七十五度以內 各時刻切線, 午正後 距酉初七十五度以內 各時刻切線. (每十五度爲 一小時 各作識于 東西線上.) 卯正酉正 距午正前後 各九十度而半徑 與切線平行 故卽以過極徑圈全徑引長 爲卯正酉正線. 戌初 距子正前七十五度切線 則距辰初一百八十度而反對, 卯初 距子正後七十五度切線 則距酉初一百八十度而反對. 乃自北極點出線 過東西線上切線 各限引長之. 是爲時刻線之法也.

이 글은 매우 난해하다. 차례로 그 뜻을 풀어가 보자.

우선 京都北極高는 한양의 북극고 37.5도를 말한다. 이 각도에 맞춰 직각삼각형을 만드는 일을 먼저 설명한다. 이를 위해서는 지평일구의 時盤面平面을 고려한다. 이 평면에 수직이 되게 직각삼각형, ABC를 그린다. 직각을 낀 긴 변 BC 즉 股는 이 평면에서 북극을 바라보는 형국이 되도록, 평면과 이루는 각이 37.5도가 되게 한다. 직각을 낀 다른 한 변 BA 즉 句는 적도를 바라보는 형국이 되도록, 평면과 이루는 각이 52.5도가 되게 한다. 그리고 나머지 변인 빗변AC는 시반면평면에 있다. 그런데 우리는 직각삼각형의 직각인 꼭지점 B를 천구의 중심으로 삼고자 한다. 그러면 B에서 시반면에 내린 수선의 발을 O라 하고, O를 시반면평면과 천구의 접점이라고 보는 것이 편리하다. 그리고 천구의 반지름을 1이라 하면, BO의 길이가 바로 1이다. 그렇다면 句의 길이 즉 BA의 길이는

$$\frac{1}{BA} = \cos(37.5) \ \text{즉,} \ BA = \frac{1}{\cos(37.5)} = 1.2605$$

로 된다. 위 글에서는 이 句의 길이를 '赤道半徑'이라고 부르고 있다. 呼稱의 이해에 주의가 필요하다. 또 BC 股를 '過極經圈'이라고 부르는데, 이 명칭 역시 부적절하다. (『수리정온』에서도 그렇게 부르고 있다.) 極線'이라고 부르는 편이 차라리 나을 것이다. BC의 길이는

$$\frac{1}{BC} = \sin(37.5) \ \text{즉,} \ BC = \frac{1}{\sin(37.5)} = 1.6427$$

로 된다. 위의 글에는 이 뒤를 이어 '赤道影線'과 그 分割 이야기가 나온다. 왜 이 이야기가 나오는가? 시각은 태양이 赤道를 돌 때의 상황으로 설명하는 것이 편리하기 때문에 적도가 나오는 것이다. 태양이 적도를 도는 절기는 춘분과 추분이다. 이때 태양은 적도를 等速度로 1日1周한다. 경도 15도를 1소시에 도는 것이다. 태양이 중심자오선에 왔을 때를 午正이라 하면, 그때 해그림자는 천구의 중심 B를 지나 시반면의 A에 도달한다. 그 점이 춘추분 午正의 時刻點이다. 그날 시각의 경과와 함께 B를 지나는 해그림자는 시계방향으로 천구의 적도를 돌게 되는데, 그 해그림자가 시반면에 도달해

서는 모두 한 직선상에 오게 된다. 그리고 그 직선은 점 A에서 직선 AC와 수직인 직선이다. 이 직선을 위의 글에서는 '赤道影線' '東西線'이라고 부르고 있는 것이다. 그러므로 춘추분의 시각점은 모두 이 직선상에 있다. 예컨대 춘추분일 未正에 해그림자는 오정에서 시계방향으로 30도 떨어진 점에 있다. A에서 적도를 따라 시계방향으로 30도 돌아간 점을 A_2라 하면, 직선 BA_2와 적도영선이 만나는 점에 온다. 즉 그 점이 춘추분 未正의 시각점이다. 이런 식으로 모든 춘추분 절기의 시각점을 구할 수 있다.

이리하여 춘추분 절기의 시각점은 구할 수 있는 것이지만, 다른 절기의 시각점은 어떻게 구할 수 있는가? 이 설명을 위의 글은 아주 간단히 언급하고 만다. 추가설명이 없다. 그 간단한 언급이란,

'乃自北極點出線 過東西線上切線 各限引長之. 是爲時刻線之法也.'

뿐이다. (여기서 自北極點出線은 自南極點出線의 잘못임이 분명하다.) 즉 '점 C에서 선을 낸다'는 말이다. 東西線上切線이란 우리의 '춘추분 各時의 시각점'을 말한다. 왜냐하면 여기서 '切線'이란 탄젠트를 말하고, 따라서 그 시각점을 '적도반경 BA의 탄젠트'로 해석할 수 있기 때문이다. 그러므로 이 말은, '점 C와, 춘추분 절기 各時의 時刻點을 이은 射線을 연장하면, 그것이 모든 절기 各時의 時刻線이다.' 이는 타당한 진술이다. 타당한 이유는 다음과 같다.

첫째, 어느 계절이거나 동일 시각의 해그림자는 동일경선을 지난다. 즉 동지 하지의 미정의 해그림자는 춘추분의 미정의 해그림자와 동일경선을 지난다. 다만 상이한 위도의 점을 지날 뿐이다.

둘째, 모든 경선의 투영은 직선이다. 이는 心射投影의 일반적 성

질이다. 천구의 中心 B를 照本으로 하는 心射투영에서 모든 大圓은 직선으로 투영된다. 그리고 모든 經線은 남극과 북극을 지나는 대원이다.

셋째, 모든 경선의 투영은 남극의 투영점 C를 공유한다. 모든 경선이 共有하는 점 남극의 심사투영점이 바로 C다.

이상에서 우리는 『국조역상고』의 설명이 보충설명 없이 이해되기가 어려운 이유를 알 수 있다. 심사투영의 성질을 알지 못하면 이해가 되지 않는 것이다. 더 나아가서 이 방법으로는 설명할 수 없는 묘초와 묘정 (5시, 6시), 그리고 유정과 술초 (18시, 19시)의 시각선 설명은, 以過極徑圈全徑引長 爲卯正酉正線이라든가, 卯初 距子正後七十五度切線 則距酉初一百八十度而反對. 乃自北極點出線 過東西線上切線 各限引長之라고 설명하고 있는데, 이 역시 심사투영의 이론을 배경에 깔고 있을 때만 이해할 수 있는 설명인 것이다. 즉, 묘정 유정에 대응하는 경선은 하나의 대원이기 때문에 하나의 직선으로 투영되는 것이며, 묘초 유초에 대응하는 경선, 진초 술초에 대응하는 경선 역시 각각 하나의 대원이기 때문에 하나의 직선으로 투영되는 것이다. 그리고 심사투영은 각보존성이 없기 때문에, 천구에서 90도, 180도가 투영에서도 그렇게 된다는 보장도 없는 것이다.

2) 節氣線 구하는 법

『국조역상고』는 지평일구의 절기선 구하는 방법을 다음과 같이 설명한다.

以赤道半徑 依黃赤大距弧度 取春分至夏至二十三度半以內 各節氣切線, 秋分至冬至二十三度半以內 各節氣切線, 乃自地心點 (卽表端相交

直角點) 出線 過大距切線各限 引長至 午正線上, 即 各節氣之 午正影界
也. 盖春秋分 日在赤道 故其影界 即在赤道線上. 自表端至各時刻點 相
距之度 即春秋分各時刻之影線也. 春分以後 秋分以前 日在赤道北 而影
在南, 春分以前 秋分以後 日在赤道南 而影在北, 故以表端各時刻點相
距之度爲半徑 而各節氣距緯度之切線 即各時刻各節氣之影界也. 如以
春秋分 午正影線爲半徑 即各節氣 距緯切線最密, 以春秋分 辰初影線爲
半徑 即各節氣 距緯切線最疎. 凡各時刻線上 各節氣影界之疎密 皆因半
徑之大小, 是爲節氣線之法也.

'적도반경'은 앞에서 설명한 선분 BA다. 앞에서 시각선을 설명
할 때는 적도반경 BA와 수직인 赤道影線 즉 東西線이 중요한 역할
을 하였다. 절기선을 구하는 이 설명에서는 東西線과 점 A에서 垂
直인 南北線이 중요한 역할을 하게 된다. 어느 절기에나, 오정의 태
양은 천정을 지나는 중심자오선상에 있고, 조본 B를 지나는 해그림
자는 천저를 지나는 자오선을 지나 남북선상에 그림자가 떨어진다.
그러므로 남북선은 午正線 또는 午正影線이 되는 것이다. 그러면 오
정영선상의 각절기 午正影界는 어떻게 정해질까? 이 글은 맨 먼저
黃赤大距弧度라는 개념을 써서 이를 설명하고 있다. 黃赤大距란 각
절기의 적도와 황도간의 적위도차 ϵ를 말한다. 춘추분에는 0도, 동
지에는 −23.5도, 하지에는 23.5도 등이다. 지평일구는 심사투영에
근거를 둔 해시계이기 때문에, 모든 해그림자는 천구의 중심인 B를
지난다. 하지정오의 해는 북회귀선에 있어 적도보다 23.5도 북쪽이
지만, 조본 B를 지난 해그림자는 적도남쪽 23.5도에 온다. 동지에는
적도 북쪽 23.5도에 온다. 그리고 그 각도는 점 B를 중심으로 측정
되는 각도다. 그리하여 각절기 정오의 해그림자 즉 午正影界가 午
正影線의 어디에 떨어지는가를 설명하는 것이 이 글의 앞부분이다.
선분 BA를 중심으로 양쪽에 부채살처럼 黃赤大距弧度를 펼치고, 그

부채살이 오정영선과 만나는 점들이 각절기의 午正影界가 된다는 설명이다. 그러면 각절기 다른 시각의 影界는 어떻게 구할 수 있을까? 예컨대 각절기 未正影界를 구하는 방법을 생각해 보자.

우리는 이미 춘추분 미정영계는 구하였다. 춘추분 모든 시각점은 赤道影線 위에서 이미 설명하였고, '춘추분 미정영계'도 그 영선 위에 있기 때문이다. 그러면 '다른 절기의 미정영계'는 어떻게 구할 수 있을까? 이를 위해서 우리는, 이미 구한 바 있는 '未正 시각선'에 주목해야 한다. 이 선 위에 '모든 절기의 미정영계'가 있을 수밖에 없기 때문이다. '하지의 미정영계'를 생각해 보자. 이 점은 하지의 해그림자가 도달하는 점이다. 하지 미정의 해그림자는 천구의 중심인 점 B를 지나 남회귀선 상의 중심자오선에서 30도 동쪽의 점을 거쳐 하지의 미정영계에 도달하게 된다. 이 해그림자의 경로는 시반면평면에서 설명할 수 없다. 점 B가 시반면의 점이 아니기 때문이다.

다음 그림으로 절기선의 작도원리를 설명하자. 춘추분 오정에 해그림자는 甲에 떨어진다. 乙을 지난 광선이 乙甲의 경로를 따라 甲에 떨어진 것이다. 그런데 을갑의 중간에는 천구의 '오정경선'이 있다. 그 경선상의 점이 을갑 선분상에 있는 것이다. 특히 그 오정경선상의 점은 그 경선의 적도상의 점이다. 춘추분에 해그림자는 적도를 따라 돌기 때문이다. 하지에는 어떨까? 해그림자는 '남'회귀선을 따라 돌며, 남회귀선은 적도에서 23.5도 남쪽에 있다. 그러므로 하지 오정에 해그림자는 을을 떠나 '오정경선'의 남위23.5도를 지나, 오정시각선에 도달한다. 마찬가지로 동지 오정에 해는 을을 떠나 오정경선의 북위 23.5도를 지나 오정시각선에 도달한다.

그러면 시각 미초의 경우는 어떠할까? 춘추분 미초의 시각점은 이미 설명하였다. 그리고 그 점과 '丙'을 이은 사선이 '미초경선'의 투영이고 따라서 미초시각선이라는 설명도 하였다. 그러며 춘추분

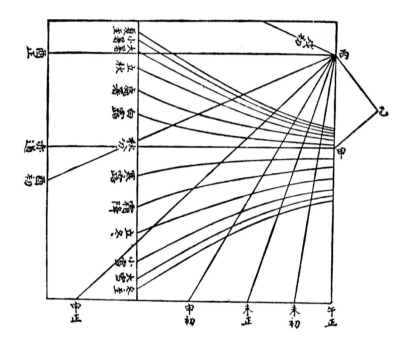

미초에 을을 떠난 광선이 미초시각선상의 점 후에 오는 과정에 천구의 어디를 지날까? 미초경선상의 적도점을 지난다. 하지 미초에 을을 떠난 광선이 미초시각선상의 점에 오는 과정에 천구의 어디를 지날까? 미초경선상의 '남'회귀선을 지난다. 그런데 그 점은 적도에서 23.5도 남쪽에 있다. 적도에서 23.5도 북쪽에 있는 점은 북회귀선 점인데, 을을 떠나 이 점을 지난 광선은 동지의 미초시각점에 도달한다. 그렇다면 미초경선과 미초시각선은 3차원공간에서 같은 평면상에 있다. 그리고 그 평면에는 점 을도 있다. 여기서 을은 시반면의 점이 아니라는 점을 상기하자. 즉, 갑을병은 시반면과 다른 평면의 직각삼각형이다. 그럼에도 불구하고 위의 그림에서는 시반면평면을 '빌려서' 직각 삼각형 갑을병을 그렸다. 신을병은 또 다른 평면의 직각삼각형이다. 그리고 그 평면상에 점 을과 병이 있

다. 우리도 시반면평면을 '빌려서', 직각삼각형 신을병과 두 점 을,
병을 그려보자.

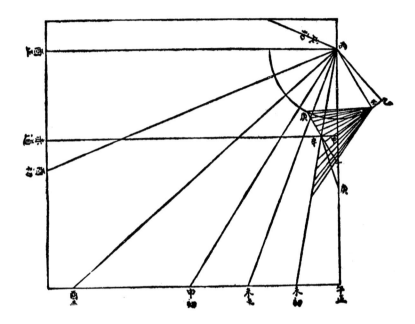

　위의 그림은 『수리정온』의 그림이다. 갑을병 직각삼각형과 오정
시각선 미초시각선이 보인다. 미초시각선과 적도선이 만나는 점을
辛이라고 하였는데, 적도선은 춘추분 절기선이기 때문에, 신은 춘
추분의 미초시각점이다. 우리는 이 그림으로 하지의 미초시각점,
동지의 미초시각점 등을 구하려 한다. 이를 위해서는 점 을과 미초
시각선을 포함하는 평면을 시반면을 빌려 표현해야 한다. 『국조역
상고』에는 이 설명이 없다. 『수리정온』에는 있다. 그런 설명 없이,
『국조역상고』는 다음과 같이 말한다.

　'故以表端各時刻點相距之度爲半徑 而各節氣距緯度之切線 卽各時刻各
　節氣之影界也.'

먼저, 以表端各時刻點相距之度爲半徑의 의미가 무엇일지를 생각해보자. '表端'이 무엇인지는 안다. 점 을이다. 시반면에 있지 않은 점이다. '各時刻點'이란 적도 즉 춘추분 오정선상의 각각의 시각점을 말한다. 예컨대 未初의 시각점 辛을 말한다. 그러므로 '表端各時刻點相距之度'는 '乙과 辛 사이의 떨어진 度'를 말한다. 그러므로 여기서 '도'란 각도가 아니라 길이를 의미하는 것이 분명하다. 그것을 '半徑'으로 삼는다는 데서 그 의미는 더욱 분명해 진다. 그러면 '半徑' 즉 반지름으로 삼으려는 그 길이는 이 그림에서 어떻게 나타내질까? 이 그림에서의 '乙'은 그 원위치가 아니다. 원위치는 갑을병 직각삼각형을 시반면에 수직이 되도록 갑병위에 세웠을 때의 위치다. 위의 그림은 이를 눕혀 오정선과 함께 을이 시반면에 오도록 한 상황을 보여준다. 그러므로 '을과 갑 사이의 거리'는 눕히기 전과 후에 변화가 없다. 그러면 '을과 신사이의 거리'는 어떠할까? 그것은 눕히기 전의 을을 가지고 만든 직각삼각형 갑을신의 '빗변의 길이'다. 그리고 그 길이는 시반면 위에 나타나지 않는다. 이 길이를 시반면에 나타나게 하려면 어떻게 해야 할까?『수리정온』은 이 문제를 다음과 같이 푼다. 오정선상에 '甲庚=甲乙'을 만족하도록 점 '庚'을 잡는다. 그러면 두 직각삼각형 갑을신과 갑경신은 합동이고, 따라서 '을신=경신'의 등식이 성립한다. 그리고 경신은 시반면 상의 선분이므로 그 길이가 직접 그 그림 속에 표현된다.『국조역상고』에서 '半徑'으로 쓰려는 길이가 그것이다. 그런데 그 길이를 반경으로 삼으려는 잠재적인 '圓'의 중심은 乙이어야 한다. 그러므로 이 조건에 맞게 乙을 시반면 평면에 옮겨 놓아야 한다. 그렇게 옮겨진 점이 그림에 '壬'이라고 쓰여진 점이다. 즉 '壬'은 미초의 시각선과 시반면의 점으로서 다음 조건들이 충족되는 점이다.

두 삼각형 신임병과   신을병에서

      (1) 신 병 = 신병   (공유, 자동충족)

      (2) 임 병 = 을병

      (3) 임 신 = 을신

      (4) 신임병 = 신을병   (직각)

즉 두 삼각형은 합동이어야 하는 것이다. 그런데 합동의 조건은 여러 가지로 표현된다.

      첫째 합동조건 : 세변의 길이가 같으면 된다.

      둘째 합동조건 : 한 각이 직각이면 두 변의 길이가 같으면 된다.

첫째 합동조건이 충족되려면 위의 (2), (3)이 충족되면 된다.『수리정온』에서는 첫째 합동조건을 이용한다. 둘째 합동조건이 충족되려면 위의 (2), (4)가 충족되면 된다.

(2)의 충족을 위하여 병을 중심으로 병을을 반지름으로 원을 그리면 병에서 원주까지의 길이는 모두 이 등식을 충족한다.

(3)의 충족을 위하여, 우선 '을신=경신'의 등식이 성립하도록 점 '경'을 잡았다. 이제 신을 중심으로 경신을 반지름으로 원을 그리면, 신에서 원주상의 점까지의 길이는 모두 이 등식이 성립한다. 즉 (3)의 조건을 충족한다.

『수리정온』에서는 이 두 조건을 충족하도록 '임'을 정하고 있다. 그런데 필자는 둘째 합동조건이 더 간단해 보인다. (3)의 조건을 충족하는 점을 찾기 위하여 '경'이라는 점을 잡는 등으로 복잡한 절차를 밟을 필요가 없기 때문이다.

(2)의 조건 충족으로 두 변의 길이가 같은 조건이 확보되면, 필요한 것은 (4)의 조건이다.

(4)의 조건을 충족하는 점을 찾으려면, 선분 '신병을 지름으로 하는 원'을 그리면 그것으로 끝이다. 그 원의 원주각은 직각이기 때문이다.

이 원과 (2)의 조건을 충족하는 원의 교점이 바로 우리가 구하는 점 '임'이다.

이상의 논의에서 우리는『국조역상고』가 얼마나 많은 부분을 설명에서 생략하고 있는지를 알 수 있다. 이 추가 설명 없이 내용을 이해한다는 것은 至難한 일이다.

『국조역상고』의 이어진 설명을 보자.

'故以表端各時刻點相距之度爲半徑 而各節氣距緯度之切線 卽各時刻各節氣之影界也.'

지금까지 이 설명의 전반부의 설명이었다. 후반부는 이렇게 구한 '半徑' 壬辛과 '各節氣距緯度之切線'의 관계를 설명해야 한다. 各節氣距緯度란 각절기의 황도의 적도로부터의 적위도를 말한다. 춘추분에는 0도 동하지에는 23.5도 등이다. 그 각의 切線이란 탄젠트를 말한다. 탄젠트는 직각삼각형의 직각을 낀 두 변의 비를 말하므로, 무엇을 그런 직각삼각형으로 상정하고 있는 것일까를 알아야 의미파악이 된다. 어떻게 생긴 직각삼각형일까?『수리정온』에서는 삼각함수를 '八線法'이라 한다. 그 중의 하나가 '切線' 즉 탄젠트다. 팔선법에서는 기본적으로 원이 있고, 원의 중심에서 원주까지 수평의 基線이 있다. 기선의 길이가 半徑이다. 기선에서 일정한 각을 가진 弦을 그리면 원주와 만나는데, 그 교점에서 기선에 수선을 그리면 직각삼각형이 생긴다. 이 직각삼각형에서 正弦sine, 餘弦cosine이 정의된다. 그 현을 더 연장하고, 기선의 끝점에서 원주에 접선을 그리면 접선은 수직선이 되고, 그 각이 직각이 된다. 그 접선과 앞의 현의 연장과 만나는 점을 고려하면, 역시 또 하나의 직각삼각형이 생긴다. 이 직각삼각형의 밑변은 半徑이고, 높이는 切線이다. 이정도로 설명하면, 반경과 거위도로 정의되는 직각삼각형의 절선을 머리에 그릴 수 있다. 즉 임신을 반경으로 하고, 임을 호의 중심으로 하고, 거위도만큼의 각을 가진 호를 그릴 수 있다. 거위도는 하지는 +23.5도, 동지는 −23.5도 등이다. 위의『수리정온』의 그림을 보면 이 추론이 맞는다는 것을 알 수 있다. 그림을 보면 각절기의 거위도를 부채를 펼친 모양으로 그려놓고, 부채의 초점이 '임'이다. 부채의 가운데 선이 임신이고 그 좌우에 절기에 대응하는 거위도가 사선으로 표현되어 있다. 하지쪽 끝점은 '癸', 동지쪽 끝점은 '子'로 표기되어 있다. (원래 '癸'의 자리에는 '庚'으로 되어 있는데 이는 착오로 보인다. '庚'은 오정시각선상에 이미 있기 때문이다. 그리고 '甲乙丙...壬癸' 10개의 十干이 끝났기 때문에 十二支의 첫째인 '子'가 등장하는 것이다.)

그러면 그 다음 단계는 무엇인가? 우리의 목표가 절기선을 구하는 것임을 잊지 말아야 한다. 절기선을 구하려면 각시각 각절기점을 구할 수 있어야 한다. 우리는 지금 미초시각선을 따라 각절기의 미초시각점을 구해야 하는 것이다. 이를『국조역상고』는 다음과 같이 표현하고 있다.

'各節氣距緯度之切線 即各時刻各節氣之影界也.'

즉 우리가 미초시각선을 다루고 있다면, 미초시각선을 지나는 각절기거위도의 절선이 각절기의 영계를 나타낸다는 것이다. 즉 부채살 모양의 각절기 거위도 사선이 미초시각선과 만나는 점이 각절기의 해그림자가 떨어지는 점이라는 것이다.

이상의 작업을 원하는 만큼 여러번, 각시각선에 행하면 각절기 각시각점을 얻을 수 있고, 같은 절기끼리 이은 곡선은 바로 절기선이 된다.

3) 신법지평일구

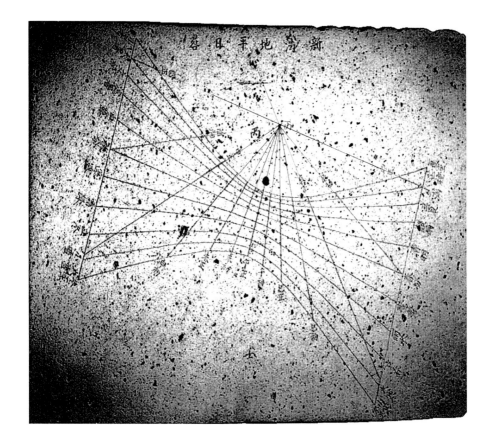

　이것은 김영 등이 제작한 것으로 알려진 「신법지평일구」다. 수직으로 세운 표의 표끝의 해그림자로 시각과 절기를 동시에 알 수 있는 해시계가 이 지평일구다. 사진을 보면 표를 세웠던 자리가 둥근 구멍으로 남아 있다. 여기에 '규격에 맞는 표'를 수직으로 세우고, 이 의기를 수평을 유지하며, 오정시각선이 정확히 남북방위에 맞게 설치해야 한다.

　그런데 이 사진을 보면 몇가지 결함이 발견된다. 첫째 절기선이 모자란다. 소서/망종 절기선과 대설/소한 절기선이 없다. 다만 하지선과 동지선에 그 절기 명칭만 덧붙였을 뿐이다. (중국의 것은 그렇지 않다.) 또 표를 세웠던 자리가 하나뿐이다. 하나 더 있는 것이 원칙이다. (중국의 것도 마찬가지다.) 이 그림에는 필자가 시각선들을 연장하여 하나의 점에 수렴하도록 하였다. 『수리정온』에 보면 이 점을 '丙'이라고 표기하고 있기 때문에 '丙'자를 추가하였다. (사진에는 거기서 좀 떨어진 곳에 그 글자가 있다.) 원래 이 지평일구의 표는 표의 흔적자리와 '丙' 두 점에 걸친 길이를 밑변으로 하는 직각삼각형의 표가 시반변에 수직으로 세워져야 한다. 그리고 그 규격은 엄격히 지켜져야 한다. 그러나 그 흔적이 남아있지 않다. 만일 막대기 하나만 수직으로 세운 것이 사실이라면, (현재 국립과천과학관의 야외에 설치된 모조품이 바로 그렇다.) 표의 해그림자로 알 수 있는 것은 제한된다. 즉 오늘의 절기를 알 때, 절기선에 떨어진 해그림자를 보고, 현재의 시각을 알 수 있을 뿐이다. 또는 현재의 시각을 알 때, 오늘의 절기를 알 수 있을 뿐이다.

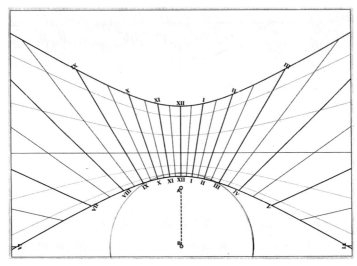

이는 서울의 위도인 37.5도에 맞게 작도된 지평일구의 時刻線/節氣線 그림
이다.

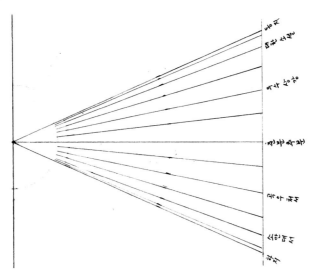

節氣距緯度 그림이다. 춘추분선이 基線이며, 기선의 왼쪽 끝점이
천구의 중심이다. 기선의 오른쪽 수직선을 따라 상하로, 距緯度
에 따른 각절기의 '切線'이 표시되어 있다

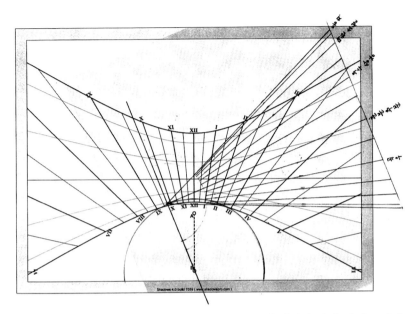

이 그림은 북위 37.5도에 맞게 그린 지평일구의 시각선/절기선 위에, 부채 모양의 節氣距緯度 그림을 겹쳐 놓은 것이다. A가 심사투영의 중심이고, B가 남극의 심사 투영점이다. B를 중심으로 한 원의 반지름은 천구의 중심에서 B까지의 거리다. 부채의 꼭지점은 그 원주상에 있다. 그 꼭지점에서 춘추분선은 그 원에 접한다. 이 그림의 현재 상황은, 부채의 춘추분선이 춘추분 절기선과 Ⅱ시 즉 未正시와 만나고 있다. 이 상황에서 부채의 동지절선과 하지절선이 未正시각선과 만나는 교점은 각각 동지절기선과 하지절기선 상에 있음을 확인할 수 있다. 즉 세 선이 한 점에서 정확히 만난다. 다른 절기의 교점도 마찬가지로 해당 절기선 상에서 정확히 만난다.

4) 漸近線論

(1) 쌍곡선의 식

신법지평일구의 하지계절선과 동지계절선이 쌍곡선이라고 힐 때, 쌍곡선에는 점근선이 있기 마련이므로, 그 두 계절선에도 점근 선이 있다. 그러면 그 점근선은 어떤 모양일까?

동하지의 계절선의 점근선의 식은

$$y = (1.0267) \pm (0.5814)x$$

이다. 우리는 다음 사실을 확할 수 있다.

> 하지일출 : 동으로부터 북으로 30.17도
> 하지일몰 : 동으로부터 북으로 30.17도
> 동지일출 : 동으로부터 남으로 30.17도
> 하지일몰 : 동으로부터 남으로 30.17도

앙부일구에서의 이 일출·일몰점들이 지평일구 쌍곡선의 무한원 점에 대응한다. 심사투영에서 이 점들이 무한원점이 되기 때문이 다. 그리고 공액쌍곡선은 점대칭의 형태를 가지기 때문에, 그 점근 선은 그 대칭의 중심을 지나는 직선이다. 그리고 심사투영은 투영 의 중심에서 각이 보존되기 때문에, 점근선의 기울기는 일출 일몰 의 편각이 보여주는 각을 보존한다. 그러므로 우리는 점근선을 구 할 수 있는 정보를 모두 갖춘 셈이 된다. 즉 30.17도라는 각과 대칭 의 중심을 알 수 있기 때문이다. 대칭의 중심은 쌍곡선인 두 계절 선의 꼭지점의 중점이 되기 때문이다.

(2) 쌍곡선에 대응하는 앙부일구의 점들

그러면 투영평면에서 교차하는 직선으로 표현되는 점근선은 앙부일구 자체에서 대응하는 도형을 가지고 있을까? 우선 일출 일몰점들은 점근선의 대응점이다. 그리고 일출일몰점을 이어서 점근선의 대응도형이 된다고 할 때, 각 점근직선은 그 일출일몰점을 교차해서 대응할 것임도 알 수 있다. 그리고 점근직선의 교차점에 대응하는 점도 역시 하나의 점으로 존재할 것이다. 또 하나 중요한 사실은 심사투영에서 직선으로 표현되는 천구의 대응도형은 대원 또는 대원의 원호이어야 한다는 것이다. 그러므로 점근선의 대응물은 교차하는 일출 일몰점을 지나는 대원의 원호이고, 두 점근직선에 대응하는 두 원호의 교차점이 점근선의 교차점에 대응할 것이라는 사실이다. 그리고 그 교차점의 심사투영점이 두 점근직선의 교점 즉 두 계절선의 대칭의 중심점이 되어야 함은 말할 필요도 없다.

그 교차점은 쌍곡선의 마주보는 두 꼭지점의 중점일 수밖에 없다. 그러므로 두 대원의 교차점은 그 중점의 역투영점이다. 그리고 그 점은, 일반적으로, 적도상의 점이 아니다.

3. 極射投影의 해시계 : 渾蓋日晷와 제2혼개일구

혼개일구는 간평일구와 함께 두 일구가 하나의 쑥돌평면에 그려져 있는 형태로 전해져 온다. 이 일구가 어떻게 해시계 역할을 했을지에 관한 설명은 내가 아는 한 아무데도 없다. 다만 한영호 (2005)에서 그 투영방법이 하나는 정사투영 orthographic projection, 또 하나는 평사투영 stereographic projection 즉 극사투영임을 밝혔을 뿐이다.

나는 이 유물에 관하여, 앞에거 언급한 대로 여러가지 같은 의문을 품었다.

나는 이 의문들을 풀기 위하여 우선 각 일구의 투영법을 개략적으로가 아니라 본격적으로 철저히 밝히는 것이 선결과제라고 보았다. 그리하여 '간평일구'부분은 앞에서 설명하였고, 여기서는 '혼개일구' 부분을 밝히고자 한다. 그리고 나서 둘 사이의 관계를 고려해보기로 한다.

1) 극사투영의 성질

① 방위투영법(Azimuthal projection)이다. 즉, 투영중심으로부터
   의 방향이 보존된다.
② 구면상의 한 점으로부터의 투시투영법(perspective projection)이다.
③ 형태보존성, 각보존성(Conformal and angle-preserving properties)
   을 가진다.
④ 일반적으로 원은 원으로 투영되고, 조본을 지나는 원은 직선
   으로 투영된다. 모든 경선과 위선은, 원, 원호 또는 직선 중
   의 하나다.
⑤ 피투영의 범위는, 반구를 넘어, 투영중심의 대척점인, 조본을
   제외한, 구 전체에 걸친다.
⑥ 가장자리인 조본에 가까이 갈수록 확대왜곡이 심하다. 왜곡
   이 없는 것은 투영의 중심에서 뿐이다.

2) 혼개일구의 극사투영

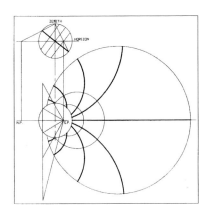

한영호(2005)의 앙부일구의
극사투영원리 도해

한영호(2005)는 극사투영의 기하학적 원리를 구체적으로 설명하지 않고 다만 다음 그림만 제시하고 있다. 여기서는 그 원리를 본격적으로 설명하고자 한다.

이 그림의 위의 작은 원은 앙부일구를 정서에서 바라본 정사투영으로도 볼 수 있고, 그 때의 중심자오선의 모습이라고

도 볼 수 있다. 그러므로 이 원의 둘레에는 위에서 우리가 나열한 점들이 다 들어 있다. 천정(ZENITH)에서 반시계방향으로 돌면, 차례로

　천정　북극　북지평　동지선　적도　하지선　천저

등의 점들이고, 시계방향으로 돌면, 차례로

　천정　북회귀선　적도　남회귀선　지평남　남극　천저

등의 점들이다. 이들을 천정을 조본으로 극사투영한 점들이 아래 그림의 중심가로선 위에 찍힌다. (일부는 불표시) 그리고 대응하는 두 점씩 짝을 지은 선분은, 각각의 대응하는 천구상의 원들의 극사투영에서 투영도형인 원의 지름이 된다. 그러므로 그 선분을 지름으로 하는 원을 그리면 천구상의 원들의 극사투영 도형이 된다. 아래 그림은 바로 이를 나타낸 것이다. (그림에서는 일부는 그려지지 않았다. 아마도 '혼개일구'와의 대응을 고려해서일 것이다.)

　한영호는 이 그림을 혼개일구의 작도원리를 설명하는 그림이라고 말한다. 즉 혼개일구는 앙부일구를 천정을 조본으로 극사투영한 것이라고 말이다. 그런데 이 그림을 보면 정작 혼개일구와 같은 부분은 앙부일구의 반구가 아니라, 앙부일구 위의 반구임을 알 수 있다. 앙부일구 부분의 극사투영은 왼쪽의 작은 원 원인 지평규의 내부에 그려져야 하는데, 그 부분은 일부러 비워놓고 있는 것이다.

　한영호의 그림이 혼개일구의 작도원리를 설명하고 있는 것은 틀림없어 보인다. 무엇이 잘못된 것일까? 위 그림의 중심자오환을 지평(HORIZON)을 대칭축으로 하여 반전시키고, ZENITH를 '천저'로 보면 된다. 위의 작도 그림을 상하반전시켜 다음과 같이 만들어보자.

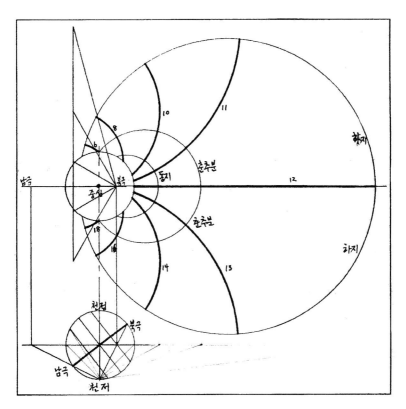

한영호 그림의 반전

이 반전된 그림은 천정을 조본으로 삼은 극사투영이 아니라, 천저(NADIR)를 조본으로 하는 극사투영인 것이다. 그리고 나서 혼개일구를 같은 방향으로 전환하면 둘 사이의 비교가 쉽고, 과연 혼개일구가 앙부일구의 극사투영임을 실감하게 된다.

3) 혼개일구 : 앙부일구의 극사투영

이렇게 해서 앙부일구의 절기선들이 극사투영되었다. 동지절기
선이 가장 작고 하지절기선이 가장 큰 원호다. 하지 원호의 반지름
은 그야말로 크다.

혼개일구의 전환: 왼쪽이 남, 오른쪽이 북

이 그림은 혼개일구의 그림인데, 앞의 앙부일구의 극사투영과
비교하면, 절기선 시각선을 덜 그리고 더 그린 차이뿐이다. 다만 이
사진은 혼개일구를, 왼쪽이 남, 오른쪽이 북이 되도록 돌려놓았다.
이 극사투영의 조본은 천저, 투영의 중심은 천정이다. 그러나 이 그

림에서 천정은, 왼쪽 작은 원으로 표현된 지평규의 중심이다. 왼쪽
으로 치우친 느낌이다. 천정의 북쪽으로 아래에 펼쳐지는 영역이
우리의 주관심 영역이기 때문이다. 이 그림에서 보면 천정의 오른
쪽으로, 중심자오선의 투영직선을 따라 다음 점들이 차례로 나열되
어 있다.

   천정　북극　북지평　동지선　적도　하지선　천저

   이것은 한영우의 그림과 달리 천구를 정동에서 바라볼 때 청정
에서 시계방향으로의 순서다.

   혼개일구가 앙부일구의 극사투영이고 그 조본이 천저라고 하였
다. 그렇다면 투영의 중심은 천정인데, 이 사진에서 보면, 천정은
왼쪽 작은 원의 중심이다. 그 작은 원은 지평규다. 지평규는 그림에
서 중심가로선인 중심자오선과 두 점에서 만나는데, 좌가 지평남이
고 우가 지평북이다. 즉 이 사진에서는 천정의 우가 북, 좌가 남이
다. 물론 천정은 앙부일구에 명시적으로 나타나 있지 않지만, 우리
는 앙부일구의 윗부분을 반구형의 하늘로 덮어 그 중심을 천정이
라고 머릿속에 그릴 수 있다. 한양의 머리위의 하늘이다.

   이 천정으로부터 중심자오선을 따라 북쪽으로 향해 하늘을 한
바퀴 돌아보자. (이 사진에서는 우로 진행하는 여행이다.) 이 대원
은 천정에서 출발하여 북극출지 37.5도인 하늘의 북극을 지나고,
더 진행하면 지평의 북극 즉 지평북에 도달한다. 여기까지가 지평
위의 하늘이다. 지평북부터는 지평 아래의 하늘이며 동시에 앙부일
구가 형상화하고 있는 지평 아래의 반구다 이 반구에 관해서는 앙
부일구에서 부르는 명칭을 그대로 쓰기로 하자. 앙부일구의 솥전인
지평북으로부터 대원을 따라 계속 반구를 내려가면 동지절기선을
만난다. 그 점을 지나 여섯 번째로 만나는 선은 적도인 춘추분절기
선이고, 마지막으로 만나는 선은 하지의 절기선이다. 혼개일구의

중심 가로선을 따라 오른쪽으로 진행하면, 이야기한 점들이 모두 그 직선상에 나타남을 확인할 수 있다. 그리고 하지절기선이 가장 큰 원으로, 그 의기의 사실상의 경계를 이루고 있다. 왜 여기서 그쳤을까? 천저에 가까울수록 확대왜곡이 심하기 때문이다. 거기서 더 진행하여 앙부일구의 바닥의 구멍, 즉 천저에 이르는 것이지만, 조본인 천저는 투영이 불가능한 점이다. 조본에 가까워질수록 투영의 중심에서 무한히 멀어지기 때문이다. 그러므로 하지절기선을 지나 오른쪽으로 무한원점이 천저다.

앙부일구에서 중심자오선을 따라가는 여행을, 반대 방향으로 계속해 보자. 천정을 지나 계속 남쪽으로 내려가다 보면, 북회귀선, 적도, 남회귀선등을 만나게 되지만, 이들은 앙부일구의 점들이 아니기 때문에, 혼개일구에서는 무시되었다. 우리도 이 방식에 따라 이들을 건너뛰자. 그러면 지평환의 지평남에 도달한다. 여기서부터 앙부일구의 점들이 천저까지 이어진다. 혼개일구에는 이 구간도 완전히 비어 있다. 그러나 작도그림에서는 지평남의 왼쪽에 남극이 표시되어 있다. 혼개일구의 시각선 작도를 위해서 남극의 투영점이 필요하다. 이는 뒤에서 설명될 것이다.

이상의 '여행'과정을 표로 만들어 보자.

중심자오선을 따라 천정에서 북으로 돌 때 만나는 점들의 지평고도와 적도위도

	천정	북극	북지평	동지선	적도	하지선	천저
지평고도	+90.0	+37.5	0	-29.0	-52.5	-76.0	-90.0
적도위도	+37.5	+90.0	+52.5	+23.5	0	-23.5	-37.5
혼개일구	중심	북극	북지평	동지선	춘추분선	하지선	무한원점

중심자오선을 따라 천정에서 남으로 돌 때 만나는 점들의 지평고도와 적도위도

	천정	북회귀선	적도	남회귀선	지평남	남극	천저
지평고도	+90.0	+76.0	+52.5	+29.0	0	-37.5	-90.0
적도위도	+37.5	+23.5	0	-23.5	-52.5	-90.0	-37.5
혼개일구	중심	(하지선)	(춘추분선)	(동지선)	남지평	남극	무한원점

( )안의 설명은 여기서는 해당 없다. 뒤에서 설명될 것이다.

4) 혼개일구의 시각선 작도

다음은 혼개일구의 시각선의 작도를 설명해 보자. 천구상에서, 모든 경선은 남극과 북극을 지나는 원호다. 앙부일구에서는 이 경선이 시각선이다. 이 경선을 극사투영한 것이 혼개일구의 시각선이다.

극사투영에서는 천구상의 모든 원이 원으로 투영된다. 다만 조본을 통과하는 원은 직선으로 투영된다. 천구상에서 모든 경선은 원이므로, 극사투영에 의하여 원으로 투영된다. 다만 중심자오선으로 나타내지는 자정시와 오정시의 시각선만이 직선이다.

그런데 그 원들은 모두 양극을 통과해야 하므로, 그 원들의 중심은 모두 양극의 투영점을 잇는 선분의 수직이등분선 상에 있다. 그러므로 남극의 투영점이 필요하다. 남극의 투영점을 구하는 방법은 이미 설명하였다. 1소시 간격인 15도 간격의 경선들을 고려하면, 이 경선들은 모두 북극에서 만난다. 그리고 극사투영의 각보존성의 성질에 따르면, 북극에서 각경선에 그은 접선간의 각도 역시 서로 15도 간격이고, 그것이 그대로 투영에 반영된다. 그러므로 북극에서 15도 간격의 시각선들의 접선들과 앞의 수직이등분선과의 교점들을 구하면, 그 교점들은 각시각선 원호의 중심이 된다. 즉 각시각선은 그 교점을 중심으로 하고, 양극을 지나는 원호가 된다.

사진의 시각선들은 바로 이런 방법으로 작도된 원호들이다. 다

만 남극과 남극주변을 그리지 않았을 따름이다.

5) 혼개일구의 해시계로서의 기능

그러면 이의기는 어떻게 해서 해시계로서의 기능을 하는 것일까? 앙부일구가 해시계의 기능을 하는 것은 앙부일구가 지평좌표를 적도좌표로 변환하는 아날로그컴퓨터 기능이 있기 때문이다. 혼개일구는 앙부일구의 극사투영의 산물이다. 그러므로 극사투영의 성질을 알아야 혼개일구가 아날로그 컴퓨터 기능을 가졌는지를 알 수 있다. 이와 관련된 극사투영의 성질은 방위보존성이다. 이 투영으로 투영중심에서의 방위는 변하지 않는다는 것이다. 그러므로 투영의 중심에 표를 세우면, 해그림자는 앙부일구에서와 같은 방위에 생기게 된다. 그러면 그 그림자로 어떻게 시각을 알 수 있는가? 추가정보가 있어야 한다. 그 추가정보는 보통은 오늘의 날짜다. 절기곡선에서 오늘의 날짜에 해당하는 곡선을 찾을 수 있으면 된다. 그러면 그 곡선과 해그림자가 만나는 점의 시각선을 읽으면 현재의 시각을 얻을 수 있는 것이다.

이런 의미에서 혼개일구는 해시계 기능을 할 수 있다. 그러나 문제가 없는 것은 아니다.

첫째, 앙부일구는 해그림자 하나만으로 절기와 시각을 모두 알 수 있는데, 혼개일구에서는 절기를 외부정보로 이미 알고 있어야 겨우 시각을 알 수 있을 뿐이다. 의기로서의 효율성이 떨어진다고 말할 수 있다.

둘째, 표와 절기선 사이의 거리가 너무 고르지 않다. 특히 하지 정오경에는 표의 그림자가 가장 짧고, 동지 정오경에는 긴데, 표에서 하지절기선까지는 매우 멀고, 동지절기선까지는 가깝다. 그림자의 길이와 원근의 관계가 정반대인 것이다. 그러므로 표의 길이를 정하는데 문제가 있을 수밖에 없다.

셋째, 곡선의 밀도차이가 너무 심하여, 표에서 가까운 곳에서는 너무 촘촘하고, 먼 곳에서는 너무 성글다. 그리하여 표 주변에서는 곡선의 식별이 쉽지 않다.

6) 간평일구와 혼개일구의 연결 이유

그러면 이제 간평일구와 혼개일구를 그림처럼 연결한 일구를 왜 만들었을까를 추측해보자. 이상의 논의에서 알 수 있었듯이, 두 일구는 앙부일구의 透視투영 perepective projection이다. 둘 다 방위보존성을 가지기 때문에, 절기를 알면 해그림자로 시각을 알 수 있다. 그러나 둘 다 곡선의 식별이 쉽지 않은 구역이 있다. 다행히 두 일구는 그런 구역이 겹치지 않는 부분을 가지고 있어서, 서로 보완해 줄 수 있는 가능성이 있다.

아마도 두 일구의 연결제작의 목적은 이 보완성의 이용에 있었을 것이다.

7) 천정을 조본으로 하는 앙부일구의 정사투영

앞에서 한영호(2005)의 그림을 설명하면서, 천저를 조본으로 하면서 천정을 조본으로 한다고 설명을 잘못 하였음을 지적한 바 있다. 그런데 진정으로 천정을 조본으로 앙부일구를 투영하면 어떤 모습일까?

그것은 아래 작은 원 즉 앙부일구의 반면을 나타내는 반구의 투영부분을 빈자리고 남겨두지 말고 채워 넣으면 얻어지는 그런 도형이다.

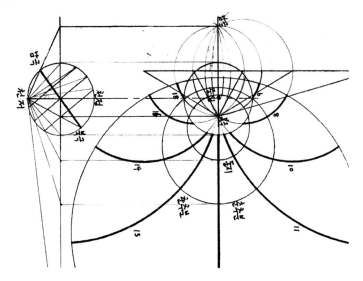

그것은 다른 것이 아닌, 절기선과 시각선의 끊긴 부분을 이어주는 작업으로 얻어진다. 원래의 한영호의 그림은 지평규에 의해서 그 곡선들이 끊겨 있다. 혼개일구에서는 그 시각선들은 끊기지 않고, 북극의 투영점으로 수렴하는 모습으로 되어있다. 우리는 여기서 모든 시각선들과 계절선들이 지평규 안으로 이어지는 도형을 작도하려 한다. 그 모습은 다음과 같다.

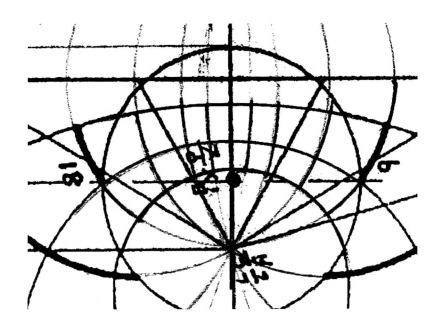

8) 제2혼개일구

이 그림을 본격적으로 정밀한 작도를 거치면 다음 그림이 된다. 제2혼개일구다. 24절기선/황도12궁선 안에 시각선과 절기선들을 그려 넣은 것이다. 위를 북으로 하고 천저 Zenith에 표를 세우면, 황도에서 찾은 절기/12궁에서 날짜를 찾고, 날짜에 대응하는 절기선과 해그림자가 만나는 점의 시각선을 읽으면, 현재의 시각을 알 수 있다.

앙부일구의 새로운 극사투영에 의해서 얻은 의기다. 그런 의미에서 재2혼개일구다. 이 의기는 북위 38도에 맞춰져 있다. 초생달 모양의 곡선은 황도를 30도 간격의 12中氣로 나누고, 1도 간격으로 눈금을 매긴 것이다. 태양은 황도를 따라 하루에 약 1도 이동한다.

이 의기 역시, 표의 해그림자에서 방위를 얻고, 외부 정보로 오

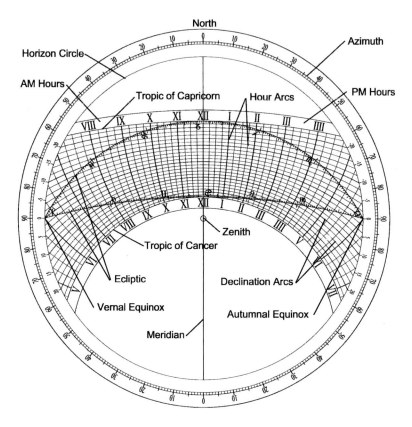

제2혼개일구(출처: Morrison)

늘 날짜를 알면, 현재의 시각을 구할 수 있는 의기다. 천정 Zenith
에 표를 세워, 현재 해그림자가 45도의 방위각 azimuth을 보이는 것
을 관측하였다고 하자. 즉 a=45도다. 오늘이 춘분을 지나 10일이
지난 3월 말일이라면, 현재 시각은 태양시로 몇 시인가? 위 그림에
서 오늘 날짜의 절기선의 적도위도곡선 declination arc는 δ=4도로
읽힌다. 천정에서 방위각 45도의 방위선과 이 절기선이 만나는 점
을 지나는 시각선은 X, 즉 오전 10시다. 현재의 태양시다. 이 새 혼
개일구는 이런 방법으로 이용할 수 있다.

이 새 혼개일구는 시각선 절기선 모두 疏密度가 적당하여, 앞의 간평일구나 혼개일구와 같은 촘촘하고 성긴데서 오는 단점이 일거에 해소되었다. 이슬람 세계나 서방 세계에서 우리의 간평일구, 혼개일구 비슷한 유물의 예를 찾기 어려운 이유도 여기에 있을지 모른다.

VI. 평의/아스트로라브, 평혼의

1. 平儀/아스트로라브

平儀 즉 아스트로라브는 주로 아랍권에서 수천년간에 걸쳐 애호를 받아 온 천문의기로서 유럽으로 전파된 이후에도 역시 최고의 천문의기로 사랑을 받아왔다. 그러나 망원경의 발명 이후 정밀한 의기들에 밀려 현재로서는 실용적인 천문의기로서 보다는 고상한 취미나 교육적 도구로서 사용되고 있는 것이 현실이다. 그러나 아스트로라브가 가지는 과학적 가치가 재평가 재조명 되면서, 이 의기에 대한 관심은 다시 고조되는 형국이다.

1) 동아시아에서의 平儀와 그 명칭

『혼개통헌도설』은 아스트로라브의 解說書다. 아스트로라브란 말 자체는 『元史』에도 등장하고, 이를 인용한 이순지의 『제가역상집』에도 등장한다. 그러나 그 내용이 본격적으로 동아시아에 소개된 것은 이지조의 『혼개통헌도설』을 통해서일 것이다. 이지조는 아스트로라브를 '혼개통헌의' 또는 '平儀'라고 부르고 있다. 전통적 '渾儀'와 대칭이 되는 명칭이다. 이하에서 우리는 '平儀'라는 호칭을 사용할 것이다. 뒤에서 따로 다룰 의기, '簡平儀'의 명칭은 아마도 아스트로라브를 平儀라고 부르는 것과 관계가 있을 것이다. 서양에서도 이를 아스트로라브라고 부르고 있다. 확실히 簡平儀는 平儀보다 구조가 간단하다.

2)「欽定四庫全書提要」의 『혼개통헌도설』 해설

『혼개통헌도설』 二권은 明 이지조의 撰이다. 이 책의 出自는 서양 간평
의법이다. 혼천과 개천은 둘 다 立圓이다. 그러나 간평은 혼천을 평원으
로 그리고, 渾天을 全形이 되게 한다.

관측자의 눈이 혼천의 바깥에서 혼천을 둘러본다면, 하늘은 半形이 될
것이다 즉 반 밖에 안보일 것이다. 관측자의 눈이 혼천의 안에서 혼천을
둘러본다면, 簡平은 一面에 그치고 만다. 즉, 관측자의 눈이 한 곳에 머
물러 있으면서 혼천을 똑바로 바라볼 때 생기는 一面이다.

「혼개통헌도설」의 法 (즉 極射圖法)은, 관측자의 눈이 남극 또는 북극으
로부터 바라보는 것으로 상황을 설정한다. 이처럼 극으로부터 황도, 적도
주장규, 주단규 등을 바라보는 것으로 한다. 그리하여 각각의 規 위의 점
을 시선이 거쳐 가면, 시선을 따라 그 점을 하나의 平圓 위의 경계에 되
돌리는 것이다. (즉 적도환 등 각 환을 투영평면위에 하나의 원으로 투영
하는 것이다. 이것이 天盤이 된다.)

다음은, 관측자가 소재하는 각지의 북극출지(즉 ϕ)에 따라, 투영법을 써
서, 천정, 지평의 둘레 (즉 지평규) 등을 역시 앞의 평원의 안에 되돌린다.
(이것이 地盤이다.)

다음은, 적도경위도에 의거하여 투영법에 따라, 七曜와 恒星들을 역시 앞
의 平圓이 안에 되돌린다. (이것이 天盤이다.)

여기서 말하는 視法 즉 投影法이란, 적도를 中圈으로 하고, 적도 안쪽 눈
에 가까운 圈은 더욱 커서 지름이 더욱 길고, 적도 바깥쪽 눈에서 먼 圈
은 더욱 작아서 지름이 더욱 짧게 투영하는 성질을 가진다.

이지조는 주단규를 최대의 圈으로 취하고 있다. 이는 조본을 남극으로 삼
아, 남극에서 바라볼 때, 주단규는 눈에서 가까워서, 圈이 크기 때문이다.
이를 중국이 처한 위치의 북극고와 관련하여 그 의미를 음미해 보자. 주
단규 大圈은 距北極 113.5도 이내의 모든 영역이 그 대권 안에 있다는

의미를 가진다. 卷首는 의기의 형체를 총론하고 있다. 上卷 이하는 여러 가지 원규를 작도하고 눈금의 여러 가지 용도에 관해서 논하고 있다. 後卷의 여러 그림 역시 이 논의에 뿌리를 두고 있다. 이하 생략.

이 提要의 해설은 내용을 잘 아는 사람의 해설이라고 볼 수 없다. 중국의 영역은 지상의 북극에서 거북극 113.5도 이내에 있다. 그런데 그것이 평의의 주단규가 포괄하는 영역이 천구의 북극에서 거북극 113.5도 이내의 영역이라는 것과 무슨 상관이 있는가? 그 두 영역은 비교대상이 아니다. 하나는 지상이고 하나는 천상이기 때문이다.

내용을 잘 이해하려면 극사투영의 원리를 알아야 한다. 그러나 이지조 자신도 투영의 원리 즉 視法에 통달했던 것 같지 않다. 극사투영과 좌표변환의 관점에서 평의의 구조를 살펴보자.

3) 平儀의 구조 개요

平儀는 天盤과 地盤으로 되어 있다. 둘 다 천구의 남극을 조본으로 하는 극사투영에 의한 천구의 투영이다. 투영의 범위는 천구의 남회귀선 즉 晝短圈까지가 표준이다. 그러므로 투영의 중심은 천구의 북극이고, 경계는 남위23.5도다.

(1) 天盤

평의의 천반은 북극을 중심으로 하는 천구의 극사투영이다. 그 적도좌표계의 경도는 춘분점에서 시작하는 적도경도 right ascension α다. 관측지 적도경도 τ가 아니다. 지반을 고정시키는 평의에서는, τ좌표는 고정되어 있으나, α좌표는 북극을 중심으로 회전한다. 그러므로 천반은 북극을 중심으로 회전한다.

　모든 항성들은 α좌표에 대해서 위치가 불변이다. 태양은 α좌표에 대해서 상대적인 운동을 한다. α좌표에 대한 태양의 상대적 운동의 궤도가 황도 Ecliptic이다. 그러므로 평의의 천반에는 위치불변의 항성들과 태양의 궤도 황도가 반드시 그려져야 한다. 이런 천반을 레테 rete 라고 부른다. 레테 위에 그려지는 천구의 모습은 천구를 위에서 내려다보는 형국이다. 그러므로 보통의 별지도와는 체세가 반대다. 별지도는 땅에서 올려다보는 모습을 그린 것이기 때문이다.

　실학박물관에는 조선에서 제작된 평의의 유물이 소장되어 있다. 이 평의에는 11개의 항성과 황도가 있다. 현대적 레테에 그 11개의 항성을 표시한 것이 다음 그림이다.

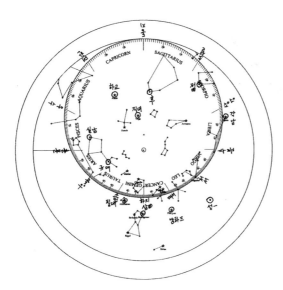

　그림의 중심 작은 동그라미가 북극이고, 왼쪽 길게 뻗은 선분이 춘분점 표시다. α=0인 점이다. 황도규를 따라 반시계방향으로 태양이 돈다. 하지, 추분, 동지의 α는 각각 90, 180, 270이다. 11개의 항성을 동그라미로 표시하였다.

(2) 地盤

평의의 지반은 관측지의 적도좌표계 τ와 δ, 그리고 관측지 지평 좌표계 a와 e로 이루어진다. 그러므로 지반은 관측지의 위도 ϕ에 따라 달라진다.

① 地盤의 적도좌표계

관측지 중심자오선 중심의 적도좌표계의 경도좌표 τ와 위도좌 표 δ다. 그런데 북극 중심의 극사투영에서 경도좌표는 각이 보존되 는 방사상의 직선이기 때문에 이를 일부러 지반 위에 그려 넣지는 않는다. 의기의 중심인 북극을 중심으로 하는 가늠자를 설치하고, 의기의 경계에 경도를 알 수 있는 눈금만 그려 넣으면, 경도를 쉽 게 알 수 있기 때문이다. 이 투영에서 적도좌표계의 위도는 북극을 공통 중심으로 하는 동심원으로 그려진다. 그러나 이 위도좌표 역 시 그려 넣지 않는다. 앞의 가늠자 위에 위도 눈금을 그려 넣으면 (그 눈금은 극사투영의 원리에 맞아야 한다.) 가늠자를 북극중심으 로 돌려가면서 어느 점에서의 위도좌표든지 읽어 낼 수 있기 때문 이다. 그러므로 위도 동심원은 최소한으로 셋만 그린다. 북위23.5도 의 晝長規, 0도의 晝夜平規 내지 赤道規 남위23.5도의 晝短規가 그것 이다.

② 地盤의 지평좌표계

지평좌표계의 방위좌표 a와 지평고도좌표 e다. 그리고 地盤은 관측지의 위도 ϕ에 의존적이다. 그러므로 위도가 다른 관측지마다 지반의 형태가 달라진다. 어떻게 달라지는가? 지반의 天頂이 '중심 자오선의 적도위도가 ϕ인 점'이라는 사실에 지반의 형태는 달려있 다. 다음 그림을 보면서 설명하자.

③ 북위40도의 地盤

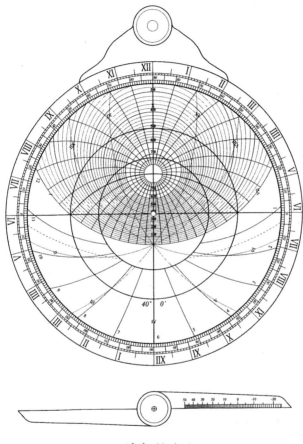

(출처 : Morrison)

촘촘한 곡선들은 지평좌표의 곡선들이다. 앞에서 이야기한대로 지평좌표의 중심점은 천정으로, 천정은 세로 중심자오선 상의 여러 곡선이 모여드는 자리에 있다. 이 그림의 지평좌표 곡선들의 의미와 작도 방법은 뒤에서 자세히 다루어진다.

다음 그림의 관측지 위도는 ϕ=40N이다. 중심의 작은 동그라미의 가운데가 북극이다. 그 점을 중심으로 두 동심원이 보인다. 작은 원이 주장규다. 주단규는 의기의 경계다. 그러므로 가운데 동심원이 적도규다. 적도좌표의 주요 위선들이다. 적도좌표의 경선은 그리지 않는다고 하였는데, 전혀 안 그리는 것은 아니다. 세로중심선으로 τ가 0인 경선, 180도인 경선을 그려주고 있다. 위로 뻗은 부분이 0도, 아래로 뻗은 부분이 180도다. 중심자오선과 직각을 이루는 중심 세로선의 왼쪽이 90도, 오른쪽이 270도의 경선이다.

4) 平儀의 作圖法

평의는 극사투영의 최고 응용이다. 모든 작도가 극사투영에 의해서 이루어지며, 모든 특징은 극사투영의 성질이다. 우리는 앞에서 극사투영을 충분히 설명하였다. 여기서는 그것이 평의라는 구체적인 의기의 경우에 어떻게 실현되는가를 설명하면 충분하다고 본다.

평의는 남극을 조본으로 한다. 그러므로 평의의 중심은 조본의 대척점인 남극이다. 앞의 극사투영 완성도에서 보듯이, 북극을 중심으로 하는 세로직선인 중심자오선은, 천구의 중심자오환의 극사투영이며, 그와 직각을 이루는 가로직선인 묘유선은, 중심子午環과 직각을 이루는 천구의 경선환인 卯酉環의 극사투영이다. 적도좌표계로 말하면, 세로직선의 윗부분인 午線은 τ=0, 아랫부분인 子線은 τ=180이고, 가로직선의 왼쪽 부분인 卯線은 τ=90, 오른쪽 부분인 酉線은 τ=270이다.

극사투영의 특징 중 가장 두드러진 것은, 천구면상의 원은 모두 원으로 투영되며, 그 중 조본을 통과하는 원은 직선으로 투영된다는 것이다. 중심자오선과 묘유선이 직선인 것은, 중심자오환과 묘유환이 둘 다 남극을 통과하는 원이라는 사실 때문이다. 또 하나의 특징은 角保存性이다. 천구에서의 각이 투영에서도 그대로 보존된다는 것이다. 천구에서 중심자오환과 묘유환은 북극에서 직교한다. 투영에서도, 투영의 중심인 북극에서 직교한다.

(1) 地盤의 作圖

① 주장규 주야평규 주단규 작도법

『혼개통헌도설』에는 〈地盤長短平規圖說〉이라는 절이 있다. 지반의 주장규, 주단규, 주야평규 셋을 작도하는 법을 설명하는 절이다. 우리는 위에서 이 세 규의 그림을 보았다.『혼개』에서와는 좀 다르게 이 작도법을 설명해 보자.

극사투영에서 적도환의 투영인 적도규는 그 반지름이 천구의 반지름과 같은 1로 정의된다. 그러므로 적도규는 반지름이 1인 단위원이다. (여기서 적도환이란 천구면의 적도를 말하며, 적도규란 그 극사투영을 말하는 것으로 구별한다. 다른 도형도 마찬가지다.) 투영에서 적도환은 단위원으로 투영되지만 자오환은 무한직선으로 투영된다. 그러나 천구에서 적도환과 중심자오환은 같은 크기의 단위원이다.『혼개』에서는 이 사실을 매우 유용하게 활용함으로써, 평규의 작도를 용이하게 하고 있다. 투영의 과정에서 적도규를 중심자오환으로 빌려쓰는 수법인 것이다. 둘 다 단위원이기 때문에 빌려 쓸 수 있는 것이다. 여기서 적도규는 투영도형, 중심자오환은 '투영 이전의 천구의 도형'임을 명심해야 한다. 그러므로 이 차용에서 차용 후의 중심자오환은 조본에 의해서 투영될 '투영의 대상'이다. 그리고 조본인 남극은 그 중심자오환의 한 점이다. 이 借用수법은 다음과 같다.

적도규의 오른쪽인 酉를 중심자오환의 남극인 S로 본다. 따라서 卯 는 북극, 子午세로선은 중심자오환이 투영될 투영면인 '적도'로 본다. 그러면 午쪽의 반원은 관측지 천구의 경선이고, 子쪽의 반원은 반대쪽 경선이다. 이제 이 借用된 원의 원주를 따라, 위도의 눈금을 매길 수 있다. 세로 중심은 적도이므로 위도가 0이고, 묘 방향으로 가면서 북위도가 증가하여 묘에서는 북위90도다. 유 방향으로 가면서 남위도가 증가하여, 유에서는 남위90도다. 즉 조본인 남극이다.

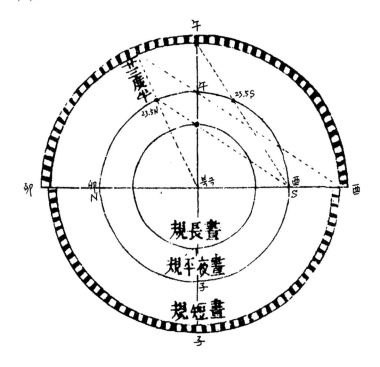

이 그림은 『혼개』의 세 규 작도 그림이다. 우리의 작도는 적도규 즉 주야평규로부터 시작하는데 이 그림은 주단규로부터 시작하기 때문에, 눈금을 주단규에 새겨 넣었다. 이를 무시하고 가운데의 적도규를 보자. 우리는 이를 借用하여 중심자오환이라고 본다. S가 조본인 남극이고, N이 북극이다. 우리는 이 '자오환'을 중심세로선인

자오선으로 극사투영하려 하는 것이다. 그러면 N은 '북극'에 투영되고, 23.5N, 23.5S 각 점 역시 자오선상에 투영된다. 이제 '借用'의 생각을 지워버리고, 자오선이 투영평면의 중심세로선이라고 생각하자. 그러면 북극을 중심으로 23.5N의 투영점, 23.5S의 투영점 각각을 지나는 원은 그림에서처럼, 주장규, 주단규가 된다. 차용되었던 적도는 물론 주야평규로 돌아왔다.

이상이 세 規의 작도법이다.

② 지평규 작도법 1

천구의 지평환은 원이다. 따라서 그 투영도 원이고 이를 지평규라 한다. 그 지평규를 작도하려는 것이 우리의 목적이다. 중심자오환에서 지평환은 어떤 식으로 존재할까? 북쪽 하늘을 보자. 천구의 북극 N에서 자오환을 따라 관측지의 위도 ϕ만큼 아래의 점이 지평북이다. 즉 지평북은 북극에서 ϕ, 적도에서 $90-\phi$ 떨어진 점이다. ϕ=40으로 놓으면, 지평북은 위도50N의 점이다. 다음 그림에서도 적도규를 '중심자오환'으로 차용하여 '지평북'을 표시하였다. (『혼개』에서는 이를 '北極'이라고 부르고 있으나 오해의 소지가 있는 명칭이다. 대척점 '南極'도 마찬가지다.) '지평남'은 그 대척점이다. 천구에서 지평환은 이 두 점을 지나는 원이다. 이 두 점을 극사투영해 보자. 酉에서 빌린 S가 조본이므로, S와 지평북 지평남 각각을 이은 직선이 세로 子午線과 만나는 점이 그 두 점의 극사투영점이다. (그림에서는 그 두 점을 각각 北地平, 南地平이라 하였다.) 지평환의 투영인 지평규는 자오선에 대해서 대칭인 원이므로, 이 두 점을 지름으로 하는 원을 그리면 그것이 바로 지평규다. 앞의 그림은 바로 이 작도과정을 보여주고 있다.

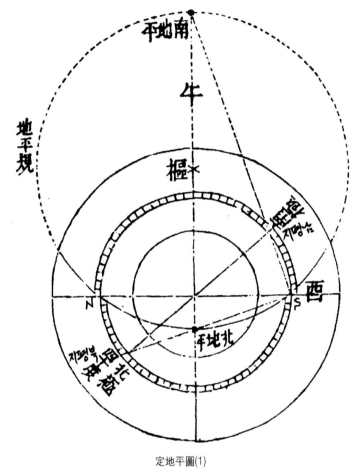

定地平圖(1)

이것은 地平規의 작도과정을 보여주는 그림이다. 천정규의 작도에서처럼, 적도
규를 자오규로 借用하는 방법을 쓴다. 차용에 의하여, 酉는 남극인 조본이 된다.
관측자가 북위 40도에 있다고 가정하고 있으므로, 여기에 '南極'이라고 쓰여있는
지평남극은 중심자오규를 따라 남극에서 40도 떨어져 있고, 지평북극은 그 대척
점이다. 그림에서는 그 점을 '北極40도'라고 표시하였는데, '북극출지40도'의 점이
란 의미일 것이다. 유와 (지평)남극을 잇는 직선이 중심세로선과 만나는 점을 南
地平이라 하고, 유와 (지평)북극을 잇는 직선이 중심세로선과 만나는 점을 南地
平이라 하고, 하면, 이 두 점이 우리가 구하려는 지평규의 지름이 된다. 그러므로
그 두 점의 중점 '樞'를 중심으로 콤파스를 돌려 지평규를 그릴 수 있다.

③ 지평규 작도법 2

위의 방법으로 지평규를 구하는 것 자체는 '이론적으로' 아무 문제가 없다. 그러나 평의라는 의기의 경계는 주단규의 둘레까지다. 그러므로 지평규의 南地平 내지 지평남은 의기에서 많이 벗어난 점일 수 있다. (점선부분은 필요 없는 부분이다.) 그러므로 순전히 작도의 목적으로 그렇게 먼 점을 필요로 한다는 것 자체는 작도의 정확도를 확보하는데 문제가 될 수 있다. 그러면 그렇게 먼 지평남의 점은 왜 필요하였는가? 지평규 원의 중심을 구하기 위해서 필요했다. 그러면 그 점 없이 원의 중심(그림에서 '樞')을 찾을 길은 없을까? 이 문제에 답을 주는 것이 다음 그림이다. 지평규 원의 중심인 '추'를 다른 방법으로 찾아보는 것이다. 차용된 중심자오환의 조본 S에서 40도 떨어진 점이 지평남이었는데, 거기서 40도 더 간 점을 잡아 조본과 그 점을 이은 직선이 세로子午線과 만나게 하면, 그 만나는 점이 바로 '추'가 된다는 그림이다. (그리하여 '加倍求樞'라 하였다. 각을 두 배 하여 樞를 구한다는 것이다.)

『혼개』에서는 작도법만 설명하고, 그 방법이 왜 타당한지 이유를 설명하지 않고 있다. 이유를 설명하자면 약간의 기하학적 定理를 필요로 하기 때문이었을 것이다.

그러면 이를 증명하려면 무엇을 보여야 할까? 지평규의 중심 추가 되려면 지평규의 두 점 지평남과 S에서의 거리가 같아야 하고, 이는 그 두 선분을 변으로 하는 삼각형이 이등변삼각형임을 요구한다. 이는 다시, 추에서 그 삼각형의 외각이 같은 두 각의 배와 같음을 요구한다. 우리는 이 요구가 충족됨을 보이고자 한다. 우리가 추라고 작도한 점과 S를 이은 선분은 '가배구추'의 점을 지난다. 그리고 그 선분과 가로직선 SN이 이루는 각은 $90-\phi=50$도다. 왜냐하면 그 각은 자오환의 N과 '가배구추' 사이의 호의 원주각이고, 그

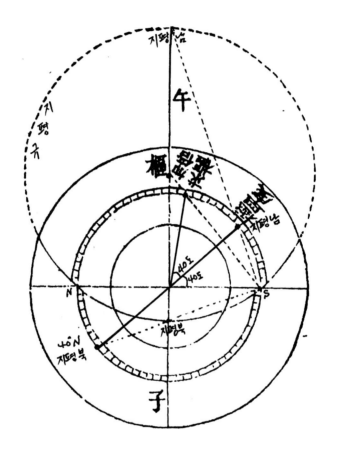

호의 중심각은 작도에 의해서 180-2ϕ=100도이기 때문이다. '원주각 은 중심각의 반이다.' 라는 정리를 이용한 추론이다.

그런데 추의 외각과 그 각의 합은 90도다. '직각삼각형에서 직각 을 낀 두변의 대각의 합은 90도다.'라는 정리 때문이다. 그러므로 추의 외각은 ϕ=40도다.

이제, 이등변삼각형이기를 희망하는 삼각형의 S쪽의 각이 $\frac{1}{2}\phi$ =20도라는 증명만 할 수 있으면 된다. 이 증명을 해보자.

우선, 지평규의 지평북과 지평남 사이의 선분 즉 지평규의 지름 을 보자. 이 지름위에 선 원주각이 점 S의 직각=90도다. '지름위에

선 원주각은 직각이다.' 라는 정리 때문이다.

자오환의 지평북과 N 사이의 호의 중심각은 ϕ=40도다 그러므로 그 호의 S쪽의 원주각은 그 반인 $\frac{1}{2}\phi$=20도다. '원주각은 중심 각의 반이다.'라는 정리 때문이다.

바로 그 정리 때문에, '가배구추'의 점과 N사이의 호의 S쪽의 원주각은 90-$\frac{1}{2}\phi$=70도다. 그 호의 중심각이 180-ϕ=140도이기 때문이다.

이제 필요한 것들이 모두 준비되었다. 우리가 구하는 각은 90도에서 90-ϕ=50도를 빼고, 또 $\frac{1}{2}\phi$=20도를 빼주면 된다. 즉,

$$90-(90-\phi)-\frac{1}{2}\phi=\frac{1}{2}\phi \text{ 또는 } 90-50-20=20$$

이다. 즉 그 각은 $\frac{1}{2}\phi$ = 20도인 것이다. 이는 분명히 이등변삼각형의 외각 $\frac{1}{2}\phi$의 반이라는 조건을 만족하는 각인 것이다.

그러므로 우리가 작도한 '樞'는 지평규의 중심점이고, 지평규를 작도하기 위하여 멀리 지평남을 작도할 필요가 없어졌다.

④ 地平高度(=漸升度)의 작도법

점승도란 지평고도를 말한다. 이 그림은 『혼개』의 점승도 작도 그림이다. 지평규에서 천정사이의 고도를 90도라 하고, 10도간격(또는 5도간격)의 등고선을 구하는 방법을 설명하고 있다.

이 그림의 출발점은 定地平圖(1)이다. (지평)북극 (여기서 '北極40도'라고 표기된 점)에서 시계방향으로 (즉 천정을 향하여) 10도 간 점과 酉를 이은 현을 그리고, 또, (지평)남극(여기서 南極이라고 표기된 점)에서 반시계방향으로 (역시 천정을 향하여) 10도 간 점과 酉를 이은 현을 그린다. 이 두 현은 모두 盤中子午線 즉 중심세로직선과 만나게 되는데 남쪽의 만난 점을 그림에서는 '一十規'라고 표

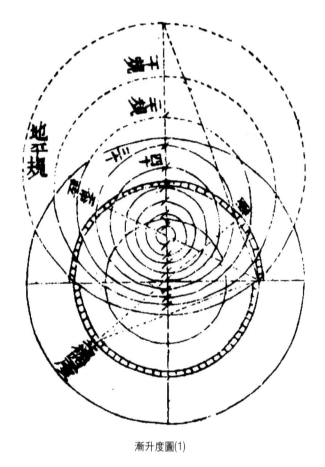

漸升度圖(1)

기 북쪽의 만난점은 빗금 표시만 있다. 그 두 교점을 지름으로 하는 원을 그리면 그것이 바로 10도 漸升規가 된다. 즉 출지 10도인 점들의 투영이다. 나머지도 마찬가지다. 이 그림은 ϕ=40의 그림이므로, 40도 점승도는 그림에서 보는 것처럼 반심을 지난다. (반심은 북극이고, 북극출지는 40도임이 반영된 것이다.) 그리하여 90도를 가면, 양방향에서 온 두 점승점이 천정 1점에서 일치하면서 漸升圖 작도는 끝난다. 이상이 지평좌표계의 위도인 지평고도=점승도 즉 e의 작도법이다.

⑤ 방위규 작도법

다음은 지평좌표계의 경도인 방위의 좌표 a의 작도법이다. 방위의 기준은 東西南北 四方이다. 子午卯酉라고도 한다. 子=北, 午=南, 卯=東, 酉=西다. 이를 확장해서 12방위의 작도를 설명하는 것이 다음 그림이다.

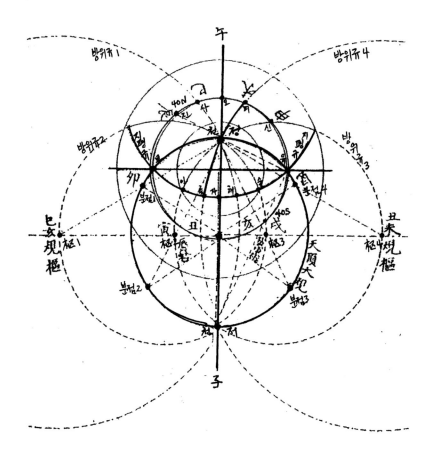

그림이 복잡해 보이지만 좀 참고 봐주기 바란다. 천정대규란 천정과 천저를 잇는 동서방위규 즉 묘유규다. 우리는 앞에서 지평규를 작도해 봤다. 똑같은 방법으로 천정규를 작도할 수 있다. 이 그림에는 우리가 이미 그림 지평규가 그려져 있다. 지평규와 새로 그린 천정대규는 적도규의 卯 와 酉 두 점에서 만난다. 이 그림은 극사투영 그림이기 때문에 卯 酉 두 점에서 만나는 세 곡선은 각보존성을 가진다. 즉 지평규와 적도규의 交角은 40도, 묘유규와 지평규의 교각은 50도. 또 지평규와 묘유규의 교각은 직각이다. 위 그림에서 이 사실을 우선 확인하기 바란다. 특히 지평규와 방위규는 어느 방위규를 不問라고 그 교각이 직각이다. 왜냐하면 천구에서의 지평환과 방위환은 지평에서 직각으로 만나기 때문이다. 우리가 그릴 방위규는 이러한 성질을 가져야 한다는 것을 우리는 작도 이전에 알고 있는 것이다. 만일 작도 결과가 그렇지 않다면, 그것은 작도가 잘못된 것이다.

이제 그런 성질을 가지는 방위규를 작도해 보자. 천구의 방위환을 극사투영한 것이 방위규인데, 방위환은 어떤 방위환이든 간에 다음과 같은 성질을 가진다.

① 모든 방위환은 천정과 천저를 지나는 원이다.
② 12 방위환은 천정 또는 천저에서 원주를 12등분한다.

천정과 천저를 지나는 원들이라면, 그 중심은 그 두 점의 수직이등분선 상에 있을 수밖에 없다. 그래서 위 그림은 그 수직이등분성을 가로 직선으로 그렸다. 그 직선상에 우리의 방위규들의 중심이 있을 수밖에 없기 때문이다. 그러면 각방위규의 중심은 그 수직이등분선의 어디에 있어야 하는가?

우리는 이미 동서방위규를 그렸다. 천정대규가 그것이기 때문이다. 이 방위를 기준으로, 천정에서 방위를 12등분할 수 있는 방위는 방위를 30도 간격으로 등분하는 것이다. 지 작업을 가장 간단히 할 수 있는 방법은 천정규를 천저 또는 천저로부터 6등분하는 것이다. 그림에서는 그 분점을 분점1, 분점2, 분점3, 분점4라고 표시하였다. 나머지 두 분점은 천정과 천저 자체다.

이 분점들과 천정을 이으면 천정대규의 원주각이 생긴다. 그런데 분점간의 중심각은 모두 60도로 같다. 그러므로 '원주각은 중심각의 반이다.'라는 기하학의 정리에 따라, 모든 원주각은 30도로 같다. 즉 천정의 360도가 30도씩으로 등분되는 것이다.

그림에서, 천정으로부터 분점들을 향해서 그은 직선이 우리의 수직이등분선과 만나는 점을 樞1, 樞2 등으로 표시하였다. 그리고 樞1을 중심으로 하고 천정을 지나는 원호를 방위규1이라고 표지하였다. 이 방위규1은 당연히 천저를 지나며, 따라서 방위규의 자격을 모두 갖추었다. 그러면 이 방위규는 어느 방향의 방위규일까? 이 방위규가 천정에서 子午 방위선과 이루는 각은 30도다. 그 방위는 12방위로 巳方과 亥方이다. 그러므로 그 방위규는, 『혼개』의 용어로 하면, 巳亥規다. 그리고 그 규의 추는 巳亥規樞다. 그림에서 확인하기 바란다.

그리고 모든 방위규는 지평규와 만나는데 만나는 점에서의 교각이 모두 직각이라는 것도 그림에서 확인하기 바란다. 더 나아가서, 모든 방위규는 모든 점승규와 직각으로 만난다.

(2) 天盤의 作圖

① 항성위치의 작도

이지조는 『혼개』에서, 經星位置圖說이란 이름으로, 항성위치 작도에 많은 지면을 할애하고 있다. 그 당시에는 항성 즉 經星의 위치를 나타내는 방법이 적도좌표가 아닌 황도좌표가 주류를 이룬 시대적 상황을 반영한 것으로 볼 수 있다. 현재에는 항성의 위치를 적도좌표로 나타내기 때문에 그 위치의 작도는 아무 문제없이 쉽게 수행할 수 있다. 그러므로 天盤 의 작도는 황도규의 작도만 문제가 된다.

② 황도규의 작도

地盤에서 주장규와 주단규가 이미 그려진 상황에서 황도규를 작도하는 것은 극히 쉽다. 아래 그림에서 주장규 Tropic of Cancer의 하단과 주단규 Tropic of Capricorn의 상단 사이의 선분을 지름으로 하는 원이 바로 황도규이기 때문이다. 천반의 회전은 전혀 별개의 문제다.

황도의 작도를 주장규 주단규 의존적으로 하지 말고, 직접 작도하는 것으로 보자. 그렇다고 해도 그것은 지평규의 작도와 거의 똑같은 방법으로 설명할 수 있다. 즉, 적도규를 중심자오환으로 차용하여, 지평규를 작도할 때와 같은 방법을 쓸 수 있다.
借用의 상황에서, 황도의 南限인 23.5S는 조본 S에서 66.5도 떨어진 점이고, 北限인 23.5N는 조본 S에서 113.5도 떨어진 점이다. 이 두 점의 극사투영점을 구하여 지평규의 작도와 같은 방법으로 황도규를 구할 수 있다. 황도규의 중심인 樞 Ecliptic Center의 작도 역시 '이배구추법'을 쓸 수 있다. 조본에서 66.5도의 2배 떨어진 점 43N을 이용하면 된다. 황도의 북극은 66.5N이므로, 이 점을 이용하여 투영점

極 Ecliptic Pole을 작도할 수 있다. 황도樞와 황도極은 다르다.

③ 황도의 분할

이 그림은 황도의 눈금을 작도하는 방법을 보여준다. 이제 借用의 상황을 解除하고, 투영도형으로서의 적도규와 황도규로 보기로 하자. 그림에서는 적경30도인 점과 210도인 점 둘에 주목한다. 이 두 점을 이용하여 황경30도인 점과 210도인 점을 작도하는 것이다.

黃極과 적경210도의 점을 이은 직선이 황도와 만나는 점은 황경 210도의 점이다. 마찬가지로, 黃極과 적경30도의 점을 이은 직선이 황도와 만나는 점은 황경30도의 점이다. 그 이유는 천구면에서, 黃極과 적경210도의 점과 황경210도의 점은 조본인 남극을 지나는 원주상의 점들임을 보일 수 있기 때문이다. 그리고 조본을 지나는 원은 직선으로 투영되기 때문이다. 다른 경우도 마찬가지다.

적도를 따라 적경30도의 점과 적경 210도의 점은 천구에서 대척점이다. 그러므로 이 두 점과 북극을 지나는 대원은 남극을 지난다. 그러므로 극사투영에서 이 두 점의 투영점들은 모두 한 직선 상에 있다. 위 그림에서 확인해 보기 바란다.

황도를 따라 황경30도의 점과 황경 210도의 점은 천구에서 대척점이다. 그러므로 이 두 점과 황극을 지나는 대원은 황남극을 지난다. 그러므로 극사투영에서 이 점들의 투영점들은 모두 한 원주 상에 있다. 한 직선상에 있는 것이 아니다! 위 그림에서 확인해 보기 바란다.

황도를 따라 황경30도의 점과 황경 210도의 점은 천구에서 대척점이다. 그러므로 이 두 점과 북극을 지나는 대원은 남극을 지난다. 그러므로 극사투영에서 이 점들의 투영점들은 모두 한 직선상에 있다. 위 그림에서 이 점들은 점선으로 이어져 있다.

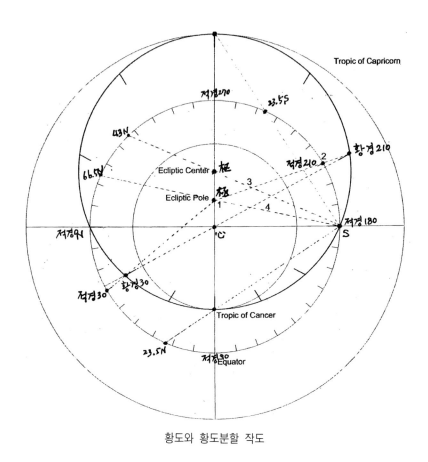

황도와 황도분할 작도

5) 平儀의 이용 예

평의는 아날로그컴퓨터다. 복잡한 계산이 필요한 문제를 즉시 풀어줄 수 있다. 몇 가지 예를 들어보자. 다음 사진의 평의는 천반 즉 레테의 황도눈금이 날짜로 되어 있다. 태양이 그 날짜에 어디 있는지를 보여준다. 태양은 항성보다 하루에 4분 정도 느리기 때문에 매일 1도 가량 항성보다 뒤쳐진다. 그리하여 365.25일 지나면 한 바퀴 뒤쳐져서 같은 자리에 오는데, 그 기간이 整數 날짜가 아니기 때문에, 1년을 365일로 하면 매년 0.25일을 4년을 모아 하루를 만들 수 있다. 그래서 제4년을 366로 하여 윤년을 두는 것이다. 이 그림의 1년은 365일로 되어있다. 윤년을 고려하지 않고 있는 것이다. 이로 인한 차이는 오차로 취급한다. 또 이 의기의 지반은 ϕ=40N에 맞추어져 있다. 이 역시 그와 위도가 다른 지역에서 오차 발생 요인이 된다. 아날로그컴퓨터의 답은 근사값일 수밖에 없다. 이 의기로 몇 가지 예제를 풀어보자. (시각은 모두 태양시다.)

(1) 특정일의 일출입시각과 방위, 그리고 낮 시간의 길이

5월 5일 해는 몇 시에 어디서 뜰까? 이 문제를 풀려면 레테를 돌려서 황도의 5월5일 눈금을 왼쪽 지평규에 맞춘다. 그리고 그 점의 방위와 시각을 읽는다.

방위는 정동에서 북쪽으로 22도의 편각이다. 가늠자로 그 점의 시각을 읽으면 5시5분이다. (5월5일 δ=16도를 황도 상에서 구하고, 이를 e=0일때의 변환식에 대입하면, 방위편각의 계산값은 21도, 일출시각은 5시4분이 나온다.) 그리고 레테를 시계방향으로 돌리면 해가 떠서 하늘을 도는 형상을 볼 수 있다. 레테를 오른쪽 지평까지 돌려, 해가 지는 점의 방위를 보면 정서에서 북으로 22도의 편각을 보이고,

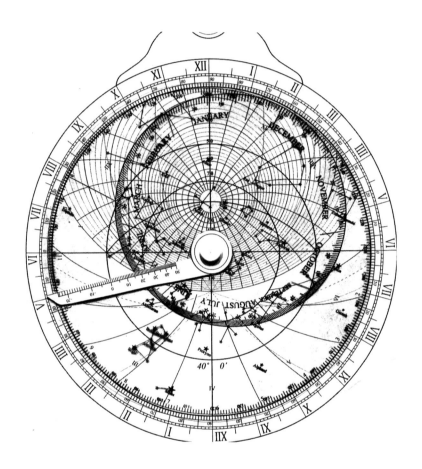

시각은 6시55분 즉 18시55분임을 확인할 수 있다. 그러므로 그 날의 낮시간은 (18시55분) - (5시5분) 즉13시간 50분이다.

(2) 특정일의 오정의 태양의 최고도

8월 15일의 경우를 보자.

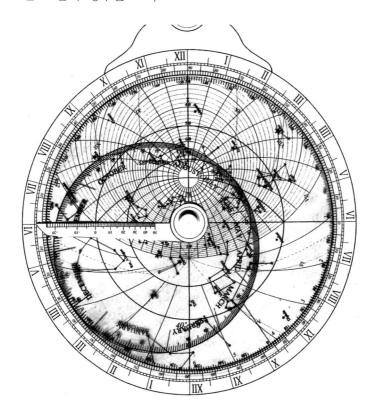

　황도의 8월 15일을 오정선에 맞춘다. 그러면 그 점의 지평고도를 읽을 수 있다. 65도로 읽힌다. (8월15일 δ=14도로 놓으면, 계산값은 64도.) 그 날 태양의 최고 고도다.

　일 계산을 구한다면 다음 변환식을 이용한다.

$$\sin(e) = \cos(\delta)\cos(\tau)\cos(\phi) + \sin(\delta)\sin(\phi)\,(2)$$

　8월15일의 적위도 δ=14도임을 황도 상에서 읽고, 관측지의 위도 ϕ=40도, 오정의 τ=0을 이 식에 대입하면 e=64도를 얻는다.

(3) 시리우스의 적경과 적위

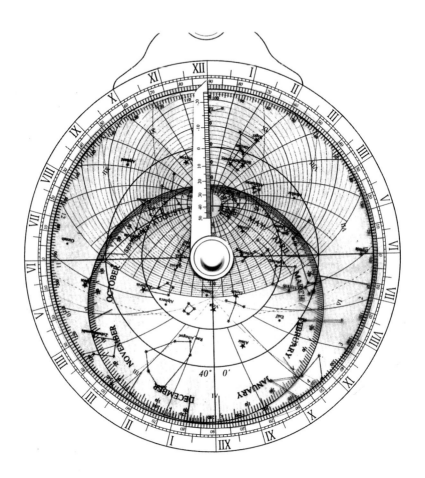

  시리우스를 남중하게 한다. 적위가 –17도 즉 남위16도임을 가늠
자로 알아낸다. 적경은 白羊初度 막대가 가리키는 시각 즉 6시44분
즉 101도다. 이 6시 44분은 시리우스가 남중할 때의 항성시이기도
하다. (실제로는 6시45분, -16.7도다.)

(4) 특정일 특정시의 항성시각

항성시는 백양초도 막대가 가리키는 시각이다. 위의 예의 상황에서, 항성시는 6시 44분이다. 그런데 그것은 시리우스의 적경을 시간으로 나타낸 값이었다. 시리우스의 태양시가 0시인 상황에서다. 일반적으로 특정 천체의 태양시와 항성시 사이에는 다음과 같은 항등관계가 있다.

$$\text{항성시} = \text{태양시} + \alpha$$

단 α는 시간으로 표시한 그 천체의 적경 값이다. 시리우스의 적경 101도는 시간으로 표시하면 6시간44분이다. 위의 예에서 시리우스의 태양시는 0시다.

(5) 특정일 특정 항성의 서쪽 고도를 알 때, 현재의 시각과 방위

10월15일 저녁 알타이르가 남서 방향에 있다. 지평고도를 재니 40도였다. 지금 시각과 알타이르의 정확한 방위를 알 수 있을까?

그 답을 알아내는 방법은 알타이르를 남서방향의 지평고도 40도에 맞춘다. 방위규를 보면, 그 점의 방위는 정남에서 서쪽으로 63도 편각이다. (또는 정서에서 남쪽으로 27도 편각.)

이때 항성시는 (360- 17.5)도다. 그리고 가늠자를 10월15일에 맞추어, 시각을 읽으면 9시25분 즉 21시25분이다. 그러나 이것을 계산으로 알아내려면 엄청난 노력이 필요하다.

알타이르의 α=298도, δ=9도. 그런데 추가정보는 e=40도라는 것이다. 관측지의 ϕ=40도다. 이제 다음 변환식을 이용하면 τ와 a를 구할 수 있다.

$$\tan(a) = \frac{\sin(\tau)}{\cos(\tau)\sin(\phi) - \tan(\delta)\cos(\phi)} \qquad (1)$$

$$\sin(e) = \cos(\delta)\cos(\tau)\cos(\phi) + \sin(\delta)\sin(\phi) \qquad (2)$$

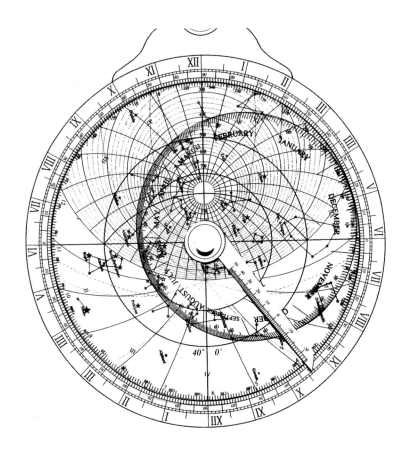

$$\tan(\tau) = \frac{\sin(a)}{\cos(a)\sin(\phi) + \tan(e)\cos(\phi)} \qquad (3)$$

$$\sin(\delta) = -\cos(e)\cos(a)\cos(\phi) + \sin(e)\sin(\phi) \qquad (4)$$

여기서 식 (2)를 변형하면,

$$\cos(\tau) = \{\sin(e) - \sin(\delta)\sin(\phi)\}/(\cos(\delta)/\cos(\phi) \qquad (2')$$

식 (4)를 변형하면,

$$\cos(a) = \{\sin(e)\sin(\phi) - \sin(\delta)\}/\cos(e)/\cos(\phi) \qquad (4')$$

이 변형된 식에 위의 수치를 대입하여 계산하면, τ=44도, a=64 도를 얻는다. 방위의 경우 의기에서 목측으로 구한 값이 65도이니, 오차는 1도에 불과하다.

그런데 α=298도와 τ=44도 사이에는 항성시 sidereial time이란 개념이 있다.

$$항성시=태양시 + \alpha$$

의 항등관계가 있는데 이 경우, 알타이르의 태양시는 τ=44도인 것이다. 그러므로 이 경우 항성시는

$$항성시=태양시 + \alpha = 44도 + 298도 = 342도$$

즉 342도인 것이다. 그런데 이 항성시는 그 순간에 어느 천체에도 적용되는 값이기 때문에 현재의 태양 즉 '10월 15일의 태양'에도 적용할 수 있다. 그 날 태양의 α는 그 날짜의 황도상의 점으로 주어진다. 표에서 확인하면 그것은 201도다. 그러면 이제 태양의 태양시를 구할 수 있다. 즉,

$$태양시=항성시 - \alpha = 342도 - 201도 = 141도.$$

이를 시각으로 환산하면,

$$10월 15일의 태양시 = 141도 = (150도-9도) = (10시-36분) = 9시 24분$$

이는 의기에서 목측으로 구한 값과 1분의 차이가 있을 뿐이다. 이 예를 통해서도 우리는 평의의 의기로서의 성능을 인정하지 않을 수 없다.

2. 유금의 평의

1) 실학박물관의 '평의'

현재 實學博物館이 소장하고 있는 조선시대의 평의(=아스트로라브) 즉 '유금의 평의'는 미야지마 카즈히코 씨에 의해 발굴·연구되어, 일본에서 발행되는 학술지 *Historia Scientiarum*, Vol. 17-3 (2008)에, 『A New Discovery of Korean Astrolabe』라는 이름으로 보고되었고, 뒤에 국내에서는, 미야지마 카즈히코 (Miyajima Kazuhiko), 『조선에서 제작된 아스트로라브에 대하여 (A New Discovery of Korean Astrolabe)』, 『한국과학사학회지』 31권 1호 (2009), 47-63에 소개되었다.

미야지마 씨의 글에서 이 의기는, 당시 소유주의 이름을 따서, '토기야 아스트로라브'로 불리고 있다. 그러나 현재 그 의기는 실학박물관의 소유로 되어 있고, 또 그 제작자의 이름이 밝혀졌기 때문에, 제작자의 이름을 써서, '유금의 평의'로 부르기로 한다.

이 의기에 관한 미야지마 씨의 보고 이후, 국내에서는 아무도 이에 대한 코멘트를 시도하지 않은 것으로 보인다.

2) 제작자 유금

조선판 아스트로라브를 만든 柳琴(1741~1788)은 조선 후기 대표적인 실학자 중 한 사람인 유득공의 숙부로 박지원, 홍대용, 박제가, 이덕무, 이서구, 서호수 등과 교유한 북학파 실학자 중의 한 명이다. 평생 관직에는 나가지 않았고 학문과 예술을 즐기며 북학파 벗들과 교유한 인물이다.

유금은 거문고를 좋아하여 자를 彈素라 하고 원래 이름이 유련이었으나 이 이름 대신 거문고 琴 자를 써서 유금으로 개명하였다. '탄소'는 '彈素琴'의 준말로 소금을 연주한다는 의미이다. 탄소라는 자와 유금이라는 개명에서 보듯이 거문고를 매우 사랑한 인물임을 알 수 있다. 유금은 음악뿐만 아니라 인장을 잘 새기는 재주가 있었고 수학과 천문에 관심이 많았다. 자신의 서재를 기하학의 기하를 따서 '幾何室'이라고까지 불렀다.

유금은 북경 연행을 모두 세 번이나 갔다 왔다. 물론 서자 출신인 자신의 신분 탓에 공식적으로 간 것은 아니었지만, 인생에 큰 영향을 끼쳤다. 연행을 다녀온 뒤 유금으로 이름을 개명했고, 서양 선교사들의 서적도 탐독했다. 유금은 1776년에 사은부사였던 서호수를 따라 연경에 갔다. 이때 유득공, 이덕무, 박제가, 이서구 등 벗들의 시를 각각 100수씩 총 400수를 뽑아 만든『한객건연집』을 편찬하여 이조원과 반정균 등 청나라 문인들에게 소개하였다. 유금은 귀국길에 이들의 서문과 비평을 받아 왔다. 유금이 전한『한객건연집』을 통해 유득공과 이덕무, 박제가, 이서구 등의 이름이 청나라 문인들에게 널리 알려졌다. 朝·淸 문인들의 교유가『한객건연집』을 통해 더욱 활발해졌고, 조선 후기 문화와 학술사에서 유금과 북학파 문인들의 위상이 높아졌다.

천문학과 수학에 몰두한 유금이었지만, 그가 남긴 저술은 거의 남아 있지 않다. 인장 새기는 것을 좋아하고 자신의 책에 인장 찍기를 즐겨한 그였지만, 그의 책은 거의 다 사라지고 없다. 그러나 그의 정성스러운 손길이 담긴 천문의기가 어느 날 갑자기 세상에 나타났다.

유금의 아스트로라브가 세상에 공개된 것은 2002년이다. 2002년 일본 시가현 오오미하치만시의 토기야(磨谷)가 일본 동아천문학회 이사장인 야부 야스오에게 검토를 의뢰하면서부터다. 토기야의 조부가 1930년경에 대구에서 구입하여 패전 후 일본으로 가져온 것

유금의 아스트로라브(실학박물관 소장)

유금의 인장(아스트로라브 상단 부분)

이다.

처음 이 아스트로라브가 일본에서 공개될 때는 누가 만든 것인지 알려지지 않았다. 그러다가 앞면 위쪽 고리 부분에 '유씨금(柳氏琴)'이라는 인장이 고문헌 연구자인 박철상에 의해 해독되면서 이 귀중한 작품의 제작자가 유금이라는 것이 밝혀졌다. 아울러 아스트로라브의 청동 고리에 새겨진 '북극출지 38도(한양의 위도) 1787년에 약암 윤선생(이름 미상)을 위해 만들었다『北極出地三十八度 乾隆丁未爲約菴尹先生製』'라는 기록을 통해 제작 연도도 알게 되었다. 이후 동아시아 전통 천문학의 권위자인 미야지마 카즈히코 교수에 의해 18세기 동아시아인이 만든 것 중 유일한 것으로 학계에 보고되었다.

3) '유금 평의'의 특징

(1) 모체판 앞면의 방위규의 부재

'유금 평의'의 특징은 母體판의 앞면 곡선들 중에 方位規가 없다는 것이다. 다만 子午線으로 남북의 방위가 표시되고 卯酉規로 동서의 방위가 표시되고 있을 뿐이다. 『혼개』나 다른 많은 아스트로라브에서 볼 수 있는, 天頂에서 放射하는, 기타 方位規들이 없다.

현전하는 아스트로라브 유물 중에는 방위규가 없는 것도 있고, 묘유규 뿐인 것도 있기는 하나 드물다.

방위규가 없다는 것은 어떤 의미를 가지는 것일까? 천체의 방위를 정할 필요가 없다는 의미일 수도 있고, 방위를 이용하지 않는다는 의미일 수도 있다. 말하자면 규통으로 해를 관측할 때, 태양의 고도만을 관찰하여 시각을 알아낸다면, 방위가 필요 없는 것이다. 그러나 평의의 제작이란 관점에서 재미있는 추론을 해 볼 수 있다.

평의는 수많은 원호로 이루어지는 의기다. 그런데 방위규를 제외한다면, 모든 중요한 원호들은 그 중심이 중심자오선상에 온다. 적도규, 주장규, 주단규는 물론이고, 황도규 역시 그렇다. 지평규, 몽롱영계, 지평고도규, 천정규 등도 마찬가지다. 그런데 방위규 만은 그렇지 않다. 방위규의 작도를 위해서 들어갈 노력이 다른 규 모두를 작도하는데 들어갈 노력과 맞먹지 않을까? 그러므로 방위규를 작도하지 않은 것은 노력의 절약이라는 관점에서도 납득이 가는 것이다. 정확한 방위를 무시해도, 근사적으로 적도경도를 쓸 수 있다고, 제작자 유금은 생각했을지도 모른다. 물론 적도경도도 작도되지는 않으나, 의기의 중심과 外規의 눈금을 가늠자로 이어서 알 수 있기 때문이다.

(2) 儀背의 황도12궁과 24절기

母體판 뒷면 즉 儀背의 가장 바깥은 360도로 등분되어 있다. 그리고 그것이 12궁으로 나누어진 것과 관련해 보면, 이는 黃道를 균분한 것이다. 즉 12궁은 그 黃道圓을 30도씩 균분한 것이 된다.

그 약간 안쪽에는 離心圓이 그려져 있다. 즉 바깥의 黃道圓과 중심이 다른 것이다. 이 안쪽 이심원은 陽曆 1년의 날수 365¼로 균분하려 노력했음을 엿볼 수 있다. 그리고 이 이심원은 둘레를 24등분하여, 24절기를 표시해 주고 있다.

바깥 황도원은 360도를 2도 간격으로, 10도 간격으로 그리고 30도 간격으로 균분할 때, 360은 2, 10, 30의 배수이므로, 등분점이 딱딱 맞아서 쪽고르게 균분되어 있다. 유금은 안쪽의 이심원을 1년의 날수 $365\frac{1}{4}$일에 맞게 균분하려 노력한 것 같다. 그리고 눈금은 2일 간격으로 하고 있다. 그런데 2는 1년 날수의 약수가 아니므로 명쾌하게 나누어 지지는 않는다. 그리하여 이 의기는 동지로부터 시작하여, 2일씩 균분하고, 364일 이후의 $1\frac{1}{4}$일을 동지 직전의 날짜마디를 2일 마디보다 약간 짧게 처리하여 해결하고 있다.

유금은 이 이심원을 24절기로 '均分'하고 있음을 볼 수 있다. 365¼일을 24등분하면,

$$(각 \ 절기의 \ 날수) \ = \ 15\frac{7}{32} \ 일$$

인데, 이심원 위에서 이를 작도하고 있는 것이다. 예를 들면, 동지를 0째일이라 할 때, 다음과 같은 값을 계산해 낼 수 있다.

동지　　0째일
춘분　　365.25/4 = 91.3125일째
하지　　365.25/2 = 182.625째일
추분　　365.25×3/4 = 73.8375째일

유금의 눈금을 판독해보면, 이 계산값과 잘 맞음을 확인할 수 있다.

24절기를 이처럼 날짜를 균분하여 정의하는 방법을 平氣法이라고 하는데, 유금은 의기의 뒷면에서 이 평기법으로 24절기를 정의하고 있는 셈이다. 중국에서는 명나라 때까지 이 평기법을 썼고, 이지조의 『혼개통헌도설』의 의배도에서도 이 방법을 쓰고 있다. 그러나 이지조는 평기법보다는 정기법 즉 서양의 황도12궁을 나누는 방식이 더 낫다고 생각하였다. 그리하여 그는 『혼개』의 앞부분의 의배도 설명 그림에는 정기법을 쓴 그림을 제시하고 있다. 그 후 중국은 청나라 초기에 숭정력을 바탕으로 하는 시헌력으로 개력하는데 여기에서는 정기법을 쓰고 있다. 그러므로 유금이 이 의기를 만들 때는 중국뿐 아니라 조선도 시헌력을 사용할 때이기 때문에, 평기법을 쓰는 의기를 만들 필요가 없었을 것이다. 과연 유금 자신도, 레테를 만들 때에는 평기법에 의한 24절기가 아니라 정기법에 의한 24절기를 사용하고 있다.

그러면 유금이 의기의 뒷면에서 이런 작도를 한 이유가 무엇일까? 미야지마는 이 문제에 대해서 아무런 시사점도 주지 않는다. 그러나 우리는 다음과 같이 추론해 볼 수 있다.

12궁의 시작점의 날짜는 1년을 주기로 거의 일정하지만, 날짜의 진행은 황경과 비례하지 않는다. 케플러의 법칙에 따라 近日點 근처에서는 해의 속도가 빠르고, 遠日點 근처에서는 느리다. 이 원리를 모를 때에도, 해가 황경 30도를 가는데, 동지 근방에서 날짜가 적게 걸리고 하지 근방에서는 많이 걸린다는 사실을 동서양에서 모두 알고 있었다. 즉, 정기법으로 정의되는 추분에서 춘분까지와 춘분에서 추분까지는 황경으로는 다같이 180도이지만 걸리는 날짜는 각각 약 178일과 약 187일이 되는 것이다. 통상적으로 서양의 아스트로라브에서는 레테를 황도 12궁으로 나누어 놓고 있기 때문에 1년 달력의 날짜가 12궁의 시작점이 어느 날짜에 대응하는지를 알 필요가 있었다. 이를 알 수 있도록 고안한 것이 앞에 설명한 아스트로라브 뒷면의 구조다. 바깥 원에 12궁을 벌려놓고, 안의 이심원에 달력의 날짜를 벌려놓은 다음 의기의 중심에서 회전하는 가늠자를 설치하면, 가늠자로 그 둘의 환산을 쉽게 할 수 있는 것이다.

離心圓의 작도법

이 구조에서는 離心圓을 어떻게 그리느냐가 핵심이다. 이지조의 『혼개통헌도설』에서는 離心圓을 그리는 방법을 자세히 설명하고 있다. 바깥 원의 巨蟹9도의 점과 盤心을 이은 선분의 2등분점, 그 2등분점과 반심을 이은 선분의 두 번째 2등분점,... 이렇게 하여 다섯 번째 2등분점을 離心圓의 중심으로 삼고, 거해9도의 점까지의 길이를 반지름으로 하여 원을 그리면 그것이 우리가 구하는 이심원이 된다는 것이다. 즉 이심원의 중심은 의기의 중심에서 1/32=0.03125 떨어진 점이다. "유금 아스트롤라브"에서는 거해9도가 아니라 거해 5도와 반심을 이은 선분이 보이는데, 이 선분이 『혼개』에서 설명하는 선분에 대응하는 것으로 보인다. 서양의 理論에 의하면, 의기 중심에서 원일점을 향하여 離心圓 중심까지의 거리는 타원의 離心率 e의 2배일 때 타원궤도이론에 가장 적합도가 큰 이심원을 얻을 수 있다고 알려져 있다. 그러므로 『혼개』에서는 거해9도에 대응하는 날짜가 원일점의 날짜로 보고, 이심률은 e=1/64=0.015625로 본 셈이다. 현재 알려진 지구의 원일점 날짜는 7월 3일경이고 궤도의 이심률은 0.0167이다. 『혼개』의 거해9도는 하지가 지난 9일째를 의미하므로, 원일점의 날짜에 근사하며, 이심률은 현재값보다 6%정도 저평가된 값이다. '아스트로라브'가 사용한 값이 얼마인지는 확인할 수 없으나, 목측으로 2e는 6.2/195=0.032로 읽힌다. 『혼개』의 값 0.03125와 有意差가 없다. (『혼개』 p.397 그림의 목측값은 1.3/43= 0.030.)

유금 아스트롤라브에서는 平氣法에 의한 24節氣가 離心圓의 원주를 따라 표시되어 있다.

이심원의 용도

황도원과 이심원의 조합은 황도12궁과 陽曆 날짜를 대응시키는 것을 목적으로 만들어졌다. 그런데 이지조와 유금은 이를 황도12궁과 평기법의 24절기를 대응하는데 쓰고 있다. 그러나 이지조의 시대에도 24절기를 定氣法으로 하여, 12궁과 각도를 그대로 대응시키는 관행이 있었기 때문에, 이지조는 『혼개』에서 24절기를 두 가지 방법으로 나타내고 있다. 즉, 『혼개』 p.333의 뒷면그림 儀背圖에서는

「유금 아스트로라브」의 뒷면

24절기가 쓰여 있는 안쪽이 이심원이고 12궁이 쓰여있는 바깥쪽이 황도원이다. 사진에서 보는 것처럼, 춘분과 백양의 시작점이 일치하지 않는 것이 평기법의 특징이다. 평기법에서는 24절기의 날짜가 균분되어 있기 때문에, 춘분에서 추분까지의 날짜가 추분에서 춘분까지의 날짜와 같다.

平氣法으로 나타내고, p.397에서는 定氣法으로 나타냈다. (두 그림 모두에서 이지조는 28수를 離心圓에, 24절기와 함께 나타내 주고 있다.) 유금의 시대에는 이미 중국과 조선에서 정기법에 의한 24절기를 사용하고 있었기 때문에 이런 환산 자체가 무의미하다. 12궁과 12중기 (즉 隔24절기)가 완전히 대응하기 때문이다. 과연 유금도 이 사실을 인식하고 있기 때문에, 레테의 제작에서는 서양의 12궁 자리에 그대로 12中氣 내지 24절기를 작도하고, 레테의 황도환

에 24절기 이름을 써넣고 있는 것이다. (12궁의 이름은 등장하지 않
는다. 12中氣가 바로 12궁이기 때문이다.)

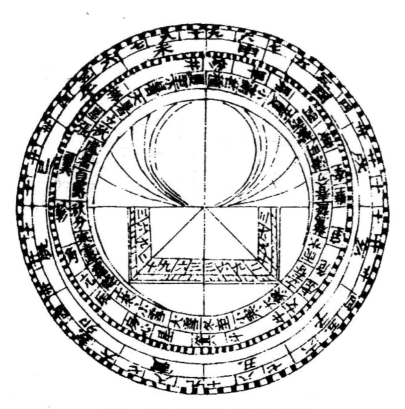

『혼개』의배도의 평기법에 의한 24절기 구분

평의＝아스트로라브의 뒷면 24절기가 쓰여 있는 안쪽이 이심원이다. 바깥쪽 황도
원에는 12궁의 이름을 중국식으로 썼다. 사진에서 보는 것처럼, 춘분과 戌의 시
작점이 일치하지 않는 것이 평기법의 특징이다. 평기법에서는 24절기의 날짜가
균분되어 있기 때문에, 춘분에서 추분까지의 날짜가 추분에서 춘분까지의 날짜
와 같다.

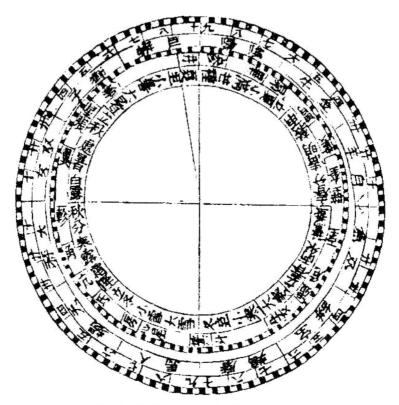

『혼개』의배도의 정기법에 의한 24절기 구분

4) '유금 평의'의 레테

레 테

유금은 이 레테의 제작에서, 서양의 12궁 자리에 그대로 12中氣 내지 24절기를 넣고 있다. 즉, 레테의 황도규에 24절기 이름을 써넣고 있는 것이다. (12궁의 이름은 등장하지 않는다. 12中氣가 바로 12궁과 완벽하게 대응하기 때문이다.)

(1) 황도규

둘레를 360도로 나누되, 2도 간격으로 눈금을 매겼다. 눈금이 부등간격인 것은 황도의 중심이 의기의 중심과 일치하는 것이 아니기 때문이다. 그리고 이를 24절기에 균분하므로 각 절기의 눈금은 7.5개, 도수는 15도다. 정기법에 따르고 있는 셈이다. (앞에서 본 바와 같이 모체판 뒷면에서의 24절기는 평기법을 따르고 있다.) 그러므로 춘분 곡우 등 12중기는 황도12궁과 완전히 일치한다.

각절기의 경계를 나타내는 24개의 짧은 경계표지 선분들은 어느 한 점을 향하는 것으로 보이는데, 그 점은 의기의 중심이 아닌 것이 분명하다. 황도의 중심인 것으로 보이는데, 이는 표준적인 것이 아니다. 표준적인 평의는 그 경계선분들이 의기의 중심을 향하게 함으로써, 黃道赤經度(mediation)의 눈금 역할을 하게 되어 있다.

(2) 레테 위의 11개의 恒星

유금 평의의 레테에는 11개의 항성이 표시되어 있다. 유금이 접할 수 있었던 중요한 문헌이 『혼개통헌도설』이었을 것이므로 이 별들의 좌표의 출처가 『혼개』였으리라고 우리는 일차적으로 추측할 수 있다. 미야지마도 『혼개』의 항성 좌표를 레테의 별들의 위치와 비교하고 있다. (이 과정에서 미야지마는 11개 중 하나는 『혼개』의 항성표에 없다고 말하고 있으나, 그것은 사실이 아니다.)

『혼개통헌도설』에는 항성들의 좌표를 보여주는 표가 셋이 있다. 제1표는 用黃道經度赤道緯度立算 이란 제목의 표다. 이 표의 표제에는 황도경도 적도위도라고 하여 경도는 황경임을 분명히 하고 있다. 그리고 表頭에도 황도과궁이라고 하여, 황도12궁의 초도를 지난 도수를 나타낸다고 하고 있다. 황도 12궁 각각의 시작점에서부터 몇 도가 지나쳐 있느냐를 보여주는 수치라고 생각된다. 12궁은 황도를 30도씩 균분한 것이므로, 백양궁의 시작점을 0도라 놓으면, 금우궁의 시작점은 30도, 음양궁의 시작점은 60도, 등등, 마지막으로 쌍어궁의 시작점은 330도일 것이라고 이해되는 것이다. 그러나 미야지마는 이를 황경으로 이해하고 있지 않다. 특히 미야지마는 이렇게 해석한 값이 "right ascension 赤經"이라고 하여 적도경도로 이해하고 있음을 분명히 하고 있다. 과연 이 해석은 타당한 것일까?

미야지마는 제1표의 "황경"을 "적경"이라고 부르고 있다. 그러나 사실은, 황경도 아니고 적경도 아니다. 르네상스 시기에 사용하던 용어로 mediation이라고 부르던 개념이다. 이는 황도를 따라서는 정확히 "황경"이다. 그러나 황도 이외의 곳에서는 황경이 아니다. 어느 별의 mediation λ는, 의기에서 그 별로 향하는 射線이 황도와 만나는 점의 황경값이다. 그 사선을 따라서는 적경이 같다. 그러므로 그 별의 적경 α는 그 사선과 황도의 교점의 황경값 λ에 의해서 유일하게 결정된다.

그러면 이제 황도상의 황경 30도의 점과 의기의 중심 "心"을 이어 사선을 그리면, 그 사선상의 점들은 어떤 공통점을 가질까? 적경 값이 모두 같다. 일반적으로, 황도상의 점의 황경 값이 λ였다면, 그 사선상의 공통적 적경값 α는 다음 식으로 주어지는 관계를 가진다. (이 관계의 유도과정은 정기준(2013, p.27) 참조.)

$$\tan(\alpha) = \tan(\lambda)\cos(23.5)$$

또는 $\qquad \alpha = \arctan(\tan(\lambda)\cos(23.5))$

cos(23.5)는 1보다 작으므로, λ=30도일 때 그에 대응하는 α는 30도보다 작다. <혼개>의 제1표는 이 "복잡한" 계산을 하자는 것이 아니라, 특정 별의 λ값을 제시함으로써, 그 별의 적경을 의기 안에서, 즉 레테 안에서, "작도"하는 것이 가능함을 보이려는 것이다.

예를 들어보자. 제1표에 의하면 角南(spica)의 "황도경도"는 천칭 15도13분 즉 λ는 195도13분이다. 이 별의 위치를 의기에서 잡는 방법은 황도의 눈금에서 천칭15도13분을 찾아 이 점과 의기의 중심을 잇는 사선을 그린다. 그러면 이 사선상의 점은 모두 λ가 같으므로, 각남은 이 사선상에 있다. (λ가 같다는 것은, 이지조의 표현에 따르면, "황도경도"가 같다는 뜻이지 황경이 같다는 뜻은 아니다. 이 사선상의 점 중에서 황경이 λ인 점은 황도상의 점 하나뿐이다. 황경이 λ인 점들의 자취는 그 점과 황북극을 지나는 하나의 원호로 표현될 수 있는 것이지 직선을 표현되는 것이 아니다. 이 사선은 의기의 중심을 지나므로, 이 사선을 따라서는 적경이 같다. 그리고 그 공통 적경의 값 α는 앞의 변환식으로 계산되는 값이다.) 그리고 제1표에 의하면 각남의 위도는 남8도16분이므로, 의기의 중심에서 이만큼 떨어진 점을 잡으면 된다. 그리하여 각남의 위치가 정해지게 된다. (각남의 경우 λ=195도13분에 대응하는 α는 194.00도로 계산된다. 즉 그 사선을 따라서 적경은 194도다. 제2표의 적경은 197도로 3도의 차이가 있다. 의기의 판독값은 197도다. 제1표의 저평가일까?)

이 표의 위도의 표제는 "離赤道"라고 되어 있다. 이것은 적도를 0도로 본 위도라고 해석하는데 무리가 없다. 미야지마도 그렇게 해석하고 있다.

미야지마는 세 표 가운데 오직 이 표 만에 관심을 가진 듯하다. 다른 표에 대해서는 일언반구 언급이 없다. 즉 미야지마는 이 표의 수치가 『혼개』의 "유일한" "적경"과 "적위"를 나타내는 수치로 본다.

제2표는 用赤道經度北極緯度立算이란 제목의 표다. 이 표의 경도는 그 표제가 "赤道入宿" 적도를 따라 28宿 각각의 初度를 식별하고, 그 초도를 시작점으로 하여 항성의 경도를 보여주고 있다. 그러므로 그 초도에 이 별의 경도를 더해주면 그 별의 "赤經"을 구할 수 있다. 이 표의 위도의 표제는 "離北極"이라고 되어 있다. 이것은 북극을 0도로 놓은 위도라고 해석하는데 무리가 없다. 그렇다면 90도에서 이 표의 값을 빼면 위도의 값이 얻어질 것이고, 얻어진 값이 음수이면 그것은 南緯를 가리키는 것이 될 것이다. 미야지마에는 이 표에 관한 언급이 없다.

제3표는 黃道經緯合度立算이란 제목의 표다. 이 표는, "此黃道樞入磨羯初度, 離北極 23度半"이라고 하여, 황북극의 좌표가 적경 270도, 적위 66.5도N임을 분명히 하고 있다. 그러므로 이 표는 전형적인 황도좌표에 의한 표다. 그리고 이 표가 萬曆甲辰年 즉 1604년 하지를 기준으로 한 표라는 것도 밝히고 있다. 서양에서는 적도좌표보다 황도좌표에 더 익숙했음을 감안하면, 이는 서양 傳敎士들에 의해 작성된 오리지날 표라고 볼 수 있다. 각 별이 어느 궁에 속하는지를 표시하면서도, 황경의 값은 그 궁의 초도에 의지하지 않고 직접 그 도수를 제시하고 있다. 황위의 값 역시 도수를 직접 제시하고 있다. 즉 가공된 표가 아니다. 그러므로 나는 이 표가 세 표 중 가장 신뢰도가 높은 표로 평가한다. 그리고 이 표의 좌표를 적도좌표로 변환해보면 그 값이, 미야지마의 논문에서 제시한 만력갑진년(1604년)의 적경 적위와, 거의 단수처리범위 안에서, 일치함이 확인된다. 그러나 미야지마에는 이 표 자체에 대한 언급은 없다. 이 표는 좌표변환 규칙에 따라 언제나 정확하게 적도좌표로 변환할 수 있다. 나는 이 변환방법을 써서, 각 별의 적경과 적위를 계산하였다.

5) 11개 항성 각각에 대한 평가

이하에서는 '유금 아스트로라브'에 나오는 11개의 별 각각에 대한 평가를 시도한다. 순서는 적경의 값의 순서다.

(1) 奎大 : 奎宿大星 또는 奎左北五星 Mirach=βAnd

이 별의 이름 奎大는 奎宿大星의 줄임이다. 규수대성이라면 당연히 규수 가운데서 가장 밝은 별일 것으로 해석되고 그렇다면 그것은 안드로메다의 베타성 즉 βAnd로 同定할 수 있다. 그 중국명은 奎宿大星 또는 奎左北五星이고, 통명은 Mirach이다. 밝기는 2.06이다. 미야지마는 의기 상에서 그 별의 경위도 좌표를 (11.2도, 29.5도)로 읽어 그 별이 Mirach가 아니라, ζAnd로 同定하고 있다. 그러나 그 별은 의기에 오를 만큼 밝은 별이 아니다. 또 내 판독에 의하면, (13도, 28도)로 미야지마의 판독과 그리 다르지 않으나, 경도 13도는 Mirach의 경도와 잘 대응한다. 그러나 위도 차는 어쩔 수 없다. 즉 레테제작과정에서 5도 정도 저평가하는 과오를 범했다고 볼 수밖에 없다. 「숭정역서 항성경위도설」의 〈반구도〉와 〈방성도〉를 판독해 볼 때도 이 사실이 확인된다.

별	제1표 황도경도적위		제1표 변환적경적위		제3표 변환적경적위		미야지마 판독		반구도 판독	
	제2표 적경 적위		제3표 황경 황위		만력 적경	만력 적위	정기준 판독		방성도 판독	
규수대성	10 43	34 13	9.84	34.22	12.67	33.12	11.2	29.5	11	34
	12 56	27 57	25 18	25 20	6.62	22.09	13	28	12	34
숭정역서			25 12	25 59	12 12	33 40				

* 奎二星 ζAnd의 값이다. 이 별로 동정한 것은 미야지마의 잘못이다. 奎左北五星 βAnd이 맞다. 소수점이 없이 떼어 쓴 수치는 '도 분'이다. 이하 같음.

(2) 畢大: 畢宿大星 또는 畢左大星 Aldebaran=αTau

여러 지표가 모두 잘 맞는다.

별	제1표 황도경도적위		제1표 변환적경적위		제3표 변환적경적위		미야지마 판독		반구도 판독	
	제2표 적경 적위		제3표 황경 황위		만력 적경	만력 적위	정기준 판독		방성도 판독	
필수대성	63 18	15 55	61.26	15.92	63.13	15.94	63.7	14.0	63	16
	65 58	14 39	64 08	-5 10	63.32	15.64	64	15	66	16
숭정역서			64 36	-5 51	63 40	15 42				

* 방성도 좌표 경도에 이상이 있다.

(3) 參四 : 參左肩星 Betelgeuse=α Ori

오리온좌의 왼쪽어깨 별. 여러 지표가 모두 잘 맞는다.

별	제1표 황도경도적위		제1표 변환적경적위		제3표 변환적경적위		미야지마 판독		반구도 판독	
	제2표 적경 적위		제3표 황경 황위		만력 적경	만력 적위	정기준 판독		방성도 판독	
삼좌견성	82 37	6 16	81.95	6.27	83.72	6.36	83.1	7.2	84	8
	86 20	7 16	83 28	-17 00	83.44	7.25	83	7	86	7
숭정역서			83 35	-16 06	83 48	07 17				

(4) 南河三 : 南河東星 Procyon=α CMi: α Canis Minoris.

여러 지표가 모두 잘 맞는다.

별	제1표 황도경도적위		제1표 변환적경적위		제3표 변환적경적위		미야지마 판독		반구도 판독	
	제2표 적경 적위		제3표 황경 황위		만력 적경	만력 적위	정기준 판독		방성도 판독	
남하대성	106 43	6 9	108.13	-6.15	109.89	5.91	107.8	6.0	106	9
	110 18	5 47	110 38	-16 10	109.63	6.17	107	6	111	6
숭정역서			110 42	-15 57	109 58	06 05				

* 반구도 좌표 경도 위도 모두에 이상이 있다.

(5) 星一 : 星宿大星 Alphard=α Hya

여러 지표가 대체로 잘 맞는다. 그러나 '제1표'의 경도는 차이가 많다. 이 의기가 제1표에 의거하지 않은 증거가 될 수 있다. 미야지마는 이를 『혼개』의 잘못이라고 하나, 이는 어디까지나 『혼개』의 제1표의 잘못이지 다른 표들은 아니다.

별	제1표 황도경도적위		제1표 변환적경적위		제3표 변환적경위		미야지마 판독		반구도 판독	
	제2표 적경 적위		제3표 황경 황위		만력 적경	만력 적위	정기준 판독		방성도 판독	
성수대성	133 14	-4 32	135.71	-4.53	137.37	-5.08	138.3	-6.9	138	-6
	136 28	-7 43	141 28	-20 30	137.03	-6.99	139	-6	137	-8
숭정역서			142 09	-22 24	137 21	-6 57				

(6) 角南: 角宿南星 Spica=α Vir

여러 지표가 대체로 잘 맞는다.

별	제1표 황도경도적위		제1표 변환적경적위		제3표 변환적경위		미야지마 판독		반구도 판독	
	제2표 적경 적위		제3표 황경 황위		만력 적경	만력 적위	정기준 판독		방성도 판독	
각수남성	195 13	-8 16	194.00	-8.27	195.94	-8.98	196.2	-11.1	198	-9
	197 00	-8 30	198 08	-2 00	196.10	-9.06	197	-11	197	-9
숭정역서	(황 적)		198 39	-1 59	196 26	-9 09				

(7) 底四=氐四 : 氐宿右北 또는 氐右北星 Zubeneschamali= β Lib

여러 지표가 대체로 잘 맞는다. 제2표의 오류를 바로잡는다면,

별	제1표 황도경도적위		제1표 변환적경적위		제3표 변환적경적위		미야지마 판독		반구도 판독	
	제2표 적경 적위		제3표 황경 황위		만력 적경	만력 적위	정기준 판독		방성도 판독	
저우북성	224 28	-7 18	222.00	-7.30	223.73	-7.85	226.1	-8.0	224	-8
	224 56	-8 50	223 38	-8 30	223.96	-7.86	226	-8	225	-8
숭정역서	(황 적)		224 11	-8 35	224 17	7 57				

* 제2표에는 확실한 과오가 있다. 저우남성과 저우북성의 좌표, 황위 남북이 바뀐 것이다. 여기에서는 바로 잡았다.

(8) 候 : 市垣候星 또는 天市垣候星 Ras Alhage= α Oph

여러 지표가 대체로 잘 맞으나, 적위가 2도 정도 저평가되었다. 그러나 '제2표'의 적경의 차이가 크다. 제2표가 이 의기의 좌표로 쓰이지 않았을 가능성을 시사한다.

별	제1표 황도경도적위		제1표 변환적경적위		제3표 변환적경적위		미야지마 판독		반구도 판독	
	제2표 적경 적위		제3표 황경 황위		만력 적경	만력 적위	정기준 판독		방성도 판독	
시원후성	258 10	13 11	257.13	13.18	258.65	13.04	260.1	11.0	267	10
	251 49	13 39	256 18	36 00	259.13	12.91	260	11	260	13
숭정역서	(황 적)		266 54	33 03	267 21	09 32(候)				
			257 30	35 57	259 35	12 48(帝座)				
			250 36	37 23	254 25	14 57(宦者)				

* 이 별의 식별에는 혼란이 있는 듯하다. 반구도 좌표는 『숭정역서』의 候星과 일치하고, (방성 도)와 유금과 제3표의 좌표는 『숭정역서』의 帝座와 일치한다. 제3표의 帝座 황도좌표 (249 08 37 30)는 『숭정역서』의 宦者와 일치한다.

(9) 織女 : 織女大星 Vega=αLyr

어느 지표에 의하더라도, 의기의 적경이 10도 이상 차이가 난다. 어떤 착오에 의한 의기제작상의 과오로 보인다.

별	제1표 황도경도적위		제1표 변환적경적위		제3표 변환적경적위		미야지마 판독		반구도 판독	
	제2표 적경 적위		제3표 황경 황위		만력 적경	만력 적위	정기준 판독		방성도 판독	
직녀대성	273 51	38 36	274.20	38.60	275.28	38.66	286.7	37.5	274	38
	296 30	38 17	278 48	62.00	275.87	38.45	287	36	276	38
숭정역서	(황 적)		279 40	61 48	274 37	38 23				

* 제2표의 적경에 20도 정도 과다한 착오가 있다. 이 과다착오가 의기작도의 과오에 영향을 미쳤을까?

(10) 河鼓中: 河鼓中星 Altair=αAql

어느 지표에 의하더라도, 적위의 차이가 크다. 어떤 착오에 의한 의기제작상의 과오로 보인다. 아니면, 이 별이 '牽牛星'임을 감안할 때, 견우성의 정의가 시대에 따라서 달라진 것과 관련이 있을지 모른다. '牛宿一'이 견우성으로 알려진 경우도 있기 때문이다. (天象列次分野之圖의 경우.) 또 '제1표'와는 적경의 차이도 크다. 이를 보고 미야지마는 『혼개』의 오차가 다소 크다고 말하고 있으나, 『혼개』의 다른 표는 그렇지 않다. 역시 제1표의 결함을 보여준다.

별	제1표 황도경도적위		제1표 변환적경적위		제3표 변환적경적위		미야지마 판독		반구도 판독	
	제2표 적경 적위		제3표 황경 황위		만력 적경	만력 적위	정기준 판독		방성도 판독	
하고중성	288 57	7 19	290.53	7.31	292.12	7.60	295.1	-0.9	294	7
	294 20	6 16	295 18	29 10	292.86	7.89	296	-2	295	5
숭정역서	(황 적)		296 32	29 22	293 13	7 58				

(11) 室南: 室宿南星 Markab=αPeg

'제1표'를 제외하고는 다른 지표들과 대체로 잘 어울린다. 다만 경도가 약간 큰 쪽으로 제작되었기 때문에 작은 쪽으로 치우친 '제1표'와의 괴리가 과장되어 있다. 다시 한 번 제1표의 정확도에 의문을 품게 하는 사례다. 이를 보고 미야지마는 『혼개』의 별의 위치(적경)에 오차가 크다고 말하면서, 『혼개』의 좌표가 무엇을 기초로 했는지 커다란 수수께끼라고 말하고 있다. 이 경우는 『혼개』제1표와 의기의 문제가 복합되어 있다.

별	제1표 황도경도적위		제1표 변환적경적위		제3표 변환적경적위		미야지마 판독		반구도 판독	
	제2표 적경 적위		제3표 황경 황위		만력 적경	만력 적위	정기준 판독		방성도 판독	
실수남성	338 00	12 41	339.67	12,68	341.30	13,38	345.4	13,2	341	13
	343 00	11 41	348 08	19 40	341,27	13,10	346	12	341	13
숭정역서	(황 적)		348 20	19 26	341 34	13 15				

6) 레테의 11개 항성의 좌표에 대한 약간의 논의

유금의 레테와 같은 縮尺의 J2000 레테를, 적합도가 최대로 되도록 접근시킨 그림이다. 우선 歲差運動의 효과가 약 5도의 회전으로 나타나 있다. 1도 회전이 약 72년임을 감안하면, 이는 약 360년간의 격차를 의미한다. 유금 레테의 좌표는 의기의 제작시기(1787년) 무렵의 좌표가 아니라, 만력 갑진년(1604년)의 좌표를 사용했을 것임을 시사한다. 그리고 이 그림에서 우리는 유금의 11개의 별 모두를 J2000 레테의 별과 비교할 수 있다. 대응하는 별이 모두 갖추어 있기 때문이다.

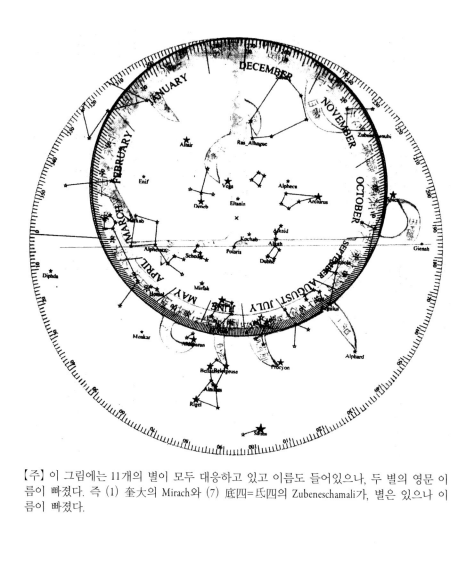

【주】 이 그림에는 11개의 별이 모두 대응하고 있고 이름도 들어있으나, 두 별의 영문 이름이 빠졌다. 즉 (1) 奎大의 Mirach와 (7) 底四=氐四의 Zubeneschamali가, 별은 있으나 이름이 빠졌다.

7) 유금의 평의는 북위 38도가 아니라 36.5도를 대상으로 했다

이 의기에는 북극고38도라는 명문이 있어, 북위 38도에 맞춘 의기라고 볼 수 있다. 그러나 과연 그럴까? 다음 儀面圖 사진을 보자.

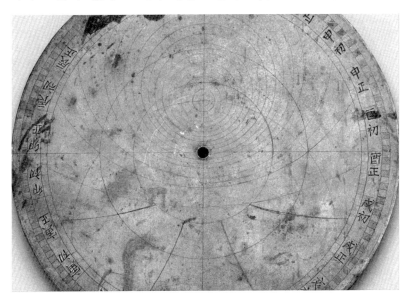

우선, 이 의기의 지평규를 보면, 辰初1刻과 申正3刻을 지나는 원호다. 이 지평규 위의 지평고도 곡선들을 보면, 의기의 중심인 북극은, 대체로 지평고 30도와 45도 정중앙에 있는 것으로 읽힌다. 즉 북극고 37.5도로 읽힌다.

이제 북극고 즉 위도를 37.5도로 가정하고, 지평규의 식을 만들어보자. 단, 의기의 중심인 "북극"을 원점으로 하고, 적도규의 반지름을 1로 놓는다. 그러면 지평규의 식은

$$x^2 + (y - 1.3032)^2 = 1.6427^2$$

로 되며, 의기의 대원인 남회귀선 즉 주단규의 식은

$$x^2 + y^2 = 1.5253^2$$

임을 보일 수 있다. 그리고 이 두 원규의 교점인 辰初1刻과 申正3刻의 좌표를 구하기 위하여, 이 두 식을 연립으로 놓고 풀면,

$$x = \pm 1.4379, \qquad y = 0.5089$$

를 얻는다. 즉 의기의 중심에서 본 그 교점의 경사각의 탄젠트는 y/x 이므로, 경사각은

(위도 37.5도에서의 경사각) $= \arctan(0.5089/1.4379) = 19.49$도

이다. 그런데, 의기에서 그 교점의 경사각을 목측으로 구해보면, 중심횡선에서 시간으로 1시간 15분 즉 5刻의 점에서 두 원이 교차한다. (이는, 이 의기가 "동지 일출이 7시 15분, 일입이 16시45분인 지점"에 맞추어 제작된 의기임을 보여준다. 그리고 일출시각은 그 지점의 북위도의 함수다.) 각도로 볼 때, 1시간은 15도, 15분은 3.75도라는 사실로부터,

(의기의 목측경사각) $= 15$도 $+ 3.75$도 $= 18.75$도

를 얻는다. 즉 북위 37.5도를 가정하고 식에서 구한 각보다 약간 작다.

그러면 유금의 주장대로 북위 38도를 뒷받침하는가? 아니다. 이 의기의 목측값은 37.5도보다 약간 작은 값이어야 한다. 참고로 다음 두 경우를 보자.

(위도 36.5도에서의 경사각) $= \arctan(0.4908/1.4442) = 18.77$도

이는, 단수처리범위 안에서, 우리의 목측경사각과 같다. 한편,

(위도 38.0도에서의 경사각) $= \arctan(0.5081/1.4346) = 19.86$도

이는 우리가 이미 예측한대로, 목측경사각에서 멀다. 이에 비추어볼 때, 이 의기는 36.5도에 맞게 작도되어 있음을 알 수 있다.

위의 논의는 변환식을 충분히 이용하지 않고, 초보적인 방법을 써서 논의하였다. 변환식을 쓰면 다음과 같은 논증이 가능하다.

변환식

$$\cos(\tau)\big|_{e=0} = \frac{0 - \sin(\delta)\sin(\phi)}{\cos(\delta)\cos(\phi)} = -\tan(\delta)\tan(\phi)$$

를 변형하면,

$$\tan(\phi) = \frac{-\cos(\tau)}{\tan(\delta)}$$

여기에 $\tau = 90\text{-}18.75 = 71.25$, $\delta = -23.5$를 대입하면 $\phi = 36.5$가 얻어진다.

3. 平渾儀

平渾儀란 天盤과 地盤으로 된 星座盤(planisphere)을 말한다. 渾平儀란 용어도 쓰이고 星座早見盤이란 일본어도 쓰인다.

평혼의의 天盤은, 천구의 적경 적위에 따라 북극을 중심으로 그려진 별지도다. 그리는 방법이 여러 가지가 있다. 천반과 함께 일체로 움직이는 것에는 태양의 절기별 위치를 나타내는 절기 또는 날짜가 있다.

평혼의의 地盤은 지평창이다. 지평창과 함께 움직이는 것은 그날의 시각정보다. 그러므로 地盤에는 시각 눈금이 포함된다.

아래서 다룰 여러 가지 평혼의를 천반과 지반이 표현하는 정보에 따라 분류하면 다음과 같다.

평혼의 종류	천반				지반		용도
	해당위도	범위	경도	위도	방위	고도	
시립 박물관	40N	현계	있음(절기)	있음	4방	있음	성좌반
남병철 혼평의	?	북/남반구	있음(절기)	있음	없음	없음	성좌반/ 일구/ 성구
고궁 박물관	38N/52S	북/남반구	있음(절기)	있음	없음	없음	성좌반
실학 박물관	36N/54S	북/남반구	있음(절기)	있음	없음	없음	성좌반
파리 평혼의	40N	북반구	있음	있음	있음	없음	성좌반

먼저, 평혼의의 현대판인 성좌반을 설명하고자 한다.

1) 현대의 성좌반

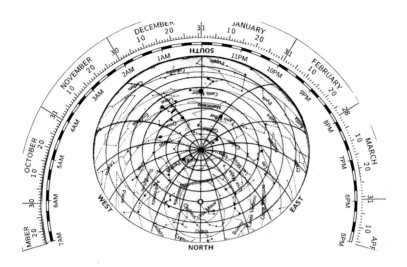

PLANISPHERE 40°N

이것은 현대의 성좌반의 한 예다. 이 역시 북위40도에 맞추었다. 시립박물관의 평혼의는 이 의기와 매우 유사하다. 다만 이 의기는 지평창을 철저히 지평좌표에 맞게 제작하였다. 우선, 북위40도 지점의 천정을 중심으로하는 지평위도 즉 지평고도가 10도 간격으로 유사동심원으로 그려져 있다. 지평경선 즉 방위선은 중심세로선으로 남북축을 삼고, 역시 10도간격으로 그려주고 있다. 모든 방위선은 천정에서 만난다. 동서방위선은 정동과 천정과 정서를 잇는 직선으로 생각되기 쉬우나, 이 그림처럼 곡선으로 표현되는 것이 맞다. 중심세로선은 적도좌표의 자오선이기도 한데, 적도좌표로 천정의 위도는, 이 의기에서, 북위40도다.

이 의기는 天盤과 地盤으로 되어 있다. 천반은 북극을 중심으로 하는 총성도와 바깥의 날짜테로 되어있어 돌릴 수 있다. 천반의 적도좌표는 북극을 중심으로 하는 동심원으로 적도위도를 나타내고, 날짜테로 경도표시를 대신했다. 지반은 둘레의 시각과 지평창으로 되어있다. 지평창의 경계는 지평선이다. 지평창에는 투명판을 부착 하여 여기에 지평좌표를 그렸다. 천정을 중심으로 히는 준동심원은 지평고도를 나타내며, 준방사선은 지평방위를 나타낸다. 관측지 적 도좌표의 경도는 지반의 둘레를 이루는 시각표시로 대체되었다. 그 림의 NORTH, SOUTH, EAST, WEST는 각각 정확히 子, 午, 卯, 酉에 대응한다.

이 의기의 특징을 요약하면 다음과 같다.

① 見界의 모든 별을 관찰할 수 있다.
② 절기 대신 날짜로 찾을 수 있다.
③ 별지도와 날짜가 함께 반시계방향으로 돈다.

이 의기의 사용법은 다음과 같다.

① 날짜와 함께 움직이는 별바퀴를 돌려, 오늘의 날짜와 현재의 시각을 맞춘다. 창 안에는 현재 하늘의 모든 항성이 보인다.
② 밖으로 나가, 북쪽을 바라보며 서서, 이 성좌반을 들어올린다. 창 아래 쪽의 별들과 하늘의 별들이 서로 대응할 것이다.
③ 얼굴을 동쪽으로 돌리며, 별판의 EAST 쪽을 아래로 향하게 한다. 얼 굴을 북쪽으로 돌리며, 별판의 NORTH 쪽을 아래로 향하게 한다. 얼 굴을 서쪽으로 돌리며, 별판의 WEST 쪽을 아래로 향하게 한다. 그러 면 각 경우에 별판의 아래쪽 별과 하늘의 별이 서로 대응할 것이다.
④ 별바퀴를 반시계방향으로 돌리면, 시간의 경과와 함께 새로 떠오르는 별과 지는 별을 관찰할 수 있다.

2) 시립박물관 평혼의

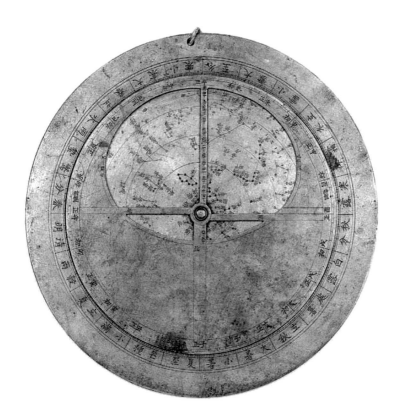

　이 의기의 지평창에는 여름별자리들이 보인다. 지평창의 가장자리는 地平線이라 쓰여있다. 창 가운데에 天津 河鼓 候 등이 보이고, 서쪽으로는 大角도 보인다. 적도 남쪽의 北落師門과 心宿의 안타레스도 보인다. 창의 중심세로선은 天中線이라 되어있고, 아래가 北이다. 가로선의 왼쪽과 오른쪽은 각각 東과 西라고 쓰여있다.

　天中線을 따라서는 숫자가 있는데, 위에서부터 50, 40, ..., 10이있고, 천중선 자리는 숫자는 없으나 0의 자리가 맞다. 그 아래호는

10, 20, ..., 70이 있고, 十자 교차점이 90임을 추측할 수 있다. 그 아래로는 60, 50으로 끝난다. 이는 틀림없이 천구의 적도위도를 나타내고 있는 것이다. 지평선 북한계의 위도가 50도라는 것은 이 의기가 距極度 40도인 北京에 맞게 제작된 것을 말하고 있다. 그리고 지평창의 南限이 50도 즉 남위50도라는 것은 북경의 見界다.

星座盤으로서의 이 儀器는 다음과 같은 특징을 가진다.

① 투시정거투영법을 썼다.
② 천구의 위도 눈금자가 있다. 북극에서 북지평까지 40도, 북극에서 남지평까지 50도.
③ 절기별 태양의 위치를 外輪의 24절기로 알 수 있게 했다.
④ 지평창은 북경의 위도인 북위40도에 맞추어져 있다. 중국에서 만들었다고 보아야 한다.
⑤ 지평창의 방위는 동 서 남 북 네 방위뿐이다.
⑥ 지평창과 같은 판에 들어있는 시각판이 반시계방향으로 돌아가게 되어 있다.
⑦ 특이한 것은 별지도다. 平儀처럼, 천구 위 북쪽에서 남쪽을 내려다보는 형국이다. 그러므로 의기를 들고 올려보아야 하는 보통의 평혼의/성좌반과는 東西방향이 반대다.

3) 남병철의 渾平儀

남병철의 『의기집설』에서는 평혼의가 아니라 渾平儀라 부르고 있다. 그의 '渾平儀說'에서 설명하는 의기는 고궁발물관의 평혼의 일 것으로 이해되고 있는데, 과연 그러한지를 검토해 보자.

(1) 총론

儀南北面 外周爲赤道規. 兩面在下 曲線爲矇影弧 其上又一曲線爲地平弧 兩弧之間及地平之上 皆虛之在內旋轉爲渾平版 窺衡在赤道規南面中心 是儀友人朴桓卿製也. 蓋其法平立渾象 故兩極爲心 赤道爲周 地平則搜地而異 亦出於簡平渾蓋之視法 而爲儀簡便甚善.

이 의기의 남북 양면의 바깥 둘레는 '적도규'다. 양면의 아래에 있는 곡선은 '몽영호'다. 몽영호 위에 있는 하나의 곡선은 '지평호'다. 두 호 사이 그리고 지평의 윗부분은 모두 비어있다. 그리고 그 빈 속을 돌아가는 판은 '혼평판'이다. '규형'은 '적도규'남면의 중심에 있다. 이 의기는 친구 朴桓卿이 만들었다. 이 의기의 법도는, 혼상을 평면화해서 세워 놓은 '평립혼상'이다. 그러므로 양극이 중심이고 적도가 둘레다. 지평은 관측자의 소재지에 따라 다르다. 역시 간평일구와 혼개일구의 투영법에서 나왔다.

여기까지의 내용을 보면 고궁박물관의 평혼의의 설명으로 보는데 무리가 없다.

(2) 혼평의의 製法

① 北面의 작도

赤道規

12시 96각을 그려 넣는다. (북면은 반시계방향, 남면은 시계방향으로 눈금을 매긴다.)

중심을 추축으로 하여 경선과 위선을 虛線으로 그려 넣는다. (지평규와 몽영규를 그린 후에는 그 허선을 지운다.)

地平規/地平弧

卯와 酉 두 곳을 양계로 한다. 중심에서 본방의 북극출지도 만큼을, 자오선의 子선 쪽으로 세어 내려가, 점을 찍는다. 이렇게 해서, 이 점과 양계 합쳐서 세 점이 얻어진다. '3점동원법'으로 호를 그려, 이 호를 '지평규/지평호'로 삼는다.

朦影弧/朦影限

卯와 酉 두 곳에서 각각 18도를 세어 내려가, 양계로 한다. 지평호와 자오선의 교점에서 子선을 따라 18도를 내려가, 점을 찍는다. 이렇게 해서, 이 점과 양계 합쳐서 세 점이 얻어진다. '3점동원법'으로 弧를 그려, 이 호를 '朦影弧/朦影限'으로 삼는다.

이리하여 北面이 완성되었다.

② 南面의 작도

南面의 작도도 北面의 작도와 대동소이하다. 다른 점은 지평호와 몽영호의 작도에서 점을 찍는 방법이 다를 뿐이다. 즉, 子선 상이 아니라 午선 상에 찍는 점이 다를 뿐이다.

地平弧 상의 96刻 작도

남북 양면의 地平弧 상에는 96각의 疏密線을 작도한다. 자의 한 끝은 중심에 고정하고, 다른 끝을 돌리면서, 시각규/적도규의 눈금을 지평호에 표시하면 된다. 그렇게 하면, 南弧에는 묘 진 사 오 미 신 유 이렇게 7시가 표시되며, 그 선은 密하다. (몽영선에서 볼 때 밀할 뿐이다. 또는 오시 근방이 밀하다.) 北弧에는 유 술 해 자 축 인 묘 이렇게 7시가 표시되며, 그 선은 소하다. (몽영선에서 볼 때 밀할 뿐이다. 또는 자시 근방이 밀하다.) 또, 양면 시각규/적도규 안 지평호 이상 및 지평 몽영 양호 사이는 모두 깎아내, 비워 놓는다. 이때 적도규 남북 두 면은 또, 평원면으로 된다. 일분양면은 남북 각각의 규가 된다. 외경은 적도규/시각규의 안에서, 중심이 양극이고, 양면에는 각각 경선 360도를 그리면서 자오묘유를 정한다. 위선 180도는 6등에 따라 남극총성을 자리잡게 하고, 북면은 6등에 따라 북극총성을 자리잡게 한다.

황도의 작도

북면에 묘유 두 곳을 잡아 양계로 한다. 오정경선으로부터 황적대거도 즉 (23.5도)를 세어서, 오선 상에 점을 표시한다. 이렇게 해서, 이 점과 양계 합쳐서 세 점이 얻어진다. '3점동원법'으로 호를 그린다. 남면에 묘유 두 곳을 잡아 양계로 한다. 자정경선으로부터 황적대거도 즉 (23.5도)를 세어서, 자선 상에 점을 표시한다. 이렇게 해서, 이 점과 양계 합쳐서 세 점이 얻어진다. '3점동원법'으로 호를 그린다. 이렇게 그린 호가 양면의 황도다. 이 황도를 돌며, 도수에 따라, 24절기를 배열한다. 북면은 酉의 春分에서 시작하여 卯의 秋分으로 끝나며, 남면은 卯의 秋分으로 시작하여 酉의 春分으로 끝난다.

이로써 '渾平版'의 작도가 끝났다.

③ 儀器의 組立

이제, 적도규의 남면에 혼평판의 남을 오게 하고, 적도규의 북면에 혼평판의 북을 오게 한다. (이 때, 자 오 묘 유 각선이 서로 합치게 놓아야 한다.) 적도규와 혼평판 이 양규의 둘레가 합봉하면, 혼평판이 그 안에서 돌 수 있다.

남규의 중심에는 규형을 끼운다. 따로 '本方 赤道高 句股木座'를 마련한다. 이를 사용할 때는, 이 의기를 그 木座/架의 弦版 위에 안치하여, 儀器 赤道와 天上赤道가 평행하도록 한다.

(3) 제법에 대한 코멘트

이상이 『의기집설』의 渾平儀 구조의 설명이다. 이 설명 중에 고궁박물관의 平渾儀 구조적으로 다른 점을 다음과 같이 지적하고자 한다.

① 투영법에 있어서 차이가 있다.

남병철은 명시적으로 간평일구와 혼개일구의 투영법에서 나왔다 出於簡平渾蓋之視法 라고 말하고 있다. 渾蓋之視法이란 우리의 극사투영법을 말하며, 적도규 몽영규 황도규의 작도과정의 설명이 모두 극사투영법의 작도법과 일치한다. 그러므로 남병철의 의기에서 별지도 즉 혼평판은 극사투영법에 따라서 작도되었다고 보는 것이 타당하다. 그것은 『숭정역서』의 '적도남북총성도'의 작도법과도 일치한다.

② 窺衡이 있는 면은 남면뿐이다.

남병철은 명시적으로, '南規中心貫窺衡 남규의 중심에는 규형을 끼운다.'라고 말하고 있다. 남북 양면에 두 개의 규형이 있는 것이 아니다. 그러나 고궁박물관의 평혼의에는 양면 모두에 규형이 있다.

그러므로 두 의기는 구조가 다르다. 그러면 어느 쪽이 선호되는 구조일까? 단연 남병철의 혼평의다. 왜냐하면 규형은 하나로서 충분하기 때문이다. 그리고 하나를 설치한다면 남면일까 북면일까? 남면이 유리하다. 남면의 중심은 지평창이 없는 부분이다. 규형이 별을 가릴 걱정을 할 필요가 없다. 그러나 북면의 중심은 지평창의 안쪽이다. 별을 가릴 수밖에 없다. 더 나아가서, 이 의기에는 원래 규형이 필요 없다는 것이 필자의 생각이다. 규형으로 관측하기에는 전체구조가 취약하다. 규형으로 관측해야할 문제라면 다른 의기를 준비하는 것이 옳다.

③『本方赤道高 句股木座』는 의기의 받침틀일 수 없다.

남병철의 말대로 남면에 규형을 설치하여 관측을 하려면, 의기의 자세를 방위와 수평에 맞게 고정시킬 필요가 있다. 그 필요에 의한 것이 '本方赤道高 句股木座'인 것이다. 句股는 직각삼각형에 쓰이는 전문용어다. '本方赤道高'에 맞게 직각삼각형의 빗변이 天上의 적도평면과 평행인 '木座'가 필요한 것이다. 그 위에 의기를 적도평면과 평행하게 올려놓기 위해서다. 그래서, '安儀於座之弦版上 使儀與天上赤道爲平行 의기를 목좌의 弦版위에 안치하여, 의기와 천상적도가 평행하게 한다'라고 한 것이다. 여기서 弦版이란 弦이 그려진 판이겠는데, 그 弦은 틀림없이 남북으로 그려졌을 것이며, 이 弦에 의기의 중심자오선을 맞추었을 것이다. 아래의 의기사용법 설명을 보면 이 사실이 더욱 분명해진다. 고궁박물관의 평혼의 받침처럼 의기가 자유롭게 돌아가는 구조여서는 아니 된다. 그러나 필자의 견해로는 이런 보조기구를 필요로 하는 관측을 포기하는 편이 보조기구를 마련하는 편보다 낫다고 생각한다.

(4) 혼평의의 용법

① 낮시각을 구하는 법

ⓐ 子午 즉 남북을 확정한다.

ⓑ 의기를 本地赤道高에 의거하여 句股架/句股木座에 안치한다.

ⓒ 窺表로 태양의 소재를 관측한다.

ⓓ 窺衡의 指線이 赤道規時盤과 수직으로 만나는 점을 찾으면, 그 점의 時盤시각이 본지 본시의 태양의 赤道時刻 즉 眞太陽時刻이다.

이 작업을 제대로 수행하려면 사유환을 갖춘 본격적인 다른 의기가 필요하다. 여기서는 窺表로 사유환의 역할을 대신한다. 규표란 규형 양 끝을 직각으로 구부려 작은 관측구멍을 뚫은 장치를 말한다. 窺衡의 회전축을 세로로 관통하는 指線은 규표의 중심을 지난다. 이 규표로 태양 또는 항성의 경도를 측정하려는 '무리한 시도'를 여기서 하고 있는 것이다.

② 밤시각을 구하는 법

ⓐ 위의 방법에 따라, 의기를 句股架에 안치한다.

ⓑ 窺表로 한 恒星의 소재를 관측하고 나서 그 窺衡이 움직이지 않게 한다.

ⓒ 별지도판 위의 本星을 돌려, 窺衡의 指線에 오게 한다.

ⓓ 黃道弧의 本節侯가 赤道規의 時盤과 만나는 점을 찾으면, 그 점의 時盤시각이 본지 본시의 밤 時刻이다.

③ 각절후 지평 위에 나타나는 총성을 구하는 법

ⓐ 임의로 황도호 상에서 모 節侯를 선택한다.

ⓑ 그 節侯를 西地平(즉 酉方) 朦影弧에 맞춘다.

ⓒ 그 시각에 지평 위에 나타나는 각성을 보면, 그것이 本節侯 本時에 보이는 별들이다.

ⓓ 또, 本節侯를 東地平(즉 卯方) 몽영호 쪽으로 조금씩 돌린다.

ⓔ 그 과정에서, 서에서 동에 이르기까지 각시각에 지평 위에 나타나는 각성을 보면, 그것은 本節侯에 밤새도록 보이는 總星이다.

④ 中性 구하는 법

ⓐ 황도호 상에서 임의로 모 節侯를 고른다.

ⓑ 해지는 시각부터 해뜨는 시각까지 그 節侯를 적도규를 따라 조금씩 돌린다.

ⓒ 이 과정에서 매시각마다 지반의 天中線과 만나는 各星은 곧 본절후 밤 내내 각시각의 中星이다.

⑤ 中星으로 시각을 구하고, 시각으로 中星을 구하는 법

ⓐ 별지도판 위에서 임의의 恒星 하나를 골라, 天中線과 만나게 한다.

ⓑ 黃道弧 상에서 本節侯를 찾아, 赤道規 時盤과 만나는 점을 읽으면, 그것이 밤 시각이다.

ⓒ 본절후 모시각에 어떤 별이 天中線과 만나고 있다면, 그것이 그 시점의 중성이다.

(5) 혼평의 용도에 대한 평가

여기서는 5가지 작업 중 ①과 ②를 위해서 규형이 필요하다. 그리고 사유환이 없는 이 의기를 가지고, 규형을 써서 시각을 알아내려는 시도가 만족스러운 결과를 얻기는 어렵다. 이 어려운 시도를 포기하면 규형 자체가 필요하지 않다. 이 의기에서는 규형을 없애고, ③, ④, ⑤ 세 가지 기능만을 요구하는 '평혼의'로 돌아가는 것이 바람직하다고 생각된다.

4) 실학박물관의 紙本平渾儀와 국립고궁박물관의 黃銅平渾儀

(1) 서론

실학박물관의 圖錄에는 다음과 같은 글이 있다.

박규수가 만든 평혼의는 … 판지로 만들어진 지름 34cm의 원반이다. 북반구의 하늘을 표시한 북면과, 남반구의 하늘을 표시한 남면의 양면으로 되어있다. 각 면은 양극이 원심이 되고, 적도가 원주로 된다. 또한 남북 양면은 각각 상하 두 개의 원반으로 이루어져 있다. 그중 하반은 회전하도록 되어 있으며, 반면에 경도 위도 및 황도가 선으로 표시되어 있고, 북면의 하반에는 북반구의 별들이, 남면의 하반에는 남반구의 별들이 표시되어 있다. 별자리의 위치를 통해 시간과 계절을 측정해 볼 수 있는 도구이다.

국립고궁박물관에는 바로 이 평혼의가 黃銅南北半球星座版이라는 이름으로 전시되어 있다. 지름 34cm의 놋쇠 원반에 별자리 등을 정교하게 새긴 가공기술과, 句股木座(받침대)를 포함한 전체 높이 77.5cm의 이 의기를 제작하는데 소요되었을 경비 등을 감안하면, 이 평혼의는 고위 관직에 있던 남병철의 주도 아래 관청에서 제작한 것으로 추측된다.

이상의 설명은 개략적인 겉모습의 설명에 불과하다. 본질의 설명을 시작해 보자. 일반 성좌반의 설명에서 말한 바와 같이, 이런 종류의 의기는 그 제작의 목적이 무엇이고, 그 목적에 맞게 제작되었는지를 따져 보는 것이 중요하다. 우선 '별자리의 위치를 통해 시간과 계절을 측정하는 거창한 목적은 이런 종류의 의기로는 어림도 없다. 거꾸로 어느 날짜의 어느 시간에 어떤 별들을 하늘에서 관찰할 수 있을까 라는 일상적인 호기심을 만족시키기 위한 의기가 이 평혼의라고 보아야 한다.

실학박물관의 紙本평혼의는 창작물이 아니다. 중국에서 북위 36도에 맞추어 제작한 것을 모방해서 만들었다. 그리고 모방하는 과정에서 이를 현지의 위도에 맞추어야 한다는 사실을 늦게야 깨달았다. 그리하여 그 의기에는 이 사정을 기록해 놓았다. 국립고궁박물관의 평혼의는 이 깨달음을 반영하여, 서울의 위도 북위37.5도에 맞게 제작하였다. 그러므로 이 紙本은 試作品으로서의 성격이 짙다. 그러므로 이하의 설명은 주로 완성품인 黃銅平渾儀를 가지고 설명을 진행하기로 한다.

(2) 국립고궁박물관의 황동평혼의

다음 그림은 의기의 전체 모습이다. 그러나 여기서 우리는 원반 모양의 천반과 그것을 담고 있는 지반에 국한하여 구조를 설명하려 한다.

① 天盤

이 의기에서 천반은 원형의 동판 한 장의 양면으로 되어 있다. 그리고 양면 각각은 적도남북 양총성도 형태의 별지도로 되어 있다. 숭정역서에서는 적도남북 총성도를 극사투영으로 그리고 있으나,

여기서는 정거투시투영으로 그렸다. 그러므로 각 별지도는 북극과 남극을 중심으로 하는 원이다. 둘레의 경계가 적도이며, 그 안의 동심원들이 10도간격의 적위도다. 그리고 극에서 적도를 향하여 10도 간격의 적도경도가 그려진다. 그 적도경도는 right ascension, α의 의미다. 북반구 별지도에는 α=0인 춘분점에서, 하지점을 거쳐 α=180인 추분점에 걸쳐서 황도가 그려진다. 그 황도 위에 하지 전후의 절기명 13개가 표시된다. 남반구 별지도에는 α=180인 추분점에서, 동지점을 거쳐 α=0인 춘분점에 걸쳐서 황도가 그려진다. 그 황도 위에 동지 전후의 절기명 13개가 표시된다. 그런데 남반구와 북반구의 별지도는 서로 독립적인 것이 아니라 연결되어 있다. 어떤 의미에서 연결되어 있다고 말하는가 하면, 동판을 뒤집어 보면 바로 뒷면의 적도경도가 표시되어 있다는 의미에서다. 그러므로, 북반구의 별지도에서 24절기명이 α=0에서 α=180 사이에 시계방향으로 배열되어 있는데 반하여, 남반구의 별지도에서 24절기명은 α=180에서 α=360(=0) 사이에 반시계방향으로 배열되어 있다. 황도는 극사투영에서는 정확한 원호이지만, 이 의기의 투영법에서는 정확한 원호가 아니다.

성좌반인 평혼의의 별지도판은 그 盤面에, 365.25일 1년을 통한 태양의 위치를 정확히 표현하는 것이 필수요소다. 그러므로 그 위치는 24절기로 표현하거나 양력날짜를 써서 표현해야 하는데, 이 의기는 양력을 쓰지 않을 때 만들어진 것이므로, 24절기명으로라도 이를 분명히 표현해 주어야 한다. 그러나 이 의기에는 황도를 따라 24절기명이 있을 뿐이다. 전체 둘레를 따라 이를 표시해 주지 않고 있다. 별지도 상에서 태양이 있는 자리는 절기명이 쓰여진 자리임을 명심할 필요가 있다.

② 地盤

地盤은 天盤인 동판을 앞뒤로 둘러싸고 있는 두 원판으로 된 집이다. 그 집의 원형창의 지름이 천반의 적도 지름과 같아서, 남북 별지도를 따로따로 들여다 볼 수 있다. 우리는 천반을 兩地盤 사이에서 돌리면서 별지도 양면을 읽을 수 있다.

지반의 창 둘레에는 시각을 나타내는 눈금이 있다. 아래에 子正 위에 午正이 오도록 한다. 그러나 눈금을 매기는 방법은 남북반구가 다르다. 북반구의 창은 반시계방향으로 돌기 때문에 지반의 오른쪽이 卯正이고, 왼쪽이 酉正이다. 남반구의 창은 시계방향으로 돌기 때문에 지반의 왼쪽이 卯正이고, 오른쪽이 酉正이다. 이렇게 말하면 서로 반대로 움직이는 것처럼 들리지만, 실제로 의기를 들여다보면 이렇게 해야, 묘정 유정이 의기의 같은 쪽에 오게 됨을 확인할 수 있다. 의기를 세워 놓은 채로, 북반구 쪽을 보다가, 의기의 뒤로 돌아가 남반구 쪽을 보라. 이렇게 눈금을 매기는 것이 얼마나 자연스러운가!

별지도를 남북으로 나누지 않은 현계총성도의 별지도를 가진 평혼의에서는 별을 들여다보는 창이 지평선이었다. 지평선 아래의 별은 볼 수 없기 때문이다. 별지도를 남북으로 나눈 경우에도 창을 낸다면 지평선이 경계로 되는 것이 자연스럽다. 우리의 의기도 이런 생각에서 창이 디자인되었다. 북반구의 창은 북 지평을 경계로 하고, 남반구의 창은 남 지평을 경계로 하는 것이다. 물론 두 경우 모두, 적도가 공통의 경계가 된다.

그런데 우리의 의기를 보면, 지평 아래를 완전히 막지 않고, 부분적으로만 막아 놓았다. 예컨대, 몽롱영 경계 아래의 지평하를 창으로 열어놓았다. 열어놓는다고 해서, 그 창을 통하여 별을 볼 수 있는 것은 아닌데 왜 열었을까? 그 창을 통해서는 24절기명을 읽으라는 뜻으로 해석함이 옳을 것이다. 몽롱영 위는 왜 막았을까? 거기에 있는 24절기명은 읽을 필요가 없기 때문은 아닐까? 몽롱영이란 해진 후 해뜨기 전 훤한 시간이다. 이 시간에는 해가 없다고 해도 하늘이 밝으니 별을 보기에 적당하지 않다. 24절기명이 그 안에 있다는 것은 해가 그 안에 있다는 말이므로, 별의 관찰에 부적당한 것이다. 창으로 열려 있는 영역은 충분히 어두운 시간대이므로, 별을 관찰하기에 알맞은 것이다. 왜 그런가?

지반의 창 둘레에는 시각눈금과 동시에 360도 주천눈금이 마련되어 있다는 것이 그 답이다. 우리는 관측자의 중심자오선을 중심으로 하는 적도경도를 τ로 나타내고 있다. 그 주천눈금은 τ의 눈금인 것이다. 그리고 이것은 간단하게 시간변수로 변환된다. 오정은 $\tau=0$이고, 자정은 $\tau=180$도이다. 그리고 15도마다 1소시의 차이가 난다.

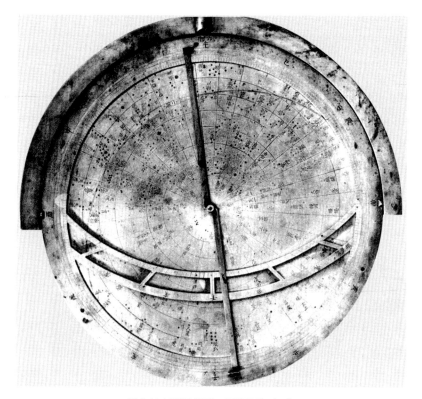

평혼의 북반구(국립고궁박물관 소장)

'天中'이 위로 가도록 하였다. 이 그림을 보면, '춘분'이 별지도의 왼쪽 아래에 있고, 그에 대응하는 지반 창의 눈금은 戌正2각이다. 그러므로 이 그림의 상황은 춘분일 저녁 8시 반 경의 북반구의 별을 나타낸다. 申初에 參宿의 적도북에 있는 參左肩星이 보인다. 申正에 畢宿大星, 未初에 南河東星도 보인다.

평혼의 남반구 (위의 뒷면)

'天中'이 위로 가도록 하였다. 이 그림을 보면, '춘분'이 별지도의 오른쪽 아래에 있고, 그에 대응하는 지반 창의 눈금은 戌正2각이다. 그러므로 이 그림의 상황은 춘분일 저녁 8시 반 경의 남반구의 하늘을 나타낸다. 즉 앞 그림과 같은 시각의 하늘인 것이다. 다시 말하면 이 그림은 위 그림의 뒷면이고, 그림에서 적도는 완전히 일치한다. 申初에 參宿의 오리온 및 리겔이 보인다. 未正에 天狼星도 보인다.

위의 두 그림은 동일한 의기의 동일한 절기 동일한 시각에 맞춘 하늘이다. 앞의 것이 북쪽 하늘이고, 뒤의 것이 남쪽 하늘이다. 두 하늘은 적도에 의해서 앞뒤로 갈린 하나의 하늘이다. 그러므로 적도에 의하여 갈라진 參宿의 별은 다 같이 같은 방위 즉 未正과 申正 사이에 있다. 양면에 모두 窺衡이 있는 것은 남병철의 혼평의와 다른 점이다.

③ 보이는 별의 방위와 고도각

위에서 우리는 '미정과 신정 사이의 방위'라는 말을 사용하였다. 더 좋은 표현은 없을까? 지평좌표의 방위를 쓸 수 있으면 더 정확하다. 미정이란 τ=-30의 적도경도좌표를 의미한다. 방위 a가 아니다. 우리는 적도좌표와 지평좌표는 용도가 다르고, 그 사이에는 엄밀한 변환식이 있다는 것을 알고 있다. 그러나 이 의기에는 적도를 따라 방위가 표시되지 않을 뿐만 아니라, 지평선을 따라서도 방위가 없다. 지평선을 따라서 눈금이 있으나, 그것은 적도경도의 연장을 나타내 줄 뿐이다.

또 이 의기에는 천체의 고도각을 나타내 줄 방법이 없다. 적도좌표의 위도가 있을 뿐이다.

이것이 이 의기의 약점이라 할 수 있다.

우리가 좌표변환에서 알 수 있는 것은 적도를 따라서는 τ=0, 90, 180, 270은 정확하게 남, 동 북, 서 四方에 대응한다는 사실이다. 그러므로 자 오 묘 유 넷은 시각을 나타내며 동시에 적도를 따라서는 정확하게 四方을 나타낸다는 것이 다행이라고 해야 할 것이다

(3) 실학박물관 평혼의에 관한 補注

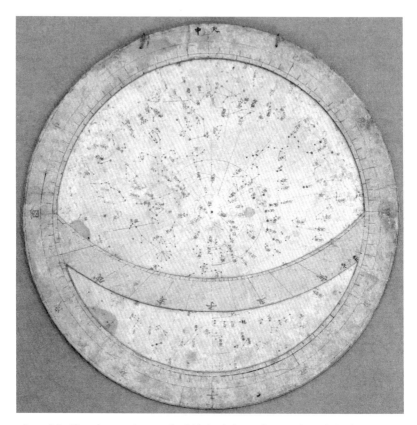

이 그림은 황도의 夏至가 天中에 맞춰져 있다. 그러므로 이 그림에 나타난 하늘은 하지의 대척점인 冬至의 자정에 볼 수 있는 하늘이다. 그러므로 관측자를 위해서는 아래 작은 창에 경계를 따라 冬至 등 절기명을 표기해 주는 것이 좋았을 것이다. 파리의 평혼의는 바로 그렇게 해주고 있는 것이다. 午와 未 사이에 參宿의 적도북에 있는 參左肩星이 보인다. 이 그림에서도 12支는 시각을 나타내고 방위를 나타내는 것은 아니다. 다만 子午卯酉만 4방을 나타낸다.

실학박물관의 평혼의는 紙本이기 때문에 원천적으로 窺衡이 있을 수 없다. 그것이 황동본과 다른 점이다. 또 하나 다른 점은 황도를 따라 절기명이 보다 뚜렷하고 크게 표기되어 있는 점이다. 앞에

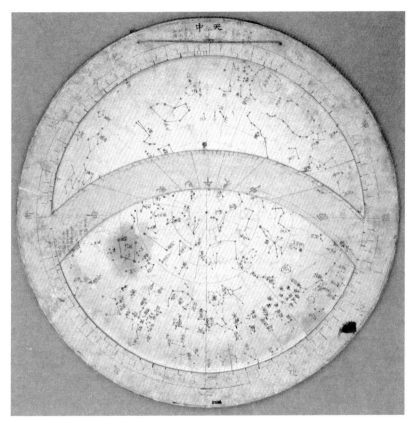

이 그림은 황도의 冬至가 天中의 대척점에 와 있다. 그러므로 이 그림에 나타난 하늘은 冬至의 자정에 볼 수 있는 하늘이다. 즉 앞 그림과 같은 시각의 남반구의 하늘이다. 그러나 관측자가 볼 수 있는 것은 지평선 위쪽뿐이므로 위의 좁은 창의 별들을 볼 수 있을 뿐이다. 그런데 제작자 박규수의 "실수"로, 가운데 지평띠의 왼쪽에 설명해 놓은 것처럼, 이 지평띠는 북극고 36도에 맞는 띠다. 박규수가 意圖했던 38도가 아니다. 이 실수로 생겨난 재미있는 일이 바로 위의 可視창에 가장 뚜렷한 "老人星"이다. 38도의 의기라면 그 별은 지평 아래에 있어서 볼 수 없다. 그러나 36도의 의기에서는 이처럼 지평 위에 있어서 볼 수 있다. 박규수는 북극고 36도인 전라도 扶安에서 이 노인성을 보았다고 한다. 38도에 가까운 한양에서는 절대로 볼 수 없다. 노인성 위쪽에는 天狼星과 參宿의 리겔이 보인다.

서 말한 대로, 절기명의 표기는 이 평혼의라는 의기의 필수요소다. 赤經 α를 표시해주는 것이 이것뿐이기 때문이다.

5) 파리 平渾儀

이 의기는 조선왕실이 프랑스인에게 하사한 것으로 알려져 있으며, 현재는 프랑스 파리 국립천문대의 소장품이라 한다. 이 그림은 兩面 중 北面이다.

(1) 특징

星座盤으로서의 이 儀器는 다음과 같은 특징을 가진다.

① 극사투영법을 썼다. 따라서 황도규와 지평규가 정확한 圓弧다.
② 극사투영법에 의한 천구의 위도 눈금자가 있다. (지평고도는 아니다.)
③ 절기별 태양의 위치를 알 수 있는 장치가 완벽하다.
④ 지평규는 북위40도에 맞추어져 있다.
⑤ 지평규와 몽영규 사이의 폭은 위도6도다. civil twilight에 해당한다.
⑥ 지평규에 표시된 눈금은 천정을 향하고 있다. 지평방위를 표시한다는 뜻이다. 정동과 정서에서 정북을 향하여 각도, 10, 20,...,90을 표시해주고 있다.

　이 의기의 천반의 별지도는 기본적으로『숭정역서』의 적도북반
구도와 같은 모습이고 같은 구도다. 다 같이 극사투영을 썼기 때문
이다. 그리고 시기도 거의 같은 것으로 보인다. 세차운동에 따른 변
화도 식별되지 않는다.

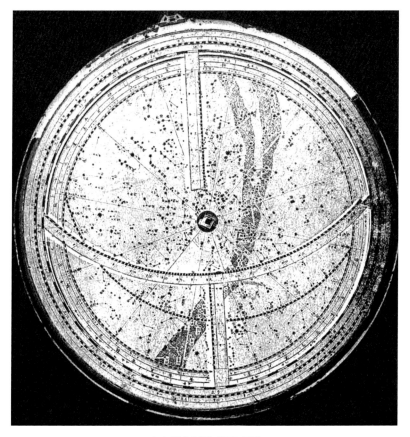

파리 평혼의의 반전 그림

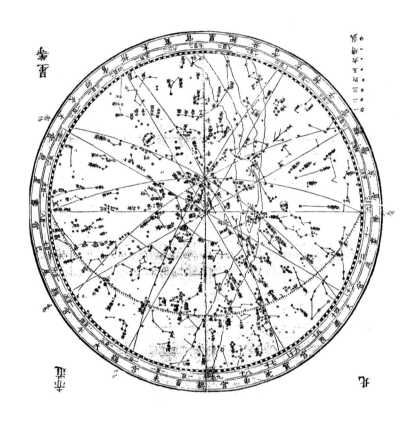

『숭정역서』의 적도북반구도
앞 그림과의 비교를 위해 상하는 반전시켰다.

의기를 보면 '織女'와 '河鼓'의 위치가 이 '적도북총성도'에서와
거의 똑같은 위치에서 식별된다.

이 의기의 가장 큰 특징은, 地盤 북지평 위에 지평방위를 정확하
게 표현해 주고 있다는 점이다. 그 방위선분들이 향한 곳은 중심세
로선의 적위도 40도의 점이다. 이 점은 바로 북위 40도지점의 天頂
의 위치인 것이다. (앞의 현대의 성좌반 참조.)

(2) 평가

작도의 정밀도에서 이 의기는 타의 추종을 불허한다. 그리고 별지도와 함께 움직이는 절기표시의 중요성을 인식하여. 周天 전체에 걸쳐서 24절기를 확실히 보이도록 표시해놓고 있다. 이 표시는 평혼의의 필수요소다. 다른 평혼의가 본받았어야 할 점이다.

부록 : 『渾蓋通憲圖說』

『혼개통헌도설』은 아스트로라브의 解說書다. 아스트로라브를 이지조는 '혼개통헌의' 또는 '平儀'라고 부르고 있다. 이하에서 우리는 '평의'라는 호칭을 사용할 것이다.

1)『혼개통헌도설』首卷

(1) 渾象圖說

『혼개』는 예비논의로 혼상을 설명한다. 그런데 혼상은 입체이므로 평면도형으로 그리는 것은 불가능하다고 하면서, 그러나 억지로 그림을 그려 개요를 보인다고 말하고 있다. (夫渾天 不可圖也 今强圖之 以識梗槪)

아마도 이지조는 다음 그림과 같은 혼상의 그림을 보았다면 반색을 하고 채용하였을 것이다.

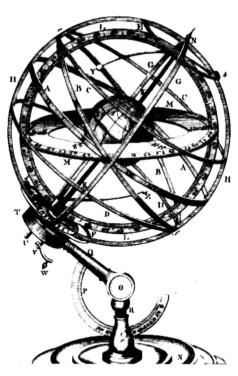

현대적 혼상의 예

(2) 적도규계설부터 지평규설까지

여기서는 '평의'를 구성하는 각종 規에 관한 예비적 설명이 행해진다. 천구의 적도권의 극사투영은 적도규, 지평권의 투영을 지평규 등으로 부른다.

2) 『혼개통헌도설』 上卷

(1) 總圖說

『혼개』는 그 구론이 분운하고, 그 추보 역시 다르지 않다. 통헌은 동으로 만들고, 평면에서 혼천을 관측하며, 下規의 요원한 별들을 잘라냈다. 사용하는 것은 蓋에 의존할 뿐이지만, 사실은 渾度와 蓋模를 다 나타냄으로써, 渾蓋를 하나로 통하게 한 것이다. 앞쪽은 하늘의 圖象을 내려다볼 수 있게 되어 있고, 뒤쪽은 璇璣玉衡이다. 中樞는 남북의 두 극을 겸유하게 되어있고, (【필자 주】 이 표현은 잘못이다. 북극만을 나타낸다. 이 의기에서 남극은 한 점으로 나타내지지 않는다. 모든 방향의 무한원점이 남극에 대응할 뿐이다. 스테레오투영의 특징이다.) 睨筩과 定時衡尺이 연결되어 있다. 의기의 위쪽에는 손잡이 고리가 있어, 달아맬 수 있게 되어있다.

① 의기의 앞쪽(儀之陽)

의기의 앞쪽은 여러 층으로 되어있다. 즉 위에는 天盤, 그 아래는 여러 장의 地盤이 있다. 각 지반은 세개의 圓規가 갖추어져 있다. 가운데 원규는 赤道다. 이를 지금은 晝夜平規라고 부른다. 안과 밖의 두 원규는 운행하는 태양의 남북 界限이다. 內規는 일행최북도인데 이를 주장규라고 부른다. 外規는 일행최남규인데 이를 주단규라고 부른다.

가운데는 十자로 4상한으로 나누었다. 그 중심이 北極이다. 각상한은 90도로 나뉘었다.(맨 바깥눈금) 그러나 1주천을 12시 24소시 (子初 子正 등 둘째 눈금) 96각 (셋째 눈금)으로 편리하게 눈금을 매 겼다. 의기의 중심인 북극을 중심으로 하여 가운데 가장 작은 원이 주장규, 그 다음원이 주야평규, 바깥원이 주단규다. 주장규의 아래

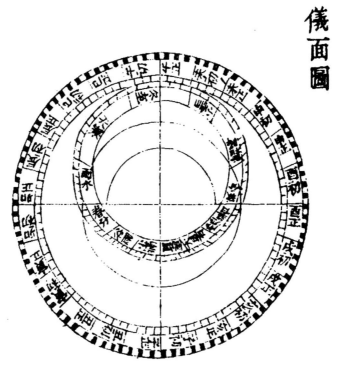

의기의 앞면 그림 즉 **儀面圖**

끝과 주단규의 위끝을 지나도록 위쪽으로 치우쳐 있는 원이 황도 규다. 황도규는 적도규=주야평규보다 약간 크고 중심이 북극보다 위쪽에 있다. 황도규의 눈금은 5도씩 부등간격으로 그려져 있고, 30도 간격으로 12중기가 나뉘어져 있다. 황도규의 눈금표시선분은 모두 의기의 중심을 향한다. (其度斜刻 緊切地盤 以便觀覽이라고 표

현하고 있다.) 24절기가 아니라 12중기만 표시하였다. 이는 서양의
12궁과 완전히 대응한다.

　黃道는 이 내외 두 원규 사이에 연결되어 있다. 천반은 천체의 모습을 닮
아 둥글며, 황도로 태양의 주천도를 기록한다. 주천도는 360도로 나누고,
이를 갈라서 12궁과 24절기로 한다. 그 도는 비스듬히 새겨서, 地盤의 도
수와 꼭 맞게 함으로써 보기에 편하다. 經星 즉 恒星을 새겨 넣되(錯), 모
두 넣는 것은 아니고, 가장 밝고 큰 것만 새겨 넣는다. 새겨 넣는 방법은
각 항성을 침망의 가리킴을 표준으로 하게 한다. 여러 장의 地盤은 사용
지역에 맞게 바꾸어 사용한다. 즉 지역의 북극출지도에 맞추어 골라 쓴
다. 지반은 지평상과 지평하 두 계한을 나눈다. 가장 아래 곡선은 昏晨界
다. (曚影規라 이름한다.) 좀 위의 곡선은 출지 입지의 계한이다. (그 이
름을 지평규라 한다.) 이 곡선 이상의 곡선들은 수평고도를 나타내며, 天
頂까지 이른다. 90도로 균분되는 이 도수로 태양이나 별들의 고도를 관
측할 수 있다. 그 한가운데의 세로직선은 子午의 중심선이다. 그리고 천
정을 지나며 赤道의 卯酉와 만나는 곡선은 正東西의 界가 된다. (南北東
西는 각각 午子卯酉.) 그 나머지의 방위는 모두 그 방위를 정해주는 곡선
들이 있는데, 그 간격은 북에 가까울수록 좁고, 남에 가까울수록 넓다. 이
는 마치 우리 몸이 천구 밖에 있으면서 천구를 비스듬히 보는 것과 같은
모습이다. 더 정확하게는, 천구의 남극에서 본 천구의 모습을 천구의 적
도면에 투영하여, 이 투영된 모습을 우리가 천구의 북극 밖에서 바라볼
때의 모습이라고 해야 할 것이다. 지반의 혼신계의 아래는, 곡선들을 써
서 공간을 다섯(5停)으로 나누는데, 이는 밤의 5경(夜漏之節)을 나타내는
것이다.

② 의기의 뒤쪽(儀之陰)

睨箭式

『혼개』에 이 그림은 '卷下 17.定時尺分度說' 속에 있다. 그러나 규통식 자체에 대한 설명은 '卷上 2. 周天分度圖說'의 끝에 붙어있다. 그 설명은 다음과 같다.

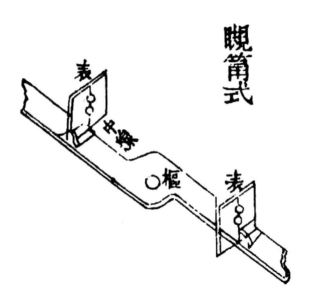

규통은 외반의 陰의 樞中에 꿴다. 한 직선으로 가운데를 갈라놓고, 좌우 각각 반씩을 잘라낸다. 양끝에는 두 表를 마주 세운다. 각 표에는 大小 두 개씩의 구멍이 있다. 그 구멍으로 태양 및 列宿의 度를 바라보아 읽는다. 樞는 盤上을 旋轉하여 窺衡을 천체에 겨냥한다. 매단 正儀와 마찬가지다.

이 그림의 설명임을 알 수 있다. 단, 그림에서는 두 두멍의 대소

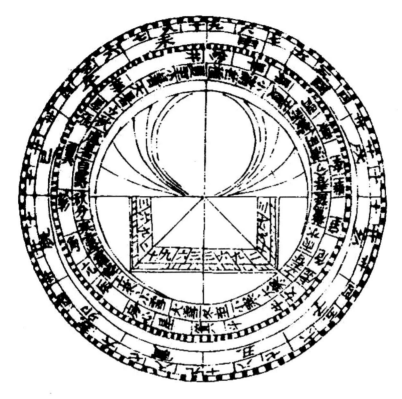

「儀背圖」

구별이 애매하다. 또 좌우 각각 반씩을 잘라내어 중선과 일치시킨
것은 이 규형을 句股測望의 가늠자로도 사용하기 위한 것이다. 또
부등시간의 가늠자로도 쓰일 수 있다.

　儀器의 뒤쪽은 가운데를 十자로 나누었다. 그 가로의 경계는 입
지 출지의 계한이고, 맨 위 손잡이가 있는 곳은 천중외규가 된다.
주천은 360도로 나눈다. 지상에서 천정까지 그리고 좌우를 모두 90
도씩으로 나눈다. 중앙에서는 규통이 돌게 되어 있는데, 규통의 양
쪽에는 표가 세워져 있고, 양쪽 표에는 대소 두 구멍씩이 있어, 태
양 및 별들의 그림자를 받아들이게 되어 있다. 이 그림자로 지평상

몇 도에 있는지를 관찰할 수 있다. 그 360도는 매 30도가 1궁으로 나누어진다. 안쪽의 그 다음 층은 365도와 1/4도로 나누어 태양의 세주 전체를 갖추었고, 절기와 列宿를 갖추어 새겼다. 이들은 외반과 서로 맞추어 쓰면 되는데, 이를 위해서는 규통으로 審定하면 된다. 이것이 太陽行天實度가 되는 것이다. 중앙의 위는 잘라서, 分時小軌를 만들었고, 아래는 잘라서, 方儀가 되었다. 이 방의는 句股法을 써서 遠近高深을 측량하는데 쓸 수 있는데, 그 각각에 관해서는 아래의 각 圖說에 자세한 설명이 있다.

(2) 周天分度圖說

天體는 渾淪하므로 도수를 세우지 않으면 窺望을 근거할 곳이 없기 때문에 周天分度가 필요함을 말하고 있다.

卯와 酉는 각각 0도와 180도, 子와 午는 각각 90도와 270도를 나타냄도 설명한다. 또, 세로중심선=股선, 가로중심선=句선으로 부르는 것도 설명한다.

(3) 按度分時圖說

100각제도를 버리고 96각제도를 채택하는 일, 96각을 12시 또는 24소시로 나누는 일을 설명한다.

(4) 地盤長短平規圖說

평의의 地盤에 기본이 되는 세 개의 規가 있음을 설명한다. 晝短規가 있고, 晝夜平規가 있고, 晝長規가 있다. 그리고, 단규가 가장 크고, 주야평규가 다음이며, 장규가 가장 작다.

먼저 가장 큰 주단규를 주천도로 나눈다. 즉 가장 바깥 규가 남회귀선인 주단규인데, 이 규에 360도의 눈금을 매긴다. 주단규의 맨 위 午중에서 왼쪽으로 23.5도 되는 점을 잡는다. 그 점에서 오선을 관통하여 오른쪽 끝 酉중까지 선을 긋는다. 이 선과 午線이 만나는 점은 주야평규의 반지름을 정한다. 樞心을 중심으로 그 점까지의 거리를 반지름으로 원을 그리면 그 원이 晝夜平規 즉 赤道規다. 적도규의 반지름을 1이라 하면, 주단규의 반지름과 주장규의 반지름은 각각 다음과 같다.

$$주단규의\ 반지름 \quad 1/\tan\left(\frac{90-23.5}{2}도\right) = 1.53$$

$$주장규의\ 반지름 \quad \tan\left(\frac{90-23.5}{2}도\right) = 0.66$$

적도는 (남북으로 볼 때,) 천지의 중심이어야 하고, 주장규를 적도 안에 위치시켜야한다.

적도(규) 안쪽이 모두 통틀어 북쪽이(즉 북반구가) 되기 때문이다. 그리고 中樞는 오직 북극일 수밖에 없고, 그 밖은 통틀어 모두 남방이다. 이 平儀에 天文을 그린다는 것은, 북극을 가운데로 하고, 內外天官은 모두 바깥 사방에 배치하며, 안쪽은 北, 바깥쪽은 南이 되게 한다는 것이 平儀의 원리다. 이지조는 '이를 地盤에 배치하고, 地度로 구별한다는 이 특징이야말로, 그 의기의 創見이다.'라고 감탄하고 있다. 平儀는 23.5도를 장규/단규의 한계로 삼는다. 적도에서 북극까지는 90도다. 북극은 가운데 자리에서 不動이다. 땅이 극에서 점점 멀어지면 비스듬히 기울어서 이동한다. 땅의 도수변화를 극추의기의 중심으로 기준을 삼으면, 평규 장규 단규 셋은 바뀌지 않는다.

(5) 定天頂圖說

해그림자를 측정하는 일에는 먼저 天頂을 정한다.(天頂의 舊名은 嵩高다.) 천정에서 둘레로 늘어뜨려, 지평에 이르기까지 90를 갈아엎기를, 24向에 벌려 시행한다. 어느 방향이든 90도가 되므로, 태양을 비롯한 천체들의 출지도를 緯(治理)할 수 있다. 그 값은 규통으로 관측한다. 地心平規(지평 규 아닐까?)로부터 시작하여, 점점 올라가면서, 每1도에 1規를 그리면, 천정에 이르러 90도로 끝난다.

천정이란 24向이 모두 모이는 점이다. 지극히 중앙에 있는 지극히 바른 점이다. 至中極正. 그 만나는 자리는 鍼芒으로도 바꿀 수 없고, 절대로 자오선을 벗어나지 않는다. 그러나 사람이 서있는 곳 즉 소재지에 따라 천정의 자리는 달라진다. 그 달라지는 모습을 파악하는 방법은 다음과 같다. 만약 소재지가 적도에서 1도 멀어지면 천정도 적도에서 1도 멀어진다. 적도는 하늘에서 형태를 가지는 것이 아니기 때문에, 다만 북극출지로 그것은 정해진다. 소재지가 북극에서 1도 멀어지면, 천정 역시 1도 멀어진다. 우리가 있는 자리가 적도라면, 적도가 천정이 되고, 북극 直下라면 북극이 천정이다. 주장규 주단규 직하에 있다면, 천정 역시 주장규 주단규 선상에 있다. 【주】 천정은 자오선상에 있으므로, 자오선과 적도 주장규 주단규가 만나는 점이 천정이 된다는 말이다. 기타의 경우에도 자오선상에 있는 것은 변함이 없는 사실이다. 그러므로 위도 또는 북극출지도가 정해지면 천정이 정해진다.

그 나머지 출지도 지점에서도 천정을 추정하는 방법이 있다. 그리고 그 방법은 지평의 도수를 추정하는 방법과 서로 연관이 있다. 먼저 적도규를 주천도에 따라 나눈다. 이하에서 적도규라 하면 이렇게 주천도로 나눈 것으로 본다. 그리고 묘선에서 北行起算하되, 그 지방의 북극출지도만큼 세어서 적도규 위에 점 표시한다. 주: 그 점이 그 지방 지평의 북극계점 즉 北地平이다. 그리고 그 점에서 盤心을 관통하여 弦을 그린다. 【주】 그 현과 적도규가 만나는 점은 둘인데 하나는 앞의 북극 齘點 내지 북지평이고, 다른 하나는 지평의 南極齘點 내지 南地平이다. 北左齘는 북극(지평북극)이고 南右齘는 남극(지평남극)이다. 그 현의 이름은 南北極軸(지평남북극축)이다. 또 午線 의 동에 역시 북극출지만큼 세어서 점을 찍는다. 이 점이 적도남축점이다. 이 齘點은 정확히 2극(지평의 남북 2극)의 가운데 점이므로 적도의 자리(赤道之位)다. 역시 이 점에서 盤心을 관통하는 현을 그려 이를 赤道軸이라 하자. 이 적도남축점에서 비스듬히 酉中을 바라보면서 역시 현을 그린다. 이 현은 午線을 지나는데, 그 오선과 만나는 점이 바로 우리가 구하고자하는 天頂이다. 만약 북극계점에서 유중을 지나는 현을 그리면, 그 현과 오선이 만나는 점이 地平際다. 즉 北地平이다. 유중과 남극계점을 잇는 직선이 오선의 연장과 만나는 점은 南地平이다.

위의 설명은 그대로 이해하기 힘들다. 왜냐하면 酉中을 서쪽으로 보면서 또, 마치 光源 즉 照本으로 보고 설명하기 때문이다. 그런데 조본은 천구의 남극이므로 유중이 남극이 되는 셈이다. 그렇다면 卯中은 천구의 북극이 되어야한다. 과연 그렇게 보고 있는가? 그렇다. 더 나아가서 자 오 묘 유를 지나는 원은 천구의 자오선으로 볼 수 있고, 오를 중심으로하는 상반은 경도 0도의 자오선, 자를 중심으로하는 하반은 경도 180도의 자오선으로 보면 위의 설명은 자연스럽게 이해된다. 그렇게 되면 자오를 잇는 직선은 천구의 적도평면으로서, 스테레오투영의 스크린이 된다. 그러면 유중을 조본으로 하는 투영에서, 이 자오선상의 모든 점은 자오를 잇는 직선에, 1대1 대응으로 투영된다. 한양의 天頂을 지나는 자오선을 경도 0도로 하면, 그 자오선상의 모든 점이, 위 설명에서 말하는 午線상에 투영되며, 경도 180도의 자오선상의 모든 점은 子線상에 투영된다. 위의 설명의 예에서 天頂은 午線상에 투영되었고, 地平北은 子線상에 투영되었다. 이 설명의 요령에 따라서 우리는 쉽게, 天頂對=天底의 투영점, 地平南의 투영점 등을 작도할 수 있다. 또 적도를 90도 회전한 적도평면의 전체 스크린 위에서 우리는 천정규와 지평규를 작도할 수 있다. 그 각각은 천정과 천저의 투영점을 지름으로 하는 원, 지평북과 지평남을 지름으로 하는 원이기 때문이다.

원래는 적도와 묘중 유중을 표준으로 취했다. 적도가 천지의 중심에 드리워 있고, 묘유가 또 적도의 중심을 나누기 때문이다. 여기서는 묘유를 지심으로 借用하여, 지심을 바라봄으로써 천정을 구한다. 우리의 의기몸은 비록 평면이지만, 그 쓰임은 원이며, 그 經緯縱橫의 묘는 모두 赤道一規에 있다. 그 적도규를 평면으로 보면 자 오 묘 유로 나누이고, 측면으로 보면 남북 두 극이 보인다. 그 두 극은 子午의 正을 맺어주고, 두 극을 적도에 寄託한 것이다. 즉 적도규를 자오규로 빌린 것이다. 뒤의 地盤의 度는 모두 적도를 기준으로 한다. 요컨대 적도규를 자오규로 借用한다는 것이다.

이미 천정을 얻었다. 천정으로부터 지심에 마주하는 점을 지나 원을 하나 가지는데 이를 천정규라 한다. 이 원의 상하는 천지의 중심을 지나며, 동서로는 적도의 묘중 유중과 만난다. 방위를 가려 바로잡는 일은 여기서 취한다. 천정규를 구하는 방법은 다음과 같다. 적도규의 酉中에서 출발하여 그 지방의 적도출지도만큼 센다. 혹은 子中에서 출발하여 그 지방의 북극출지도만큼 센다. 어떻게 해도 같은 결과를 얻는다. 그렇게 센 곳을 점으로 표시한다. 유중에서 그 점을 향하여 현을 그리고, 그 현을 길게 연장하여, 연장선이 子中線과 만나는 점이 곧 地下의 對頂中際 즉 天底다. 이 천저에서 위로 천정을 쳐다보면서, 그 반이 되는 중심을 樞로 하여, 콤파스를 돌려 원을 그리면, 그 원이 天頂規다. 이 규가 섰으므로, 지면이상 方隅는 모두 법에 따라 얻을 수 있다.

① 천정규를 구하는 또 다른 방법

적도의 酉中을 樞로하여, 주단규가 그 안에 포함될만큼 큰 반원 하나를 그린다. 그리고 그 반원의 樞를 따라 세로직선을 그려 자오직선과 평행한 수직선이 되게 한다. 이 수직선이 그 반원의 오른쪽 한계다. 이 반규을 주천전도로 즉 360도로 나눈다. 卯酉횡선을 따라 이 반원을 中分하여 두 부분으로 즉 2停으로 나눈다. 2정 각각을 또 둘로 나누어 4停이 되게 한다. 그리고 4정 각각을 90도로 나누어 눈금을 새긴다. 그리고 나서, 남북 각각 2정의 중선을 차용하여 자오선을 삼는다. 그러면 횡선 가까이의 가운데 180도는 주천 동반구의 도가 되며, 최남북 180도는 주천 서반구의 도가 된다. 이 그림에서는 赤道酉正의 樞를 남극으로 차용하면서, 세로 직선을 그어 도를 나누는 일을 편리하게 하고 있다. 적도를 따라 도를 나누고 선을 긋는 일은, 재기는 쉬우나 따르기는 어렵다. 그러므로 그 방법을 변통하여 확실한 결과를 얻으려 하는 것이니, 이치는 한가지다. 그 방법은 다음과 같다:

반규의 가운데 묘유횡선으로부터 위로 세어 올라가서 적도출지도 50도를 찾는다. 그리고 그 점과 유중을 잇는 점선을 그려, 이 점선이 오선과 만나는 점을 天頂 점으로 한다. 또, 반규의 아래에서, 세로직선으로부터 왼쪽으로 역시 적도 출지도인 50도만큼 가서, 그 점과 유중을 잇는 점선을 그려 그 점선이 자선과 만나는 점을 天底의 투영점 즉 地下對頂中際다. 이렇게 얻은 두 점의 중점을 중심으로 하고 그 두 점을 지나는 원을 그리면, 그 원이 천정규다. 천정과 천저가 그 원 속에 있다. 이전의 방법과 다르지 않다.

그러나, 地心際 즉 천저의 투영점은 그 界 가 너무 멀어서 작은 盤 위에서는 그 점에 미치기가 어려울 수 있다. 따로, 地際를 알 필요 없이 中樞를 취할 수 있는 방법이 있다. 1법: 적도규 유선으로부터 출발하여, 왼쪽으로 적도도수 50도만큼 가고, 또 그만큼 더 가서 합계 100도를 간 다음 점을 찍는다. 酉線으로부터 그 점을 향하여 비스듬히 점선을 그리고 그 점선이 자오선과 만나는 점을 잡으면, 그 점이 天頂規의 樞가 된다. 1법: 이는 반규를 써서 구하는 방법이다. 반규상에 적도출지도수의 배인 100도가 되는 점을 잡고, 그 점과 유중을 이은 현이 자오와 만나는 점을 구하면, 그 점이 바로 天頂規의 樞가 된다. 이 두 방법을 비교해 보면 차이가 없음을 알 수 있다.

(6) 定地平圖說

해 달 별을 볼 수 있는 것은 그들이 지상에 나와 있을 때다. 지평규 아래 있을 때는 볼 수 없다. 지상에 있을 때는 좀 가려질 수가 있으나 기본적으로 각 천체의 위치를 측정할 수 있다. 사람이 직도 직하에 있을 때, 천구의 남북극 둘 다 지평선상에 나타난다. 그리고 묘 유 세로직선이 지평이 된다. 사람이 북극 직하에 있을 때, 적도규가 지평이 된다. 사람이 다른 곳에 있을 때는 어떻게 되는지도 알 수 있는 방법이 있다. 북극출지가 1도에서 89도까지 변할 때, 그에 따른 계산법이 있기 때문이다. 북극출지의 값이 작을 때, 지평규는 가장 크다. 북극출지의 값이 커짐에 따라 지평규는 점점 작아져서 90도일 때, 즉 북극에서 지평규는 가장 작아져서 적도규와 같게 된다. 적도 이남에 있을 때는 반대로 생각하면 된다.

① 지평규를 구하는 방법

적도규 묘중에서 출발하여 반시계방향으로 북극출지도 만큼 가서 그 점에 표시를 한다. 그 점과 유중을 잇는 현을 그려, 그 현이 자선과 만나는 점을 잡으면, 그 경계점이 지평규의 최북점이 된다. 그 경계점 위는 지상이고 아래는 지하다. 도수를 그려넣고 해와 별의 그림자를 바라보면 지평 이상 얼마인지를 볼 수 있다.

우리가 이 (지평)북극의 경계에서 의기의 중심을 지나 축을 그려 넣고, (적도규 유중에서 출발하여 반시계방향으로 북극출지도 만큼 간 점이 그 점이다.) 유정과 이 점을 잇는 비스듬한 사선이 오선과 만나는 점이 지평의 최남 즉 (지평)남극의 경계가 된다.(p.341 그림 참조.) 이 경계는 북극출지가 66.5도 미만인 지점에서는 언제나 의기의 盤外에 있게 되고, 북극출지의 값이 작을수록 멀어진다. 지평남·북극의 반이 되는 점이 지평규의 중심 즉 樞가 된다. 그러므로 그 점을 중심으로 원을 그리면 그것이 우리가 원하는 지평규가 된다.

지평규는 다음 성질을 가진다.

① 동서는 반드시 묘중과 유중 두 점과 만난다.

② 이 규에 출지도 입지도를 알 수 있는 (방위)도수를 매길 수 있다.

③ 이 규로부터 지상평승도를 매겨갈 수 있다.

④ 이 규로부터 지하의 몽롱영 경계를 구할 수 있다.

⑤ 이 규를 써서 지상 지하를 각각 6분할 수 있다. (여기에는 이지조의 오해가 있다.)

이상의 내용은 아래에서 각각 독립된 절로 상세히 다루어진다.

② 지평규를 구하는 또 다른 방법

앞에서 천정규 작도에 쓴 대반규를 이용하는 방법이다. 이 방법 역시 유중으로부터 樞를 작도한다. 유중에서 적도규와 접하는 세로직선의 위에서 대반규를 따라 반시계방향으로 북극출지도 만큼 간 점과 유중을 잇는 비스듬한 직선이 오선과 만나는 점이 지평남극이 된다. 또 묘중에서 대반규를 따라 북극출지도 만큼 간 점과 유중을 잇는 비스듬한 직선이 자선과 만나는 점이 지평북극이 된다. 이 남북 양극의 중점을 樞 로 하여 원을 그리면 그것이 지평규다. 앞에서 얻은 지평규와 같지만, 이 방법을 쓰면 보다 정확한 작도가 가능하다.

③ 折半할 필요 없이 직접 樞를 구하는 두 방법

1법 : 유정에서 적도규를 따라 반시계방향으로 북극출지의 두 배를 세어 간 점과 유정을 이은 비스듬한 선분이 오선과 만나는 점이 지평규의 樞 즉 중심이다.

2법 : 대반규를 이용한다. 유정에서의 접선 위쪽에서, 대반규를 따라 북극 출지의 두 배를 세어 간 점과 유정을 이은 비스듬한 선분이 오선과 만나는 점이 지평규의 樞 즉 중심이다. 앞의 결과와 똑같은 점을 얻는다.

④ 그림설명

'加倍求樞'법을 설명하는 그림이다. 지평규의 중심인 '樞'를 작도하는 간단한 방법은 지평규의 중심자오선의 양 끝 Hn과 Hs의 중점을 잡는 것이지만 새로 소개하는 방법은 S에서 각도가 2ϕ 떨어진 D를 잡아 SD의 연장상에 자오선상의 점 C를 잡으면 C가 바로 '추'라는 것이다. 추를 이렇게 구할 수 있다면, 평으의 범위를 크게 벗어난 Hs를 작도하지 않고 지평규를 작도할 수 있는 장

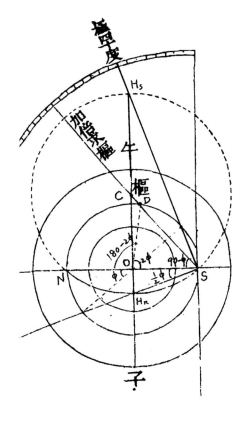

점이 있는 것이다. 그러나 이지조는 그 방법의 트당성을 보여주지는 않고 있다. 여기서는 그 방법이 타당한 이유를 설명하려 한다.

작도에 의해서 ∠HnSHs는 직각이고, ∠HnSO는 ϕ/2이다. 또 작도에 의해서 ∠NOC는 180-2ϕ이며 이는 호NC의 중심각이기도 하

다. 그런데 같은 호의 원둘레각은 항상 중심각의 반이므로, ∠OSC
그 반인 90-φ임을 알 수 있다. 그러므로 ∠CSHs는 φ/2이다. 한편,
두 삼각형 △OSHn과 △OHsS는 닮은 삼각형이므로, 두 각 ∠OSHn
과 ∠OHsS는 다 같이 φ/2이다. 그러므로 △SCHs은 이등변삼각형이
고 따라서 SC=CHs 다. 또 △SCHn 역시 이등변삼각형인을 보일 수
있다. 그러므로, SC=CHn이다. 종합하면, SC=CHs=CHn 이므로 C는
지평규의 중심이다.

(7) 漸升度圖說

점승도란 지평좌표의 고도각을 말한다. 지평을 0도로 하고 천정
을 90도로 하여 점승도를 구하여 등고선을 얻는 방법의 설명이다.
간격을 몇 도로 할 것이냐는 의기의 크기에 달렸다. 『혼개』에서는
10도 간격을 고려하고 있다.

점승도를 구함에 있어서는, 앞 p.341의 그림에서 남북극축선 즉 지평남과
지평북을 이은 선을 계로 삼고, 계북은 쓰지 않는다. 이 계북으로부터 남
쪽으로 계남까지, 반규를 써서 180도로 균분한다. 5도씩 나누면 36으로,
10도씩 나누면 18이 된다. (여기서는 10도씩 나누므로 18이 될 것이다.)
가운데는 적도축선을 정하여 천정을 구한다. (적도규는 작도과정에서는 자오
규로 차용된다. 차용된 상태에서 묘와 유는 각각 천구의 북극과 남극이며, 남극은 극
사투영의 조본이다. 자오를 잇는 직선은 적도축이다. 그러나 이것은 여기서 말하는
'적도축선'이 아닐 것이다. 이지조는 북극과 남극이란 용어를 지평북극과 지평남극
을 나타내는데도 사용하고 있다. 이 과정에서 천구에서 지평남북극선과 서로 수직이
등분하는 선을 '적도축선'이라고 한 것처럼 보인다. 이렇게 해석하면, 적도규와 그
'축선'이 만나는 점과 유를 이은 선분이 중심 세로직선과 만나는 점이 天頂이 되기
때문이다.)

다음으로는 (지평)북극(자오규로 차용된 적도규의 지평북극에 대응하는 점을 말한다.)에서 시계방향으로 10도 간 점과 酉를 이은 현을 그리고, (지평)남극에서 반시계방향으로 10도 간 점과 酉를 이은 현을 그리면, 이 두 현은 모두 盤中子午線 즉 중심세로직선과 만나게 되는데 그 두 교점을 지름으로 하는 원을 그리면 그것이 바로 10도 漸升規가 된다. 즉 출지 10도인 점들의 투영이다. 나머지도 마찬가지다. 그리하여 90도를 가면, 양방향에서 온 두 점승점이 천정 1점에서 일치하면서 漸升圖 작도는 끝난다.

또 다른 점승도 작도법

대반규를 이용하는 방법이다. p.342의 방법으로 지평규를 작도하고, p.339의 방법으로 천정을 작도한다. 그리하면, 대반규의 지평북극 지평남극 사이는 180도이고 그 중간 90도 되는 점이 천정이다. '30도점승규'를 구하려면, 북극 남극에서 천정을 향하여 30도 되는 점을 잡고, 이 두 점에서 각각 유정을 향하여 그은 현이 의기의 중심세로직선과 만나는 점을 구한다. 이 두 점을 지름으로 하는 원을 그리면, 그것이 바로 '30도점승규'다.

(8) 定方位圖說

그림에서는 천정을 중심으로 12방위로 나눈 그림을 보여주고 있다. 24방위를 그리려면 이를 다시 반분하면 된다.

앞에서 점승도를 작도했다. 그러나 해나 별은, 의기에 방위도를 그려 놓아야 그 위치를 쉽게 알 수 있다. 그런데, 남북방향 즉 자오방향은 우리의 의기 반면에 이미 그려진 세로직선으로 정해진다. 그 이치 역시 우리가 쉽게 이해할 수 있다. 동서방향 즉 묘유방향을 알고자 할 때, 비록 반중에 가로직선이 있으나, 그 직선은 북극을 지나고 있으므로 지평의 동서방향을 나타낼 수 없다. 동서방향을 나타내는 곡선은 반드시 천정 한가운데를 지나야 한다. 우리가 이미 그림 천정규는 천정을 지나 적도규와 묘유 두 점에서 만나고 있는데, 이 천정규야말로 동서방향을 올바로 나타내는 곡선이다. 그러므로 천정규를 우리는 묘유규라고도 부르는 것이다.

자오묘유 네 방향이 이미 정해져 있으므로, 나머지 모든 방향도 적당한 원규로 정할 수 있다. 이때 천정대규가 방위규 작도의 주인이 된다. 이 대규의 중심에서 가로로 직선을 그려 자오 세로직선과 十자로 만(여기서 '지중'이란 무엇이고, '지평선'이라 하는 직선이 과연 천나게 한다. 그리고 그 세로직선을 좌우로 길게 연장한다. 이 직선은 지중을 세로로 자르고 있으므로, 이를 지평선으로 借用하기로 하자구에서는 무엇에 대응할까? 이 문제는 너무나 중요한 근본적 문제이므로 별도의 부록으로 다루기로 한다.) 방위를 나누는 각각의 방위규의 중심은 이 지평선을 벗어나는 일은 없다. 모든 방위규의 중심은 이 지평선 상에 있다.

다음으로는 자와 오로부터 8분 12분 24분 등으로 천정대규를 균분하고, 각분점과 천정을 이은 비스듬한 직선이 지평선과 만나는 점을 표시하면, 이 점들이 매 방위곡선의 중심이 된다. (천정대규를 균분한 점들은 천정대규의 원주각 360도를 균분하여 같은 크기의 호로 나눈다. 그런데 같은 크기의 호에 선 원주각은 역시 같으므로, 천정점에서 본 각 호의 원주각은 같다. 즉, 천정대규 원주의 분점들과 천정을 이은 비스듬한 직선들은 천정에서 보면 사선들이 되는데, 이 사선들은 천정점에서의 원주각 360도를 같은 크기로 균분한다. 그러므로 그 사선들은 방위를 균분하게 되는 것이다.) 즉 이 점을 중심으로 천정을 지나는 원을 그리면, 이 원규가 방위규가 되는 것이다. (이 방위규들은 각각 90도 떨어진 사선들과 천정점에서 접한다!) 그리고 지평규 상방의 지평규 부분이 지상의 방위를 나타내게 된다. 방위가 묘유에 가까울수록, 방위규의 중심은 가깝고, 자오에 가까울수록, 방위규의 중심은 멀어짐을 알 수 있다.

또 다른 방법은, 천정규의 상반에서는 방위규의 중심을 구하는 사선을 정확히 그리기가 어려우므로, 이 문제를 극복하기 위한 간단한 방법을 고안한 것이다. 먼저 천정으로부터 묘유횡선에 평행하게 횡선을 그어, 이 횡선이 새로 그릴 반규의 상한이 되게 한다. 다음으로 천정을 중심으로 그 횡선의 아래쪽에 반규를 그려, 仰月形이 되게 한다. 이 반규를 8, 12, 24, 36 등 필요에 따라 균분한다. 천정으로부터 각 균분점을 있는 사선을 그려 그 사선이 묘유대규 즉 천정대규의 중심횡선에 닿게 하여 그 닿은 점들을 방위규의 중심으로 삼는다. 그 점을 중심으로 그 점에서 천정까지의 길이를 반지름으로 원을 그림면, 앞의 방법으로 얻은 것과 같은 방위규를 얻는다.

이처럼 횡선에 방위규의 중심을 잡아 방위규들을 그리면, 비록 규의 크기는 다를지라도 방위규들은 위로는 천정을 지나고 아래로는 지중(=천저)을 지나는 것은 같다. 이 지중(=천저)을 중심으로 위쪽에 반규를 그려 偃月形이 되게 하고, 앞의 방법과 같이 도수를 나누고, 현을 그려 천정대규의 횡선과 만나는 점을 잡으면, 그 점은 앞에서와 똑같은 방위원의 중심점이 된다. 이 규법의 묘.

특별부록 : 천정규, 지중, 지평선

『혼개통헌도설』(이하 『혼개』)에 의하면, 이들은 모두 아스트로라브의 地盤에 있는 도형의 이름이다. 『혼개』에서는 지반이 천구면의 투영이라는 사실을 기본적으로 인식하지 못하고 있다고 말할수는 없다. 그러나 이를 '철저히' 인식하고 있지 못한 것이 아닌가 의심스러운 표현이 이 절에서 표출되고 있다고 보여지는 것이다.

그 '철저적 인식'이란, 아스트로라브의 지반 위에 있는 어느 한 점도 그에 대응하는 천구상의 점이 반드시 존재하고, 또 천구 상에서 남위 23.5도 이북에 있는 어느 점도, 그에 대응하는 점이 반드시 아스트로라브의 地盤 위에 존재한다는 사실의 인식이다. 즉 남위 23.5도 이북의 천구면 상의 점과 지반 위의 점 사이에는 '1대1 대응(one-to-one correspondence)'의 관계가 성립한다는 것이다. (천구면의 남위 23.5도 이남의 점과 盤外의 점 역시, 남극 1점을 제외하고는 1대1 대응의 관계가 성립한다.) 그렇다면, 이지조가 '地中'이라고 하는 점도 천구면상에 유일한 대응점이 있고, '地不線'이라는 직선 역시 천구면상의 유일한 대응곡선이 있을 수밖에 없다. 그러면 그것은 각각 무엇일까?

지반의 중심 세로직선 중 중심자오선은 북극으로부터 위는 0도의 자오선이고, 북극 아래는 180도의 경선에 대응한다. 천정으로부터 위는 0도 자오선 상의 천정의 남쪽이고, 아래는 천정의 북쪽이다. 천정규 즉 천정대규는 천정인 $(0, \delta)$로부터 왼쪽 묘중까지는 지평 이상의 동쪽 방위를 나타내고, 오른쪽 유중까지는 지평 이상의 서쪽 방위를 나타낸다. 지평에서 그 두 방위는 적도와 만난다. 그 만나는 점의 좌표는 각각 $(90, 0)$, $(270, 0)$이다.

천정대규는 묘중에서 그리고 유중에서 계속 지평 이하를 내려가 경도 180도에서 최하점에 도달하는데, 그 점의 좌표는 $(180, -\delta)$이다. 이 점은 천정의 대척점으로 천저(nadir)라고 한다. (그런데 이지조는 이 점을 地中이라고 부르기도 하는데 이는 절대로 잘못이다.) 여기서 '지평 이상', '지평 이하'란, 천구를 지평면으로 양분할 때, 천정 쪽의 반구와 천저쪽의 반구를 각각 나타낸다. 천정대규는 대척점을 포함하므로 천구상의 대원의 투영이다.

그러면 『혼개』에서 말하는 '지평선'은 천구의 무엇에 대응할까? 우선 극사투영 즉 스테레오투영에서 직선은 언제나 남극을 통과하는 천구면상의 원에 대응한다는 점을 상기할 필요가 있다. 그러므로 '지평선'은 '남극을 통과하는 천구면상의 한 원'에 대응한다. 다음 극사투영의 각보존성으로부터, 地盤에서 지평선은 경도 180도의 자오선과 직교하므로, 천구면에서도 180도의 경선과 직교하는 원의 투영이라는 사실을 추론할 수 있다. 그러면 그 직교하는 점은 어디일까? 북지평에서 남극 쪽으로 37.5도 떨어진 점이다. 즉 남극을 지나고 지평과 평행인 평면과 180도 경선이 만나는 점이다. 이 점의 위도는 북위 15도다. (90-37.5-37.5=15). 아스트로라브 지반에서는 적도규의 아래 가운데가 (180도, 0도)의 점이므로, 이 점보다 15도 위의 점이다. 이 점에서 그린 횡선이 '지평선'이다.

　이러한 철저적 인식 하에서, 지평규는 과연 천구의 무엇에 대응한다고 보아야 하는가? 천구의 중심을 지나는 적도평면과 천구의 교집합이 천구의 적도환이며, 그 투영이 적도규이듯이, 천구의 중심을 지나면서 적도평면과 교각이 $90-\delta$인, 지평평면과 천구의 교집합이 지평환이며, 그 투영이 지평규다. 지평규에는 그 밖의 어떤 다른 요소가 들어올 여지가 없다.

　그러면 '천정'과 '지중'은 무엇인가? 적도좌표로 말하면, 천정(zenith)은 경도가 0도이며, 위도가 δ인 천구면상의 점이다. 그 대척점인 천저(nadir)는 위도가 180도이며, 위도가 $-\delta$인 천구면상의 점이다. 지평좌표로 말하면, 천정은 경도가 0도, 위도가 90도이고 천저는 경도가 180도, 위도가 -90도다, 지평환은 지평좌표의 위도가 0도인 대원이다. 그 극사투영 즉 스테레오투영이 지평규다. 이렇게 보면, 지평환을 적도환에 대응시킬 때, 천정은 북극에, 천저는 남극에 대응한다. 북극과 남극이 적도에서 90도 떨어져 있는 것과 똑같이 천정과 천저는 지평환에서 90도 떨어져 있다. 우리는 앞에서 점승규를 설명한 바 있다. 이는 적도좌표에서의 북위규에 대응한다. 이것이 적도에서 북극을 향하여 위도가 증가할 때의 등위규이듯이,

점승규도 지평좌표에서의 등북위규인 셈이다. 그렇다면, 적도좌표계에서 남위규가 있는 것과 마찬가지로 지평좌표계에서도 남위규가 있을 것인데, 그것이 지평환에서 지평남극까지 사이에서의 점승규로 정의된다. 이를 남점승규라 하면, 그것은 위도에 마이너스 부호를 써서 나타낼 수 있다. 몽영규는 -18도의 남점승규다. 천저의 남점승규 값은 -90도다. (몽영규와 몽롱도는 별도의 절에서 다룬다.)

그런데 -37.5도의 '점승환'은 남극을 지난다. 그러므로 -37.5도의 남점승규는 의기의 地盤에서 횡직선이다.

(9) 晝夜箭漏圖說

야간시간의 길이에 관계없이 야간시간 전체를 5등분하여 한 구간의 시간을 更이라 한다. 이 그림은 지평 아래에 해가 있는 경우를 야간시간으로 볼 때, 절기에 따라 다른 야간시간을 무조건 5등분하여 5경으로 나누는 경우, 그 경계의 작도를 설명한다. 제목을 보면 주간

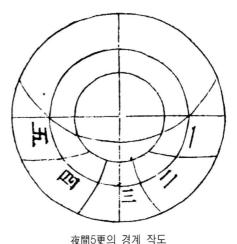

夜間5更의 경계 작도

에도 적용되는 방법의 설명이 있을 것으로 기대되지만, 『혼개』에서는 야간만을 이런 방식으로 나눈다. 이지조는 그 이유를 평의의 구조에서 찾고 있다. 즉 그 의기는 주간에, 여러 곡선으로, 이미 복잡

해져 있기 때문에, 야간에만 적용한다는 것이다. 작도방법은 다음
과 같다.

① 지평이하의 주장규, 주단규, 주야평규를 모두 다섯으로 균분한다.

② 三點同圓法에 따라, 대응하는 균분점 세 개를 지나는 원호를 그린다.

③ 이렇게 그려진 네 개의 원호가 지평규와 함께 5경의 경계를 제공한다.

④ 일몰 직후가 1경, 자정 전후가 3경, 일출직전이 5경이다. 여기서 말하
는 宮(Houses)은 황도12궁(Zodiac)과는 무관하다. 이 궁은 정의하는 방
법이 하나가 아니다. 그러나, 지평북을 분할의 초점으로 하고, 적도를
12로 등분하는 공통점이 있다. 『혼개』에서는 지평북, 적도분점, 그 분
점의 대척점, 이렇게 세 점을 지나는 원을 궁의 경계로 하는 궁의 개념
을 설명한다. Morrison이 설명하는 Houses는 지평북, 적도분점, 지평
남, 이렇게 세 점을 지나는 궁의 경계를 고려한다.

(10) 分十二宮圖說

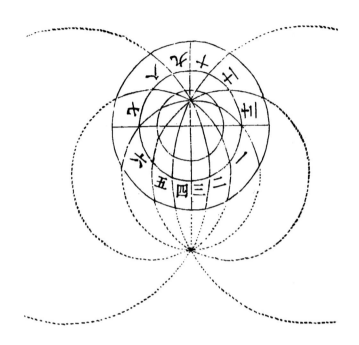

이 그림은 『혼개』에서, 황도12궁(Zodiac)이 아닌 적도12궁
(Houses)의 경계를 작도하는 방법을 설명하는 그림이다. 『혼개』의
작도방법 설명은 다음과 같다.

① 적도를 30도씩 12등분하여 분점을 찍는다.
② 지평북과 지평남을 잡아 지평규를 그린다.
③ 지평곡선(=지평규)과 자오선이 만나는 점, 적도에 찍은 서로 마주하는
   두 점, 이렇게 세 점을 잡아, 三點合圓之法(drawing a circle from three
   points) 내지 三點同圓法에 따라 세 점을 지나는 원을 그린다. 이 작업
   을 모든 분점에 관하여 수행한 결과가 위의 그림이라는 것이다.

그러나 이 그림은 平儀에서 지평규를 표현하는 방법에 비추어보면, 상하가 반대로 그려져 있다. 그리고 적도를 30도씩 등분한다는 말과 그림이 일치하지 않는다. 一 또는 六의 적도구간은 三 또는 四의 적도구간보다 훨씬 넓다.

이 문제점을 보완하여 다시 그린 것이 다음 그림이다.

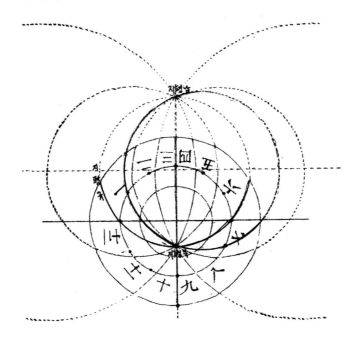

이 그림에서 수정된 부분은 다음과 같다.

① 우선 상하를 바꾸었다.
② 지평규를 굵은 선으로 강조하였다.
③ 적도의 분점을 다시 측정하여 둥근 검은 점으로 표시하였다.

④ 적도 동에서 남으로의 제1분점과 그 대척점인 서에서 북으로의 제1분점 그리고 지평북 세 점을 지나는 원을 그려, 一과 二의 경계, 七과 八의 경계를 수정하였다.

⑤ 모든 경계원들의 중심이 지평남과 지평북을 잇는 선분의 수직이등분선 상에 있음을 확인하고, 그 직선을 점선으로 그렸다.

⑥ 모든 경계원들이 지평북을 지나도록 그릴 때, 지평남을 자동적으로 지남을 확인하였다.

한편 모리슨(2007)의 적도12궁(Houses of Heaven)의 그림은 다음과 같다.

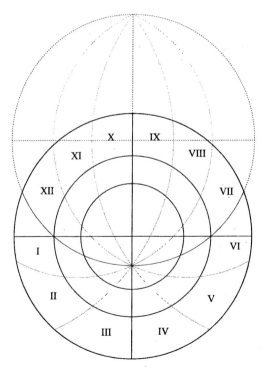

모리슨의 적도12궁 작도

그리고 모리슨은 경계원들을 다음과 같이 작도한다고 말하고 있다.

① 적도를 30도씩 균분한 분점을 표시한다.
② 지평규 상에 중심자오선과 만나는 남지평과 북지평을 잡는다.
③ 적도의 각 분점과 남지평, 북지평, 이렇게 세 점을 지나는 원호를 그리면, 그 원호는 바로 Houses of Heaven의 경계원호다.

이렇게 그린 것이 위의 그림이다. 이것은 『혼개』의 그림과 본질적으로 같다. 다른 점을 지적하면 다음과 같다.

① 궁의 번호를 매기는 방법이 다르다. 『혼개』는 정동에서 출발하여 시계방향으로 진행하여, 낮이 一에서 六까지, 밤이 七에서 十二까지이나, 모리슨의 경우는 거의 정반대.
② 『혼개』는 경계원호의 집중점이 지평북 하나이지만 결과적으로 지평남도 집중점이 된다. 모리슨은 처음부터 둘 다 집중점이다.
③ 『혼개』는 적도의 대척점이 처음부터 동일 경계원호의 점이지만, 모리슨에서는 결과적으로 대척점들이 동일 경계원호의 점들이 된다.

(11) 朦朧影圖說

태양의 출몰로 주야가 갈린다. 그런데 태양인 땅에 비하여 백여배 크고, 빛이 오는 곳도 극히 멀다. 그러므로 해뜨기 전, 해진 후 모두 몽롱영이 있다. 아침의 몽롱영은 晨, 저녁의 몽롱영은 昏이라 한다. 古法은 2.5刻을 率로 정하였다. 朦朧多寡를 몰랐던 것이다. 몽롱은 확실히 계절에 따라 다르고 지역에 따라 다르다. 통틀어, 北極高下에 따라 다르고, 황도를 돌때 해의 入地는 똑바르기도 하고 비스듬하기도 하니, 몽롱영 또한 長短이 있는 것이다.

平儀에서의 몽롱영의 경계는 지평규 아래 18도의 지평고도선이다. 즉 -18도의 지평고도가 경계가 되는 것이다. 그 작도는 지평고도 즉 점승고도의 작도와 마찬가지이므로 여기서는 그 설명을 생략한다.

(12) 天盤黃道圖說

일월성의 행도는 모두 황도를 따라 右旋한다. 황도는 적도와 斜交하며, 남북출입이 가장 먼 것은 각각 23.5도이며, (曆은 (주천도 365.25도일 때) 24度有奇라 하나, 여기서는 (365.25도에서) 5.25도를 잘라버렸으므로, 23.5도다.) 이것이 南至 北至다. 그러므로 주장규 주단규 모두 이 率을 쓰며, 이것이 바로 地盤法이다. 天盤의 황도는 이 地盤의 장단규를 기준으로 삼으며, 주단규의 남, 주장규의 북이 바로 그 두 경계다. 이 두 경계의 중간을 樞 즉 중심으로 삼아 원규를 그리면, 이 원규는 적도규 및 묘유평선과 三合方準하게 되는데, 이 원규가 바로 황도규다. 중심 즉 樞를 잡는 또 다른 방법은, 묘중에서 적도를 47도를 세어 올라가, 맞은 편의 酉中을 바라보며 현을 그려, 그 현이 오선을 지나가는 자리를 規樞로 잡으면 된다.

태양이 황도를 따라 돌아가는 동안에, 1년에 태음과 12번 만나므로, 황도를 12궁으로 나누는 것이다. [역법에서는 현호, 성기 등의 궁이 있지만 (각도를 균분하는 것이 아니라 날짜를 균분하기 때문에) 절기와 數日이 지나친다. 여기서는 절기를 교궁의 경계로 삼으면서, 西法에 따라 백양 등의 이름을 붙친다. 같고 다름의 문제가 아니라 편의상의 문제일 뿐이고, (非立異同 蓋便界畫) 이것은 소위 '不動的 月'이다. (【필자 주】 藪內淸의 「中國의 天文曆法」 p.212에 의하면, 「七政推步」의 '釋分宮日數'는 회회력의 태양력에 관한 기재에서, 月名 을 황도12궁의 이름으로 부르고, 태양운동의 遲速에 따라, 춘분에서 시작하는 백양궁을 31일, 거해궁은 최장의

32일, 인마궁 및 마갈궁은 최단의 29일로 된다. 이러한 특수한 태양력의 月을 '不動 月'이라 부르고, 1년의 길이는 평년은 365일, 윤년은 마지막 달인 雙魚宮에 1일을 더 해 366일로 한다. 이러한 태양력이 실제로 페르샤에서 실시된 적이 있는지 여부는 알 수 없으나, 현재 페르샤 태양력은 춘분으로부터 시작한다. 이 慣例는 셀죽系의 제람 에딘 메르크 샤 Malik-Shah I(1055-1073-1092)가 君臨할 때부터라고 한다.] 매궁은 30도, 매15도는 一氣와 만난다.

지반의 십자선을 상한의 경계로 보고 이야기하자면, (중심 가로선인) 평 선 이하 卯중으로부터 시작하여 처음 백양궁에 들어 춘분과 만나고, 15 도를 더 가면 청명과 만난다. 이렇게 右行하기를 (반시계방향을 우행이라 한다.) 30도 하면 백양궁은 끝나고, 금우궁에 들어, 곡우 입하 절기가 된 다. 이렇게 30도를 가면, 음양궁에 든다. 즉 소만 망종의 절기다. 30도를 더 가니 子중에 도달하여 거해궁에 든다. 곧, 하지 소서의 절기다. 다음은 사자궁에 들어 대서 입추의 절기가 되며, 그 다음은 쌍녀궁에 들어 처서 백로의 절기가 된다. 이렇게 30도를 가니, 평선 이상으로 올라가게 된다. 즉 酉中 천칭궁이다. 추분 한로의 절기인 것이다. 다음은 천갈궁이니, 상 강 입동의 절기이고, 다음은 인마궁이니, 소설 대설의 절기다. 이제 午中 과 만나, 마갈궁에 들어서면 하늘 바루는 동지다. (天正之冬至.) 소한이 되면 곧 이를 掌管한다.(若小寒 則實司之.) 다음은 보병궁에 들어 대한이 되며, 15도 가서는 一歲가 끝난다. 15도를 지나면 立春正月節이 되므로, 보병궁의 반은 新舊年이 만나는 때다. 다음은 쌍어궁이니, 우수 경칩의 절기로 끝나고, 다시 卯中의 백양궁이 된다.

이 12궁은 地盤에 대응물이 있다. 즉, 거해-자, 마갈-오, 백양-동, 천칭-서. 이들은 피차 궁을 바꾸며 멀리 대응한다. 地上의 자오묘유는 고요하고 일정하게 한 자리에 머물러 있으나 (靜而有定), 天行의 자오묘유는 움직 이며 한 자리에 머물지 않는다. (動而不居) 평의 즉 아스트로라브 원리는 그 이치를 거꾸로 선 그림자(倒影)에서 이치를 취한다. 그러므로 그 의기의 제작원리는 남극을 照本으로 삼는데 즉 遙射에 있다. 춘분의 새벽, 추분의 저녁에 이르러서는 오남 자북 묘동 유서로 각궁이 스스로 자신의 위치로 돌아간다. 이것은 그 의기를 용법의 관점에서 볼 때 그렇다는 것이다. 마땅히 분궁법은 이것과는 다르다.

오늘날 曆家는 대략 四大限을 나누어 常氣를 정한다. 이렇게 하다보니, 동지와 하지는 비록 같다 하더라도, 춘분이 오는 것은 해가 적도에 온 뒤 3일, 추분이 오는 것은 해가 적도에 오기 전 3일이 되고 나머지도 각기 차이가 1, 2도가 된다. 外盤의 歲周法은 따로 있다. 거기서 상세히 설명할 것이다.

28宿를 細分하는 일은 마땅히 365.25도로 나눈 歲周規 위에 새겨 넣어야 한다. 그러나 여기서 대략을 설명해 보일 수 있다. 그 대략은 다음과 같다.

12궁		28수		누적	칠정산내편(참고)	
백양	0	벽	0초	0	8.60	8.60
	9	규	0	9	16.60	25.20
	26	루	0	26	11.80	37.00
금우	0	루	5	31(30)		
	7	위	0	37	15.60	52.60
	23	묘	0	53	11.30	63.90
음양	0	묘	7	60		
	4	필	0	64	17.40	81.30
	21	자	0	81	0.05	81.35
	21	삼	0	81	11.10	92.45
거해	0	정0(삼9)	9	90	33.30	125.75
사자	0	정	30	120		
	1	귀	0	121	2.20	127.95
	3	류	0	123	13.30	141.25
	16	성	0	136	6.30	147.55
	23	장	0	143	17.25	164.80
쌍녀	0	장	7	150		
	11	익	0	161	18.75	183.55
천칭	0	진	0초	180	17.30	200.85
	17	각	0	197	12.10	212.95
천갈	0	항	0초	210	9.20	222.15
	10	저	0	220	16.30	238.45
	27	방	0	237	5.60	244.05
인마	0	방	3	240		
	3	심	0	243	6.50	250.55
	9	미	0	249	19.10	269.65
	27	기	0	267	10.40	280.05
마갈	0	기	3	270		
	6	두	0	276	25.20	305.25
보병	0	우	0초	300	7.20	312.45
	7	녀	0	307	11.35	323.80
	18	허	0	318	8.95	332.75
	27	위	0	327	15.40	348.15
쌍어	0	위	3	330		
	13	실	0	343	17.10	365.25
백양	0	실17=벽0	(17)	360		

經星 즉 항성도 역시 하늘을 거슬러 右轉한다. 서양에서는 66년에 1도를 간다고 본다. 遲疾에서 역시 같지 않다. 이것이 歲差論이다. 여기서 비교 하는 것은, 다만 萬曆甲辰 현재를 기준으로 한다.

(【필자 주】 이지조는 12궁의 도는 황경, 28수는 적경을 기준으로 함을 몰랐다? 그 리고 주천도 365.25도와 360도는 이 표에서 사실상 구별이 안된다. 다만 1곳에서 달 라지지만, 360도 기준으로 바꿨다.)

황도의 세분도는 적도의 그것과 크게 다르다. 적도는 반심북극이 중심이 지만, 황도는 황도규의 중심이 따로 있고, 斜望의 중심(황북극의 투영점) 도 따로 있다. 적도의 도분은 고르지만, 황도는 남북의 疏密이 다르다. 또 적도만 가지고 황도의 도분을 구하려 한다면, 적도 1도와 황도1도의 차가 얼마인지를 먼저 논해야 한다. 그 이후라야 황도의 도수를 벌려놓고 그릴 수 있다. 이를 산정하여 표를 만드는 방법은 따로 있다. 그림을 뒤에 갖추 어 그린다. 그림은 자세히 그릴 수 없기 때문에 다만 5도 간격으로 그린 다. 나머지는 이로부터 추측할 수 있다. 이에 따라 계산하여 경계를 나누 고, 반심을 관통하여 宮의 도수를 그려 넣는다. (이어서 다음 표가 제시된다.)

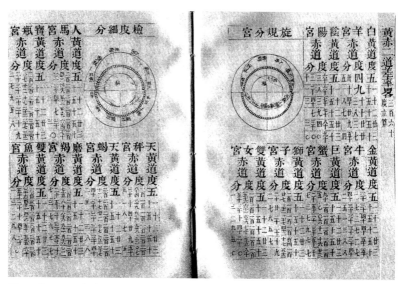

주 : 이 표는 읽기 어렵기 때문에 아래에서 이 표를 분석하며 다시 제시한다.

① 황도규의 작도와 12궁 분할

『혼개』에서는 주단규의 남단과 주장규의 북단에서 접하는 황도를 황도규로 규정하고 있다. 또, 이 황도규가 묘유 두 점에서 적도규와 묘유평선이 만나는 현상을 '三合方準'이라고 표현하고 있다.

황도규의 중심은 주단규북과 주장규남을 잇는 선분의 중점이지만, 이를 직접 구하는 방법도 있다. 즉, 점 묘에서 적도를 따라 47도(23.5도의 2배) 올라간 점과 점 유를 이은 선분이 午線과 만나는 점이 바로 황도규의 중심이다. 즉

$$황도규중심의 \ 좌표 = -\tan (23.5도)$$

(중심각이 47도인 호의 원주각은 그 절반인 23.5도이기 때문이다.)
그러면 이 좌표는 황도의 북극 즉 黃極의 투영점일까? 그렇지 않다. 극사투영으로 황도권은 황도규로 투영되지만 황도권의 절반이 황

도규의 절반으로 투영되는 것도 아니라는 사실은 적도규와 황도규가 만나는 묘 유 두 점의 위아래의 황도규를 보면 알 수 있다. 묘에서 유까지의 아래쪽 황도규는 분명 황도권의 절반의 투영이고, 유에서 묘까지의 위쪽 황도규 역시 황도권 절반의 투영이다. 그러나 황도규의 아래쪽 호는 반원보다 작고, 위쪽 호는 반원보다 크다. 이 스테레오투영에서 황북극의 투영좌표는 다음과 같이 주어진다.

$$\text{황북극 투영점의 좌표} = -\tan (23.5/2 \text{ 도})$$

즉, 황도규 중심의 좌표보다 아래쪽에, 그리고 의기의 중심보다 위쪽에, 황북극의 투영점이 있다.

서양에서는 황도를 30도씩 12등분하여 황도12궁의 경계를 삼는다. 동양의 24절기 중 12중기는 이 12궁의 개념과 일치하는 것은 아니었다. 그러나 리마두/이지조는 이를 일치시켜 설명하고 있다. 즉 다음과 같이 대응한다.

12궁 : 백양 금우 음양 거해 사자 쌍녀 천칭 천갈 인마 마갈 보병 쌍아

12중기 : 춘분 곡우 소만 하지 대서 처서 추분 상강 소설 동지 대한 우수

24절기는 숭정력/대통력에서 정기법으로 정의됨으로써, 이 대응과 완전히 일치하게 되었다.

이 12궁의 분할은 어떻게 가능할까? 천구면에서 황도좌표를 정의하는 방법을 쓸 수 있다. 즉 황도를 따라 360도의 황경을 정의하고, 황도에서 황(북)극까지를 90도의 황위로 분할하는 좌표체계다. 그리고 이때, 스테레오투영으로 황도좌표를 작도하는 방법은 지평규와 천정을 써서 방위곡선과 지평고도곡선 즉 점승도곡선을 작도하는 방법을 그대로 쓸 수 있다.

그러나 적도좌표를 작도할 의도가 없이 다만 황도를 12궁으로 분할하는 문제만을 다루려한다면, 더욱 간단한 방법들이 있다.

$\tan(x) = \cos(23.5)\tan(s)$의 관계를 이용하는 방법

황경을 s, 그에 대응하는 적경을 x라 하면 그 둘 사이에는 다음과 같은 항등관계가 있다.

$$\tan(x) = \cos(23.5)\tan(s)$$

또는 $\qquad\qquad \tan\alpha = \cos\epsilon\tan\lambda$

이 관계는 정기준(2013, p.22)에 유도과정이 설명되어 있다. 천구 상에서, s와 x는 천구의 남북양극을 잇는 동일 자오선상에 있다. (물론 이 책의 기본변환식에서 $e=0$으로 놓고 얻어지는 식,

$$\tan(a) = \tan(\tau)\sin(\phi)$$

을 변형해도 얻어진다. 다만 이 경우는 $\tau = x + 90$, $a = s + 90$, $\phi = 66.5$임을 감안해야한다.)

그러므로 극사투영에서는 다음 사실이 확인 된다. 즉 적도규의 x점과 황도규의 s점은 둘 다 의기의 중심인 북극에서 뻗어 나오는 射線상에 있다. (적경선은 사선이지만 황경선은 곡선이다.) 그 사선이 바로 앞의 자오선의 투영이기 때문이다. ("천구면의 조본인 남극을 지나는 모든 원의 투영은 직선이고, 그 역도 성립한다."는 원리를 상기할 것.)

『혼개』에는 이 작도에 필요한 數表가 '황도와 적도 차율 요약표 黃赤二道差率略'이란 이름으로 제시되어 있다. (pp.361-2) 표는 황도 5도 단위로 되어있는데, 이 표가 위의 식으로 계산된 것임은 의심의 여지가 없다. (뒤의 '부록'에서는 『혼개』의 표와 계산결과를 비교검토하는 문제를 다루고 있다.)

② 환산수표를 쓰지 않는 작도법

또 하나의 방법은, 적도와 對檢할 필요가 없는 방법이다. 단, 황도의 斜轉之極 즉 비스듬히 도는 황도의 북극 즉 황북극을 찾는다. 천구상에서 황

도의 북극은 적도북극에서 23.5도 떨어져 있다. (마갈초분 즉 마갈궁 0도에 든다.) 황도가 적도내외로 착행하는 것 역시 23.5도까지다. 그러므로 황북극의 작도방법은 다음과 같다. 먼저 적도규를 따라 유중에서 우상하여 23.5도를 가서 점을 찍는다. 그 점에서, 對宮인 卯中黃赤之炆를 바라보며, 오를 지나 현을 작도한다. 이 현이 오와 만나는 점이 우리가 쓸 점이다. 즉 이 점이 황북극이 되는 것이다. 이제 23.5도를 더 가서 같은 방법으로 얻은 점은 앞 그림에서의 황도규의 중심이다. 황도규의 중심과 황북극은 다만 그 차가 23.5도인 것이다. 이렇게 하여 황도북극을 얻었다. 적도규를 12궁으로 균분하고, 분점 하나하나를 황북극에 꿰어, 자로 비스듬한 선분을 그려, 황도규와 만나는 점을 찍는다. 그리고 나서 반심 즉 적도북극을 중심으로 하여 황도규에 찍은 점을 바라보면서 황도12궁의 경계를 그려 넣는다. 12궁으로 나누든, 매 궁을 30으로 나누든, 이 방법은 앞의 계산법의 결과와 차이가 없으면서, 방법은 더욱 간단하다. (p.363 중간 아래까지의 내용.)

 이 방법이 타당한 이유는 다음 두 사실 때문이다. 즉,

① 천구면에서 황북극과, 적도의 적경 30도의 점과, 조본인 적남극, 이렇게 3점을 지나는 원은 황도의 황경 30도 점을 지난다.
② 조본을 지나는 원의 극사투영은 언제나 직선이다. 그러므로 이 점들 모두는 극사투영으로 동일직선상에 온다.

 천구면에서, 황북극과 적남극을 지나는 원들은 모두 적도와 황도에 대해서 대칭적이다. 따라서 그 원이 적도를 적경 30도 점에서 끊는다면 황도 역시 황경 30도 점에서 끊는다. 그러므로 적도의 30도인 점과 황북극을 잇는 직선상에 황도의 30도인 점이 있다. 그림은 이 성질을 이용한 작도법인 것이다. 그 작도법을 부연한다:

① 황극 즉 황북극을 잡는다
② 적도규를 12등분한다.
③ 황북극과 각 적도규등분점을 이은 선분이 황도규와 만나는 점을 구한다.
④ 적도규 각등분점에 대응하는 황도규 상의 교점은 바로 황도의 12궁분점이다.

황도규 상의 각 분점을 의기의 중심점인 북극과 이어서, 북극 방향으로 짧은 선분을 그린다. 그러면, 그 선분의 연장과 적도규가 만나는 점은 각 황도규분점의 적경을 보여준다. (이 짧은 선분은 결코 황경의 일부가 아니다. 지심에서 태양을 바라보는 각도와 관계있을 뿐이다. 이것은 뒤에 나오는 mediation이라는 변형된 적경의 한 개념과 관계있다.)

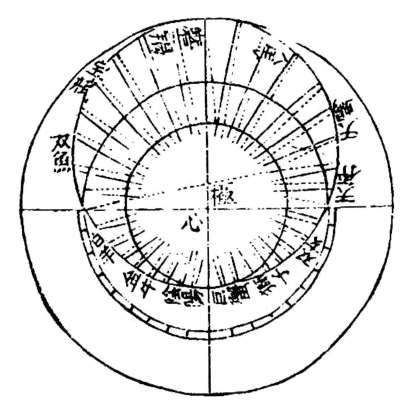

『혼개』 p.363의 그림. (「천학」 p.1808)

이 그림은 우선, 횡선 오른쪽의 천칭0 (180도)에서 적도를 따라 위로 23.5도 되는 점과, 횡선 왼쪽의 백양0(0도)을 이은 비스듬한 선분을 그린다. 이 선분이 중심 세로선인 누선과 만나는 점이 황북극인데, 이 점을 '極'이라고 표시하였다. '心'은 의기의 중심이다. 이 그림의 작도법은, 우선 적도규를 10도씩 균분하여 36개의 분점을 구한다. 이 적도규 분점 각각을 황극 '極'과 실직선으로 잇는다. 황극으로부터 뻗어 나오는 이 실직선이 황도규와 만나는 점이 황도의 대응하는 각도의 분점이다. 이리하여 황도규 상에도 36개의 분점이 생긴다. 마주보는 분점끼리 쌍을 이루게 하면 18쌍이 되는데 쌍의 분점끼리 점선으로 이으면, 그 점선들은 모두 의기의 중심인 心에서 만난다. 예컨대 금우0과 천칭0을 잇는 점선분은, 정확히 '心'을 지난다. 황도12궁분점에서 의기의 중심인 반심 즉 적도북극을 이어 방사상으로 표현하면, 半年 차의 마주보는 분점의 방사선은 동일 직선을 이룬다.

　　그러나 이 방법을 설명하는 그림은 『혼개』에서 좀 혼란스럽게 그려져 있다. 적도규의 분점들과 황극을 잇는 선분은 점선으로 표시하고, 점선과 황도규가 만나는 12궁 분점들을 盤心인 북극과 잇는 선들은 실선으로 그리려는 것이 원래의 의도였던 것으로 보이는데, 실제 그림은 이것이 뒤죽박죽이고, 또 점선과 실선이 황도규 상에서 교차해야 한다는 원칙도 지켜지지 않고 있다. 요컨대 p.363의 그림이 잘못되었다고 밖에 말할 수 없다.

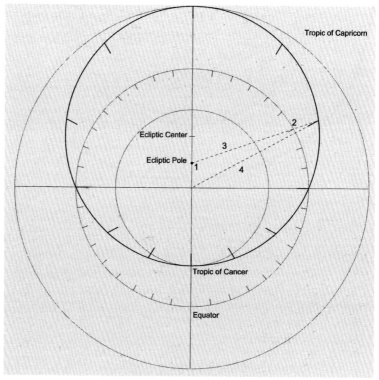

모리슨의 황도분할원리 설명도

이것은 Morrison, p.103의 그림이다. 이 그림에서 점 1은 황북극의 투영점이다. 천구면에서 황북극과 조본인 남극을 지나는 원들은 모두 점 1을 지나는 직선으로 투영된다. (직선으로 투영되는 이유는 그 원들이 조본을 지나기 때문이다. 극사투영에서 조본을 지나는 원은 직선으로 투영되며, 그 역도 성립한다.) 점 2는 적도상의 적경 30도인 점의 투영이다. 천구면에서 황북극과, 적도상의 적경 30도의 점과, 남극을 지나는 원은, 황도상의 적경 30도의 점을 지난다. 왜냐하면 이 원의 관점에서 적도와 황도는 완전대칭이기 때문이다. 이처럼 완전대칭이기 때문에 적경 30도의 점을 지난다면 황경 30도의 점도 지나게 되는 것이다. 그러면 그 점은 어디로 투영되는가? 그 원의 투영인 직선 1-2와 황도의 투영인 황도규가 만나는 점이 바로 그 점이다. 그림에서 직선 4는 그 점과 의기의 중심 즉 북극의 투영점을 이어주고 있다. 이 그림에서는 적도규를 따라 10도간격, 황도규를 따라 30도 간격으로 점이 찍혀있다. 황도규의 이 점들 각각을 황도극점과 이어주는 직선을 그리면, 그 직선상에 적도규의 30도 간격 점들이 놓여있음을 확인할 수 있다. 『혼개』의 그림도 그렇게 그려져야 했다.

아래 그림은 모리슨의 원리 설명에 따른 황도분할 그림이다.

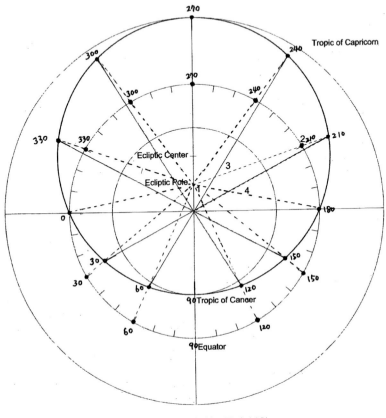

황도규의 작도와 황도규의 분할

이 그림의 작도방법은 다음과 같다.

1. 황북극 Ecliptic Pole: 적도의 0도와 180+23.5도 두 점을 이은 선분이 중심세로선과 만나는 점이다.
2. 황도규의 중심 Ecliptic Center: 적도의 0도와 180+2×23.5도 두 점을 이은 선분이 중심세로선과 만나는 점이다.
3. 황도규의 작도: '황도규의 중심'을 중심으로 하고 적도의 0 또는 180을

지나는 원을 그리면 이 원은 황도규다.

4. 황도규를 12궁으로 분할하기

① 적도를 10도 간격으로 등분하고, 30도간격 분점을 둥근 흑점으로 표시한다.

② 황북극 Ecliptic Pole과 적도30도간격분점 각각을 이은 점선이 황도와 만나는 점을 흑점으로 표시한다. 이 흑점이 황도의 30도 간격 분점이다.

③ 황도의 30도간격 분점과 180도 떨어진 분점을 이은 실선은 의기의 중심을 지남을 확인한다.

③ 또 다른 작도법

『혼개』는 황도의 북극과 남극을 이용하는 작도법을 제시하고 있다. (p.364.) 그리고 이 방법을 쓰면, 앞의 두 방법과는 달리, 황도좌표의 경선 즉 황경을 그릴 수 있다. 황도좌표의 양극인 황북극과, 황남극의 투영점을 구하고, 이 양극 투영점을 잇는 선분을 지름으로 하는 큰 원을 黃道大規 또는 黃道全體規라고 명명한다. (p.364의 그림.) 이 대원의 북극으로부터 60도씩 6등분한 원주상의 점들을 북극과 이으면, 방사상의 그림이 얻어지는데, 그 이웃 선들이 이루는 각은 모두 30도다. (그 이유는 다음과 같다. 원을 6등분하면 이는 중심각을 60도씩으로 6등분한 것이 되며, 중심각이 60도인 호의 원주각은 언제나 그 절반인 30도이기 때문이다. 황북극은 원주의 한 점이므로, 황북극을 꼭지점으로 하는 호의 원주각은 호들이 모두 원주의 6분의 1이기 때문에, 호의 원주각은 모두 30도씩으로 같다.) 그리고 황도대규의 중심을 지나는 가로직선을 긋고 이를 地心線이라 명명한다. 이 지심선과 우리가 그린 방사선들이 만나는 5개의 점을 왼쪽에서부터 1, 2, …, 5의 번호를 매긴다. 이 점 각각을 중심으로 하고 황도북극까지의 길이를 반지름으로 하여 원호를 그려 그 원호가 황도규와 두

점에서 만나게 한다. 그러면 두 점씩 모두 10개의 점이 얻어지는데
이 10개의 점들과 자오선상의 점 2개가 합쳐져서 황도 12궁의 12개
의 점 모두가 얻어진다. 더 나아가서 이 원호들은 그 자체가 황도
좌표의 각궁을 지나는 경선이 된다. [의기에서 이 경선들은 황북극
(그리고 황남극)에 집중된다. 그리고 집중점에서 각 경선들이 이루는 각
은 30도씩이다.]

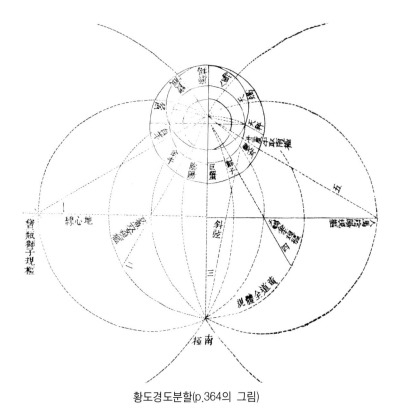

황도경도분할(p.364의 그림)

이 그림은 먼저 백양0에서 적도규를 따라 위로 23.5도 되는 점을, 천칭0와 선분으로 잇고 있다. 점선으로 표시되어 있다. 이 선분과 午선이 만나는 점이 황북극이다. (황북극은 北極 또는 極이라는 글자로 표시할 것이나, 그림이 복잡하여 생략한 것 같다.) 황남극은 천칭0에서 적도규를 따라 아래로 23.5도 되는 점을 잡고, 천칭0에서 그 점을 지나 연장된 직선이 子선과 만나는 점으로 설명된다. (황남극을 그림에서는 南極이라고 표시하였다. 자선은 그 표시를 향해서 아래로 더 연장하는 것이 옳다.) 황도전체규는 황남 황북 양극을 이은 선분을 지름으로 하는 원이다. 그리고 그 선분을 수직이등분하는 직선이 지심선이다. 다음은 황도전체규의 원주 360도를 60도씩 6등분한 점을 一, 二, ... 五로 표시한다. (표시하지 않은 六은 황북극이다.) 황북극으로부터 이 5개의 점 각각을 이어 연장한 사선이 지심선과 만나는 점은 12궁계 원호의 중심 즉 樞가 된다. 황도 12궁의 궁 사이의 경계 즉 궁계는 황남북 양극을 잇는 황경선인데, 그 극사투영은 원이다. 12궁계의 원호란 그 원의 일부를 말하며, 그 원호의 중심을 樞라고 부르고 있는 것이다. 그런데 모든 12궁계 원호들은 그 중심을 지심선상에 두고 있다. 여기서는 바로 그 궁계의 중심을 지심선상에서 찾는 방법을 설명하고 있는 것이다. 궁계 一에 대응하는 추는 보병/사자 두 궁의 規樞가 되며, 차례로 쌍어/쌍녀궁, 백양/천칭궁, 천갈/금우궁, 인마/음양궁의 規樞가 된다. 이 규추들을 중심으로 황북극을 지나는 원호를 그리면 궁계들의 원호가 된다. 마갈/거해궁의 궁계는 자오선 자체다. 반지름이 무한대인 원호인 셈이다.

이 방법에 대한 Morrison(2007, p.103)의 코멘트 : This procedure defines an arc on the ecliptic the same as the given arc on the sphere. It is certain this method, which is of theoretical interest only, was never used to construct an instrument. It requires significant effort to define the required circles, which have a large radius, and are very difficult to draw with any accura cy.

즉 이 방법은 이론적으로는 옳지만, 이 방법에 따라 실제로 작도하기에는 어려움이 따른다는 것이다. 그러므로 이 방법에 의해 작도한 실례는 없을 것이라고 한다. (『혼개』에서는 이 방법을 써서 별의 위치를 배정하는 설명이 뒤에 나온다.)

『혼개』에서는 소위 '仰月半規'를 이용한 12궁 분할과 의 또 다른 방법도 제시하고 있는데, (p.365) 이는 황도북극에서 묘유선에 평행선을 긋고, 그 직선 아래쪽에 황도북극을 중심으로, 적당한 크기의 반규 즉 위를 쳐다보는 반달 모습의 '仰月半規'를 그리고, 이 반규를 6등분하여, 지심선 상의 점을 찍는데 이용하는 것이다. 각의 등분의 의미가 더욱 분명해 지는 장점이 있어 보인다. 앞의 방법은 각이 등분되는 이유가 불분명하게 느껴지는 사람도 있을 수 있다. 원주각은 중심각의 반이라는 사실, 같은 길이의 호에 선 원주각은 서로 같다는 사실 등을 알고 있어야 하기 때문이다.

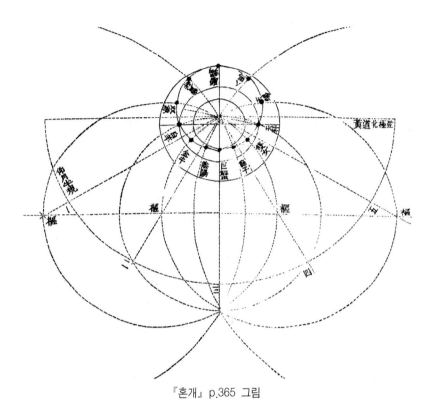

『혼개』 p.365 그림

이 그림은 앞의 그림과 같으나, 다만 規樞를 잡는 방법으로 소위 '仰月半規'를 이용하는 점이 다르다. 앙월반규란, 황북극을 지나는 임의의 반지름의 원을 '黃道北極弦'이라는 자오선에 수직인 직선으로 자른, 仰月 모양의 반원 즉 반규를 말한다. 앙월반규의 호 180도를 30도씩 균분한 점을 一, 二, … 五로 잡는 것이 앞의 그림과 다른 점이다. 나머지는 같다. 두 가지 방법이 같은 결과를 보이는 것은, 여기의 30도는 중심각이고, 앞의 60도는 원둘레각임을 상기하면 곧 이해가 된다. 황도대규의 원둘레를 6개의 호로 등분하면, 각호의 '원둘레각'은 30도씩이고, 반규를 6개의 호로 등분하면, 각호의 '중심각'은 30도씩으로 된다. (시각적으로 볼 때, 앙월반규의 반지름은 좀 줄여주는 것이 좋았다.)

　『혼개』의 p.367에서는 위에 제시된 세 방법의 장단점을 비교해
보이고 있다.

　이상 세 방법은 각각 所用이 있다. 첫째 방법은 황극을 알 필요
가 없다는 점에서 매우 간단한 것 같지만, 수치를 얻는 계산이 간
단하지 않다는 단점을 지적한다. 두 번째 방법은 황극만 구하면 되
고 적도 도수를 쓰는 계산이 불필요하다는 장점이 있으나, 남북 圓
體에서의 출입은 따로 구해야하는 점이 있다. 세 번째 방법은 황북
극뿐 아니라 황남극도 알아야 하지만, 황도 일선상의 12궁의 경계
뿐 아니라 황도내 하늘의 12궁의 경계를 보여주기 때문에 '별의 위
치를 표시하는 데는 가장 적합'하다고 한다. (그러나, 별의 좌표가 적
도좌표로 주어진 경우 이런 번거로운 방법은 쓸 필요가 없다.)

　④ 기타 방법 1

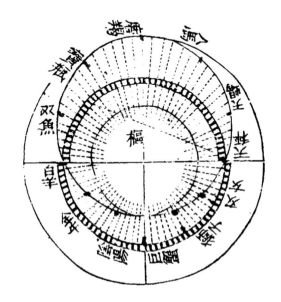

이 그림은 황도경도를 나누는 그림의 하나다.

① 먼저 적도규를 2도씩 均分한다.
② 세로중심선 상에 황도규의 중심 樞를 작도한다. 즉 백양초도에서 위로 2×23.5도의 점을 잡아 천칭초도와 이은 점선이 세로중심선과 만나는 점이 樞다.
③ 樞를 중심으로 백양초도까지의 길이를 반지름으로 원을 그리면 그것이 황도규다.
④ 그 다음 과정은 엄밀히 옳은 방법의 과정이 아니다. 예컨대 적도규를 30도씩 균분한 분점을 의기의 중심과 연결한 점선이 황도규와 만나는 점을 대응하는 황도규의 분점으로 보고 있는 것이다. 이 방법으로는 최대 2.5도 정도의 오차가 발생한다.

그러나 워낙 간단한 근사법이기 때문에, 유명한 프라하 천문시계에도 이 방법을 썼다고 알려져 있다.

⑤ 기타 방법 2

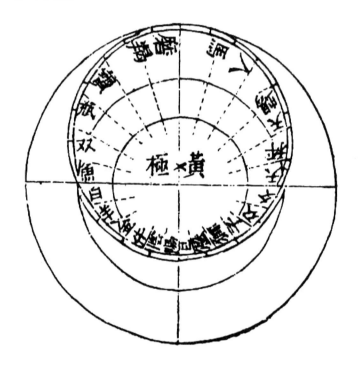

황도의 도수를 나누는 법에서,『혼개』는 이 그림을 제시하며 다음과 같이 설명한다.

① 황도를 虛分으로 360도로 均分한다. 이 虛度를 빌려 實度를 얻으려는 것이다.
② 南의 180도를 나누려면 북의 180허분도를 황극을 지나, 맞은 편에 표지한다.
③ 北의 180도를 나누려면 남의 180허분도를 황극을 지나, 맞은 편에 표지한다.

그러나 이 방법은 납득할 수 없다. 그 이유는 다음과 같다.

① 이 투영에서 황도의 균분은 불가능하다. 가능하다고 보는 것은 극사
  투영의 본질을 모르는 주장이다. 투영중심이 북극인 극사투영에서는
  적도규와 자오규를 균분할 수 있을 따름이다.
② 대척점을 직선으로 잇는다는 것은 남극과 북극을 지나는 대원으로 잇
  는다는 뜻이다. 극사투영에서 모든 직선은 남극을 지나는 원이기 때
  문이다. 천구에서 대척점끼리 잇는 직선이 황극을 지난다면, 그 직선
  은 황경선이며, 그 극사투영은 곡선으로 나타난다. 이 그림처럼 직선
  이 될 수 없다.

⑥ 기타 방법 3
  『혼개』에서는 '黃道大規'를 이용한 두 가지 방법을 더 소개하고
있다. 황도대규란 황북극과 황남극을 대척점으로 하는 큰 원이다.
황북극은 지금까지 黃極 이라고 불렀던 점이며, 황남극은 그 대척
점이다. 의기의 중심에서 멀리 떨어져 있다. 아래 두 그림에서는 이
를 남극 또는 황극이라고 표기하고 있으나, 같은 점이다. 천칭초도
에서 적도를 따라 시계방향으로 23.5도 떨어진 점과 천칭초도를 이
은 직선이 중심세로선과 만나는 점이다. 黃道大規樞는 황도대규의
중심점이다. 황북극과 황남극의 중점이지만, 직접 작도하려면 천칭
초도에서 적도를 따라 시계방향으로 2×23.5도 떨어진 점과 천칭초
도를 이은 직선이 중심세로선과 만나는 점이다.

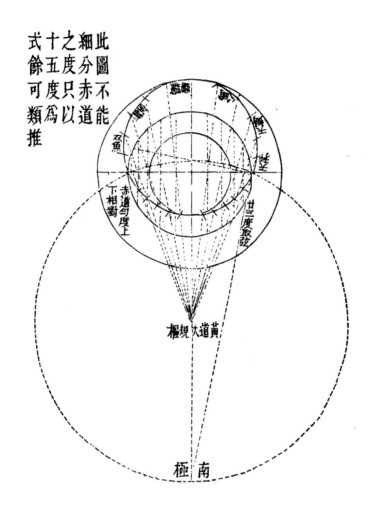

첫째 그림은 황도대규추를 초점으로 방사하는 射線으로 황도를
분할하는 방법을 보여준다. '赤道勻度上下相對'라는 말이 표현해 주
듯이, 적도를 30도씩 열둘로 균분하고, 上下로 상대하는 두 균분점
을 이은 수직선이 묘유 가로선과 만나는 점을 표지한다.

적도대규추와 그 표지점들을 이은 직선이 황도와 만나는 아래
위 두 점이 해당 12궁의 경계가 된다는 것이 이 그림의 내용이다.

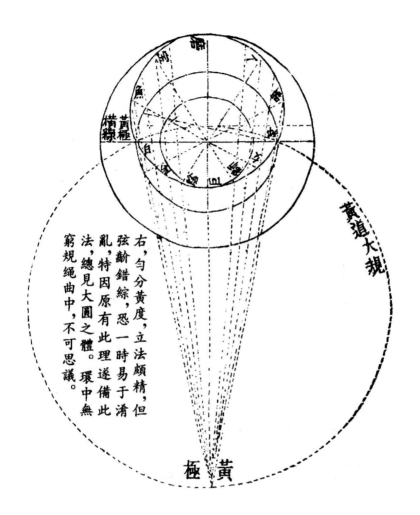

둘째 그림은 황남극을 초점으로 방사하는 射線으로 황도를 분할하는 방법을 보여준다. 적도를 30도씩으로 균분하고, 상하고 상대하는 두 균분점을 이은 수직선이 묘유 가로선과 만나는 점을 표지한다. 적도대규추와 그 표지점들을 이은 직선이 황도와 만나는 아래 위 두 점이 해당 12궁의 경계가 된다는 것이다.

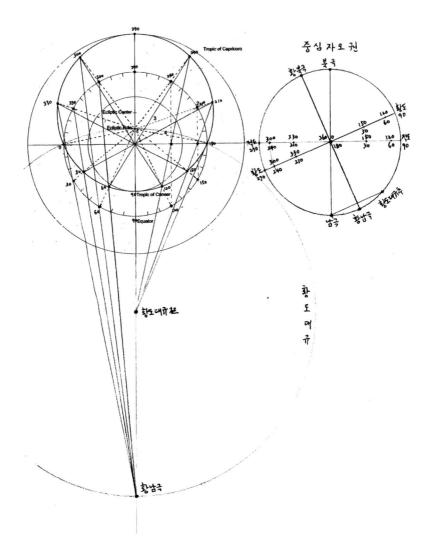

이 그림은 위의 두 방법에 따라 정밀작도한 것이다. 오른쪽이 황
도대규추를 이용한 첫째 방법에 의한 것이고, 왼쪽이 황남극을 이
용한 둘째 방법에 의한 것이다. 또 앞에서 설명한 황북극을 이용한
작도방법도 가운데에 그대로 두었다.

이 세 방법이 모두 타당한 이유를 설명하기 위하여, 오른쪽에 中心子午圈 그림을 추가하였다. 중심자오권의 극사투영은 왼쪽 그림의 중심 세로직선이다. 극사투영에서 직선은 언제나 남극을 지나는 천구면상의 원의 투영이다. 중심자오권은 천구면상에서 남극을 지나는 원이다. 그러므로 직선으로 투영되는 것이다.

오른쪽의 중심자오권 그림에서 남극을 출발하여 시계방향으로 돌아보자. 만나는 점을 순서대로 나열하면 다음과 같다.

남극-황도270-적도270-황북극-북극-황도90-적도90-황도대규추-황남극-남극

왼쪽의 중심자오권 투영직선 즉 중심세로선을 위에서 아래로 훑어보자. 위의 출발점은 표시가 없지만 남극으로부터 출발하는 것이 틀림없다. 그러므로 점들을 나열하면 다음과 같다.

남극-황도270-적도270-황북극-북극-황도90-적도90-황도대규추-황남극-남극

당연히 앞의 배열과 같다. 이처럼 극사투영에서의 직선은 남극을 지나는 원의 투영이라는 원칙은 어느 경우에나 지켜진다.

극사투영에서 황북극을 지나는 직선, 천구에서 황북극과 남극을 지나는 원

극사투영에서 황북극을 지나는 직선은 천구의 남극을 지나는 원의 투영이다. 그러나 그런 원은 유일하지 않다. 두 점을 지나는 원은 수없이 많기 때문이다. 그러나 한 직선위에 있지 않은 세 점을 지나는 원은 하나밖에 없다. 그러하기 때문에 三點同圓法으로 유일한 원을 그릴 수 있는 것이다. 이제 황북극과 남극, 그리고 적도의 경도30도인 점 이렇게 3점을 고려해 보자. 중심자오권 그림을 보면, 그 원은 황도의 경도30도인 점을 지날 것임을 추론할 수 있다. 이 네 점은 좌우대칭의 도형을 만들기 때문이다. 그러므로 극사

투영의 그림에서 보면, 황북극과 적도30을 이은 직선상에 황도30이 오게 되므로 그 점을 구할 수 있는 것이다.

극사투영에서 황남극을 지나는 직선, 천구에서 황남극과 남극을 지나는 원

극사투영에서 황남극을 지나는 직선이 적도30을 지난다고 하자. 그러면 그 직선은 천구에서 황남극, 남극, 적도30, 이렇게 세 점을 지나는 원의 극사투영이다. 이 세 점을 오른쪽의 중심자오선 그림에서 보면, 그 세 점과 황도330의 점이 좌우대칭임을 볼 수 있다. 그러므로 그 원은 황도330의 점도 지난다. 즉, 극사투영 그림에서, 황도330의 점은 앞의 직선상에서 구할 수 있다.

극사투영에서 황도대규추를 지나는 직선, 천구에서 황도대규추와 남극을 지나는 원

극사투영에서 황도대규추를 지나는 직선이 황도120을 지난다고 하자. 그러면 그 직선은 천구에서 황도대규추 남극 적도120 이렇게 세 점을 지나는 원의 극사투영이다. 이 세 점을 오른쪽의 중심자오선 그림에서 보면, 그 세 점과 황도240의 점이 좌우대칭임을 볼 수 있다. 그러므로 그 원은 황도240의 점도 지난다. 즉, 극사투영 그림에서, 황도240의 점은 앞의 직선상에 있다. 그러나 잠깐. 극사투영에서 황도120의 위치를 모르는 상태라면 어떻게 그 직선을 그릴 수 있는가? (황도의 분할을 위하여 이 작업을 하는 것이므로 황도120도 모른다고 보아야 한다!) 그 직선을 그리기 위한 제3의 점은 다른 방법으로 찾아야 한다. 그 다른 방법이란, 황도의 120과 240을 지나는 원의 '0도-180도' 축의 점은 적도의 120과 240을 지나는 원의 그축과 같은 점이라는 사실이다. 그리하여 그 점을 먼저 구하여, 황도의 점을 모르는 상태에서, 4점이 지날 원을 먼저 그릴 수 있는 것이다. 그 '결정적인 점'은 극사투영 그림에서 가로 중심축인 0-180도 선분위에 찍힌다. 이 점은 우리가 알고 있는 적도분점의 지식만으로 구해지며, 두 황도분점은 그 점과 황도대규추를 이은 직선상에서 구해진다.

그러나 이것이 실용적인 방법일까? 황북극을 이용하는 방법은 가장 실용적이다. 그러나 다른 둘은 아니라고 생각된다. 의기에 비해서 작도의 보조수단인 황도대규가 너무 크다. 그리고 실제에 있어서, 정밀작도가 어렵다.

부록) 황도규의 분할을 위한 표 : '黃赤二道差率略'의 검증

황도규의 분할을 위한 '黃赤二道差率略'이란 표는, 황경 s (또는 λ)에 대응하는 적경 x (또는 α)의 값을 보여주고 있다. 수학적으로는

$$\tan(x) = \cos(23.5) \times \tan(s)$$

의 관계를 보여주는 표임을 밝혔다. 여기서는 표의 값과 대응하는 계산값을 비교하여 이를 검증하고자 한다. 불일치의 경우, 그 오류가 체계적인지의 여부도 밝힌다.

표의 내용과 계산값과의 비교

궁	절기	(1) 황경s	(2) 적경x	(3) (1)−(2)	(4) 표의 x	(5) (4)−(2)
백양궁	춘분	0	0:00	0:00	0:00	--
		5	4:35	-0:25	4:35	--
		10	9:11	-0:49	9:11	--
	청명	15	13:48	-1:12	13:48	--
		20	18:27	-1:33	18:27	--
		25	23:09	-1:51	23:09	--
금우궁	곡우	30	27:54	-2:06	27:54	--
		35	32:42	-2:18	32:42	--
		40	37:35	-2:25	37:35	--
	입하	45	42:31	-2:29	42:31	--
		50	47:33	-2:27	47:33	--
		55	62:38	-2:22	52:38	--
음양궁	소만	60	57:48	-2:12	57:48	--
		65	63:03	-1:57	63:30	+0:27
		70	68:21	-1:39	68:21	--
	망종	75	73:43	-1:17	73:43	--
		80	79:07	-0:53	79:07	--
		85	84:33	-0:27	84:33	--
거해궁	하지	90	90:00	0:00	90:00	--
		95	95:27	+0:27	95:27	--
		100	100:53	+0:53	100:53	--
	소서	105	106:17	+1:17	106:17	--
		110	111:39	+1:39	111:39	--
		115	116:57	+1:57	116:57	--
사자궁	대서	120	122:12	+2:12	123:17*	+1:05
		125	127:22	+2:22	127:22	--
		130	132:27	+2:27	132:27	--
	입추	135	137:29	+2:29	137:29	--
		140	142:25	+2:25	142:25	--
		145	147:18	+2:18	147:17	-0:01
쌍녀궁	처서	150	152:06	+2:06	152:09	+0:03
		155	156:51	+1:51	156:51	--
		160	161:33	+1:33	161:33	--
	백로	165	166:12	+1:12	166:12	--
		170	170:49	+0:49	170:49	--
		175	175:25	+0:25	175:25	--

궁	절기	(1) 황경s	(2) 적경x	(3) (1)-(2)	(4) 표의 x	(5) (4)-(2)
천칭궁	추분	180	180:00	0:00	180:00	-
		185	184:35	-0:25	184:35	-
		190	189:11	-0:49	189:11	-
	한로	195	193:48	-1:12	193:48	-
		200	198:27	-1:33	198:27	-
		205	203:09	-1:51	203:09	-
천갈궁	상강	210	207:54	-2:06	207:55	+0:01
		215	212:42	-2:18	212:42	-
		220	217:35	-2:25	217:35	-
	입동	225	222:31	-2:29	222:31	-
		230	227:33	-2:27	227:33	-
		235	232:38	-2:22	232:38	-
인마궁	소설	240	237:48	-2:12	237:48	-
		245	243:03	-1:57	243:03	-
		250	248:21	-1:39	248:21	-
	대설	255	253:43	-1:17	253:43	-
		260	259:07	-0:53	259:07	-
		265	264:33	-0:27	264:33	-
마갈궁	동지	270	270:00	0:00	270:00	-
		275	275:27	+0:27	275:27	-
		280	280:53	+0:53	280:53	-
	소한	285	286:17	+1:17	286:17	-
		290	291:39	+1:39	291:39	-
		295	296:57	+1:57	296:57	-
보병궁	대한	300	302:12	+2:12	302:17*	+0:05
		305	307:22	+2:22	307:22	-
		310	312:27	+2:27	312:27	-
	입춘	315	317:29	+2:29	317:29	-
		320	322:25	+2:25	322:25	-
		325	327:18	+2:18	327:18	-
쌍어궁	우수	330	332:06	+2:06	332:09	+0:03
		335	336:51	+1:51	336:51	-
		340	341:33	+1:33	341:33	-
	경칩	345	346:12	+1:12	346:12	-
		350	350:49	+0:49	350:49	-
		355	355:25	+0:25	355:28	+0:03

오차가 있는 경우, 대응하는 경도끼리 짝맞추기

궁	절기	(1) 황경s	(2) 적경x	(3) (1)-(2)	(4) 표의 x	(5) (4)-(2)
		5	4:35	-0:25	4:35	--
		175	175:25	+0:25	175:25	--
		185	184:35	-0:25	184:35	--
		355	355:25	+0:25	355:28	+0:03
355도의 이기오류						
금우궁	곡우	30	27:54	-2:06	27:54	--
쌍녀궁	처서	150	152:06	+2:06	152:09	+0:03
천갈궁	상강	210	207:54	-2:06	207:55	+0:01
쌍어궁	우수	330	332:06	+2:06	332:09	+0:03
단수처리 오류 및 150, 330도의 체계적 이기오류						
		35	32:42	-2:18	32:42	--
		145	147:18	+2:18	147:17	-0:01
		215	212:42	-2:18	212:42	--
		325	327:18	+2:18	327:18	--
단수처리 오류						
음양궁	소만	60	57:48	-2:12	57:48	--
사자궁	대서	120	122:12	+2:12	122:17*	+0:05
인마궁	소설	240	237:48	-2:12	237:48	--
보병궁	대한	300	302:12	+2:12	302:17*	+0:05
120, 300도의 체계적 이기오류						
		65	63:03	-1:57	63:30	+0:27
		115	116:57	+1:57	116:57	--
		245	243:03	-1:57	243:03	--
		295	296:57	+1:57	296:57	--
65도의 이기오류, 03을 30으로.						

전체적으로 오류는 많지 않다.

3) 『渾蓋通憲圖說』 下卷

(13) 經星位置圖說

태양이 하늘에 떠 있는 한, 모든 별은 숨는다. 밤이 돼야 별을 관측할 수 있다. 별 중에 가장 밝은 것은 금목수화토 5緯다. 그러나 각 별은 遲留伏匿이 있어 (즉 느렸다 머물렀다 엎드렷다 숨었다 함이 있어), 쉽게 取齊할(배열을 취할) 수 없다. 또 금성과 수성은 땅에서 너무 가까이 떨어져 있기 때문에, 태음처럼, 지면과의 거리로는 비교가 불가능하여, 緯를 버리고 經을 求한다. (이하 거리에 관한 언급 생략.)

經星은 49000歲에 1주천한다. (이를 歲差라 한다.) 절기도 또한 移動한다. 그러나 그 이동은 극히 작아, 100년이라고 해도 그 안에 변하는 정도는 미미하므로, 의기를 제작할 때는 경성은 변화가 없다고 본다. 경성의 수는 자세하게는, 1만1520개가 있다는 옛 말이 있다. 그러나 이름 있는 경성은 中外星官 360이다. 이들을 모두 의기에 배열할 수는 없다. 그러나 그 밝기에 따라서 품계를 몇 등으로 나눌 수 있다. (이하 경성 체등 논의 생략.)

그 방법은, 황도에 의거하여 계산하는 것이 있고, 적도에 의거하여 계산하는 것이 있다. 통틀어, 먼저 각 星이 値(=當)하는 바의 宮의 度를 논하고, 다음, (1) 각 성이 황적도에서 얼마나 떨어져 있는가를 나타내는 도분, (2) 각 성이 황도 또는 적도의 남북 어디에 있는지, (3) 각성의 대소가 어떻게 다른지, 등을 살핀다. 그리하여 각 성의 정당한 위치에 벌려 놓는다. 황도에 의거하여 起算하는 경우에는, 황도로 남북을 나누고, 황북극을 樞로 삼는다. (이 설은 黃道度를 나누는 법을 참조할 것.) 적도에 의거하여 起算하는 경우에는,

적도로 남북을 나누고, 적북극을 樞로 삼는다. 이들을 모두 뒤에 벌려 놓는다.

그리하여 뒤에 차례로, (1) 황도경도 적도위도를 씨시 입산하는 법, (2) 적도경도 북극위도를 써서 입산하는 법, (3) 황도경도 황도위도를 써서 입산하는 법 등이 설명된다.

① 用黃道經度赤道緯度立算 황도경도 적도위도를 써서 입산하는 법

상단 표

用黃道經度赤道緯度立算	黃道過宮	離赤道	體等
勾陳三星	白羊	北	
閣道南二星	白羊	北	
閣道南一星	白羊	北	二
天綱星	白羊	南	三
天壘星	白羊	北	三
奎宿西二星	白羊	北	二
大陵三星	白羊	北	三
天船東二星	金牛	北	二
天倉三星	金牛	南	二
昴宿西二星	金牛	北	
畢宿大星	陰陽	北	
參右足星	陰陽	南	
參左肩星	陰陽	北	
五車右北星	巨蟹	北	
天狼星	巨蟹	南	一
北河中星	巨蟹	北	
北河東星	巨蟹	北	
南河星	獅子	南	
星宿中星	獅子	北	
軒轅大星	獅子	北	
軒轅南星	獅子	北	

하단 표

北斗天樞	雙女	北	
太微帝座	雙女	北	
太微右垣	雙女	北	
北斗玉衡	天秤	北	
北斗開陽	天秤	北	
角宿南星	天秤	北	
大角	天秤	北	
招搖	天蠍	北	
氐右南星	天蠍	南	
氐右北星	天蠍	北	
貫索大星	天蠍	北	
心宿中星	人馬	南	
市垣帝座	人馬	北	
天棓大星	人馬	北	
市垣候星	磨羯	北	
織女大星	磨羯	北	
河鼓中星	寶瓶	北	
天津右三星	寶瓶	北	
壘壁北星	寶瓶	南	
危宿北星	寶瓶	北	
羽林軍大星	雙魚	南	
室宿南星	雙魚	北	
室宿北星	雙魚	北	

이 방법은 황경을 쓰는 방법이다. 먼저 이 별이 어느 궁에 속하고 몇 도인지를 조사한다. 황도에 해당 황경도의 점을 표시하고, 이 점과 반심을 점선으로 이어, 이를 經度線으로 삼는다. 이 별은 이 선 위에 있을 수밖에 없음을 우리는 안다. (【필자 주】이는 합리화될 수 없다. 황도좌표의 경도선 즉 황경선은 그런 것이 아니기 때문이다. 아스트로라브에서 황경선은 황북극에서 곡선 형태로 뻗어나오는 모습을 하는 것이지, 반심에서 직선으로 뻗어나오는 것이 아니다. 그런데 문제는 표의 '황도'경도라는 것이 사실은 '적도'경도를 닮은 수치라는 것이다. 소위 mediation이다.)

다음은 이 별이 남에 있느냐 북에 있느냐를 논한다. (적도 안쪽에 있으면 북, 적도 밖에 있으면 남에 있는 것이 된다.) 별이 북방에 있으면 거극값이 가깝다. 법은 다음과 같다. 적도오중으로부터 적도를 따라 좌선하기를 별이 적도를 떠난 도수만큼 세어서 적도위에 그 점을 표시하고, 그 점에서 黃赤相交酉中을 바라보면서 점선을 그려 이 선을 緯度線이라 명명한다. 그리고 이 선과 자오선이 만나는 점만을 취하여 표준으로 삼되, 이 점에서 반심까지의 거리가 얼마인지를 취한다. 이것을 황도경도선에 옮겨 놓아야 하는데, 그 방법은 콤파스로 반심에서의 거리를 옮겨. 경도선상에 점을 잡는다. 그러면 그 점이 바로 우리 별이 자리 잡을 점이다. 그 별이 남방의 별이라면, 그 거극은 적도보다 멀고, 북방이면 가깝다.

(이하 설명, 자명하므로 생략.)

이 설명은 'mediation'이란 개념과 관련 있음을 알았다. 유럽의 중세 그리고 르네상스기에 이 개념을 써서 항성의 위치를 표현하는 관행이 있었던 바, 『혼개통헌도설』에서도 이 관행이 설명되고 있는 것이다. 이 관행에서 쓰는 항성의 좌표는 declination과 mediation이다. 여기서 declination이란 보통 의미대로, 그 점의 赤緯

다. 이를 δ라 하자. Mediation이란, 赤經을 대신하는 좌표의 명칭이
다. 특정 점과 의기의 중심을 잇는 사선이 황도와 만나는 점의 황
경이 λ라면, 그 특정점의 mediation은 λ라고 정의하는 것이다. 우리
가 위치를 표현하고자 하는 항성의 적경과 적위를 각각 α, δ라 하
면, 그 항성의 적도좌표는 (α, δ)이지만, 그 항성의 mediation좌표는
(λ, δ)인 것이다. 그러면 λ와 α 사이에는 어떤 관계가 있는가? 그
관계는 다음과 같다:

$$\tan(\lambda) = \tan(\alpha)/\cos(23.5도)$$

그리고 그러한 λ는 아스트로라브의 레테rete의 황도 가장자리에
표시되어 있다. 그러므로 이 의기에서 그 좌표를 찾기는 매우 쉽다.

② 적도경도 북극위도를 써서 입산하는 법(用赤道經度北極緯度立算)

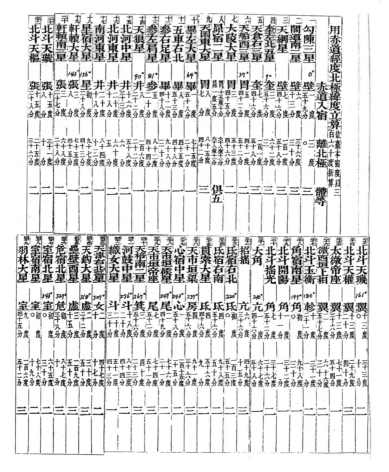

이 방법은 우선 각 宿度를 정한다. 그리고 각 星의 入宿 所在를 검사한다. 그 도수에 맞게 반심으로부터 經線 즉 赤經線을 그린다. 위도는 반심에서 起算하며, 90도까지는 적도규 안쪽, 90도 넘는 위도는 적도규 바깥 즉 남쪽에 있다. 용법은 앞에서와 같다.

③ 황도경도 황도위도를 써서 입산하는 법(黃道經緯合度立算)

이 표의 계산에서의 황도추 즉 황북극은 경도 마갈초도, 위도 離北極 23.5도다. 만력갑진하지를 기준으로 환산하였다. 此黃道樞 入磨羯初度 離北極23度半 截算以萬曆甲辰夏至爲準.

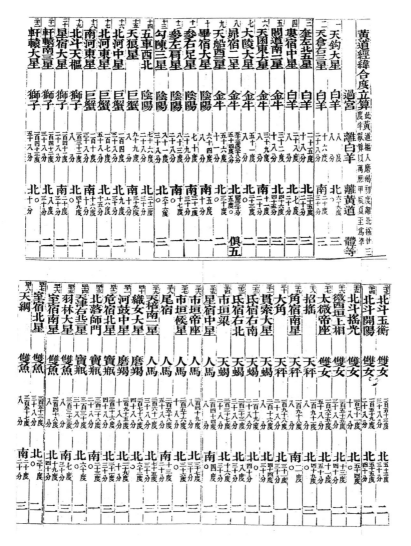

이 방법은 우선, 이 별이 백양에서 몇 도 떨어져 있는지를 조사한다. 또 황도에서 몇도 떨어져 있는지 남쪽인지 북쪽인지를 조사한다. 그리고 黃道分天曲線을 작도한다. 작도법은 이렇다. 앞의 분궁법에 따라 황도극 즉 황북극을 찾는다. 다음은 유중에서 적도규를 따라 좌행 23.5도 되는 점과 酉中을 이은 弦을 그려, 그 현이 子線과 만나는 점에서 그친다. 그 그친 점이 對極之心 즉 黃南極이 된다. 황북극과 황남극의 절반이 되는 점을 樞로 삼아, 大規 즉 黃道大規를 그린다. 앞의 방법에서와 같이 가로 직선인 地心長線을 그린다. 그리고 나서 大規를 周天度인 360도로 나눈다. 황북극에서 그 대규를 따라 왼쪽으로 47도 되는 점을 잡고 그 점과 황북극을 비스듬한 직선으로 이어서, 그 직선이 지심횡선 즉 지심장선과 만나는 점을 잡는다. 그 교점을 心 즉 중심으로 하여 황북극을 지나는 원호를 그린다. 이것이 黃道分天曲線이다. (【필자 주】 이 작도법에 의할 때 이 곡선은 황경 66.5도/황경 246.5도의 黃經規다. 黃道分天曲線은 어울리지 않는 명칭이다.)

이 곡선의 안은 북이고 밖은 남이다. 이제 우리의 별 필수대성이 백양경도를 얼마나 떨어졌는지를 보아야 한다. 황도를 따라 백양초도에서 떨어진 도수가 64도8분 떨어져 있으므로, 황도대규를 이용하여 작도하는 법에 따라 지심횡선 위에 이 도수에 맞는 樞를 잡고 황도극을 지나는 원호를 그리면 그 원호가 필수대성의 경도에 맞는 經度規가 된다. 그러나 우리는 아직 그 별의 위도가 어디에 있는지를 모른다. 이제 그 별이 적도에서 얼마나 떨어졌는가를 적도규에서 알아보고, 그 점에서 적도위도를 작도하는 방법에 따라 황도의 남쪽에 원호를 그리면 그것이 황위 -5도10분의 황위도규가 된다. 이 규와 앞에서 작도한 경도규가 만나는 점이 필수대성의 위치다.

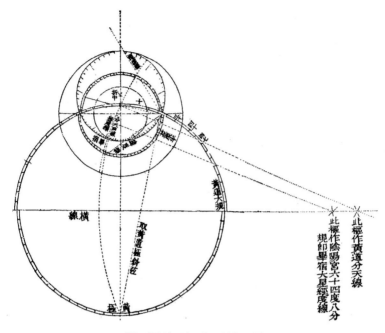

『혼개통헌도설』의 p.390 그림

황도대규를 그리는 법은 p.364 그림에서 이미 설명하였다. 그리고 여기서의 횡선은 거기서의 지심선이다. 지심횡선, 地心長線이라고도 부르고 있다. '畢宿大星Aldebaran의 황도좌표가 (황경64도8분, 황위남5도10분)일 때, 이 위치를 작도하는 방법은 다음과 같다.

황경곡선의 작도: 백양0(황경0도, 황위0도)에서 황도를 따라 64도 8분의 점을 잡는다. (이 점은, 최초의 방법에 의하면, 적도의 적경64도8분의 점을 황북극과 이은 선분이 황도와 만나는 점이다.) 이 점을 이용하여 황경 64도8분의 곡선을 구하려면, 그 곡선이 지금 구한 점과 황북극을 지난다는 사실과, 그 곡선의 중심이 지심선상에 있다는 사실을 이용할 수 있다. 즉, 그 두 점의 수직이등분선

과 지심선이 만나는 점을 중심으로 황북극을 지나는 원호를 그리면, 이 원호는 황경 64도8분의 곡선이다. 즉 필수대성은 이 원호상에 있다. 위 그림에서 필수대성경도선의 樞를 작도하기 위한 점선은 바로 이 수직이등분선이라고 보아야 한다.

그 위도곡선의 작도: 황도는 황위0도의 곡선이다. 황위남5도10분의 곡선은 황도 바깥 5도10분 떨어진 곳의 황도평행규다. 적도를 따라 5도10분 오른 쪽에 있는 두 점을 잡고, 천칭0에서 이 두 점 각각을 잇는 직선이 자선과 오선을 자르는 두 점을 잇는 선분이 이 황위 5도10분 위도규의 지름이 된다. 그러므로 이 위도규와 앞에서 구한 경도원호가 만난 점이 畢宿대성의 위치가 된다.

그런데『혼개』의『혼개통헌도설』의 그림에서는 불필요한 '分天曲線'을 도입하여 문제를 복잡하게 만들고 있다. 여기서 분천곡선의 작도과정을 보면 이는 66.5도의 황경규의 작도다. 따라서 이 황경규는 66.5와 180+66.5=246.5도의 황경에 대응한다. 그리고 혼개는 이 곡선이 적도규의 66.5도와 246.5도를 지나는 것으로 믿고 다음 논리를 추구한다. 이는 잘못이다.

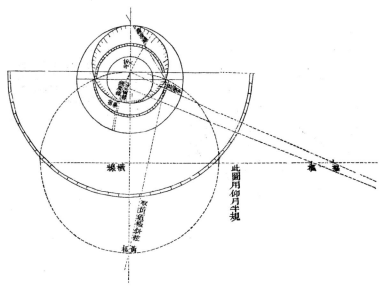

『혼개통헌도설』의 p.391 그림

　이 그림은 앞 그림과 같은 내용을 대반규를 이용하여 표현하고 있다. 그러나 대반규 기법에서처럼 23.5도 회전시키기 이전의 형태다. '과도과정'이라고 할 수 있겠다. 그러나 적절한 방법이 아니라는 것은 변함이 없다.

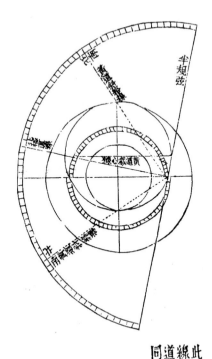

此法斜絡兩
與前圖黃
同道線
齡分天
曲線

『혼개통헌도설』의 p.392 그림

이 그림은 그림 우하단의 설명대로 '黃道斜絡線'으로 분천도가 보여주려는 정보를 더욱 정확하게 보여준다.

'황도절심선'은 황도규의 중심에서 자오선에 수직인 즉 횡선에 평행인 직선이다. 이 직선이 적도와 만나는 점은 무엇이고 북극직선은 무엇일까?

이 그림의 설명은 p.393 위부터다. 천칭0점을 心으로 삼아, 의기의 도수를 옆에서 본다. 대반규를 그려 주천도를 나눈다. 대반규의 반규현은 천칭0점과 적도를 따라 23.5도 아래점을 지난다. 적도와 '접하지 않는다.' 그러면 북극직선은 대반규를 양분하는 직선으로, 반규현과 수직이 된다. 그리고 황북극을 지난다. 여기서 북극이란 황북극을 말한다. 대반규는 천칭0에서 반규현이 접하는 가상의 반규를 23.5도 회전시킨 것으로 볼 수 있다. 여기서 북 남은 황도북 황도남을 뜻한다. 그리고 황도북은 황도 안쪽이고 황도남은 황도 바깥쪽에 대응한다.

'황도절심선'은 황도규의 원의 중심을 지나는 횡선이다. 이는 황도규를 반분하는 선이겠는데, 그 용도는 뒤에 설명하겠다고 p.393의 중간에서 말하고 있다. (其說詳後.)

이 그림에서는 角宿남성 Spica (황경198도8분, 황위남 2도0분)을 예로 하여 별의 위치를 정하는 방법을 설명하고 있다. (p.393 아래.)

먼저 황위를 위한 평행규의 작도를 설명한다. 여기서 평행규란 황도의 동심원이란 뜻인데, 그러나 정확한 동심원은 아니다. 이 평행규는 남위 2도의 위선을 나타내도록 작도된다. (위도를 parallel이라고 부르는 것과 관련있는 용어일 것이다.) 대반규의 눈금은 5도이므로 한 눈금의 반이 안 되

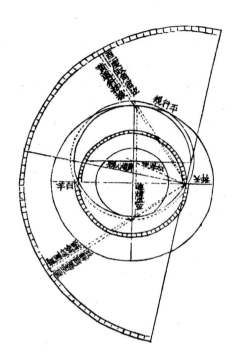

『혼개통헌도설』의 p.394 그림

는 폭으로 2도를 잡아 두 사락선의 오른쪽 즉 남쪽에 표시한다. 이 두 점에서 각각 천칭0을 향해 점선을 그려 자오선과 만나는 두 점을 지나는 규를 그리면 된다. 그 두 점의 중점을 규의 중심으로 원을 그리면 그것이 구하려는 평행규이고, 각수남성은 이 규 위의 한 점이다. 그런데 『혼개』는 유의 중심을 구하는 방법을 또 하나 설명하고 있다. 두 角宿緯弦이 자오선과 만나기 전에 황도규와 만나는데 만나는 두 점을 선분으로 이어 連緯虛弦이라고 명명한다. 이 현은 자오선과 竝行한다. 이 현이 황도절심선과 만나는 점 (작은 십자점)을 취한다. 이 점과 천칭0을 이은 직선이 자오선과 만나는 점이 구하는 바의 평행규의 중심이라는 것이다. (이 방법의 타당성을 확인해볼 필요가 있겠다. 과연 연위허현이 자오선과 평행일까도 의문

이다. 그러나 왜 이렇게 복잡한 방법을 쓰는지는 합리화되기 어렵다. 더 간단한 방법을 이미 설명했지 않은가?)

이상은 위도 작도법이다. 다음은 경도작도법으로 넘어간다. (다음 그림)

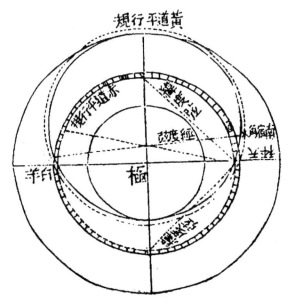

『혼개통헌도설』의 p.395 그림

다음 황경을 위한 작도법이다. (p.394에 설명이 있다.) 황경 198도8분의 각수남성의 예로 설명하면, 백양0에서 (황도를 따라?) 198도8분을 오른쪽으로 세어서 점을 찍고, 그 점을 황북극과 직선으로 잇되, 황도평행규와 만나는 점에서 그친다. 이렇게 얻어진 것이 그 별의 경도라는 것이다. 즉 그 점이 별의 위치가 된다는 것이다. 과연 그럴까? 뒤에서 더 설명하자.

황경을 구하는 또 다른 방법을 설명한다. (p.395 중간부터.) 즉,

각수남성의 황도평행규가 이미 그려져 있는 상태에서 황경을 작도하는 방법을 설명한다. 즉 황도평행규로 황위를 알 수 있으므로 황경을 구하는 방법만 추가로 설명하려는 것이다. (설명문에서는 적도평행규가 필요없다고 하면서 그림에는 그대로 그려져 있다.)

마주보는 궁의 마주보는 도수(對宮對度)를 취하여 황도의 북극을 관통하는 현을 그려 경도를 구하겠다고 한다. 황경 198도는 천칭의 18도 즉 180+18도이고 그 대궁대도는 백양궁 18도가 된다. 그러므로 백양궁18도의 점에서 황북극을 지나는 현을 그려 그것이 마주보는 천칭궁 쪽으로 연장하면 얻어진다고 한다. 즉 그 점들을 지나는 직선이 等經度線이라는 것이다. 그러나 과연 그럴까? 아니다. 이론적으로는 백양궁18도의 점에서 의기중심(적북극)을 지나는 직선은 마주보는 천칭궁18도를 지난다. 이것이 다. 그러나 설명은 여기서 더 나아가, '對宮規上相値之處 卽是星位'라고 하고 있다. 여기서 規는 황도평행규를 말한다. 즉 각수남성의 위도에 대응하는 규다. 그러나 이것은 전혀 합리화될 수 없는 설명이다. 等經度曲線은 백양18도-황북극-천칭18도-각수남성 네 점을 지나는 직선이 아니다. 그 점들을 지나는 圓弧가 있을 뿐이다. 다만 각수남성의 경우에는 워낙 황도에서 가깝기 때문에 근사위치가 구해질 수 있을 뿐이다.

이 그림을 보면 실수는 또 있다. 백양궁18도의 위치다. 이는 백양궁 아래쪽에 그려져야 한다. 그러므로 경도선도 잘못되어 있다. 백양0에서 황도를 따라 아래로 18도에 있는 백양궁 18도의 점에서 '樞'라고 되어있는 의기의 중심을 관통하여 그린 직선은 천칭궁18도의 점을 지난다. 이 선분을 경도선이라고 부를 수 있을지 모른다.

이 그림은 앞의 그림을 약간 더 부연설명한 것에 불과하다. 이 그림에서 보면 '백양18도'가 어떤 과정으로 잘못 그려졌는지를 추가로 알 수 있다. '극선'에서 백양0까지의 각도는 23.5도다. 이 그림

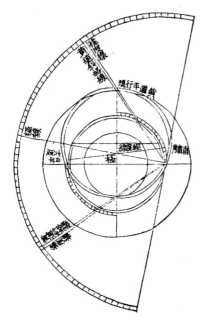

『혼개통헌도설』의 p.396 그림

에서 보면 '백양 18도'의 18도를 극선으로부터 백양0을 향하여 18도 되는 점을 잡은 것을 알 수 있다. 물론 이는 잘못이다. 앞 그림에서 설명한대로, '경도선'은 진정한 백양18도의 점에서 의기의 중심인 적북극점을 지나 천칭 18도를 향하여 그려질 때 의미가 있다. 물론 18도/198도 경도곡선을 그려서 각수남성의 경도를 정하는 것이 옳은 방법이다. 이를 위해서는 p.360의 그림에서 사용한 방법이 요구된다.

레테에 포함될 수 있는 16개의 항성 (p.395)

1.	婁宿中星	β Ari	
2.	大陵大星	β Per	Algol
3.	畢宿大星	α Tau	Aldebaran
4.	參左肩星	α Ori	Betelgeuse
5.	五車北右星	α Aur	Capella
6.	天狼星	α CanM	Sirius
7.	星宿中星	α	Alphard
8.	軒轅大星	α Leo	Regulus
9.	太微帝座	β Leo	Denebola
10.	角宿南星	α Vir	Spica
11.	大角	α Boo	Arcturus
12.	心宿大星	α Sco	Antares
13.	織女大星	α yr	Vega
14.	北落師門	α PscA	Formalhaut
15.	天津右二星	δ Cyg	
16.	室宿北星	β Peg	Scheat

右 凡安星之法 皆取鍼錠爲星 以對度分. 緣星體遙遠微茫 不能別爲他
法. 剉銅爲鍼 根巨末銳 繫之天盤 稍取屈曲 以防損壞.

별을 안치하는 방법은 모두 침망을 별로 삼아, 도와 분에 맞춘다. 성체가
요원하고 미망하니, 다른 방법이 있을 수 없다. 구리를 줄칼로 갈아 침을
만들되, 뿌리는 굵고 끝은 가늘게 하여, 천반에 연결한다. 그리고 조금 굴
곡지게 하여 손괴를 막는다.

유금의 평의에서는 레테에, 이 16개의 항성 중에 3, 4, 7, 10, 13
을 포함하여 전체 11개의 항성을 올리고 있다.

p.397

(14) 歲周對度圖說 (생략)

(15) 六時晷影圖說 (생략)

(16) 句股弦度圖說

法 : 의기의 뒷면 지평선 아래 半規를 취하여 半方形을 만든다. 양 귀퉁이에서 추심으로 斜線을 그려 이를 弦이라 한다. 句와 股가 서로 만나는 경계다. 아래 것을 句, 옆의 것을 股라 한다.

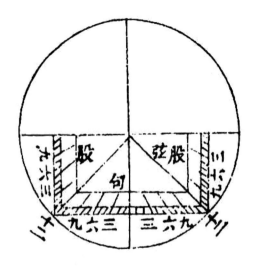

구고측망의 정방형 그림이다. 정방형의 밑변을 句, 높이를 股, 대각선을 弦이라 하고 있다. 그러한 정방형이 두 개 붙어있다. 구와 고를 각각 12로 등분하여 눈금을 매기고 있다. 오른쪽 정방형에서는 구와 고의 눈금 12가 동일한 현에서 만난다. 그런데 왼쪽 정방형에서는 고의 눈금 세는 방향이 반대로 되어 있다. 눈금 12는 구의 눈금이고, 고의 눈금 12는 표시되고 있지 않다. 그러나 이는 표준적인 의기의 방법은 아니다. 고의 눈금도 현에서 12가 되도록 매겨지는 것이 표준에 맞는다.

이 의기에는 '왜 하필 12냐?' 에 관한 설명이 없다. 12시, 12궁과도 관계가 없는 것인데 말이다. 이 눈금은 tan, 또는 cot의 값을 나타내는 방법의 문제일 뿐이다. tan(45도)=1 이므로, '12'는 눈금 하나가 1/12를 나타낸다는 뜻 이외에 다른 것을 나타낼 수 없다. 『국조역상고』

이 그림에서 보면 양 귀퉁이를 향해서 숫자가 있다. 구 또는 고를 12등분하여 0도에서 12도까지의 숫자를 부여한 것이다. 이지조는 이 의미를 제대로 설명하지 않고 있다. 다만 구, 고의 길이가 12

도라는 것만 언급하고 있을 뿐이다. 고 위의 도수를 a, 구 위의 도수를 b라 하면, 앙각을 α라 할 때,

$$\tan(\alpha) = \frac{a}{12}$$
$$\tan(\alpha) = \frac{12}{b} = \frac{12 \times 12}{12\,b} = \frac{144/b}{12}$$

라는 관계가 있다. 이 사실을 알면 각도 대신 이 도수를 써서 탑의 높이의 측정을 편리하게 수행할 수 있다. 이지조는 각 도를 다시 12로 균분하여, 구, 고의 길이를 12×12=144분으로 세분하는 것을 말하고 있으나, 이는 중요하지 않다. 아마도 두 번째 식에 나오는 144를 그렇게 오해한 것 아닐까? 위의 식은, 도수를 인식하는 힌트를 준다. 즉 α가 45도보다 작으면 도수는 a, 45도보다 크면 도수는 144/b로 인식하면 된다는 것을 알 수 있다.

수평거리 d를 알고 탑의 높이 x를 알고자 하면,

$\frac{x}{d} = \tan(\alpha)$ 라는 관계로부터

$x = d\tan(\alpha) = \frac{ad}{12}$를 얻을 수 있다. p.417중간에서 p.418위의 예 :

　　　　a=8, d=30이면, x=45.
　　　　a=7, d=60이면, x=35.
　　　　a=7.2, d=60이면, x=36.

높이 x는 물론이고 수평거리도 모를 때는 어떨까? 이 미지의 수평거리를 y라 하고 그 지점에서 잰 股 위의 도수가 a_1이라 하자. 그 지점에서 탑 쪽으로 d만큼 걸어가서 잰 고 위의 도수가 $a_2(> a_1)$라 하자. 그러면 다음 두 식이 성립한다.

$$\frac{x}{y} = \frac{a_1}{12}, \quad \frac{x}{y-d} = \frac{a_2}{12}$$

따라서,

$$a_1 y = a_2(y-d), \quad y = \frac{a_2 d}{a_2 - a_1}$$

$$x = \frac{a_1}{12} y = \frac{a_1 a_2 d}{12(a_2 - a_1)}$$

예컨대: (p.418의 예1)

$$a_1 = 4, \ a_2 = 9, \ d = 50 \ \text{일 때}, \ y = 90, \ x = 30.$$

높이 x는 물론이고 수평거리도 모를 때, 관측이 句 위에서 이루어지는 경우를 보자. 미지의 수평거리를 y라 하고 그 지점에서 잰 句 위의 도수가 b_1이라 하자. 그 지점에서 탑 반대쪽으로 d만큼 걸어가서 잰 句 위의 도수가 $b_2(> b_1)$라 하자. 그러면 다음 두 식이 성립한다.

$$\frac{x}{y} = \frac{12}{b_1}, \quad \frac{x}{y+d} = \frac{12}{b_2}$$

따라서,

$$b_2 y = b_1(y+d), \quad y = \frac{b_1 d}{b_2 - b_1}$$
$$x = \frac{12}{b_1} y = \frac{12d}{b_2 - b_1}$$

예컨대: (p.418의 예2)

$$b_1 = 1, \ b_2 = 11, \ d = 25 \ \text{일 때}, \ x = \frac{12 \times 25}{11 - 1} = \frac{300}{10} = 30.$$

위의 (p.418의 예1)에서 관측도수 $a_1 = 4$, $a_2 = 9$를 '句 위의 도수 b_1, b_2'로 바꾼다면 이를 써서도 탑의 높이를 구할 수 있다. 바꿔보자: 여기서 그 관측도수 사이에는 $a_i b_i = 12^2 = 144$ 라는 항등관계가 성립함을 유의하면, $b_1 = 12^2/4 = 36$, $b_2 = 12^2/9 = 16$ 이다. 따라서

$$x = \frac{12d}{b_2 - b_1} = \frac{12 \times 50}{36 - 16} = 30$$

같은 결과가 얻어졌다.

【주】 구고측망의 두 개의 정방형은 각변의 길이를 12로 정함으로써, 구 고에 새긴 눈금이 12의 tan 배, 또는 cot 배가 되도록 한다. 12라는 수는 자의적이지만 10에 비하여 約數가 많은 것이 장점이라 할 것이다. (10의 약수는 10, 5; 12의 약수는 12, 6, 4, 3, 2. 유금의 평의는 그 수가 12도 아니고 10도 아닌 4다. 이를 각각 3으로 세분한다면 12에 대응할 것이다.) 구고측망 정방형으로 높이를 잴 때의 원리는 두 닮은 삼각형 변의 비례관계다. 정방형위의 작은 삼각형과 관측현장의 큰 삼각형이 닮은 삼각형이 된다는 사실을 이용하는 것이다. 정방형 구 위의 눈금을 b라 하고, 측정대상의 높이를 x, 관측지점에서 관측대상까지의 거리를 d라 하면,

$$\frac{12}{b} = \frac{x}{d} \quad 즉, \ x = \frac{12d}{b}$$

의 관계가 성립한다. 이를 일반화하여, 관측지점에서 미지의 거리에서 잰 구 위의 눈금을 b_1, 거기서 d만큼 더 떨어진 거리에서의 눈금을 b_2라 하면, 두 닮은 삼각형의 비례관계는 다음과 같다.

$$\frac{12}{b_2 - b_1} = \frac{x}{d} \quad 즉, \ x = \frac{12d}{b_2 - b_1}$$

이는 앞에서 우리가 수학적으로 유도한 식과 동일하다. 관측결과가 고 위의 눈금 a_i로 표현될 때는

$$a_i b_i = 12^2 = 144, \quad b_i = 12^2/a_i$$

라는 항등관계를 이용하여 도수를 b_i로 변환하여 사용하면 된다.

(17) 定時尺分度圖說

儀面半衡 그 반의 한가운데를 지나 세로선을 긋는다. 즉 의기 앞면의 위쪽 반을 쓴다. 머리에 가로선을 그어 十자 모양이 되게 한다. 그리고 그 十자를 樞로 삼는다. 평평하게 펴진 의기 위에 콤파스를 써서 길이를 잰다. 먼저 의기의 도수를 모방하여 적도반규를 그리고, 평선에서 頂際까지 좌우에 각각 90도씩을 벌려 놓는다. 그리고 나서는, 묘상 1도로부터 시작하여 유중을 바라보면서 현을 그려, 오선상에 일일이 이를 새긴다. 주단규를 그리는 방법대로, 113.5도에 이르러 (그 현이) 주단규의 가장자리에서 만날 수 있도록 현을 약간 연장한다. 檢對에 편하도록 分中의 반을 잘라낸다. 十字心에는 구멍을 뚫어, 규통과 함께 한 樞에 넣는다. 이 척도는 時와 刻을 정하는데 쓰인다. 태양과 열성의 적도출입이 몇 도인가를 알아보려 할 때, 역시 이 척도는 매우 유용하다. 1도씩 세분할 수 없을 때에는 2도씩 나누어도 좋다.

다음의 그림은 가늠자 즉 定時尺(rule)의 작도법과 定時尺의 모형을 보여준다. 그리고 구고측망에 사용되는 규통의 모형을 보여준다. (覘箭式은 이미 首卷에서 다루었다.)

가늠자의 分度法은 赤道規 卯酉 간 180도의 반원을 가운데 세로선으로 양분하고, 세로선 위에 가늠자의 눈금을 작도하는 것으로 되어 있다. 각도는 卯에서 酉 방향으로 매겨져 있는데 酉를 원점으로 卯-午 방향으로 사선을 그려 중심 세로선 즉 午線과 만나는 점을 가늠자의 눈금으로 하려는 것이다. 이 방법으로 작도하면, 각 δ에 대응하는 눈금의 길이는 어떻게 될까? 적도규의 반지름을 1이라 하고, 묘유선으로부터 잰 눈금의 길이를 d라 하면, 다음 관계가 성립한다.

$$d = \tan(\delta/2)$$

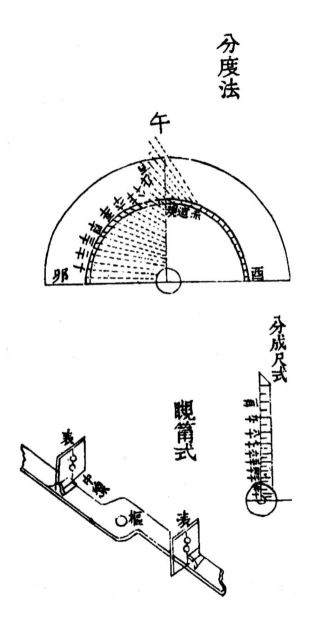

그 이유를 설명하면 다음과 같다. 묘로부터 잰 각도가 δ, 예컨대 30도인데 이는 적도규의 중심에서 잰 각도 즉 중심각이다. 그런데 점 酉에서 보면 그 각은 반밖에 안된다. 왜냐하면 유는 원주의 점이고, 원주에서 본 각 즉 원주각은 언제나 중심각의 반이기 때문이다. 즉 중심각 30도에 대응하는 원주각은 15도인 것이다. 다시 말하면 중심각이 δ이면 원주각은 $\delta/2$인 것이다. 그리하여 적도규의 중심과 酉와 오선상의 점으로 이루어지는 직각삼각형은 밑변이 1이고 낀각이 $\delta/2$인 직각삼각형이므로, 높이는 $\tan(\delta/2)$인 것이다.

이 그림의 가늠자 모형은 북극에서 d 떨어진 점에 δ라는 숫자를 써 넣은 모습니다. δ=90도일 때, d는 1인데 길이 1인 점에 90이라고 쓰여있다. 90도에 대응하는 점이다. 이 가늠자에는 100까지 숫자가 쓰여있고, 그림은 110도에서 그쳤다. 북극에서 출발하여 90도이면 적도이고, 100도이면 남위 10도, 11도이면 남위 20도다. 그런데 우리의 의기는 남회귀선 즉 주단규까지 그려져 있으므로, 남위 23.5도까지 그려져야 한다. 가늠자 그림의 잘못이다. 분도법 그림을 보면, 적도규 바깥에 더 큰 반원이 있는데, 이것이 주단규의 반원이다. 적도규의 반지름이 1일 때, 주단규의 반지름은 $\tan(113.5도)$다. 그 길이가 가늠자의 눈금의 한계여야 한다.

(18) 用例圖說

① 태양과 별의 고도 관측

의기의 뒷면의 가장자리에 있는 도수는 규통을 위한 것이다. 규통에 세운 두 표 각각의 구멍 두 개로는 해그림자 즉 태양고도를 측정한다. 또 별의 고도를 측정한다. 큰 구멍으로는 대강의 고도를 알아보고, 작은 구멍으로 정밀하게 측정한다.

② 태양고도로 시각과 태양의 방위 알아내기

태양의 고도는 규통으로 관측하고, 오늘 날짜에 태양이 황도상에 어디 있는가는 조사하여 의기의 앞면의 황도상에 그 점을 찍는다. 레테를 돌려, 태양의 위치점을 관측한 고도와 맞춘다. 정시척을 그 점에 겹치게 하여, 시각을 읽는다. 또 그 점에서 현재의 태양의 방위도 읽을 수 있다.

③ 태양소재 매일궁도로 태양대충궁도를 알 수 있다. 그 반대의 경우도 가능하다.

④ 參伍法에 의한 太陽午影 측정 등 사소한 몇 용도

⑤ 各節侯 晝夜長短

황도에서 태양의 위치점을 확인한다. 그 점을 지평선과 겹치게 하고 정시적으로 일출입시각을 읽는다. 또 낮시간 밤시간을 계산하여 알아낸다.

다음은 p.403의 표, 太陽離赤道緯度圖의 요약표다.

춘분후	0	1	2	3	...	14	15(청명)
태양적위	0	0:24	0:48	1:12	...	5:32	5:55
청명후	0	1	2	3	...	14	15(곡우)
태양적위	5:55	6:19	6:42	7:05	...	11:09	11:30
곡우후	0	1	2	3	...	14	15(입하)
태양적위	11:30	11:51	12:12	12:33	...	16:05	16:23
입하후	0	1	2	3	...	14	15(소만)
태양적위	16:23	16:40	16:57	17:14	...	19:59	20:12
소만후	0	1	2	3	...	14	15(망종)
태양적위	20:12	20:25	20:37	20:49	...	22:32	22:39
망종후	0	1	2	3	...	14	15(하지)
태양적위	22:39	22:46	22:52	22:58	...	23:30	23:30

각절기후 며칠은 황도경도에 완벽하게 대응한다. 춘분후 0일은 백양궁 0도로, 황도경도의 원점이다. 그러므로 망종후 15일은 황도경도 90도다. 그러므로 이 표는 1개 상한 값만 제시하고 있는 셈이다. 그러나, 대칭관계 때문에, 이 자료만으로 쉽게 4개상한 전체로 확장할 수 있다. 이 표는 적도경도 λ에 대응하는 적도위도 δ의 값을 보여준다. 그 환산식은 $\sin(\delta) = \sin(23.5)\sin(\lambda)$, 또는 $\delta = \arcsin\{\sin(23.5)\sin(\lambda)\}$이다. 검산 결과, 이 표의 값은 모두 계산 결과와 일치함을 확인하였다.

이 표를 이용하여 어느 날에 태양의 적도위도가 얼마인지를 알 수 있고, 따라서 이 표로 어느 날의 태양의 황도상의 위치를 알 수 있다.

⑥ 天下의 晝夜長短을 알아내기

황도위도는 어느 날의 날짜에 대응한다. 천하 어디서나 같다. 그 날에 태양의 일출입의 적도경도는 그 지역의 위도에 따라 달라질 뿐이다. 그리고 일출입시의 적도경도는 일출입시각을 정해준다. 그러므로 황도위도와 지역 위도에 따른 적도경도를 표로 만들면, 그 표로 어느 날짜에 어느 지역의 일출입시각을 알 수 있다. 따라서 모든 절기에 천하의 주야장단을 알 수 있다.

다음 표 즉 黃道緯與赤道經差率이란 표는 이 목적을 위한 표다. 이 표를 보면, 예컨대 지역위도가 40도인 북경에서 황도위도가 16 도인 절기의 일출입 차율이 13도 55분이라고 읽힌다. 그 황도위도 는 입하에 해당하며, 차율 14도는 약 1시간에 해당하는 각도다. 그 러므로 북경에서는 입하에 5시경에 해가 떠서 7시경에 진다. 낮의 길이는 약 14시간이고 밤의 길이는 약 10시간이다.

黃道緯與赤道經差率

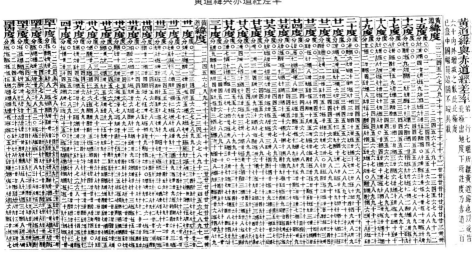

이 표의 제목은 黃道緯與赤道經差率로 되어있다. '황도위' 황도 위도란 말일 것이고, 그것은 황도를 운행하는 태양이 적도에서 떨 어진 위도 즉 δ를 의미할 수밖에 없다. 그러므로 그것은 '황도위도 δ와 적도경도의 差率'이란 말인데 아무래도 개념이 떠오르기 쉽지 않다. 이 표의 숫자를 보면, 그것은 황도위도 δ인 절기의 태양이,

적도경도 ϕ인 관측지점의 지평규를 통과하는 지점의 적도경도를, 춘추분의 값으로부터의 差率로 나타낸 숫자임을 알 수 있다. 적도경도를 중심자오선으로부터 잰 것이 τ이므로 이와는 90도의 차이가 난다. 따라서 이 표는, $\cos(\tau) = -\tan(\delta)\tan(\phi)$ 로부터, '差率 = τ-90'을 보여주는 표다. 황도위도 δ의 범위는 0도에서 32도까지이고, 北極度 또는 北極出地度 즉 赤緯度 ϕ는 15도에서 44도까지다. 표의 주에서는 적위도의 이 범위가 中國幅員을 다 포괄할 수 있으므로 먼 다른 나라를 위하여 그 범위를 넓힐 여유는 없다고 한다. 그런데 δ의 범위는 어떠한가? 태양만을 고려하면 23.5도까지면 족하다. 그러나 여기서는 '七曜'를 대상으로 하므로 범위를 32도까지 넓혔다. 달의 편각은 황도에서 5.1도 토성은 2.5도이므로 이 범위에 든다. 명왕성은 17.6도이니 이 범위를 벗어난다. 그러나 七曜 중 이 범위를 벗어나는 것은 없다.

이 표는 한눈에 보기에도 매우 복잡해 보인다. 도대체 이 표가 어떻게 작성된 것일까? 이 의문을 풀기 위하여, 위도 ϕ=40도의 열 가운데서 일부를 뽑아 다음과 같이 정리해보기로 한다. 그리고 이 수치를 $\cos(\tau) = -\tan(\delta)\tan(\phi)$에 대입하여 τ를 계산한 다음 差率 =τ-90을 구한 계산 과정이 이 표에 제시되어 있다.

황도위도 δ	0	5	10	11	15	16	22	23	24
ϕ=40도의 표값(열)	0	4:13	8:30	9:23	13:00	13:55	19:49	20:52	21:56
τ의 계산값	90	94.21	98.51	99.39	102.99	103.92	109.82	110.87	111.94
$\tau-90$	0	4.21	8.51	9.39	12.99	13.92	19.82	20.87	21.94
도:분	0	4:13	8:30	9:23	13:00	13:55	19:49	20:52	21:56

이 표를 보면 적위도 40도의 열과 계산된 차율이 완벽하게 일치한다. 이 표의 작성원리가 밝혀진 것이다.

그러나 이 의기 즉 평의의 用例를 설명하는데 이런 복잡한 표가

필요한 것은 아니다. 정 반대다. 즉 위도에 맞는 地盤만 마련된다
면, 이러한 복잡한 표가 없어도 의기를 들여다보기만 해도 그 내용
을 대번에 읽어낼 수 있다는 것이 이 의기의 매력인 것이다.

VII. 簡平儀

1. 簡平儀의 유물

간평의는 천구의 정사투영(orthographic projection)을 통해서 얻어지는 천문의기다. 간평의로 알려진 유물들의 형태를 보자.

1) 실학박물관의 간평의

다음 사진은 실학박물관 소장의 간평의다. 제작자는 박규수다. 정사투영하여, 의기의 경계로 삼았다.

중심자오선에 오는 모든 점들이 둘레에 보인다. 좌우에 각각 북극과 남극이 있고, 세로 중심선은 적도다. 이는 적도중심 정사투영이다. 이 투영도에서 우리는 적도좌표를 식별할 수 있다. 이 투영에서는 모든 적도위도의 위선은 적도와 평행한 직선이고, 모든 적도경도의 경선은 타원이다. 24절기는 적도위도에 대응하고 시각은 적도경도에 대응함을 우리는 알고 있다. 세로 점선으로 된 평행선들은 24절기에 대응하는 위선들이다. 춘추분의 δ=0도로부터, 하지의 δ=23.5도, 동지의 −23.5도까지 등이다. 가로 곡선들은, 24소시에 대응하는 적도경도의 실곡선들과 96각에 대응하는 점곡선들이다. 맨위 午正의 τ=0도, 중간 卯正의 τ=90도 등이다.

중심자오선은 적도좌표와 지평좌표 모두에서 공통의 중심자오선이다. 의기의 경계가 지평좌표계의 중심자오선이라고 보면, 지평좌표들도 중심자오선에서 식별할 수 있어야 한다. 이 사진에서 보면, 左上에 '한양천정'이 보인다. 그 대척점은 '한양천저'일 것이지만 표지는 안 보인다. 左下에는 '한양지평'이 보인다. 그 대척점과 이은 직선이 지평이다. 지평은 지평좌표로 고도가 e=0도다. 천정은

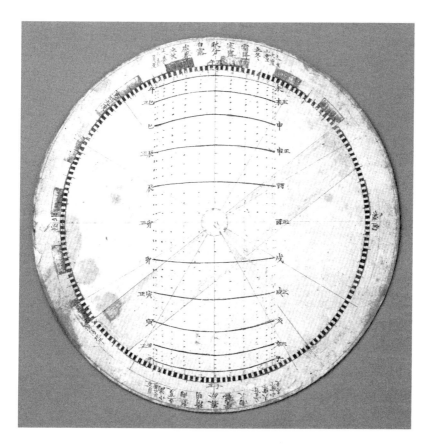

고도가 e=90도이고, 천저는 e=-90도다. 지평 아래 지평과 평행인 직선은 e=-18도에 대응하는 '朦影界'다.

간평의는 원래 매우 융통성이 많은 의기이지만, 이 사진은 지평을 ϕ=38 (한양)에 고정시켜 놓았기 때문에, 한양의 절기별 일출입 내지 주야시간을 알아내는데 쓸 수 있을 따름이다.

2) 石版 간평의

국립민속박물관 소장품이다. 기본적으로 박규수의 것과 같다. 다만 지평선이 지역의 위도에 따리 회전할 수 있도록 되어 있어서, 어느 지역에서나 사용할 수 있는 汎域性을 가진다. 지평은 회전할 수 있을 뿐만 아니라, 지평좌표의 방위눈금이 새겨져 있다. 그러므로 일출입의 방위를 그 눈금으로 읽을 수 있다.

그러나 이 의기는 단점을 가지고 있다. 원래 간평의는 휴대가능한 관측의기인데, 이 의기는 휴대가 불가능하고, 窺衡과 같은 관측 보조기구를 부착할 수 없는 구조다.

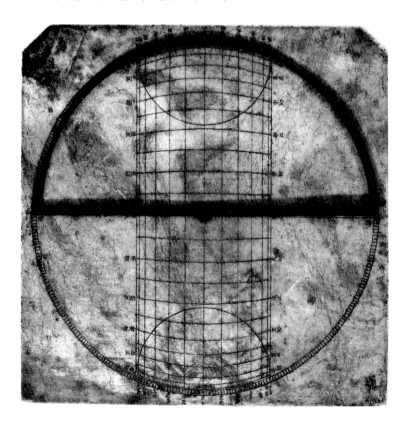

2.〈簡平儀說〉해설

1)『欽定四庫全書提要』의 해설

〈간평의설〉은 明 서양인 웅삼발의 撰이다. 視法 즉 투영법을 써서, 혼원을 평원으로 취하여, 平圓으로 渾圓의 數를 측량한다. 12조목의 名數와 13조목의 用法으로 되어있다.

상하 兩盤이 있다. 天盤은 아래에 있어, 赤道經緯를 취한다. 그러므로 兩極線, 赤道線, 節氣線, 時刻線이 있다. 地盤은 위에 있어, 地平經緯를 취한다. 그러므로 天頂이 있고, 地平이 있고, 高度線이 있고, 地平分度線이 있다.

모두 관측자의 눈이 渾體 밖의 먼 곳에서 바라보는 모습으로 되어있다. 그리하여, 대원을 정면에서 바라보는 모습은 平圓으로 되고, 비스듬히 바라보는 모습은 타원이 된다. 圓心을 지나는 대원은 직선이 되고, 그밖에 대원과 등거리에 있어 대원과 평행인 小圓은 모두 직선이 된다.

地盤은 그 半圓을 비워둔다. 天盤과 겹쳐 놓을 때, 둘 다 볼 수 있게 하기 위함이다. 地盤의 盤中에는 樞紐가 끼워있다. 돌 수 있게 하기 위함이다. 사용할 때에는, 관측지의 북극고도에 맞추어 두 盤을 安定시킨다. 이렇게 하면, 적도경위와 지평경위 둘이 뚜렷이 교차한다. 그리하여 적도경위에서 절기와 시각을, 지평경위에서 고도와 편도(정동 정서로부터의 방위각을 말한다.)를 얻을 수 있으므로, 이들 모두를 서로 취할 수 있어, 그 수를 읽을 수 있다.

天盤은 方板을 쓴다. 그리고 그 方板 위쪽에 귀가 양쪽에 있는 表를 설치한다. 이는 日影을 관측하기 위함이다. 地盤의 중심에는 墜線을 연결하여 度와 分을 볼 수 있게 한다. 이제, 의기를 세워서 사용하면, 太陽高弧度(태양의 지평고도 e를 말한다.)를 얻을 수 있다. 일단 태양고호도를 얻고 나면, 그때의 여러 수치를 모두 얻을 수 있다. (물론 ϕ와 δ를 안다는 전제하에서 하는 말이다. 이 전제 하에서 e를 알면, 이 의기의 아날로그컴퓨터의 기능으로, τ와 a를 읽을 수 있고, 따라서 시각과 방위를 알 수 있다.)

이 의기가 혼원을 평원에 그린 것은, 촛불을 그림자로 취하는 것과 같다. 비록 혼상을 평면에 빌렸다고 하지만, 수치가 그대로 나오는 것이다. 弧三角法의 이 '以量代算之法'은 실은 뿌리가 여기에 있다. 이제 이를 다시 측량법에 미루어 응용할 때, 그 용법은 簡易하고 빠르다. 과연 '數學之利器'라 할 만하다.

이 提要의 저자는 진실로 간평의의 본질을 잘 이해하고 있는 사람임에 틀림없다. 이 의기가 적도좌표와 지평좌표의 환산의 '아날로그 컴퓨터'임을 제대로 인식하고 있는 것이다. 관측지가 어디이고 (즉 ϕ를 알고,) 오늘이 며칠이고, (즉 δ를 알고,) 또 현재 태양고도가 몇 도인지를 알면, (즉 e를 알면) 그 때의 여러 수치를 알 수 있다고 하고 있는데, 그 여러 수치란, 나머지 좌표, 즉, 적도좌표 τ와 지평좌표 a다. 즉 진태양시와 태양의 방위다.

2) 錢熙祚의 『간평의설』 跋

「간평의」와 『혼개통헌』은 둘 다 '以平測渾'하는 의기다. 즉, '평면으로 구면을 관측하는 의기'인 것이다. 그런데 지역에 따라, 「혼개」는 '지반'을 바꾸어야 하지만, 「간평의」는 다만 지평선을 돌려주기만 하면 되기 때문에 더욱 편리하다.

「간평의」는, 가장 먼저 주천대원을 그리고, 十자선으로 종횡으로 나누어, 횡선은 남북극선, 종선은 춘추분선, 즉 二分線으로 한다. 또 원주를 360도로 균분하고, 이분선을 기준으로 좌우 23.5도에서 각각 二分線에 평행인 세로직선을 그어 二至線을 삼는다. 二至線의 북극에 가까운 것은 하지선, 남극에 가까운 것은 동지선이다.

다음에는 절기선의 작도다. 대원의 원심을 중심으로 하고, 二至線을 경계로 하는 소원을 그린다. 이 소원은 24절기로 균분하고, 균분점 두 개씩을 지나는 세로직선을 이분선과 평행하게 절기선을 그린다. 그리하면, 절기선이 대원과 만나는 점의 도수는 각절기의 '황적거위도' 즉 황도의 적도위도가 된다.

다음은 시각선의 작도다. 먼저 대원반경의 90도 내의 정현 즉 sin값을 구한다. 90도를 6등분하여 6소시로 균분하든지 이를 더 세분하여 24각으로 세분할 수 있다. 6등분하면 15도씩이고 24등분하면 3.45도씩이다. 이렇게 균분한 각도의 sin에 '대원반경'을 곱한 값을 이분선 위에 찍는다. 또 이렇게 균분한 각도의 sin에 '대원반경×cos(23.5)' (이는 이지선 길이의 반이다.)를 곱한 값을 두 二至線 위에 찍는다. 그리하고 나서, 대응하는 3점을 취하여 '삼점구심법'으로 이분선위에 원호의 중심을 구하고, 3점을 지나는 원호를 절기선들을 가로질러 그리면 그 원호가 시각선이다(삼점구심법은 삼점동원법과 같은 의미다. 그리고 그려야할 곡선은 원호가 아니라 타원호이기 때문에 이 방법으로는 근사곡선을 얻을 수 있을 뿐이다).

이렇게 하여 간평의 천반의 작도가 끝났다.

지반의 작도를 설명하자. 지반 역시 대원을 360도로 균분하는 일로부터 시작한다. 그리고, 十 자선으로 종횡으로 나누어, 횡선은 지평선, 종선은 천정선으로 삼는다. 지평선 아래는 반허, 위는 반실이고 따라서 지평선은 반허/반실의 경계다. 지평선 위는 각 도수에 따라 지평선과 평행인 횡선을 그린다. 이는 지평고도선이다. (지평고도선을 웅삼발은 日晷線이라고 한다.) 지평선 아래 −18도의 지평고도선은 몽롱영의 경계다.

「간평의」를 사용할 때는, 천반 위에 지반을 겹쳐 놓고, 지평선을 지역의 북극출지도에 맞춘다. 이렇게 하면, 지평의 경위도와 하늘의 경위도가 서로 參伍錯綜하게 되므로, 손금을 들여다보듯이, 측량에 편할 뿐 아니라, 호삼각형을 밝히고, 八線 즉 삼각함수를 써서 비례를 삼는 이치가 지극히 교묘하다.

원본에는 설명은 있으나 그림이 없다. 여기에서는 그림 두 점을 보충했다. 법에 따랐기를 바란다.

이상의 전희조의 설명은 간명하고 적절하다. 그러나 추가된 그림은 그의 의도와는 달리, 법에 따르지 못한 점이 있다. 절기선의 작도에서는 작은 두 개의 반원이 위 아래로 나누어져야 하는데 한 가운데 하나의 원으로 그리고 있다. 지반의 작도에서는 지평 아래에 천정선과 평행인 선들을 그려놓고 있다. 이는 간평의의 이치에 맞지 않는다. 그리려면 천저에 수렴하도록 타원호로 그려져야 했을 것이다.

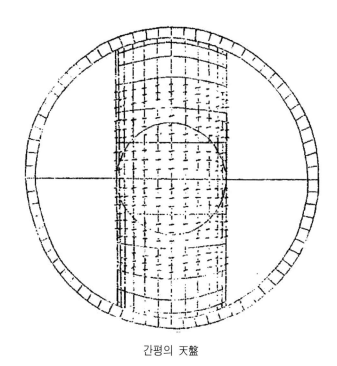

간평의 天盤

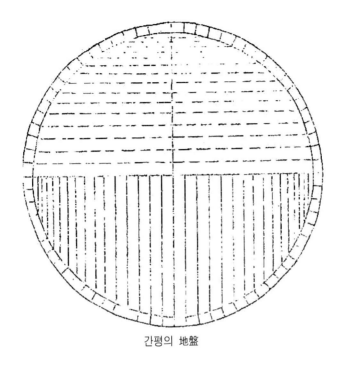

간평의 地盤

전희조가 추가한 그림이다. '天盤'에서는 가운데의 황도원이 관행과 다르다. 관행은 세로로 반을 갈라, 아래 반원은 위로, 위의 반원은 아래로 그린다. '地盤'에서 상반원의 가로평행점선들은 '日晷線'으로 관행과 일치한다. 그러나 하반원의 세로평행선들은 '직응도'를 그리려 한 것이지만, 이런 모습은 아니다. 곡선으로 그리려면, 천반의 시각선과 같은 요령으로 타원호를 그렸어야 한다. 그리고 그 타원호들의 아래 끝은 '天底'에 수렴한다. 담헌 홍대용은 이 그림에 따라 '측관의'를 설명하고 있고, 남병철은 『의기집설』에서 이것이 新法인줄 착각하여 따르고 있다.

3. 簡平儀의 投影理論적 고찰

1) 天球의 정사투영과 간평의의 地盤

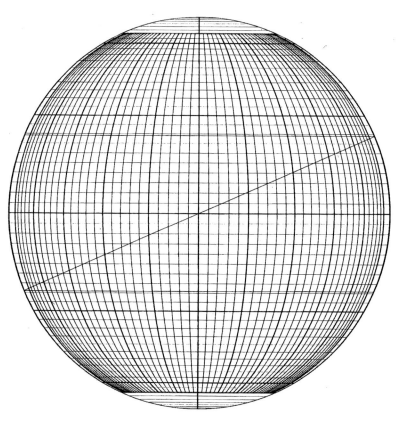

천구의 정사투영 (地盤)

이 그림은 천구의 정사투영이다. 그 투영중심은 춘분점이고, 적도좌표가 그려져 있다. 투영중심을 지나는 가로직선은 적도이고, 비스듬한 직선은 황도다. 세로직선은 적도경도의 기준선이다. 투영중심을 지나는 대원은 모두 직선으로 투영되므로, 적도 황도 경도 기준선은 모두 직선이다. 직선인 적도와 평행인 위선들은 모두 직선이다. 정사투영의 기본 성질이다. 이 그림에서 모든 위선은 3도 간격이고, 30도 간격의 굵은 선으로 그려져 있다.

이 그림은 관측자중심의 赤道座標 그림으로 해석할 수도 있다. (이때는 황도선이 지워진다.) 이 해석에서는 대원이 중심자오환으로 오른쪽 반원이 τ=0, 왼쪽 반원이 τ=180 이고, 중심세로선은 τ=90 과, τ=270 에 대응한다. 뒤가 90도 앞이 270도에 대응한다고 보면 편리하다. 위선의 해석은 달라지지 않는다.

이 그림은 관측자중심의 地平座標로 해석할 수도 있다. (이때도 역시 황도선은 없다.) 이 해석에서는, 중심가로선이 지평이고, 중심세로선이 묘유선 즉 천정선이다. 대원의 위가 천정, 아래가 천저다. 대원은 중심방위선으로 오른쪽이 정남 a=0, 왼쪽이 정북 a=180도이다. 가로중심선과의 교점은 각각 지평남과 지평북이다. 지평과 평행인 가로직선들은 지평고도선들이다. 고도 e의 값에 따라 지평에서 위로 0에서 90도까지, 아래로 0에서 –90도까지 3도 간격으로 그려져 있고, 30도 간격으로는 굵은 선이다. 세로로 그린 타원호들은 방위선들이다. 역시 3도, 30도 간격으로 그려져 있다. 오른쪽 끝의 반원인 정남 a=0으로부터 뒤로 세어 가면, 중심세로선은 a=90도에 해당하며, 정동이다. 90도 더 가면 왼쪽 끝의 반원인 정북 a=180도를 지나, 앞 오른쪽으로 세어 가면, 중심세로선에 이르는데, 이는 a=270도에 해당하며, 정서다.

우리는 이 그림을 간평의의 地盤으로 사용하려 한다. 간평의의 지반에는 우선 지평과 천정선이 있다. 지평은 중심 가로직선이고,

천정선은 중심 세로직선이다. 지평과 평행인 직선들은 지평고도선
들인데, 간평의에서는 일구선이라는 이름으로 지평 위에만 설정되
는 것이 보통이다. 아래는 -18도선이 몽롱영 경계호 설정되기도 한
다. 간평의에는 직응도라는 눈금이 지평을 따라 표시된다. 그것은
지평의 방위각을 표시하는 눈금이다. 이 그림에서는 지평을 따라서
방위를 표시하는데 그치지 않고, 천구면 전체에 방위곡선을 그려주
고 있다. 그것은 경선에 대응하는 타원호 형태의 방위곡선이다. 직
응도 개념의 연장이라고 볼 수 있다.

2) 간평의의 天盤

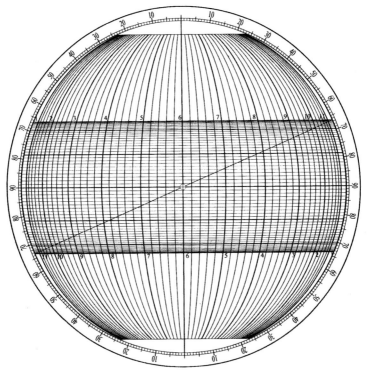

간평의의 天盤

앞의 그림은 천구의 정사투영을 간평의의 天盤으로 加工한 그림이다. 이 그림을 천반으로 해석하기 위하여 위선은 절기선 형태로 그렸다. 24절기중 12중기를 굵은 선으로 그렸다. 中氣 간의 간격은 황도경도 30도에 맞추었고, 작은 눈금은 황도경도 3도에 대응한다. 간평의에서는 이 그림을 관측자중심의 적도좌표로 해석하게 되므로, 경계인 대원은 중심자오환으로 해석된다. 오른쪽 반원이 τ=0, 왼쪽 반원이 τ=180 이고, 중심세로선은 τ=90 과, τ=270 에 대응한다. 뒤가 90도 앞이 270도에 대응한다고 보면 편리하다. 이를 시각으로 환산한 것이 그림에 표시된 숫자들이다. 오전시각은 위에 오후시각은 아래에 표시되었다. 간평의에서는 시각선을 천반의 유효부분 안에만 그려 넣지만 여기서는 천구 전체에 걸쳐서 표시하였다고 보면 된다.

3) 地盤의 중심자오선과 天盤의 중심자오선

지반의 중심자오선 상에 오는 점들을 생각해 보자. 우선 지평 의 양 끝 즉, 지평북과 지평남이 그 선상에 있다. 천정과 천저도 있다. 그런데 관측자 중심의 적도좌표에서는 이 중심자오선을 기준으로 적도좌표가 정의된다. 그러므로 위에 정의된 지반과 천반은 중심자오선을 공유하며, 따라서 지반 위에 천반을 올려 놓을 수 있다. 중심과 경계를 일치시켜서 말이다. 간평의는 바로 그렇게 만들어진 의기다.

이렇게 지반과 천반을 겹치는 방법은 관측지의 위도 ϕ에 따라서 다르다. 예컨대 ϕ=40일 때는 지반의 천정이 천반의 적도위도 =40에 맞추어야 한다. 다음 그림이 그것이다.

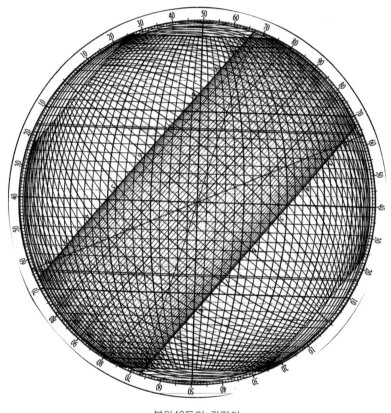

북위40도의 간평의

　먼저 지평좌표계를 읽어보자. 세로중심선은 북위40도의 천정선
이고, 가로중심선은 그 지평선이다. (이 그림의 경계상의 숫자는 '90-
위도', 즉 거극도다.) 중심은 천원묘유의 점으로 앞은 지평동 뒤는 지
평서로 이해된다. 위는 천정, 아래는 천저이며, 좌는 지평북, 우는
지평남이다. 지평선과 평행인 직선들은 지평좌표의 등고선들이다.
3도 간격으로 그려져 있고, 30도마다 굵은 선이다. (고도 23.5도와 –
23.5도의 고도선이 그려져 있고, 대척점을 잇는 빗긴 직선이 그려져 있으

나 현 논의에서는 무시한다.) 중심에서 양쪽에 반타원 곡선들이 그려져 있는데, 이는 지평좌표의 등방위곡선들이다. 정동 또는 정서에서 북 또는 남으로 5도 간격으로 그려져 있고, 30도마다 굵은 곡선이다.

적도좌표계는 비스듬히 그려져 있다. 적도좌표계의 도수는 거극도, 즉 90-ϕ 로 표시되어 있다. 좌상방이 북극이고, 우하방이 남극이다. 이 두 점을 이은 선은 중심자오선이다. 좌하방 '90'과 우상방 '90'을 이은 선은 적도선이다. 이 두 직선이 만나는 중심은, 앞은 적도좌표계의 원점이고 뒤는 그 대척점이다. 이 적도좌표계를 간평의의 천반으로 쓰기 위하여 적도위선은 위도 +23.5도와 –23.5도 사이에서 '절기선' 역할을 할 수 있도록 그려져 있다. 그리고 24절기 중 12중기는, 황도를 30도씩 등분하여 얻어진다는 점을 고려하여, 우선 황도 5도 간격으로 그에 대응하는 위도선을 그리고, 30도 간격의 위도선은 굵은 선으로 나타내어, 그 위도선들이 중기에 대응함을 강조하고 있다. 그리하여 적도는 황경 0도/180도, 즉 춘분과 추분에 대응하고, +23.5도 위선은 황경 90도, 즉 하지에 대응하며, -23.5도 위선은 황경 270도, 즉 동지에 대응한다. 그리하여 황경 30도씩의 굵은 위선에 대응하는 12중기는, 춘분- 곡우- 소만- 하지로 이어지며, 하지- 대서- 처서- 추분으로 이어진다. 그 다음으로는 추분- 상강- 소설- 동지이며, 끝으로 동지- 대한- 우수- 춘분으로 이어져 1년의 주기가 끝난다.

적도좌표계의 경선들은 지평좌표계의 등방위선들과 마찬가지로 반타원이다. 적도좌표계의 경선은 등시각선이다. 이 그림에서 경선은, 중심자오선 양쪽으로 5도 간격으로 그려져 있다. 그리고 15도 간격, 즉 1시간 간격의 경선들은 굵은 선으로 그려져 있다. (5도 간격은 12분 간격인 셈이다.) 간평의에서 중심자오선에 대응하는 시각은 6시/18시로 정한다. 중신자오선에서 우상방으로 이동하면서 만나는 굵은 경선은, 7시, 8시 등의 등시각선이며, 90도 떨어진 경선은 경계반원으로, 12시, 즉 午正初刻의 등시각선이다. 반대쪽의 반원은 0시/24시, 즉 子正初刻의 등시각선이다.

이렇게 볼 때, 이 그림은 간평의의 완벽한 모습이라고 말할 수 있다. 그리고 이것은 상이한 두 좌표계를 사용한 동일한 천구의 두 정사투영을 겹쳐서 얻었다는 것 이외에 더 설명할 여지가 없다.

4) 북위40도의 간평의

먼저 지평좌표계를 읽어보자. 세로중심선은 북위40도의 천정선이고, 가로중심선은 그 지평선이다. 중심은 천원묘유의 점으로 앞은 지평동 뒤는 지평서로 이해된다. 위는 천정, 아래는 천저이며, 좌는 지평북, 우는 지평남이다. 지평선과 평행인 직선들은 지평좌표의 등고선들이다. 3도 간격으로 그려져 있고, 30도마다 굵은 선이다. (고도 23.5도와 –23.5도의 고도선이 그려져 있고, 대척점을 잇는 빗긴 직선이 그려져 있으나 현 논의에서는 무시한다.) 중심에서 양쪽에 반타원 곡선들이 그려져 있는데, 이는 지평좌표의 등방위곡선들이다. 정동 또는 정서에서 북 또는 남으로 5도 간격으로 그려져 있고, 30도마다 굵은 곡선이다.

적도좌표계는 비스듬히 그려져 있다. 적도좌표계의 도수는 거극도, 즉 $90-\phi$ 로 표시되어 있다. 좌상방이 북극이고, 우하방이 남극이다. 이 두 점을 이은 선은 중심자오선이다. 좌하방 '90'과 우상방 '90'을 이은 선은 적도선이다. 이 두 직선이 만나는 중심은, 앞은 적도좌표계의 원점이고 뒤는 그 대척점이다. 이 적도좌표계를 간평의의 천반으로 쓰기 위하여 적도위선은 위도 +23.5도와 –23.5도 사이에서 '절기선' 역할을 할 수 있도록 그려져 있다. 그리고 24절기 중 12중기는, 황도를 30도씩 등분하여 얻어진다는 점을 고려하여, 우선 황도 5도 간격으로 그에 대응하는 위도선을 그리고, 30도 간격의 위도선은 굵은 선으로 나타내어, 그 위도선들이 중기에 대응함을 강조하고 있다. 그리하여 적도는 황경 0도/180도, 즉 춘분과 추분에 대응하고, +23.5도 위선은 황경 90도, 즉 하지에 대응하며, -23.5도 위선은 황경 270도, 즉 동지에 대응한다. 그리하여 황경 30도씩의 굵은 위선에 대응하는 12중기는, 춘분- 곡우- 소만- 하지로 이어지며, 하지- 대서- 처서- 추분으로 이어진다. 그 다음으로는 추분- 상강- 소설- 동지이며, 끝으로 동지- 대한- 우수- 춘분으로 이어져 1년의 주기가 끝난다.

　적도좌표계의 경선들은 지평좌표계의 등방위선들과 마찬가지로 반타원이다. 적도좌표계의 경선은 등시각선이다. 이 그림에서 경선은, 중심자오선 양쪽으로 5도 간격으로 그려져 있다. 그리고 15도 간격, 즉 1시간 간격의 경선들은 굵은 선으로 그려져 있다. (5도 간격은 12분 간격인 셈이다.) 간평의에서 중심자오선에 대응하는 시각은 6시/18시로 정한다. 중심자오선에서 우상방으로 이동하면서 만나는 굵은 경선은, 7시, 8시 등의 등시각선이며, 90도 떨어진 경선은 경계반원으로, 12시, 즉 午正初刻의 등시각선이다. 반대쪽의 반원은 0시/24시, 즉 子正初刻의 등시각선이다.

5) 서울(ϕ=37.5도)의 간평의

다음은 서울의 위도에 맞춘 서울의 간평의다.

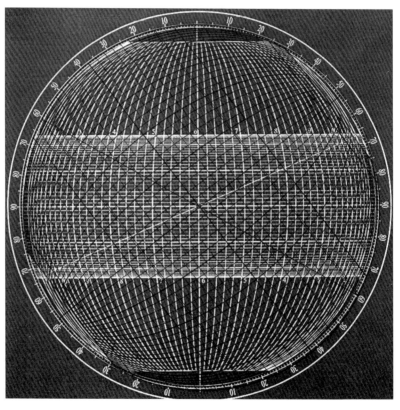

서울(북위37.5도)의 간평의

지반을 흑선, 천반을 백선으로 하였다. 정밀한 작도에 의한 것이 기 때문에 실제로 문제를 해결하는데 이 의기를 사용할 수 있다.

【예】 서울에서 하지일출의 시각과 방위

이 그림을 읽어보면, 하지 일출시각은 4시42분, 일출방위는 정동에서 편북 30도로 읽힌다.

정확한 값은 우리의 좌표변환식을 이용해서 계산할 수 있다. 계산해 보면 계산값은

$\tau=109.5°$. 이를 시각으로 환산하면 4시42분;

$a=120.2°=30.2$도.

매우 잘 맞는 것이 확인된다.

단, 이용 공식은 제1장의 일출입시의 좌표 공식:

$$\cos(\tau)|_{e=0} = \frac{0-\sin(\delta)\sin(\phi)}{\cos(\delta)\cos(\phi)} = -\tan(\delta)\tan(\phi)$$

$$\cos(a)|_{e=0} = \frac{\sin(e)\sin(\phi)-\sin(\delta)}{\cos(e)\cos(\phi)} = \frac{-\sin(\delta)}{\cos(\phi)}$$

이다.

4. 「天文略」의 간평의

『천문략』에서는 간평의를 재미있게 그림을 그려 설명하고 있다. 우선 그림을 보자.

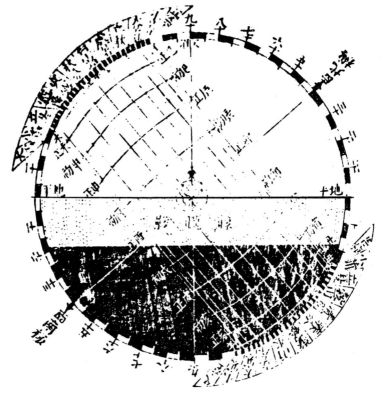

북위40도 간평의

이 간평의의 천정은 북위40도다. 지평을 수평으로 배치하고 있다. 지평의 왼쪽 끝은 지평남이고, 오른쪽 끝은 지평북이다. 관측자는 지평의 한가운데 천구의 중심에 천정을 이고 서 있다. 이 경우,

천정은 적도위도 북위40도이지만, 이 의기에서는 천정을 지평고도 90도로 나타냈다. 천구의 북극은 지평북에서 지평고도 40도의 점이고, 남극은 지평남의 아래 지평고도 -40도에 있다. 日晷線이라고도 불리우는 지평고도선은 여기에 그리지는 않았으나, 지평과 평행임을 알기 때문에, 좌우 가장자리 눈금에 지평과 평행하게 곧은 자를 대면 금방 알 수 있다.

直應度라고 불리우는 지평 위의 방위도는 지평을 따라서 매기는 것이 보통인데 여기서는 안 보인다. 그러나 이 역시 곧은 자를 세로로 아래 위 눈금에 대서 알 수 있다. 지평의 중심이 정동/정서이고, 지평북이 정북, 지평남이 정남이다. 천정에서 중심에 내린 수선은 정동과 천정과 정서를 잇는 天頂線 내지 卯酉線이다.

하지에 태양은 정동에서 直應度만큼 북쪽의 지평에서 떠서, 적도위도 북위 23.5도 위선을 따라 올라가다가, 남북의 경계인 천정선을 지나 남쪽으로 가서, 남중하게 된다. 남중할 때의 고도는 가장자리 눈금에서 직접 읽을 수 있다. 추분에 태양은 정동에서 떠서, 천구의 적도를 따라 정서로 진다. 동지에 태양은 정동에서 직응도만큼 남쪽의 지평에서 떠서, 적도위도 남위 23.5도 위선을 따라 남중하고 나서, 같은 위선을 따라 진다. 지는 것은 정서에서 직응도만큼 남쪽의 지평이다. 남중할 때의 고도는 직접 읽을 수 있다. 춘분에 태양은 정동에서 떠서, 천구의 적도를 따라 정서로 진다.

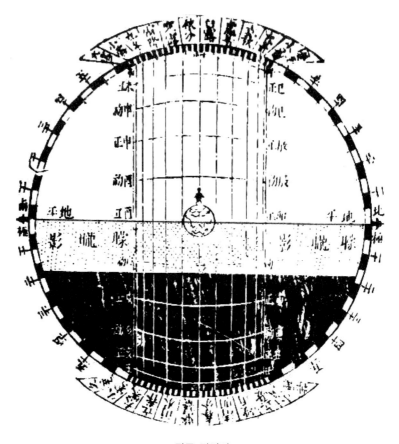

적도 간평의

이 간평의의 천정은 적도다. 관측자는 적도를 이고 서있다. 천구
의 북극과 남극은 바로 그 관측자의 지평북과 지평남이다. (마테오
리치는 자기가 배를 타고 적도를 지날 때, 북극과 남극을 동시에
볼 수 있었다고 했는데, 그것이 바로 이 하늘의 북극과 남극이다.)

하지에 태양은 정동에서 23.5도 북쪽의 지평에서 떠서, 적도위도
북위 23.5도 위선을 따라 반시계방향으로 돈다. 따라서 남중할 때
의 지평고도는 (90-23.5)도다. '정동에서 23.5도 북쪽의 지평'의 뜻

이 무엇인가? (이 표현은 오해의 소지가 있다. 왜냐하면 $\delta=23.5$도는 방위각 a가 아니기 때문이다. 여기서 필요한 변환식이

$$\cos(a)|_{e=0} = \frac{\sin(e)\sin(\phi)-\sin(\delta)}{\cos(e)\cos(\phi)} = \frac{-\sin(\delta)}{\cos(\phi)}$$

이다. $\phi=0$, $\delta=23.5$일 때 이 식을 풀면, $a=113.5$도다. 정동은 $a=90$도이므로, 이 각은 정동에서 북쪽으로 23.5도 떨어진 각이 맞다.)

　추분에 태양은 정동에서 떠서, 천정선을 따라 정확하게 천정을 지나 정서로 진다. 천정에 올 때 지평고도는 정확히 90도다. 동지에 태양은 정동에서 23.5도 남쪽의 지평에서 떠서, 적도위도 북위 23.5도 위선을 따라 시계방향으로 돈다. 따라서 남중할 때의 지평고도는 (90-23.5)도다. 춘분에 태양은 정동에서 떠서, 천정선을 따라 정확하게 천정을 지나 정서로 진다. 천정에 올 때가 남중/북중에 해당하며, 지평고도는 정확히 90도다. 적도에서의 몽롱영 경계는 지평하 18도의 직선이다. 지평좌표의 지평고도 개념이기 때문이다. 그러나 시각선은 타원이다. 적도좌표의 경도 개념이기 때문이다. 그러므로 춘추분의 몽롱시간은 동하지의 몽롱시간보다 약간 짧다. 이상의 사실을 이 그림에서 읽어 낼 수 있다.

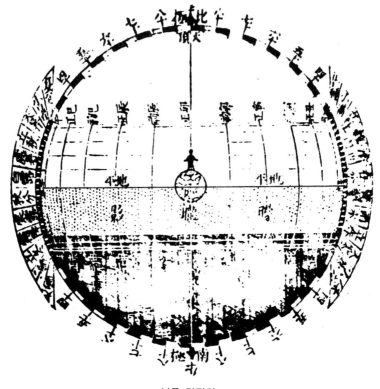

북극 간평의

　　이 간평의의 천정은 북극이다. 관측자는 북극을 이고 서있다. 하
지에 태양은 지평고도 23.5도를 유지한 채로, 시계방향으로 돈다.
낮의 계속이다. 낮의 계속은 추분 직전까지 계속된다. 추분에 태양
의 지평고도는 0도로 되고 그 이후로 태양은 지평 아래에서 돈다.
밤의 계속이다. 밤의 계속은 춘분 직전까지 계속된다. 춘분에서 시
작한 낮은 추분 직전까지 계속된다. 1년이 하루 낮 하루 밤인 것이
다. (이를 이지조는 『혼개통헌도설』에서 '一期一畫夜'라고 표현했
다.) 지평하 18도의 몽롱영 경계는 상강이 지나 입동에 접어들 때

다. 이때까지는 해가 뜨지 않으나 그리 어둡지 않다. 어두운 것은 그로부터 동지를 지나 입춘이 가까울 때까지다. 그 이후는 해는 뜨지 않으나 어둡지 않은 시간이 춘분까지 계속된다. 춘분에 해가 뜨면 해가 지지 않는 날이 반년 간 지속된다. 이상의 사실을 이 그림에서 읽어 낼 수 있다.

부록 1) 웅삼발의 『簡平儀說』

1) 名數 12則

(1) 下盤과 上盤

간평의는 2개의 盤을 쓴다. 하층은 方面 즉 네모난 면으로 이름은 下盤이다. 天盤이라고도 부른다. 상층은 圓面 즉 둥근 면으로 半虛半實인데, 이름을 上盤이라고도 하고 地盤이라고도 한다.

(2) 地心, 極線, 赤道線, 周天圈

하반의 축이 자리한 곳은 地心이 되고, 그 지심을 지나는 가로직선의 이름은 極線이다. 그 극선의 왼쪽 경계는 北極이고, 오른쪽 경계는 南極이다. 지심을 지나는 세로직선으로 극선과 十자를 이루는 직선을 赤道線이라 한다. 下盤의 둘레에 있는 가장 안쪽의 1圈의 이름은 周天圈이다.

(3) 節氣線

적도선 좌우에는 각각 6개의 세로직선이 있다. 이들은 간격이 성글다가 촘촘해지는데, 그 이름은 24節氣線이다. 儀體가 작으면 좌우 각각 3線만 그리면서 12宮線을 삼을 수 있다. 儀體가 크면 좌우 각각 18線을 그려, 72候線을 삼을 수 있다.

(4) 黃道圈

赤道線上에 중심을 두고 동지 하지 2線을 경계로, 상하에 각각 半圈 즉 반원을 그려 이름을 黃道圈이라 한다. 이 두 반원의 둘레를 각각 15도씩 12로 등분한다.

【해설】이는 24節氣線에 대응한다. 儀體가 작아 30도씩 6등분하면 이는 12宮線에 대응하고, 儀體가 커서 5도씩 36등분하면, 이는 72候線에 대응한다.

이상의 하반의 제선은 함께 하나의 그림을 이루는데, 그 이름을 範天圖라 한다. 이 범천도는 測驗의 근본이다. 따로 설명이 마련되어 있다.

(5) 時刻線

극선의 상하와 주천권은 아울러서 12개의 곡선으로 나눈다. 그 곡선은 점차 소밀한데, 그 이름을 12時刻線이라 한다. 극선이 6시와 18시, 그 위가 7시와 17시, 8시와 16시,... 11시와 13시가 되며, 마지막 周天圈分은 12시 즉 오정이다. 극선의 아래로는 5시와 19시, 4시와 20시,... 1시와 23시, 그리고 마지막으로 주천권분은 0시 즉 자정이다. 儀體의 크기에 따라 시각선의 간격을 2시간, 30분 15분 등으로 조절할 수 있다.

(6) 周天象限

주천권은 적도선과 극선으로 4개의 圈分으로 나누어진다. 이를 象限이라 한다 매 상한은 90도이며 모두 합하여 주천권 360도다.

(7) 地平線, 天頂線

上盤의 中央, 軸이 자리잡고 있는 곳이 盤心이다. 이 盤의 중앙에 반심을 지나는 가로직선이 반허반실의 경계에 있는데, 이 직선을 地平線이라 한다. 또 반심을 지나면서 지평선과 수직으로 十자를 이루는 세로직선이 있는데, 그 직선의 이름은 天頂線이다.

(8) 象限

上盤의 圈의 둘레 역시 지평선과 천정선으로 4圈分으로 나누인다. 각각은 90도의 상한이며, 4상한의 합, 360도는 주천도수다.

(9) 日晷線

上盤의 半虛處에, 좌우가 마주보도록 바늘구멍을 뚫고 실이나 노끈을 꿰어, 지평선과 평행이 되도록 한다. 이 선의 수가 많고 적고 간에, 이를 모두 日晷線이라 한다.

【주】태양고도 e를 나타낸다. 해시계 역할과 관련있기 때문에 이렇게 명명한듯하다.)

(10) 直應度分

上盤의 지평선 아래에, 간격이 疎 또는 密한 도수를 가로로 벌려놓는다. 그 도수는 천정선과 평행으로 세로선을 그리면, 주천도분과 相應되는 도수다. 그 도수를 直應度分이라 한다.

【주】세로선이 직응도분이 아니라, 도수가 직응도분이다. 그 도수는 방위 a다. 직응도분이란 명칭은 주천도분과 상응되기 때문인 듯하다. 安大玉(2007, p.271)에, '지반의 지평선이하는, 주천도에 맞춰 천정선과 평행하게 직선을 그린다. 이를 직응도분이라 한다.'라고 하고 있는데, 이는 이중으로 잘못이다. 평행직선을 그린다는 것이 아니라 '그리면' 이라고 조건을 말하고 있는 것을, ,守山閣叢書」 본의 錢熙祚의 잘못된 그림에 안대옥이 속은 것이다. 錢熙祚는 그야말로 천정선과 평행하게 직선을 그려주고 있다. 그러나 이 그림은 잘못이다. 그리려면 정사투영의 원칙대로 橢圓弧가 그려져야 하는 것이다. 그리고 그 타원호는 지평선 이상에 그릴 때 '방위선'이라는 의미를 가질 수 있다.

(11) 垂線 垂權

上盤의 軸心에서 줄 하나를 늘어뜨리고, 그 선의 끝을 묶어서 늘어지게 하면서, 상반의 주천도분에 겹쳐져서 돌 수 있도록 할 때, 이를 垂線이라 한다. 만약 구리를 저울추 삼아, 늘어뜨리고 끝을 뾰족하게 하여, 그 끝이 주천도분에 겹쳐져서 돌 수 있도록 할 때, 이를 垂權이라 한다. 垂線과 쓰임은 마찬가지다.

(12) 日景線, 表

下盤의 위쪽에 극선과 평행하게 한 가로직선을 그려, 그 이름을 日景線이라 한다. 이 일경선의 양방에서, 선의 상방 1치 정도씩을 잘라버린다. 선의 반치 정도는 없애지 않는다. 또 일경선의 하방 반치 정도를 잘라버려, 판의 左右 위모서리가 각각 方柱 모양이 되게 한다. 일경선과 평행인 방주의 끝 부분을 表라 한다.

【주】下盤은 方面이라 했다. 즉 네모난 판이다. 그 판의 위쪽을 고도측정에 쓸 수 있도록 表를 설치하는 과정을 설명하고 있다.

2) 用法 13首

(1) 隨時隨地測日軌高度幾何度分

측험에서 가장 급한 것은 수시수지 일궤고도를 구하는 일이다. 역법가들은 반드시 관천대에 올라 혼상 등을 돌리면서 측험해야 하기 때문에 간편하게 구할 수 있는 것이 아니다. 이제 우리는 이 의기를 써서 손쉽게 이를 구할 수 있다.

上盤의 지평선을 下盤의 남북극선과 겹치게 한다. (하반과 상반을 같이 움직이게 한다고 이해할 수 있다.) 다음 下盤의 두 개의 표 가운데 임의로 하나를 사용하여 해를 맞게 하고, 그 表端의 그림자를 日景線(남북선과 평행한 선)과 겹치게 한다. 다음 수선으로 겹쳐진 上盤圈周의 度分을 보면, 目下 日軌가 地平에서 얼마나 높은 度分인가를 알 수 있다.

【해설】이 설명을 제대로 이해하려면, 상반과 하반이 붙어서 돌아간다는 점을 먼저 이해해야 한다. 해의 위치에 맞추어서 돌아가는 것이 상반과 하반 둘 다다. 수선은 항상 연직방향을 가리키고 있고, 상반을 돌리지 않았다면 上盤圈周의 度分 역시 그 자리 즉 0에 머물러 있어야하기 때문에 설명이 되지 않는다. 태양의 고도를 알 수 있으려면 上盤을 돌렸어야한다. 얼마나 돌려야 할까? 下盤이 돌아간 만큼의 각도다. 가령 표로 해를 맞아 그 表端의 그림자가 日景線과 겹칠 때 수선을 읽어보니 천정선과 지평선에서 45도 떨어져있다면, 일궤는 지평에서 45도 위에 잇는 것이다. 만약 수선이 천정선에 점점 가까워 진다면 일궤는 점점 낮아지는 것이며, 지평선에 가까워지는 것은 일궤가 점점 높아지는 것이다. 어느 경우나 垂線도분이 日軌도분이 되는 것이다.

(2) 隨節氣求日躔黃道距赤道度幾何度分

황도와 적도 두 길이 만나는 점이 '天元春秋分'이다. 그 두 길의 相去最遠處가 23.5도(强)이다. 동하지다. 해가 춘추분일의 두 길의 교점에서 시작하면, 그 점을 지나면서 日躔黃道距赤道度는 점점 멀어져서 동하지에 극에 이르고, 그 점을 지나면 점점 가까워져서 춘추분이 되면 다시 두 길의 교점에 돌아온다. 해가 황도를 도는 속도는 매일 약 1도로 (거의) 같다. 그런데, 日躔黃道距赤道度의 크기 및 차는 각절기 각일자에 따라서 같지 않다. 대체로 교점에 가까우면 차가 많고, 동하지점에 가까우면 그 차가 작다. 曆法家들은 호시구고법을 많이 쓴다. 이 방법의 논의는 별도로 큰 논의 거리다. 그러나 이제 이 의기를 사용하면 쉽게 절기에 따른 측량이 가능하며 그 결과를 차후의 필요에 따라 사용할 수 있다.

【해설】하루에 약 1도씩 이동한다는 것으로부터 우리는 오늘이 춘분을 지나 며칠이 지났는가를 따져서 해가 이동한 상황을 두 황도권에서 확인한 다음 이를 써서 해가 赤道線에서 몇 도 이동했는지를 檢取한다. 그 방법은 두 경계

를 세로 隱線으로 이은 다음 이 세로직선에 대응하는 주천도를 확인하면, 그 도수가 바로 우리가 구하는 오늘의 日躔黃道距赤道度다. 가령 오늘이 淸明日이라면, 그 日躔黃道距赤道度는 다음과 같이 구한다. 즉 오늘이 춘분에서 약 15일 지난 날임을 확인하고, 하루에 1도씩이라면, 황도권을 따라 돈 도수가 15도임을 안다. 그리하여 두 황도권에서 赤道線으로부터 왼쪽으로 제15도인 점이 오늘 해의 위치임을 알아, 그 두 경계를 지나는 세로 은직선을 취하여, 이 세로 직선에 대응하는 주천권의 도수를 읽으면, 6도가 되는데, 그것이 청명일의 日躔黃道距赤道度다. 소만일은 춘분에서 약 60일 지난 날이므로, 그에 대응하는 日躔黃道距赤道度 즉 黃赤道相距度 20도少를 마찬가지 방법으로 구할 수 있다.

(3) 隨地隨日測午正初刻及日軌高幾何度分

凡測正午時 用正方案 爲初法 用日晷 爲後法. 今用此儀測得以需後用 亦係初法.

정확한 午時를 관측하는 데는 정방안을 쓰는 것이 初法이요, 日晷를 쓰는 것은 後法이다. 이제 이 의기를 써서 관측하고 그 결과를 이후의 용도에 쓰려 한다. 역시 初法이다.

【해설】해가 중천에 가까워질 무렵, 제1법을 써서 일궤고도를 관측한다. 조금 지나 또 관측하기를 반복하다가 해가 기울면 중지한다. 이렇게 알아낸 일궤 최고도가 본지 본일의 오정초각의 일궤고도다. 그 곳에서 표로 관측하여 선을 그으면, 그 표선이 그 곳을 지나는 子午線이 된다. 가령 순천부에서 寒露日 오전에 제1법을 써서 일궤고도 40도를 얻었다고 하자. 다음, 刻漏를 쓰거나 日景을 재서, 매 半刻 또는 매 1刻 쯤에 한번씩, 위의 방법으로 거듭 관측하여, 41도 42도 내지 44도를 얻고 또 43도를 얻었다고 하자. 그러면 44도가 본일 오정초각의 일궤최고도가 된다. 반복해 관측할 때마다 매번 表線을 그린다면, 44도일 때 그린 표선이 子午線이 된다.

(4) 隨地測南北極出入地幾何度分

남북극 출입지도는 곳에 따라 다르다. 「唐志」는 350여리에 차 1도라 했고, 서양인은 250리에 차 1도라 했다. 마땅히 적도가 다르기 때문일 것이다. 기실 둘 다 乎差다. 역법가들이 측험함에 있어서는 먼저 반드시 이 乎差를 알아야한다. 그렇지 않으면 晝夜長短, 日月出入躔度高下, 交食分數 어느 것도 고찰할 수 없다. 이처럼 중요하기 때문에, 元나라 太史 郭守敬은, 길을 나누어 測驗하게 하여 역법의 기준을 삼고자 했다. 四極을 두루 돌아다닌 輶軒들이 착오를 낸 까닭에, 알아낸 곳은 27곳에 불과했고, 더욱이 그때 사용한 방법 역시 극히 艱難하였다. 이제 우리의 이 의기를 쓰면, 사람 발길이 닿는 곳이면, 그것이 都會든 郡邑이든 가릴 것 없이, 힘 안들이고 쉽게 관측할 수 있다.

【해설】 먼저 제3법에 의하여, 본지 오정초각 일궤고도가 얼마인지를 측정하여 그 값을 알아낸다. 다음 제2법에 의하여, 본일의 日躔黃道距赤道度 줄여서 距赤道가 몇 도인지를 구한다. 다음 이전이 적도 남이냐 북이냐를 따져본 뒤, 만약 적도남이라면, 위에서 구한 거도를 위에서 측정해 얻은 고도를 더하여, 적도의 지평고도를 얻는다. 이 적도고를 주천상한도인 90도에서 빼면, 천정에서 적도사이의 도수를 얻는다. 이 도수는 本極 즉 북극의 출지도, 對極 즉 남극의 입지도다. 만약 日躔 적도북이라면, 고도에서 거도를 빼서, 적도에서 지평까지의 고도를 같은 방법으로 얻는다. 만약 춘추분이라면, 일전은 바로 적도이므로 거도가 0이다. 그러므로 일궤고도는 적도와 지평사이의 고도와 같음을 같은 방법으로 계산할 수 있다. 우리의 관심지가 적도의 남쪽에 있든 북쪽에 있든 방법은 같다. 일궤거적도에 천정이 그 가운데에 있다면, 해가 남중하는 시각의 그림자는 반대편에 생긴다 즉 倒景이다. 즉 이 때는 일궤고도를 반대편에서 측정해서, 즉 倒測해서, 고도와 거도를 아우른 다음, 주천상한도 90도를 빼면 적도가 천정에서 떨어진 도수를 얻을 수 있다. 지역이 남에 있든 북에 있든 똑같은 것이다.

【예】

가령 순천부는 일전이 언제나 남쪽에 보인다. 즉 순천부의 천정은 적도 북에 있음을 안다. 마땅히 순천부의 북극출지 남극입지를 얻는다. 이제 하늘이 바로 춘분일 오정초각일 때, 우리는 제3법을 써서 일궤고도 50도를 얻는다. 그리고 또 제2법을 써서 본일이 일전 황적도의 교차일이므로 그 距度가 0도임을 안다. 즉 지평으로부터의 赤道高度가 50도이며, 周天象限 90도에서 이 적도고도를 빼면 40도가 얻어지는데, 이는 적도가 天頂에서 떨어진 도수가 40도임을 의미할 뿐 아니라, 남북극이 적도와 떨어진 도수와 지평과 천정이 이루는 각도가 모두 90도임을 감안하면, 그것은 순천부의 천정이 북극과 떨어진 각도가 50도임을 의미하고 또, 북극출지 남극입지의 각도가 각각 40도임을 의미한다. 만일 순천부의 霜降이라면 일전은 적도남이다. 이날 오정초각 일궤고는 38도로 측정되었다. 그리고 제2법에 의하여 일전거적도 12도가 얻어졌다. 여기에 일궤고도 38도를 더하면, 우리는 역시 적도는 순천부의 지평에서의 고도가 50도임을 얻는다. 또 위에서 설명한 방법을 쓰면, 북극출지가 40도임도 계산해 낼 수 있다. 만일 순천부의 입하일이라면 일전은 적도북이다. 이날 오정초각 일궤고는 66도로 측정되었다. 그리고 제2법에 의하여 일전거적도 16도가 얻어졌다. 이를 일궤고도 66도에서 빼면, 우리는 역시 적도 고도가 50도임을 얻는다. 또 위에서 설명한 방법을 쓰면, 북극출지가 40도임도 계산해 낼 수 있다. 또, 만일 응천부의 청명이라면 일전은 적도북이다. 이날 오정초각 일궤고는 64도로 측정되었다. 그리고 일전거적도 6도가 얻어졌다. 이를 일궤고도 64도에서 빼면, 우리는 응천부의 적도 고도가 58도를 얻는다. 또 주천상한 90에서 이를 빼면 32도가 되는데 이는 응천부의 북극출지가 32도임을 의미한다. 만일 지역이 적도남이라면, 躔南加高, 躔北減高의 算法은 마찬가지다. 천정이 일궤고와 적도의 중간에 오는 경우의 문제는, 천정의 거적도가 23.5도강 이내에 있어서, 해가 남중할 때 그림자가 倒景이 되는 곳이 모두 이런 경우다. 예컨대 高州府를 보자. 하지일 오정초각 해가 남중할 때, 그림자는 남쪽에 생긴다. 즉 倒景이다. 그러므로 일궤고도를 거꾸로 측정하여 북지평에서 88.5도약을 얻는다. 여기에 거도 23.5도강을 더하면, 112도를 얻는다. 여기서 주천상한 90도를 빼면, 적도가 천정에서 떨어진 도수, 북극출지, 남극입지가 각 22도임을 얻는다. 지역이 적도남에 있을 때는 表가 북이므로 倒景이지만 산법은 동일하다.

(5) 隨地隨節氣求晝夜刻幾何

이는 $e = 0$에서, 관심 지점의 위도 ϕ와 태양 적위 δ가 주어졌을 때, 적경 τ를 구하는 문제의 응용이다.

주야시각은 지역에 따라 장단이 다르다. 이는 그 지역의 극출지도의 다과에 준한다. 극출지도가 작으면 동하지 주야각차가 작고, 크면 차도 크다. 예컨대 북경 순천부의 북극출지가 40도인데 하지 주장은 59각7분이고 야장은 36각8분이다. 고주부의 북극출지는 22도인데, 하지 주장은 54각, 야장은 42각이다. 今曆 注에 하지주장 59각 야장 41각이라고 한 것은 洪武年間에 정해진 응천부의 주야각이다. 정통 己巳曆에 하지 주장 61각 야장39각이라 한 것은 북극고 37도인 청주부 지역의 주야각이다. (대통력 1일=100각.) 岳文肅 以爲 從古 所無. 亦未是. 此法 惟 郭守敬得之. 그러나 오직 곳에 따라서 의표를 써서 측험했을 따름이다. 이제 우리가 만든 이 의기는 곽수경에게서 부족했던 부분을 조금 보충할 수 있을 것이다.

【주】 晝刻 편각을 b라 하면, $\sin(b) = \tan(\delta) \times \tan(y)$

주야각 :

$$100각 체계에서의 각$$

$$d(각) = \frac{100}{360} \times (180 \pm 2b) = 50 \pm b/1.8, \ 1각 = 60분$$

96각 체계에서의 각

$$d(\text{각}) = \frac{96}{360} \times (180 \pm 2b) = 48 \pm 8b/15, \quad 1\text{각} = 15\text{분}$$

24시간 체계에서의 시간

$$d(\text{시간}) = \frac{24}{360} \times (180 \pm 2b) = 12 \pm 2b/15, \quad 1\text{시간} = 60\text{분}$$

【해설】상반의 지평선을 하반의 본지 남북극 출지입지 도수와 겹치게 하고나서, 지평선이 본일 절기선과 겹친 그 절기선의 윗부분을 보면, 지평선 이상의 각수를 얻을 수 있다. 이 각수가 바로 주각 즉 낮의 각수다. 그 아래 나머지 각수는 야각이다. 가령 순천부의 북극출지는 40도인데, 상반 지평선을 하반 남극이상 제40도와 겹치게 하면, 지평이상은 순천부에서 보이는 渾天半體다. 그리하여 이 상황에서 우리는 북극출지가 40도인 것을 알 수 있고, 남극입지가 역시 40도임을 알 수 있다. 또 순천부 천정선은 북극에서 50도이며, 적도가 천정선에서 떨어진 도수도 40도임도 알 수 있다. 지평선이 제절기선과 비스듬히 이어져 있는데, 이중 하지선과 동지선이 지평선과 겹쳐지는 곳을 읽으면, 하지가 극장 동지가 극단임을 알 수 있다. 이제 하지일의 주야각이 얼마인가를 알고자 하면, 지평선과 하지선이 겹쳐지는 점의 윗부분의 각수를 세어보면 되는데, 그 센 값 29각11분은 일출로부터 오정까지의 각수다. 이를 두배한 값 59각 7분이 본일 주각이다. 나머지 값 36각8분은 본일 야각이다. 또 동지 주야각을 알고 싶으면 지평선과 동지선이 서로 겹치는 점을 찾아서 그 점에서 세어 올라가 보면, 하지의 晝夜數와 正相反됨을 알 수 있다. 즉 하지주각이 동지야각이고, 하지야각이 동지주각이다. 또 입하/입추일의 주야각이 얼마인지를 알고 싶으면, 앞의 방법을 써서 세어보면, 28이 반일각이요, 그 배인 56각이 주각임을 알 수 있고, 야각은 그 나머지인 40각이다 (96-56=40). 또 입춘/입동의 주야각을 알고 싶으면, 앞의 방법을 써서 그것이 결국 입하/입추의 주야각과 정상반임을 알 수 있다. 또 춘추분 주야각을 알아보면, 주각이 48각이요, 야각도 48각임을 알 수 있다.

(6) 隨地隨節氣求日出入時刻

이는 $e = 0$에서, 관심 지점의 위도 ϕ와 태양 적위 δ가 주어졌을 때, 적경 τ를 구하는 문제의 응용이다.

일출입시각 역시 隨地不同이다.「大統曆」에 '夏至日出寅正四刻 日入戌初初刻'이라고 되어있는 것은 역시 洪武年間 應天府에서 측정한 일출입시각이다. 順天府의 하지일출은 인정2각 일입은 술초2각인데, 만일 이 의기를 쓴다면, 각지의 일출입시각을 손금 보듯이 쉽게 알 수 있다.

【해설】제5법에 의하여, 상하반을 서로 겹쳐서, 지평선과 某時刻分이 겹친 점을 보면, 곧 일출입시각을 얻는다. 가령 순천부 북극출지 40도를 앞의 방법에 따라 서로 겹치면, 盤中에 보이는 지평선 이상은 모두 일출후 시각이며, 지평선 이하는 모두 일입후 시각이다. 이제 하지 일출시각을 알고자 하면, 지평선과 하지선이 겹치는 점을 읽어, 인정2각(=묘정-6각)이 하지 일출시각임을 안다. 그 날, 해의 궤도는 하지선을 따라 올라가서 오시에 이르면 방향을 돌려서 다시 그 점으로 돌아오는데, 그때의 시각은 술초2각(=유정+6각)이다. 이것이 일입시각이다. 또, 곡우/처서의 일출입시각을 알고자하면, 앞의 방법에 따라, 묘초1각소(=묘정-2.7각) 가 일출이요, 유정2각태(=유정+2.7각)가 일입임을 안다. 또 춘분/추분 일출입시각을 알고자 하면, 앞의 방법을 써서 묘정초각이 일출, 유정초각이 일입임을 안다. 그러므로 晝夜平이다.

【주】이 문제는 ϕ, δ를 알고 $e=0$에서 τ를 구하는 문제이므로 식 $\sin(e) = \cos(\delta)\cos(\tau)\cos(\phi) + \sin(\delta)\sin(\phi)=0$을 풀면 된다.

$$\cos(\tau) = \frac{-\sin(\delta)\sin(\phi)}{\cos(\delta)\cos(\phi)} = -\tan(\delta)\tan(\phi)$$

$\tau = \pm111.4$, 즉 오전 4시34분, 오후7시26분

인정2각은 오전 4시30분이고, 술초2각은 오후 7시30분이다.

(7) 三殊域晝夜寒暑之變

이는 $e = 0$에서, 관심 지점의 위도 ϕ와 태양 적위 δ가 주어졌을 때, 적경 τ를 구하는 문제의 응용이다.

여기서 3殊域이란, 극북, 극남, 남북지중을 말한다. 극북이란 북극의 직하, 극남이란 남극의 직하, 南北之中은 적도의 직하를 말한다. 극남 극북에 점점 가까울수록, 두 극의 직하는 하루가 온통 낮이거나 하루가 온통 밤인 경우가 있다. 또 한달 두달이 밤이거나 낮인 경우도 있다. 두 극의 바로 직하는 반년이 낮이고 반년이 밤이다. 유독 적도 직하에서만 주야의 길이가 언제나 같다. 이상이 주야의 변하는 모습이다.

【주】적도직하에서는 적도평면이 지평면이므로 $\phi = 0$이고, 북극이 천정이다. 적도평면은 $\delta = 0$으로 특징화되고, 지평면은 $e = 0$으로 특징화된다. 다음 식을 보자.

$$\sin(e) = \cos(\delta)\cos(\tau)\cos(\phi) + \sin(\delta)\sin(\phi)$$

이 식을 적도직하에 맞게 변형하면, 다음 식이 얻어진다.

$$\sin(e) = \cos(\delta)\cos(\tau)\cos(0) + \sin(\delta)\sin(0) = \cos(\delta)\cos(\tau)$$

절기에 따른 일출입시각을 알아보기 위하여 $e = 0$으로 놓으면,

$$\cos(\tau) = \frac{\sin(0)}{\cos(\delta)} = 0$$

이 얻어진다. 즉 절기에 관계없이

$$\tau = \pm 90$$

이다. 즉 항상 일출은 오전 6시, 일몰은 오후 6시다.

한서 즉 추위 더위로 말하면, 두 극의 직하는 모두 極寒이고, 적도 직하

는 極熱이다. 또 普天之下 하늘 아래 어디고 간에, 일년에 여름과 겨울이 한 번씩 돌아온다. 그러나 적도 직하에서만 1년에 겨울과 여름이 두 번씩 돌아온다. 이것이 寒暑의 變이다. 이제 우리 의기를 써서 알아보면, 그 이유를 속속들이 알 수 있다.

【해설】 제5법에 따라 상하반을 겹쳐 보면, 지평선 이상의 시각은 낮, 이하는 밤임을 안다. 적도의 직하에서 해가 천정을(=적도를) 지나갈 때는 모두 여름이고, 남북(=남회귀선 또는 북회귀선)을 지나갈 때는 모두 겨울이다. 가령 지평선을 북극출지 67도(=북위 23도 즉 주장선 직전의 위도)와 겹치게 하면,(주: 북극출지 67도란 북위 67도에 서 있는 사람의 관점이다. 그 사람에게 천정은 북위67도의 천구상의 점이며, 지평면은 그 사람의 중심자오선의 남쪽 위도가 23도 남쪽 위도가 –23도다. 하지선은 북위 23.5도의 위도환이므로, 그 위도환 전체가 지평면 위쪽에 있다.) 하지선(=주장선)상의 12시각 전체가 모두, 반중 지평선 이상에 나타나고, 동지선(=주단선)상의 12시각 전체는 하나도 나타나지 않는다. 즉 그 곳의 하지일은 주장이 96각으로 밤이 없으며, 하지일 이후 절기선들은 점차 지평선 아래로 들어가므로 밤이 있음을 알겠다. 그리하여 추분에 이르면 주야평, 즉 밤낮의 길이가 같다. 그 다음은 밤이 더 길어져서 동지가 되면 밤이 96각이 되어 낮이 없다. 동지일 이후 절기선들은 점점 지평선 위로 나오므로 낮이 있음을 알겠다. 그리하여 춘분에 이르면 주야평이다.

【주】 ϕ=67도의 일출입시각을 알기 위하여 다음 식을 보자.

$$\sin(e) = \cos(\delta)\cos(\tau)\cos(\phi) + \sin(\delta)\sin(\phi) = 0$$
$$\cos(\tau) = -\tan(\delta)\tan(67)$$

이 식에서 δ가 22도일 때, τ는 ±162도, 23도일때는 ±180도, 23.5도일 때는 일출입이 정의되지 않는다.

또 지평선을 북극출지 70도(=북위 20도)와 겹치게 하면, 소만/망종/하지/

소서/대서 5절기선(이 절기선들의 태양위도는 북위 20.2, 22.7, 23.5도로서 모두 20도보다 높다.) 상의 12전시가, 반중 지평선 이상에 모두 나타나고, 소설/대설/동지/소한/대한 5절기선 (이 절기선들의 태양위도는 -20.2, -22.7, -23.5도로서 모두 남위 20도보다 낮다.)상의 12전시가 모두 안 나타난다. 즉 그 곳에서는, 소만 이후 하지에 이르기까지 30일간, 태양은 지상을 비스듬히 돌아가므로 낮이 계속되며, 하지 이후 대서에 이르기까지 30일간, 역시 태양은 지상을 비스듬히 돌아가므로 낮이 계속된다. 그러므로 온통 낮이 계속되는 날짜는 모두 60일이다. (북위 20도 이상의 위도환들은 모두 지상에 있다. 위의 다섯 위도환들은 모두 20도 이상의 위도환들이다.) 대서가 지나서는 절기선은 점점 지평선 아래로 내려가기 시작하여, 밤이 생기게 된다. (위도환의 일부가 지하로 내려감을 의미한다.) 그리하여 추분에는 주야평이다. 밤이 점점 길어지다가, 소설 이후 동지에 이르기까지 30일간, 태양은 지하를 비스듬히 돌아가므로 밤이 계속되며, 동지 이후 대한에 이르기까지 30일간, 역시 태양은 지하를 비스듬히 돌아가므로 밤이 계속된다. 그러므로 온통 밤이 계속되는 날짜는 모두 60일이다. (남위 20도 이하의 위도환들은 모두 지하에 있다. 소설, 대설 동지 소한 대한, 이 5위도환들은 모두 -20도 이하의 위도환들이다.) 대한이 지나서는 절기선은 점점 지평선 위로 올라가기 시작하여, 낮이 생기게 된다. (위도환의 일부가 지상으로 올라감을 의미한다.) 그리하여 춘분에는 주야평이다. 일출입지점으로부터 (지하로) 18도 내는 모두 몽롱시각이다. 그러므로 (북극출지 70도인) 이 지점에서는 비록 대서 이후 점점 밤이 있게 되고, 소만 이전은 아직도 밤이 있다고 하지만, 기실 대서에서 처서까지의 한 달, 그리고 곡우에서 소만까지의 한달 해서, 그 두 달 간은 밤이라고 해도 늘 밝다. 그 두 달 간은 밤이 극히 짧은데, 이는 모두 황혼/매상시간이기 때문이다.

【주】여기서 웅삼발은 몽롱시간과 황혼/매상시간을 달리 보고 있는 듯하다. 서양에서는 18도의 twilight를 셋으로 나누어, 일몰 전

후 6도까지 인공조명이 필요 없는 구간을 civil twilight,, 일몰 전후 12도까지 바다에서 수평선이 보이는 구간을 nautical twilight, 그리고 18도에서 astronomical twilight가 끝난다. 웅심발은 astronomical twilight를 몽롱시간, nautical twilight를 황혼/매상시간으로 본다고 할 때, 여기의 설명이 이해된다. 곡우-하지 사이의 2개월, 하지-처서 사이의 2개월 동안에 태양고도의 차는 12.0도이고, 춘분-곡우 사이의 1개월, 추분-처서 사이의 1개월 간에 태양의 고도차는 11.5도이기 때문이다.

또 만약 지평선을 북극줄지 90도와 겹치게 하면, 盤中에 북극은 천정선 상에 있고, 적도는 지평에 있다. 해가 적도북을 반년간 운행하는 중에 춘분에서 추분까지의 모든 절기선상 12전시가, 반중 지평선 이상에 모두 나타나고, 해가 적도남을 반년간 운행하는 중에 추분에서 춘분까지의 모든 절기선상 12전시가, 반중 지평선 이상에 전혀 안 나타난다. 즉 이곳에서는, 춘분일을 당하여 해가 지평선 위쪽에서 반바퀴 도는 것을 보인 이후에, 점점 높아져서 하지에 이르러서는 지평선의 위쪽 23.5도강을 돈 후에 점점 해가 낮아져서 추분일에는 지평선의 위쪽에서 반바퀴를 돈다. 이 반년이 하루낮이다. 추분이후는 해는 점점 낮아져서 지평하에서 돌며, 동지에는 지평하 23.5도강을 돈다. 이후 해는 점점 높아져서 춘분일에는 반바퀴를 지평하에서 돌고, 반바퀴는 지평에서 위로 올라와서 돈다. 이 반년은 모두 합해서 하루밤이다. (『혼개』p.406에 '一晝夜當期之日'이란 표현이 있다. 하루밤낮의 합이 1년365.25일이란 말이다. 期=碁: 1주년) 그리고 춘분이전 1개월은 昧爽이고, 추분 이후 1개월은 黃昏이다. (여기서 1개월이란 춘분-곡우 사이의 1개월, 추분-처서 사이의 1개월을 말한다. 이 두 경우 모두 1개월 간의 태양의 고도차는 11.5도다.)

【주】여기서 일출입의 식 $\cos(\tau) = -\tan(\delta)\tan(90)$

을 고려하면, 이 식은 δ=0일 때만 不定이고, 나머지 경우는 정의되지 않는다. 즉 춘추분일에만 일출입시각은 있을 가능성이 있다.

적도의 직하라면, 남북 두 극이 모두 지평선상에 올라온다. 그리하여 極線이 地平이 되며, 적도가 천정이 된다. 우리 의기에서 보면, 盤中의 지평선 以上에, 각절기선 전체가 나타나고, 시각선의 반이 나타난다. 어느 절기냐를 가릴 것 없이, 항상 일출 후는 48각이고 일입 후도 48각이다. 따라서 영구히 晝夜常平이다.

【주】 여기서 일출입의 식

$$\cos(\tau) = -\tan(\delta)\tan(\phi) = -\tan(\delta)\tan(0) = 0$$

을 고려하면, 이 식에서 얻을 수 있는 τ의 값은 ±90도 뿐이다. 즉 언제나 일출은 오전 6시, 일몰은 오후 6시다.

寒 暑

추위와 더위로 말하면, 보천지하에 항상, 해가 천정에 가까워지면 더워지고, 해가 천정에서 멀어지면 추워진다. 이제 천정선을 二極線에 겹쳐보면, 태양이 도는 길 즉 일전은 언제나 (천정의) 아래에 있고 아무리 천정에 가깝더라도 66.5도약에 지나지 않는다. 그러므로 二極 직하는 極寒이다. 천정선을 赤道線에 겹쳐보면, 일전은 언제나 위에 있고 아무리 천정서 멀더라도 23.5도강에 지나지 않는다. 그러므로 적도 직하는 極熱이다. 그리고 적도 직하는 적도가 천정이고 춘분에 해는 적도를 다니기 때문에, 해는 천정에 있게 되며, 따라서 춘분은 여름이다. 해가 다니는 길은 점점 북으로 올라가, 하지에 극에 달하며, 따라서 하지는 겨울이다. 다시 방향을 틀어 추분에 해가 적도에 이르면 추분은 다시 여름이며, 점점 더 남으로 내려가 동지에 극에 이르면 다시 겨울이 된다. 또, 천하는 한서를 일원

근으로 보기 때문에, 그 가운데 일원근은 1년에 두 번 있는 것이며, 한서
역시 1년에 두 번 있다. 1년이 2년으로 되는 것은 아니다. 해가 다시 돌아
와야만 1년이 되는 것이다. 1년은 한서에 있는 것이 아니다.

혹, 듣기를, 1년이 1주야라 하면 믿지 않는다. 이리석게 들릴지 몰라도,
서양인 그들이 친히 그 일을 겪어 알았다는 것을 의심할 수는 없다. 가까
이 검토해보자. 『원사』의 곽수경 사해측험 27소의 기사내용을 보면, 북극
출지 65도인 북해는 하지의 낮길이가 82각이고 밤은 18각이라 한다. 또
「당서」를 검토해 보면, 貞觀년간에 骨利幹국의 獻馬使가 다음과 같이 말
했다고 한다. 즉 그 나라는 북경 서북 2만여리에 있는데, 밤이 짧고 낮이
길 때는, 하늘에 저녁 놀이 질 때 삶기 시작한 양고기가 미처 다 익기 전
에 동방은 이미 밝아온다고 했다. 이 두 이야기는 북쪽 땅이 極長 極短의
晝夜가 있음을 徵驗하기에 족하다.

원나라 사람이 이른 곳이 겨우 북해이고, 65도 이북은 가보지 않았다. 그
러므로 아직도 밤이 18각이 남아 있었던 것이다. 골리간국 사람들이 살던
곳도 66.5도까지는 이르지 않았기 때문에, 밤이 아직도 한 두 각이 남아
있어 양고기를 삶을 수 있었던 것이다. 거기서 더 북으로 가면 점점 밤이
짧아지다가 無夜가 되는 것은 必至의 사실이며, 더 북으로 가면 결국 북
극이 천정이 되는 것도 必至의 사실이다. 거기서는 1년이 1주야가 되는
데, 우리의 의기로 시험해 보면, 그 이치로 볼 때, 그럴 수밖에 없음을 알
수 있다. 만약 골리간국이 밤이 짧고 낮이 길다면, 그것은 그곳의 하지 무
렵임을 알 수 있다. 그곳의 동지에는 시간이 그 반대로 되면서, 낮이 길고
밤이 짧을 터인데, 그 이야기는 사서에 없으니, 전해 내려오는 이야기가
온전하지 않은 셈이다. 사람들이 자기 耳目으로 겪어보지 않은 일이라도
이치가 그렇다면 우리는 믿어야한다. 이를 우리가 믿지 못한다면, 어찌
북극 직하의 사람들로 하여금 1주야가 100각이라는 우리의 말을 믿으라
고 할 수 있겠는가! 골리간국 使者가 돌아가서 자기나라 사람들에게 당
나라의 주야각수를 이야기하였다면, 그 나라 사람 중에는 틀림없이 이를

불신하는 사람이 있었을 것이다. 이른바 그들과 우리가 보는 것이 같지 않으니 서로 상대방을 비웃는 것이다.

혹, 묻기를, 원나라 사람이 북극출지 65도인 북해는 하지의 낮 길이가 82각이고 밤은 18각이라 하였는데, 이제 우리 의기로 재보면, 65도 하지의 낮길이는 84각, 밤길이는 12각에 그치는데 어찌된 것이냐는 것이다. 이에 대한 대답은 다음과 같다. 즉, 수시력의 주천도는 365.25도이고, 서력의 주천도는 360도다. 그러므로 북해의 북극출지는 서력으로는 64도다. 또 수시력은 하루가 100각이고 서력은 96각이다. 이제 우리의 의기로 측정하면 북해 64도의 하지의 낮 길이는 80각소약이고, 밤 길이는 15각태강이다. 두 측정치의 계산값이 서로 잘 맞는 것이다.

【주】 위도 y=64도와 하지의 태양고도 δ=23.5도에 따른 주야장의 평가를 위해서 정기준(2013)의 식을 이용해보자.

$$\sin(b) = \tan(\delta) \times \tan(y) = \tan(23.5) \times \tan(64) = 0.8915,\ b=63.06\text{도}.$$

여기에서 구한 편각 b를 써서 100각체계에서의 주야장을 구하면 다음과 같다.

100각 체계에서의 주야장(각)$= \dfrac{100}{360} \times (180 \pm 2b) = 50 \pm b/1.8 = 85$각, 15각 (『원사』는 82각, 18각)

96각 체계에서의 주야장(각)$= \dfrac{96}{360} \times (180 \pm 2b) = 48 \pm 8b/15 = 82$각, 14각 (웅삼발은 80소약, 15태강)

그러므로 『원사』는 낮의 길이를 3각 짧게, 웅삼발은 2각 짧게 평가하고 있다. 이처럼 잘못의 방향이 같기 때문에 '두 측정치의 계산값이 서로 잘 맞'게 된 것이다.

새 방법을 써보자. 앞에서 일출입시각을 구하는데 사용했던 식을 이용하는 것이다. 북위 64도의 하지에 그 식은

$$\cos(\tau) = -\tan(\delta)\tan(\phi) = -\tan(23.5)\tan(64) = -0.8915$$

로 되며, 따라서 $\tau = \pm 153.06$ 노다. (위에서 얻은 결과 90+63.06과 일치한다.) 즉 오전 1시58분에 해가 떠서 오후 10시12분에 해가 진다. 그러므로 하지에, 낮 시간 즉 하주장은 20시간 24분, 밤 시간 즉 하야장은 3시간 36분이다. 96각체계로는 각각 82각과 14각이다.

(8) 隨地隨節氣求日出入之廣幾何

이는 $e = 0$에서, 관심 지점의 위도 ϕ와 태양 적위 δ가 주어졌을 때, 지평 방위 a를 구하는 문제의 응용이다.

春分秋分日에 해는 赤道 한 줄 위로만 다닌다. 그리고 해의 出入處는 赤道와 地平線의 교점이다. 그 교점을 天元卯酉라 한다. 춘분 이후 해의 출입처는 점점 북쪽으로 올라가다가 하지에 이르면 극에 달하고, 그 다음에는 다시 남쪽으로 내려간다. 추분 이후 해의 출입처는 점점 남쪽으로 내려가다가 동지에 이르면 극에 달하고, 그 다음에는 다시 북쪽으로 올라간다. 그 출입처 남북의 너비는 지역에 따라서 같지 않다. 오직 적도 직하에서만 그 폭은 23.5도(强)이고, 적도에서 멀어질수록 그 너비는 점점 넓어진다. 그러므로 지역에 따라 그 지역의 각절기 일출입의 너비가 있다. 이를 알아내는데 우리의 儀器를 사용하면 어떨까? 무릇 크기를 알아내려면 먼저 方面을 바로잡아야한다. 방면을 바로잡는 법은 현재 羅經 즉 羅針盤을 많이 사용한다. 그런데 나침반의 바늘이 가리키는 방향은 子午正線이 아니다. 나침반의 바늘은 스스로 가리키는 제 나름의 '바른' 방향이 있다. 내가 일찍이 항해 중에 大浪山을 지났다. 대랑산은 중국의 서남방 5만리에 있는데, 대랑산의 서쪽으로 갈수록 나침반의 바늘은 점점 서쪽을

향하다가, 대랑산의 동쪽으로 갈수록 바늘은 점점 동쪽을 향했다. 즉 道里에 따라 바늘이 향하는 도수가 달라지는 것이다. 중국에 이르러서는 그 바늘이 丙午之間남남동에 머물렀다. 즉 정남방과 남남동방 사이를 가리키는 것이다. 왜 그런 현상이 발생하느냐에 대해서는 이를 설명하는 이론이 따로 있다. 그리고 이제 정자오선을 얻으려면 어떻게 해야하느냐에 관해서도 그 해결방법이 있다. 그러나 나침반의 바늘만 가지고서는 미세한 차이를 잡아낼 수 없기 때문에, 眞子午線을 알아내는 데는 周禮의 土圭나 欽天監의 簡儀正方案으로 얻은 方面을 기준으로 하는 것만 못하다. 우리의 儀器를 써서 이를 알아내려면, 먼저 본지본일 일출입이 天元卯酉에서 몇도 떨어져 있는지를 알아낸다. 그 다음 일출을 관측해서, 천원묘유를 계산해 내고 나서, 卯酉의 垂線을 취하면 그것이 바로 子午線이다.

【해설】제5법에 의하여, 상하반을 서로 겹친 다음, 지평선 아래, 본일절기선과 마주하는 直應度 눈금을 읽으면, 그것이 우리가 구하는 너비의 度數다. 가령, 순천부 즉 북경의 북극출지는 40도인데, 지금 우리가 동지 하지 일출입의 너비를 알고자한다. 앞의 방법에 따라 지평선상의 직응도분을 하지절기선에 겹치게하여 읽어보면, 31도를 얻는다. 즉 하지 일출입처가 천원묘유 이북으로 떨어진 편각인 것이다. 따라서 동지 일출입처가 남쪽으로 떨어진 편각도 31도다. 그러므로 동하지 일출입지의 너비는 합쳐서 62도인 것이다. 또 곡우/처서/우수/상강 네 날의 일출입의 너비를 알고 싶으면, 앞의 방법에 따라 15도를 얻는다. 즉, 곡우/우수 두 날의 일출입은 천원묘유 남 15도임을 알 수 있고, 처서/상강 두 날의 일출입은 천원묘유 북 15도임을 알 수 있다. 또 북극출지 67도 지점의 경우를 앞의 방법으로 알아보면, 동하지 일출입의 너비가 90도임을 알 수 있다.

【주】여기의 31도, 15도 90도 등의 수치는 다음의 방법으로 정확한 대응값 a를 계산할 수 있다. (이 식의 유도는 '좌표변환'을 다루

는 곳에서 철저히 다루어진다.)

$$\sin(a) = \sin(\delta)/\cos(y), \ \ \text{단, } \delta = 距赤道, \ y = \text{그 지점의 위도.}$$

동하지의 거적도는 23.5도이고, 북경의 위도는 40도이므로 그에 대응하는 a는

$$\sin(a) = \sin(23.5)/\cos(40), \ \ a = 31.3$$

곡우/처서/우수/상강의 거적도는 11.5도이므로, 북경에서 그에 대응하는 a는

$$\sin(a) = \sin(11.5)/\cos(40), \ \ a = 15.0$$

북위 67도 지점의 하지의 대응하는 a는

$$\sin(a) = \sin(23.5)/\cos(67) = \sin(23.5)/\sin(23) > 1$$

그런데 이 조건을 충족하는 a의 값은 정의되지 않는다. 문제 설정이 잘못된 것이다 즉 북위 67도 지점에서는 이 문제의 제기 자체가 불가능한 것이다. 이 방법이 적용될 수 있는 범위는 $0 \leqq y \leqq 66.5$ 다. $y = 66.5$ 일때 $a = 90$도다. 아마도 웅삼발은 66.5도 일 때를 염두에 두었을 것이다.

새 방법을 쓰면,

$$\sin(\delta) = -\cos(e)\cos(a)\cos(\phi) + \sin(e)\sin(\phi)$$

식은 일출입에 관계되는 문제이므로 $e = 0$으로 놓아 간단하게 변형된다. 즉, $$\cos(a) = \frac{-\sin(\delta)}{\cos(\phi)}$$

이 식이 위의 대응식 $\sin(a) = \sin(\delta)/\cos(y)$과 다르게 보이는 이유는 변수의 정의가 다르기 때문이다. 새 방법에서 정의되는 변수를 쓰면, 위의 대응식은 $\sin(a-90) = \sin(\delta)/\cos(\phi)$로 된다. 그런데 항등관계 $\sin(a-90) \equiv -\cos(a)$를 고려하면 대응식은 다음과

같이 변형된다. 즉,

$$\cos(a) = -\sin(a-90) = \frac{-\sin(\delta)}{\cos(\phi)}$$

이는 새 방법의 식 자체다. 그러므로 새 방법은 위의 방법과 같다.

(9) 隨地隨節氣用極出入度求午正初刻日軌高幾何度分

이 문제는 ϕ, δ를 알고, 오정초각 즉 τ=0일 때, e를 구하는 문제, 즉 $e = (90-\phi) - \delta$ 의 문제다.

제5법에 따라 상하반이 서로 겹치게 한 다음, 지평선으로부터 기산하여, 주천도분을 짚어가면서 세어 본절기선상까지 이르면, 그렇게 세어 얻은 도분 값이 바로 우리가 구하는 일궤고도다.

【해설】 순천부의 북극출지는 40도인데, 동지 하지 춘분일 각 오정초각 일궤고도를 알고자하면, 앞의 법에 따라 지평선을 남극입지 40도상에 겹치게 하고, 41도로부터 기산하여 동지절기선까지 가면, 26.5도가 되는데, 이것이 그 날 오정초각 일궤고도다. 춘분절기선까지 가면 50도를 얻고, 하지절기선까지 가면 73.5도를 얻는데, 이들이 그 날의 오정초각 일궤고도다. 또 廣東肇慶府는 북극출지23.5도인데, 앞의 방법으로 관측하면, 동지일 오정초각 일궤고도는 43도이고, 하지일은 90도다. 즉 그 날 日中에는 그림자가 없다. 또 북극출지 22도인 高州府의 경우를 보면, 하지일 오정의 일궤고가 천정을 넘어 북으로 간다. 그러므로 그 행도는 오히려 소서 망종보다도 낮아진다. 즉 오정초각 북 지평선으로부터 세어서 88.5도가 일궤고도다. 즉 그 날 日中의 그림자는 倒景 으로 표의 남쪽에 있다. 소서 망종 양일에는 日中無景(=影)인 것과 비교된다.

【주】 이 문제는 ϕ, δ를 알 때, 오정초각 즉 τ=0일 때, e를 구하는 문제이므로 식

$$\sin(e) = \cos(\delta)\cos(\tau)\cos(\phi) + \sin(\delta)\sin(\phi)$$

를 이용할 수 있다. 이 식에 $\tau=0$을 대입하면, 다음과 같이 변형된다.

$$\sin(e) = \cos(\delta)\cos(0)\cos(\phi) + \sin(\delta)\sin(\phi) = \cos(\delta)\cos(\phi) + \sin(\delta)\sin(\phi)$$

여기에 삼각함수의 합각의 공식과 항등식, $\sin(e) = \cos(90 - e)$ 를 대입하면, 식은 다음과 같이 변형된다.

$$\cos(90 - e) = \cos(\delta)\cos(\phi) + \sin(\delta)\sin(\phi) = \cos(\phi - \delta)$$

즉, $e = (90 - \phi) - \delta$

이 식으로 위의 문제는 모두 해결된다. 예컨대 순천부는 ϕ=40도이고, 고주부는 22도이므로 순천부 하지의 경우는 $e = (90 - \phi) + \delta = (90 - 40) + 23.5 = 73.5$도다. 고주부 하지의 경우는

$$e = (90 - \phi) + \delta = (90 - 22) + 23.5 = 91.5.$$

그런데 고도는 90도가 정점이므로, 이는 정점을 넘어 1.5도를 내려간 값이고 따라서 '고도'는 88.5도다.

(10) 日晷

이는 ϕ, δ, e를 알 때, τ를 구하는 문제다.

해그림자로 때를 아는 방법은 크게 둘로 나누이고, 작게는 수십 수백 종이다. 따라서 이 주제만으로 책을 한 권 쓸 수 있으며, 실제로 그런 책이 있다. 이제 우리의 儀器를 써서 수지수절기 그림자를 취하여 목하시각을 얻는 일은 역시 유용하고, 이런 候時法은 다른 방법을 도와줄 뿐 아니라 다른 방법 중에 이 방법이 갖추어있기도 하다.

【해설】 제1법에 따라 目下 일궤고도가 몇도인지를 얻는다. 다음 제5법에 따라 상하반을 서로 겹치게 하고, 다음 일구선에 의하여 그 일궤고도를 평행하게 보면, 본일 절기선과 시각선이 만나(=値)는 점의 시각이 目下 시각이다. 일구선이 일고도와 만나지 않을 때에는, 또 하나의 직선을 써서 일고도에서 일

구선과 평행하게 잡으면 된다. 일구선을 사용하지 않으려면, 일고도의 半弦의 길이를 가지고, 천정선과 평행하게 하여, 한 끝은 지평에 닿고, 다른 한 끝은 일고도에 닿게 하여 지평선과 평행하게 취하면 된다. 가령 순천부 동지일 오전에, 일고 20도를 얻었다고 하자. 다음 지평선을 북극출지 40도와 겹치게 하고, 일구선에 평행하게, 또는 일구선에 평행한 선에 평행하게, 또는 다른 길이로 지평선에 평행하게, 일고 20도로부터 평행하게 동지절기선과 만나게 하면, 그 때의 시각이 사정초각少라면 그 시각이 구하는 시각이다. 또, 응천부 청명 후 5일 오후에, 일고 18도를 얻었다고 하자. 다음 지평선을 북극출지32도와 겹치게 하고, 일고 18도로 평행하게 본일절기선과 만난 점을 읽으면, 신정1각인데, 이것이 구하는 시각이다.

【주】이 문제는 ϕ, δ, e 를 알 때, τ 를 구하는 문제이므로 식

$$\cos(\tau) = \frac{\sin(e) - \sin(\delta)\sin(\phi)}{\cos(\delta)\cos(\phi)}$$

를 이용할 수 있다. 이 식에 해당 값들을 대입하면 다음과 같다

$$\cos(\tau) = \frac{\sin(e) - \sin(\delta)\sin(\phi)}{\cos(\delta)\cos(\phi)}$$

$$= \frac{\sin(20) - \sin(-23.5)\sin(40)}{\cos(-23.5)\cos(40)} = 0.8517$$

$$\tau = 31.60$$

즉 10시 6분전이다. 사정초각은 10시다. 사정초각소의 소는 6분전을 의미하는 것일까? 청명후5일의 δ 를 7.838도로 이해하면 이때 응천부 오후, 고도 18도의 시각은 $\tau = -63.0$도는 신정1각 즉4시15분에 해당할까? 그 값은 4시 12분에 해당하므로, 매우 근접함을 알 수 있다.

(11) 隨地隨節氣求日交天頂線在時刻

이는 $a = 90$도이고, ϕ, δ를 알 때 τ를 구하는 문제다.

天頂線이란, 天元卯酉로부터 天中까지 올라가 사람의 直頂上에 이르는 선이다. 이 선은 본지의 천체남북을 둘로 평분하는 界限이다. 북극출지 地面 즉 북반구에서는 大約(=most probably) 춘분이후 일출입은 천원묘유의 북인데, 日中에는 천정 남에 해가 오므로, 춘분이후 추분이전에 해가 다니는 길은 천정선과 두 번 만난다. 단 동쪽 교점은 점점 늦어지고 서쪽 교점은 점점 빨라져서, 하지에 그 두 교점은 극에 달한다. 이를 써서 매일 매일 측정하면, 정방면을 써서 천원묘유를 얻을 수 있다. 또 지역에 따라서 向北墻(북면벽) 위에 해시계를 만들어 日景線을 그리면 그림자가 끝나는 점에서 끝난다.

【해설】 제5법에 따라 상하반을 서로 겹치게 하고, 천정선이 모시각과 겹친 점을 읽으면 그것이 바로 우리가 구하는 시각이다. 가령 북극출지 40도인 순천부의 청명과 백로 양일에 해가 천정선과 교차하는 시각이 언제인가를 알고 자하면, 앞의 법에 따라 천정선과 본절기선이 만나는 점을 읽어낸다. 그것은 묘정2각과 유초2각이다. 이것이 오전과 오후에 해가 천정선과 만나는 시각이다. 또 하지일에 해가 천정과 만나는 시각은 같은 법에 의하여 진정초각/신정초각임을 안다. 여기서 알 수 있듯이, 순천부의 면북장에는 청명/백로 양일 묘정2각 이전, 유초2각 이후 일광이 비친다. 하지일에는 진정초각 이전, 신정초각 이후 일광이 비친다. 또, 광동 조경부 북극출지 23.5도 强에서 하지일에 해가 천정선과 만나는 시각을 알고자 한다면, 앞의 방법을 써서, 그 시각이 오정초임을 안다. 즉 그 날 일광은 하루 종일 北墻을 비추며, 向南墻에는 日中에 조금 비추다가 만다. 또 우리의 방법에 따라 말라카국을 관측해보면, 그 나라는 적도직하에 있기 때문에, 북극과 남극이 모두 지평에 있으므로, 춘분이후 추분 이전 반년간은 해는 北墻을 비추며, 추분이후 춘분이전 반년은 南墻을 비춘다.

【주】이 문제는 $a = 90$도이고, ϕ, δ를 알 때 τ를 구하는 문제다. 그러므로 식

$$\tan(a) = \frac{\sin(\tau)}{\cos(\tau)\sin(\phi) - \tan(\delta)\cos(\phi)}$$

를 이용하면 문제를 해결할 수 있다. 특히 천정선상의 문제이고, 천정선에서는 $a = 90$도이므로, 이 문제는 이식의 분모가 0일 때다. 즉, $\cos(\tau)\sin(\phi) - \tan(\delta)\cos(\phi) = 0$

일 때다. 그러므로 이 식을 변형하여 얻은 다음 식이 우리가 이용할 수 있는 식이다.

$$\cos(\tau) = \frac{\tan(\delta)\cos(\phi)}{\sin(\phi)} = \frac{\tan(\delta)}{\tan(\phi)}$$

이 식을 써서 위의 내용을 검산해 볼 수 있다. 예컨대 순천부 하지이면, $\phi = 40$, $\delta = 23.5$ 인데, 이 경우 τ는 ±58.8도이므로, 오전 8시7분, 오후 3시53분이다. 이를 진정초각 (오전8시), 신정초각 (오후 4시)라고 하고 있는 것이다.

(12) 論地圜體

땅덩어리가 구체임을 논증한다.

지평선 천정선을 下盤과 겹치게 하여, 주천도수를 세면서 돌려가면서 추론하면, 지구가 둥글다는 의미를 증험할 수 있다.

【해설】땅은 본래 圜體이고, 천중에 머물러있다고 하나 그것은 한 점에 불과하다. 점이란 나눌 수 없는 것이어서 (『기하원본』의 '점'의 정의가 그러하다.) 數를 논할 수 없다. 이제 우리의 의기 중에 반은 비고 반은 차게 만들었다. 이는 지면이 요활하고 사람이 지상에 산다는 것을 따르(=緣하)고 있다. 目力이 미치는 곳이 천체의 반인 까닭에 반허반실이고, 이는 隱見의 모습이다. 이

에 의지해서 측험을 한다고 해도 그것은 地體가 실제로 天體의 반을 가릴 수 있다는 뜻은 아니다. 그 진짜 이치를 논하자면, 盤心軸이 간략히 地體를 가리킬 수 있음을 뜻할 뿐이다. 이제 地圜의 뜻을 증험하기 위해서, 말라카국에 사는 사람을 생각해 보자. 이 사람은 적두 직하에 있기 때문에, 지평에서 남극과 북극을 동시에 볼 수 있다. 즉 우리 의기의 상반 지평선을 하반 극선과 겹치면, 위로는 적도를 마주하고 있고, 아래로는 축심을 딛고 있는 모습이 그 사람이 말라카 지면에 서있는 모습이다. 다음으로 이제 이 사람이 북으로 250리를 가면, 북극출지 1도 남극입지 1도의 상황을 보게 된다. 즉 지평선이 남은 1도 올라가고 북은 1도 내려가서 지금 양극의 출입지 각 1도가 되어 지평선을 북으로 1도 돌고, 천정선 역시 북으로 1도 돈 것이 그 사람이 북으로 250리 이동한 모습이다. 2500리를 가면 10도를 돈 것이고, 22500리를 가면 90도를 돈 것이 되는 등, 이르는 곳에 따르기 마련이다. 그 사람은 항상 천정선처럼 서고, 항상 축심에 발을 딛고 있다. 그러므로 땅은 축심과 같고, 마땅히 圜體일수밖에 없다. 그리고 매 250리가 1도라는 것은 차가 일정하다는 것(=平差)을 의미한다. 그 천정선이 축심에 따라 한바퀴 돈다는 것은 사람이 지구를 한바퀴 도는 모습이다. 만약 땅이 平體로 하늘의 半에 자리하고 있다면, 이 의기처럼 지평선을 실제로 극선에 딱 붙여서 돌 수 있는 것이 아니라면, 곧 그 말라카 사람은 북쪽으로 암만을 가도 마땅히 남극을 常見할 것이며, 남쪽으로 안만을 가도 북극을 常見할 것이다. 이제 순천부를 보면, 이미 북극출지 40도이므로, 지평선을 실제로 하반 40도에 딱 붙여 놓는다면, 순천부 사람이 남쪽으로 암만을 가더라도, 북극출지 40도를 常見할 것인데, 어찌 남으로 250리 간다고 1도가 줄어들고, 북으로 250리를 간다고 1도가 늘어날까보냐! 만약 地體가 원래 평평하고, 去極에 遠近이 있기 때문에 차가 다르게 나타난다면, 천체의 크기로 볼 때 이 설을 짓기 어렵다 즉, 이 설은 또한 平差를 지어서는 안되고 長短差를 짓지 않으면 안된다. 그런데 우리는 이미 平差라 하였으므로, 땅은 원래 둥글어야한다. 사람이 둥근 구 위를 돌아 이동하기 때문에 남북 두 극은 그에 따라 점차 隱見하는 것이다. 이제 이 의기를 써서 알 수 있는

展轉의 모습은 땅이 둥글다는 의미와 전혀 차이가 없다.

【주】이 문단은 땅이 둥글다는 사실을, 이 의기의 구조와 관련하여 탁월한 방법으로 설명하고 있다.

(13) 論各地分表景不同

「兩儀玄覽圖」 刻에 이르기를, 某一帶 天下에 몇 개의 般景이 있다고 하였다. 그러나 그 지도 중에 그 설을 탐구한 것은 없다. 지금 우리의 의기를 써서 간단히 그것을 해설하고자 한다.

【해설】상반의 지평선과 천정선을 하반 주천도에 겹쳐서 도수를 세면서 돌린다. 표를 세워 그림자를 취하면 지역에 따라 그 모습이 다를 것임을 추측할 수 있다.

그 지역이 赤道直下라면, 남북극이 지평과 함께한다. 그 지역에는 3종의 그림자가 있다.

그 지역이 적도와 23.5도 사이라면, 그 지역에는 4종의 그림자가 있다.

그 지역이 23.5도 직하라면, 그 지역에는 3종의 그림자가 있다.

그 지역이 23.5도에서 90도 사이라면, 그 지역에는 2종의 그림자가 있다.

그 지역이 90도 직하라면, 그 지역에는 무궁한 그림자가 있다.

第1種景:	표남 (절기선이 천정선과 교차 아니함)
第2種景	표북 (절기선이 천정선과 교차 아니함)
第3種景	표서-무경-표동, (절기선과 천정선이 겹치는 경우)
	표북-표남 (절기선이 천정선을 가로지르는 경우)
第4種景	표남-무경-표남 (천정선과 절기선이 접하는 경우)

그림자를 얻기 위하여 표를 세울 때는 지평선 위에 지평선과 직각이 되게 똑

바로 세워야 한다. 마치 천정선과 같다. 해가 동에 있으면 表景은 서에 있고, 해가 남에 있으면 表景은 북에 있다.

그 지역이 적도직하인 말라카국의 경우, 지평선과 극선이 겹치게 하고, 천정선이 표의 역할을 하게하고 추론해보면, 춘분이후 추분이전의 각절기 일출입은 모두 천정선 북에 있다. 그러므로 이 기간에 해그림자는 모두 표남에 있음을 안다. 즉 '제1종경'이다. 추분이후 춘분이전의 각절기 일출입은 모두 천정선 남에 있다. 그러므로 이 기간에 해그림자는 모두 표북에 있음을 안다. 즉 '제2종경'이다. 춘분일 추분일에 일출입은 바로 천정선상에서 있고, 따라서 일출경은 表西, 일입경은 表東에 있으며, 日中은 無景이다. 즉 '제3종경'이다.

그 지역이 적도와 23.5도 사이에 있는 23도의 광주부의 경우, 지평선과 23도선이 겹치게 하고, 천정선이 표의 역할을 하게하고 추론해보면, 춘분이전 추분이후의 각절기 일출입은 모두 천정선 남에 있다. 그러므로 이 기간에 해그림자는 모두 표북에 있음을 안다. 즉 '제1종경'이다. 망종이후 소서이전에, 일출입은 모두 천정선 북에 있으므로, 이곳의 일경은 모두 표남에 있음을 안다. 즉 '제2종경'이다. (주: 망종/소서의 거적도는 22.6도다 그러므로 사실이 아니다.그러나 여기서는 망종/소서의 거적도를 23도로 보고 있는듯하다. 그렇다면 추론은 맞다.) 춘분이후 망종이전/소서이후 추분이전, 일출입은 천정선과 교차한다. 앞의 제11법에 의하여, 교차시각 즉 早交시각 晩交시각을 구하면, 조교이전 만교이후 [해는 표의 북쪽에 있으므로,] 해그림자는 표남에 있고, 조교이후 만교이전에 [해는 표의 남쪽에 있으므로,] 해그림자는 표의 북쪽에 있다. 즉 '제3종경'이다. (주: [ ]부분이 빠짐으로써, 설명이 반대로 되어있다. 바로잡았다.) 망종/소서일에 일출입은 천정선 북에 있다. 일중에 해는 천정선 위에 있다. (주: 망종/소서의 거적도를 23도로 보는 추론이다.) 즉 이 날 그림자는 모두 남쪽에 있지만 일중에만 무경이다. 즉 '제4종경'이다.

그 지역이 23.5도 직하라면, 법에 따라 입표 취경한다. 즉 지평선을 23.5도에 맞추고, 이때의 천성선을 표로 삼는다. 이 상황에서, 춘분이전 추분이후는 광주부의 경우와 같다. 그림자는 표북에 있으므로 '제1종경'이다. 춘분이후 하

지이전/하지이후 추분이전의 기간에, (즉 춘분이후 추분이전에서 하지를 제
외한 전기간에,) 역시 광주부와 똑같이 논할 수 있다. 해가 천정선과 교차하
는 경우, [부交전 晚交후 해는 북에 있으므로] 그림자는 남에 있고, 조교후 만
교전 [해는 남에 있으므로] 그림자는 북에 있다. (주: 원문은 빠지거나 잘못되
어 있다.) 즉 '제2종경'이다. 하지일에 일출입은 천정선 북이다. 그리고 일중
은 바로 천정선 위다. 그러므로 우리는 이 날 일중을 빼고 이중 전후 모두 그
림자는 표남에 있음을 안다. 다만 일중에는 무경이다. 따라서 이 날의 그림자
는 '제3종경'이다.

그 지역이 23.5도에서 90도 사이라면 어떨까? 가령 북극출지 40도인 순천부
에서 입표 취경한다고 가정하자. 즉 지평선을 40도와 겹치게 하고, 천정선을
표로 삼는다. 그러면 춘분이전 추분 이후에는 광주부와 마찬가지로, 그림자
는 표북에 있다. 즉 '제1종경'이다. 춘분이후 추분이전 역시 광주부와 똑같이
논할 수 있다. 해가 천정선과 교차하는 경우, [조교전 만교후 해는 북에 있으
므로] 그림자는 남에 있고, 조교후 만교전 [해는 남에 있으므로] 그림자는 북
에 있다. (【주】원문은 빠지거나 잘못되어 있다.) 즉 '제2종경'이다.

그 지역이 90도 좌우라면, 해는 지면을 돌고, 표말의 그림자는 바로 일전대충
천상에 있다. 그러므로 그림자는 無窮景이다.

【주】이 설명은 매우 미진하다. 예컨대 북극 근방을 고려하면,
정확히 북위 90도인 북극을 제외하고는 어디서나 지평면에 방위를
특정할 수 있다. 즉 극선의 투영이 남북선이고, 천정선은 동서와 천
정을 잇는 천원묘유의 반원이다. 그러므로 북극의 최근방에서 춘추
분을 제외한 춘추분 사이의 모든 날에 해가지지 않는다고 해도, 그
림자가 북에 있는 시간이 남에 있는 시간보다 약간 길다는 것을 계
산해 알 수 있다. 그리고 그림자는 분명히 지평면상에 생긴다. 춘추
분 양일을 포함하여, 추분이후 춘분이전까지만 그림자를 논할 수 없
을 뿐이다.

부록 2) 홍대용의 「測管儀」

其制有內外兩輪.
그 구조는 내륜과 외륜 둘로 되어 있다.

俱刻三百六十牙 爲周天度分.
내외 양륜 모두 360개의 어금니 모양의 눈금으로 주천도분 즉 주천의 도
와 분을 새겼다.
【주】'어금니 모양' 이란 흑백교대의 띠를 말하고 있다. 한 마디
가 1도다.

輪各有盤.
두 輪은 각각 盤 즉 받침을 가지고 있다.

1) 內盤

內盤長齊于輪徑.
內盤 즉 안받침의 길이는 테輪의 지름과 같다.

正中直線爲赤道
내반의 한가운데 세로직선이 있는데, 이것은 적도다.
【주】적도를 세로로 놓는 것이 「담헌서」 '측관의'의 특징이다.

赤道左右 板長漸殺而齊于輪. 各止于二十三度半 爲盤之廣.
중앙 세로직선인 적도 좌우에는 板이 있는데, 그 판의 (세로)길이는 적도에서
멀어질수록 조금씩 짧아진다. 이는 輪 즉 테와 같아야 하기 때문이다.

【주】판은 좌우 각각 23.5도에서 끝나는데, 이것이 내반의 너비가 된다. 판은 세로로 길쭉한 모양이고, 판의 좌우 폭은 적도에서 23.5도로 일정하지만 아래 위 마구리는 外輪의 원호를 경계로 하게 될 것이므로, 좌우대칭 상하대칭이다.

中赤道而施十字橫線盤之左右. 依線而貫絲 繫于輪牙 平分輪周. 左爲北極右爲南極.

적도의 가운데에서 十자가 되도록, 내반의 좌우를 가로질러 가로직선을 그린다. 그 선에 의지하여 받침 눈금에 실을 꿰어 테 둘레를 둘로 평분하고, 좌측을 북극 우측을 남극으로 한다.

【주】좌북우남이 담헌측관의의 특징이다.

赤道上下各界 板廣 施兩半規爲黃道, 俱分一百八十度.

적도 상하의 경계에, 판의 넓이로, 각각 반원을 그려 황도반규로 삼는다. 그리고 그 반규를 각각 180도로 나눈다.

【주】이때 '판의 넓이'란, 좌우로 23.5도씩의 넓이를 말한다. 따라서 그려지는 황도반규의 반지름은 23.5도의 폭이다. 그러므로 좌우 23.5도의 판의 경계점을 이은 가로선분이 황도반규의 지름이 되며, 황도반규의 중심은 그 가로선분과 적도의 교점이다. 황도반규의 중심이 적도의 끝점이라고 오해하는 경우도 있는듯 하나, 그렇지 않다.

從赤道左右 每當十五度 各施直線, 與赤道平行.

적도에서 좌우로 매 15도마다, 적도와 평행하게 세로직선을 그린다.

以赤道線爲春分秋分挨次排定　左從于第六行　而爲夏至, 右從于第六行
而爲冬至.
적도선으로 춘분 추분을 삼아 차례로 배정할 때, 좌로 제6행은 하지선에
되며, 우로 제6행은 동지선이 된다.

近赤道者　其行　漸疏, 遠赤道者　其行　漸密. 摠13行之疏密爲24節氣線.
적도에 가까운 선은 간격이 점점 넓고, 적도에서 멀수록 간격은 좁다. 이
렇게 간격의 소밀의 차이가 있는 13행이 24절기선이 된다.

赤道上下　外應周天度分　每當3.75度而一點　爲鍥, 再以二至線長　別置直
線　仍作全徑而周爲全規　亦分360度　亦每當3.75度而一點　爲鍥于徑線,
仍移鍥于二至之線, 乃以赤道之鍥　爲中點　二至之　鍥　爲左右點　依三點
同圓之法　各作半規, 極線上下各得23線.
적도상하에 외응주천도분 3.75도씩에 한 점을 찍어 경계를 삼는다. 그리
고 또 동하지 선의 길이를 지름으로 하는 원을 다른 곳에 그려, 역시 둘
레를 360도로 나눈 후에 3.75도에 한 점씩 대응하는 점을 그 지름위에 찍
는다. 그리고 기 지름에 찍은 점들을 동하지선에 옮겨 찍는다. 그러면 적
도선상의 점 좌우에 점이 찍히게 되는데 이 세 점을 지나는 원호를 그린
다. 그러면 극선 상하에는 각각 23개의 원호가 얻어진다.
【해설】시각선을 그리는 절차를 설명한다. 시각선을 매1각마다
그리려는 것이다. 그러면 매1소시가 위도 15도에 대응하고, 1소시
=4각이므로, 매1각은 위도 3.75도에 대응한다. 그러므로 1각에 대응
할 수 있도록, 위도를 3.75도씩 나누어 놓으려는 것이 첫 번째 과제
다. 측관의의 '적도'라는 직선은 주천도 360도의 반을 그린 것이므
로, 전체 길이가 180도에 대응한다. 직선의 중심에서 경계까지는 90
도 6소시에 대응한다. 이를 3.75도씩으로 나누려면 어떻게 하면 될
까? 중심점에서 旋轉하는 可動의 막대기 즉 지평막대기에 새겨진

외응주천도분을 이용하면 쉽게 나눌 수 있다. 이 막대기의 눈금은 중심에서 경계까지를 주천도분에 따라 90도로 나누어주고 있기 때문이다. 그러면 90도가 부등간격 24구간으로 나눌 수 있고, 그 구간 경계점이 23개가 '적도직선'의 上半 위에 찍힌다. 下半에도 똑같은 요령으로 점을 찍는다. 다음은 동지선/하지선과 길이가 같은 직선을 이 의기 바깥에 그리고 이 길이를 적도를 나눈 것과 같은 요령으로 부등간격 24구간으로 나누어 구간경계점을 찍고, 그 직선을 동지선/하지선으로 옮겨와서 똑같은 구간경계점을 찍는다. 그러면 적도직선의 각구간점 좌우 동지선/하지선에 대응하는 점이 생기게 되는데, 이 세 점을 지나는 원호를 그려, 그 원호가 等時刻弧가 되도록 한다는 것이 이 설명의 요지다. 원호를 그리는 방법은 '三點同圓之法'이라고 하고 있는데, 이는 동일직선상에 있지 않은 세 점이 있을 때, 두 점씩을 잇는 선분의 수직이등분선의 교점에서 세 점까지의 거리는 같다는 성질을 이용하는 작도법이다. 그러면 이상의 설명은 우리의 현재 지식으로 합리화 될 수 있는 것일까? 근사적으로 합리화 될 수 있다. 왜냐하면 여기서 요구되는 것은 원호가 아니라 타원호이기 때문이다. 등시각호는 경선의 정사투영이고, 그것은 타원이기 때문이다. 이 측관의의 경우 작도되는 것은 원호이지 타원호가 아니다. 그러나 짧은 타원호이기 때문에 원호에 의해서 근사시킬 수 있을 뿐이다.

乃以極線爲卯正初/酉正初, 次上一爲 卯正一/酉初三, 次下一爲卯初三/酉正一, 并挨次排定, 至 上下金周爲午正初/子正初.

그리하여 극선 즉 적도선은 묘정초/유정초각이 되고, 극선 하나 위 원호는 묘정1각/유초3각이 되고, 극선 하나 아래 원호는 묘초3각/유정1각이 된다. 이런 식으로 차례로 배정하면, 상하 金周에 이르러서는 각각 오정초각/자정초각이다.

近極線者 行漸疎而規漸廣, 遠極線者 行漸密而規漸曲, 摠47行之疏密廣
曲 爲各節氣時刻線.

극선에 가까운 등시각호 상호간에는 간격이 넓고 곡률도 작으나, 극선에
서 먼 등시각호는 간격이 좁고 곡률도 크다. 총 47행의 소밀광곡의 곡선
들이 각절기의 시각선이 된다.

正中安軸 以貫外輪盤心.

한가운데 축을 안치하여, 외륜의 반심을 그 축에 끼운다.

2) 外盤

地平 天頂線 垂線 直應度分 表 睍箭 墜線

外盤廣 不過寸陰. 上邊長齊輪徑. 平分天度爲地平. 地平當中, 上下各繫
直線亦平分輪周, 與地平十字交羅者, 上爲天頂線, 下爲垂線. 垂線左右
疏密直線 與垂線平行 外應周天度分 爲直應度分.

외반의 너비는 촌음에 불과하다. 상변의 길이는 테의 지름과 같다. 천도
를 360도로 평분하고, 地平이 되어, 지평은 가운데에 자리 잡는다. 상하
를 각각 세로직선으로 잇고, 테의 둘레를 평분하여, 지평과 十자로 교차
한다. 위에는 천정선이 있고, 아래는 垂線이 있다. 수선은 左右疏密의 세
로직선으로 垂線과 평행이다. 밖으로 주천도분과 대응하는 것이 직응도
분이 된다.

【주】이 설명을 보면, 담헌이 錢熙祚의 그림을 보고, 그림에 그
려진 대로 설명하는 것을 알 수 있다. 즉 지평에서 아랫부분 주천
도에 세로직선을 그려 직응도분을 설명하는 그림이다. 그러나 전희
조의 그림은 옳은 그림이 아니다.

地平左右立表 通竅與地平參直者 爲瞡筒. 軸末懸錘垂 加於周天度分 爲
墜線. 設跗立柱 側掛 柱端 亦爲活樞 使遊移低昻以便瞡望.

地平좌우에 表를 세운다. 구멍을 통하여 지평과 參直하는 것이 규통이다.
軸 끝에 錐를 늘어뜨려, 주천도분과 겹치게 한다. 그러면 그것이 墜線이
된다. 받침을 설치하고 기둥을 세운다. 옆에 柱端을 거는데, 역시 活樞로
서 돌아갈 수 있게 한다. 이렇게 하면, 돌리고 옮기고 숙이고 쳐다볼 수
있어서, 구멍으로 들여다보기가 편하다.

3) 간평의/측관의 구조에 대한 코멘트

(1) 웅삼발은, 담헌의 내반과 외반을, 하반과 상반이라고 부른다.
명칭은 아무래도 좋다. 그런데 웅삼발은 내반(하반)은 方面
외반(상반)은 圓面이라고 하여 우선 형태의 대립을 명시하였
다. 즉 모난 내반 위에 둥근 외반을 설치하는 것으로 되는 것
이다. 그러나 홍대용의 측관의는 이를 명시하지 않고 있다.
한영호의 해석대로 둘 다 둥근 모양임을 배제할 수 없다.

(2) 국립민속박물관의 「석판간평의」는 내반-방면, 외반-원면의
구조로 되어 있어서 웅삼발의 설명 구조와 유사하다. 다만
외반의 반이 완전히 비어있어서 천정선이 배제되어 있다.
웅삼발의 간평의 외반(상반)의 빈 부분에는 적어도 천정선
이 있는데 말이다.

(3) 내반과 외반은 모두 둥근 테輪를 따라 주천도가 새겨져 있
다. 그러므로 테의 지름이 같다면 내반의 눈금이 외반의 눈
금에 가리게 된다. 한영호의 경우가 그러하다. 그런데 「석판
간평의」는 내반의 지름보다 외반의 지름을 약간 작게 하여

이 문제를 해결하고 있다. 웅삼발은 어떻게 이 문제를 해결
했을까? 어떤 방책을 썼는지는 알 수 없다. 그러나 「석판간
평의」의 방법을 써서라도 문제를 해결했을 것이다.

(4) 계절선과 시각선의 작도에서 웅삼발은 융통성이 있다. 웅삼
발은 계절선을 좌우 각 6선의 24절기를 기본으로 하고 있지
만, 의기가 작다면 좌우 각 3선의 12중기 내지 12궁으로 나
누고, (시헌력 이후에 12중기와 12궁은 일치한다.) 의기가 크
다면 좌우 각 18선의 72후로 나눌 수도 있다고 본다. (1候는
절기의 3분의 1로, 약 5일이다.) 그러나 홍대용은 좌우 각 6
선의 24절기만을 언급하고 있다. 하-동 방향이다. 아래 위의
24절기명의 명칭 구별이 없다. 「석판간평의」는 24절기이고,
절기명칭은 위가 夏「-冬 방향이고 아래가 夏-」冬 방향이다.
웅삼발과 같다. 태양이 황도를 따라 동지에서 하지로 좌상향
하다가 하지에서 동지로 우하향한다고 보면 된다. 리마두의
「곤여만국전도」는 12중기다. 동-하 방향이다. 리마두의 그림
은 간평의는 아니다. 그는 이를 曷捺楞馬(analemma)라고 부르
고 있다. 아나렘마는 8자형의 도형이란 뜻이 아니라 정사도
법 orthographic projection이란 뜻으로 보아야 한다. 정사도법
으로 얻은 儀器란 의미일 것이다.

(5) 웅삼발은 時刻線에 관해서도 융통성이 있어서, 상하 각 12로
나누어, 2刻을 단위로 하는 것을 기본으로 하지만 의기가 작
다면, 상하 각 6으로 나누어, 4刻 즉 1小時를 단위로 시각선
을 나눌 수도 있고, 의기가 크다면 1刻 또는 5分을 단위로 시
각선을 나눌 수 있다고 한다. 그러나 홍대용은 1각을 단위로
나누는 방법만을 제시하고 있다. (왜 1각이냐 하면, 그는 3.75

도를 단위로 한다고 했기 때문이다. 그러면 그 4배가 15도이고 그것이 1소시다. 1소시의 4분의 1은 1각이다.)「석판간평의」는 상하 각 12로 나누었다. 즉, 2각을 단위로 하여 시각선을 작도하였다. 시각명은 시계방향으로 돈다. 양마낙은 위가 午시 아래가 子시이고, 1소시를 단위로 한다. 남북이 반대이기 때문에 시각명의 방향도 반대다. Organum Ptolemei는 1각을 소단위, 1소시를 대단위로 나누는 것이 표준이다.

(6) 三點同圓法. 일직선상에 있지 않은 3점은 하나의 원을 정의한다. 이 성질을 이용하여 3점이 주어졌을 때 원호를 그리는 방법을 말하고 있다. 그러나 홍대용의 예에서는 3점을 지나는 원이 아니라 그 3점을 지나는 타원이어야 옳다. 그러므로 그 방법에 의한 원호는 원하는 타원호의 근사일 수밖에 없다.

4) 用法

(1) 천체의 高度測定

凡晝觀太陽, 宵測星宿, 專籍(=藉)睨筩而準 以外輪之度 運輪對影 仍從垂線 數至墜線所加之度, 諸曜之高度定矣.

낮에는 태양 밤에는 별을 관측하는 일은 전적으로 규통에 의지한다. 즉 외륜의 도를 기준으로 삼아 외륜을 돌려 천체 그림자를 맞춘 후, 垂線으로부터 (연직방향을 가리키는) 墜線수선이 겹쳐진 (외륜의) 度까지를 세어서 그 천체의 고도를 정한다.

【주】이처럼 외륜을 돌리는 것이 正道다. 그런데 한영호 복원도의 그림에서 내륜이 돌아간 이유는 무엇일까?

(2) 定南北 地極出入

凡 諸曜漸升者爲未過午, 漸降者爲已過午. 得其最高爲午之中. 立表作 線 子午之直線定矣. 午線定則赤道高卑地極出入次第可定. 地極(出入) 定然後, 凡節氣時刻 晷影之差, 經緯之度, 可一覽而盡矣.

천체의 고도가 올라가고 있는 것은 아직 午를 지나지 않았다는 것이고, 내려가고 있다는 것은 이미 午를 지났다는 것이다. 그러므로 최고 고도점 을 얻으면 그것은 午의 최중에 있는 것이 되며, 그때 표를 세워 선을 그 으면 자오의 세로직선이 정해지는 것이 된다. 이렇게 오선이 정해지고나 면, 적도의 고도 남북극의 줄지/입지도가 차례로 정해질 수 있다. 이 줄지 /입지도가 정해지고 나면, 절기시각차, 구영차 경위도를 한꺼번에 모두 알 수 있게 된다.

(3) 이 곳의 적도고도, 90-ϕ 를 구하는 방법

先審本日去某節氣爲幾日, 卽撿內盤黃道, 視所當周天度, 卽得本日日躔 距赤道幾度, 仍加減以 本日最高度分, 本地之赤道高度定矣. (如本日過春 分五日, 得最高五十五度. 撿內盤, 日躔距赤道二度. 以反減 餘五十三度爲本地赤道 高度. 盖日在赤道無加減, 在南則加, 在北則減.)

먼저, 오늘이 모절기 후 며칠인지를 알아본다. 내반의 황도에서 그 날에 해당하는 주천도를 읽으면 오늘 해가 적도에서 얼마 떨어졌는지를, 즉 거 적도를 알 수 있다. 이로부터 그 곳의 적도고도를 알려면, 오늘의 주천도 에서 거적도를 더하거나 빼면 된다. 해가 적도의 남에 있으면 더하고, 북 에 있으면 뺀다. (여기서는 55도의 관측이 먼저다. 그리고 오늘이 춘분후 5일이라 는 데서 일전거적도=2도를 얻는다. 태양이 적도 북에 있으므로, 55도에서 2도를 빼서 53도를 얻으면, 이것이 그 곳의 적도고도다.)

【해설】관측지의 위도가 북위37도임을 모를 때, 또는 적도고도 53도를 모를 때 이를 구하는 방법을 설명하고 있다.

관측에 의해서 오늘 오정의 태양고도 55도를 얻었다. 그리고 오늘이 춘분후 5일임을 안다. 이로부터 적도고도를 구하려는 것이다. 태양이 춘분에서 황도를 따라 5일을 갔다면, 오늘의 황경은 λ=5도다. 이에 대응하는 태양의 적위의 변화 δ는, $\sin \delta = \sin 23.5 \times \sin \lambda$에 의하여 정해진다. 이 계산을 의기를 이용하여 수행하면, δ는 약 2도가 얻어진다. 그러므로 적도고도는 55-2=53 즉 53도가 얻어지는 것이다. 관측지의 북극고 즉 위도 역시 90-53=37 즉 37도인 것이다.

(4)

赤道高度旣定 則就90度內除赤道高度 南極之入地定矣. 南極之入地定則北極之出地亦定矣. (赤道當兩極之中, 南北各90度, 除高度53餘37爲北極出度. 凡兩極出入度數本均, 得入度而出度自定矣.)

적도고도 즉 90-ϕ가 정해지고 나면, 90도에서 적도고도를 빼면 남극입지도가 정해진다. 남극입지도가 정해지고 나면 북극출지도 역시 정해진다. (적도는 양극의 중앙에 있기 때문에 남북으로 각각 90도이고, 90도에서 53도를 빼면 나머지 37도가 북극출지도다. 북극출지도와 남극입지도는 본래 같다. 그러므로 북극출지도 37도를 알면 남극입지도 역시 37도로 저절로 정해진다.)

(5)

地極出入旣定 則以外輪地平線 斜加于內輪南極上北極下各如其度 仍地平南 數至本日最高度 本日之爲某節氣定矣. (如本日最高76度半 恰當於夏至線 卽知本日爲夏至.)

북극출지/남극입지도가 정해지고 나면, 외륜의 지평선을 기울여, 내륜의 남극상/북극하의 그 출입도와 같은 점과 겹치게 한다. 그리고 지평남으로부터 본일 최고도만큼 도수를 세어 올라가면, 오늘이 어느 절기인지를 정할 수 있다. (예컨대, 오늘의 최고도가 76.5도라면, 세어 올라간 점이 하지선과 딱 맞아 떨어지므로, 오늘이 하지임을 알 수 있다. 즉, 남극에서 남지평까지가 37도, 남지평에서 적도까지가 53도인데, 태양의 최고도가 76.5도라면 이는 적도에서 23.5도 더 올라간 각도다. 그리고 이 각도는 바로 하지의 각도다.)

(6)

因數至 各節氣線所當之度, 各節氣最高之度 俱定矣.

그리고, 각절기선에 대응하는 도수까지 세어가면, 각절기 최고도들이 모두 정해진다.

(7)

且, 撥地平與各節氣時刻線相交, 各節氣日出入時刻定矣.

지평선과 각절기시각선이 서로 만나는 점에서 각절기 일출입시각이 정해진다.

【해설】이 문장의 해석은 이렇다: 일출입은 지평선상에서 일어나는 현상이다. 즉 $e=0$일 때의 현상이다. 지평선에서 특정 절기 δ를 나타내는 절기선이 만나는 점을 생각해 보자. 그 점은 일의적으로 정해진다. 그러면 동시각을 나타내는 시각선은 '수동적'으로 이 점과 만난다. 이 시각선이 τ에 대응하는 선이면, 이로부터 시각을 구할 수 있다.

(8)

各節氣日出入時刻旣定, 則察日之出入 并撥黃道, 亦得本日之爲某節氣 或過某節氣幾日, 而 各節氣晝夜長短亦定矣.

각절기 일출입시각이 정해지고 나면, 일출입점을 살펴서 황도를 점검하여, 본일이 어떤 절기일인지, 또는 어떤 절기일에서 며칠인 지난 날인지를 알아낼 수 있다. 따라서 각절기의 주야장단 역시 계산할 수 있다.

【해설】 앞의 경우와 달리 지평선과 등시각선의 교점을 가지고 추론하면, 이 교점을 지나는 절기 값 δ를 알 수 있다. 이 δ에 대응하는 황도환의 점에서, 오늘이 어느 절기인지, 또는 절기에서 며칠 지났는지를 알 수 있다.

(9)

因視 各節氣所直外輪直應度分, 各節氣日出入赤道南北之緯度定矣.

그리고, 각절기선이 마주하고 있는 외륜직응도분을 보면, 각절기 일출입지점의 적도남북위도를 정할 수 있다.

【해설】 이는 e=0인 지평에서, δ를 알면 a를 알 수 있다는 말을 하고자 하는 것이다. 즉, $\sin(a) = \sin(23.5)/\cos(37)$에서 a를 읽을 수 있다는 것이다. 여기서 a는 직응도분 즉 지평좌표의 방위각인데, 방위각의 원점을 묘/유로 놓고, 묘유는 적도와 일치하기 때문에 '적도남북위도'라는 말을 사용하고 있다. 지평좌표계의 관점에서 보면, 이는 '방위각'이므로, 위도가 아니라 '지평경도'인 셈이다. '지평위도'는 '고도각'이기 때문이다.

(如 冬夏至 日出入 距 地平卯酉 各30度强, 此專以地極高下爲準. 地極既異則天頂易, 次地平隨變. 至 若 國 据 赤道之下, 赤道爲 天頂 兩極爲 地平, 則 日出入緯度 同於 黃道極, 于 23.5度. 而 通年 晝夜皆平. 自 赤道 南北 漸遠, 漸廣. 至 兩極之下, 兩極爲 天頂 赤道 爲 地平. 則 日出入緯度 極 于 90度. 日行 赤道上 爲 晝, 日行 赤道下 爲 夜, 晝夜 各占 半年 而 當 朞 之 日. 語 雖 近 誕, 按儀察之 其理甚確.)

(예컨대, 동하지에 일출입지점은 지평묘유에서 각각 30도강 떨어진 지점인데, 이는 전적으로 해당 지역의 지극출입의 고하에 따른 것이다. (주 : '지극'이란 '지평남'/'지평북'을 의미한다.) 지극출입이 다르면 천정이 바뀌게 되고, 그에 따라 지평도 달라진다. 심지어 그 나라가 적도 직하에 있다면, 적도가 천정이 되고, 兩極은 지평이 된다. 즉 일출입 위도(주: 즉 '방위각' 이하 같음.)는 황도의 극인 23.5도와 같아진다. 여기서는

일 년 내내 주야가 개평이다. 적도로부터 점점 멀어지면, (즉 φ가 0도에서 시작하여 점점 커지면,) 일출입 위도는 점점 넓어진다. 심지어 兩極의 직하에 이르면, 兩極이 천정이 되고 적도가 지평이 된다. 즉 일출입 위도는 극에 달하여 90도가 된다. (아래 주 참조.) 해가 적도보다 위를 운행하면 낮이고, 적도보다 아래를 운행하면 밤이므로, 낮과 밤이 반년씩을 점하고 있는 셈이고 1년이 하루다. 허탄한 말 같이 들리지만, 이 의기를 살펴보면 그 이치는 매우 확실하다.)

【해설】 이것은 옳지 않다. 66.5도에서 이미 90도가 된다. 식 $\sin(a) = \sin(23.5) / \cos(y)$에서 y=0일 때, 즉 적도직하에서, a=23.5 이고, y=66.5 일 때 $\sin(a) = \sin(23.5) / \cos(66.5) = 1$ 이므로, a=90도가 된다. 그보다 높은 위도에서는 이 식이 정의되지 않으나, 일출입 위도는 여전히 90도다. 이는 간평의/측관의에 의해서도 확인된다.

(10)

次 從地平兩傍(=旁) 數至目下日高度分, 別以直線 隱取 兩界 與地平平行 交於節氣時刻兩線, 目下時刻定矣.

다음은, 지평 양방으로부터 현재의 일고도분 만큼 세어 올라가서 그 두 경계점에서 지평에 평행하게 직선을 그어, 그 직선이 절기선과 만나는 점을 취하고, 그 점을 지나는 시각선의 값을 읽으면 그 시각이 현재의 시각이다. 이리하여 현재의 시각을 정할 수 있다.

(11)

夜察宿度準以日躔 對宮睨望 考度如日法 則昏夜時刻亦定矣. (如夏至日入戌初1刻3分 卽以戌初1刻3分爲宿度 出地時刻 倒盤而互求之.)

밤에 일전을 기준으로 宮을 마주하여 규망하여 宿度를 살피면, 일법과 마찬가지로 도수를 고구하여, 혼야시각 역시 확정할 수 있다. (이하생략. 이는 이 의기로 알 수 있는 내용이 아니다.)

나는 2016년 제25회 수당상 시상식에서, 학문연구에서 중요한 것은 연구의 출발점을 基盤岩에 두는 것이라고 하면서, 계량경제학 자로서 정년퇴임한 후에, 현재는 "時空間認識體系의 경제학"이라고 부를 수 있는 주제에 푹 빠져 있다고 하였다. 위대하다는 평가를 받는 업적은 예외 없이 그 연구의 출발점이 기반암이다. 학문연구 를 기반암으로부터 출발한다는 것은 더는 의심할 수 없는 명제로 부터 출발한다는 말이다. 큰 건축물을 지을 때는 파일을 基盤岩까 지 내려 박는다고 하는데, 그래야만 튼튼한 건축물이 지어질 수 있 기 때문이다. 학문연구도 마찬가지여서, 튼튼한 기반암 위에 세우 는 것이 중요하다.

내가 이 책에서 다루는 주제인, 서운관의 천문의기 연구는, 나의 "시공간인식체계의 경제학" 연구의 일환이다. 내가 이 주제에 관심 을 가진 이유는 두 가지다. 하나는 나의 주전공인 계량경제학에서 사용하는 투영이론과 좌표변환이론이 시공간인식체계를 이해하는 데 기반암의 역할을 할 수 있다고 보았기 때문이다. 또 하나는 시 공간인식체계야말로 國力의 伸張 경제력의 신장과 제1차적 관련을 갖는다는 나의 소신 때문이다. 투영이론과 좌표변환이론은 사실 천 문학과의 관련 속에서 발전하여, 그것이 계량경제학에서 쓰이게 된 것이며, 천문의 관측은 경제활동 내지 國力과의 관련에서 발전한 것이다. 국력의 결정요인을 다루는 일이야말로 경제학의 일차적 주 제이기 때문에 학문연구에 있어서 큰 외도는 아닌 것이다. 『중국의 과학과 문명』 *Science and Civilisation in China*라는 큰 프로젝트를 주도한 Joseph Needham (니덤李約瑟)은 생화학자이며, 그 일본어판 의 監修를 맡은 두 사람은 天文學者 藪內淸(야부-우치 키요시)과 經

濟學者 大川一司(오카와 카즈시)라는 사실도 나에게 용기를 주었다.

視空間인식체계가 어떻게 國力과 관계되는가는 우리가 일상생활에서 알게 모르게 덕을 보고 있는 GPS 즉 Global Positioning System을 보면 알 수 있다. 이 시스템은 미국의 소유물이다. 그러니 세계 어느 곳에서나 누구나 "無料로" 이용할 수 있다. 그런데 無料란 것은 언제나 가장 값비싼 代價를 요구할 수 있다. 그것을 무료로 즐기다가 스위치를 쥐고 있는 측에서 시스템을 꺼버리면 어떻게 되는가? 이 危險을 알기 때문에 러시아, 중국 일본, 유럽, 인도 등은 많은 돈을 들여, GPS를 대신할 독자적 시스템의 구축에 나서고 있다.

과거 대항해시대에, 천문관측으로 망망대해에서 그리고 오지에서 자신의 위치를 알아낼 수 있는 기술은 최고의 일급비밀이요 국력이었다. 이렇게 중요한 천문학이 조선에서 세계 科學史의 주목을 받을 만큼 발달했었다는 Joseph Needham 등의 평가에 접하고, 나는 그 사실을 스스로 확인해보고자 하는 생각을 하게 되었다. 그리고 그것을 확인해보려면 나 스스로가 천문학에서 쓰이는 투영이론과 좌표변환등 연구의 기반암에 정통할 필요가 있다. 그런데 다행히 그것은 계량경제학의 분석기법과 그리 멀지 않다.

이를 무기로 하여, 조선 서운관의 천문의기를 기반암부터 연구하는 것이 가능하다고 덤벼든 작업이 이 책의 내용이다. 서술이 매끈하지 못하지만, 이 작업을 통하여 나는 지금까지 아무도 언급한 일이 없는 사항들 몇몇을 최초로 진술했다고 자부한다.

이 작업 과정에서 나는 문헌과 자료를 다각도로 섭렵함은 물론, 여러분들의 도움을 받았다. 여러해 전에 내가 〈곤여만국전도〉에 心醉해 있을 때, 서울대학교의 과학사 전공인 임종태교수가 나에게 천문학 연구를 권유했다. 나는 그 뜻을 선뜻 이해하지 못했다. 그러나 리마두의 그 지도에 제시된 천문지식을 이해하려고 노력하는 과정에서 임교수의 말의 뜻을 이해하게 되었고, 자연스럽게 빠져들게 되었다. 서울대학교의 문중양교수는 내가 필요로 하는 여러 가지 정보와 자료를 제공해 주었다. 한국학중앙연구원의 전용훈교수로부터도 역시 자료협조를 받았다. 숭실대학교의 최병현교수, 숭실대학교 기독교박물관의 한병근박사로부터는 〈방성도〉의 정밀한 이미지를 받았다. 그러나 이 연구에 가장 큰 도움을 준 분은 실학박물관의 정성희 박사다. 정박사는 내가 수시로 요구하는 있는 자료 없는 자료를 어떻게 해서든지 구해주었다. 그리고 실학박물관의 초대관장 안병직명예교수는 끊임없이 내 연구를 고무해 주어 끝마무리를 할 수 있게 해 준 분이다.

수백년 전에 이 땅에 살다 간 선인들과는, 문헌을 통하여 끊임없이 대화를 나누었다. 이 가상의 대화를 통하여 어떤 때는 선인들의 卓見을, 어떤 때는 선인들의 고충을 듣고 이해할 수 있었다.

관악산 "생명경제연구실"이라는 내 연구실은 해발 200m밖에 되지 않지만 사방이 확 트여서, 도봉산 삼각산이 다 보이고, 날이 아주 맑을 때는 멀리 개성 송악산도 보인다. 저녁이 되면 넓은 하늘이 펼쳐지니, 하늘 이야기를 나누기에 안성맞춤이다. 여기로 수백년 전의 선인들을 따로 따로 모시고 假想의 대화를 수없이 나누었다. 아래에 몇 대화 장면을 소개한다.

세종과의 대화

"여기 관악산 생명경제연구실까지 왕림해 주신 전하께 우선 감사의 말씀을 드립니다. 저기 삼각산 밑에 백악산이 보이는데, 경복궁은 가려서 보이지 않습니다. 전하께서 사시던 시절에는 光害라는 말이 없어서, 저녁이면 별이 총총했을 터인데, 지금은 조명으로 인한 光害 때문에 그렇지 못합니다. 전하께서 일성정시의로 밤시간을 알아내는데 이용하셨던 句陳대성, 天樞성, 帝성 중에는 구진대성만 겨우 보일 정도입니다. … 전하께서는 萬機親覽하시는 중에, 특히 천문에 지극한 관심을 보이셨고, 간의를 바탕으로 日星定時儀라는 의기를 창안하셨습니다. 저는 그 정시의의 사용방법을 전하께서 손수 고안하셨다는데 놀랐습니다. 그 방법을 김돈 등 신하들에게 보여주시며 이를 고쳐보라 하셨을 때, 빈틈없는 전하의 설명에, 그 자리에서 감히 容喙할 용기가 나지 않았을 듯합니다. 그 뒤에 小定時儀를 만들면서, 신하들은 전하의 사용방법을 약간 고쳤더군요."

세종: "천문의기의 제작은 신하들이 한 것이고, 나는 그들을 격려했을 따름이지요. 일성정시의는 내가 생각해도 너무 훌륭한 의기이기 때문에, 그 사용방법을 고안해 보게 되었고, 이를 신하들에게 주었던 것입니다. 소정시의의 사용방법을 보니 내 방법보다 낫더군요. 내가 미리 너무 나섰었다는 생각이 들기도 하였습니다."

"저는 그 사안이 임금과 신하간의 아름다운 상호존중을 보여주는 좋은 사례라고 보았습니다. 아무튼 대단하십니다."

니덤과의 대화

"니덤 선생께서는 한국전쟁 직후, 한국이 비참한 상황에 처해 있을 때, 세계적인 명저, *Scinence and Civilisation in China*를 통하여, 한국인을 고무시켜주신 고마운 분이십니다. 그리고 *The Hall of Heavenly Records*를 통하여서는, 『세종실록』의 기록으로부터 "日星定時儀"의 복원도를 그려 내셨습니다. 실로 탄복할 일입니다. 한국인 누구도 해내지 못한 일인데 말이지요."

니덤: "그렇게 생각해 주니 고맙습니다. 복원도는 『實錄』의 記述이 워낙 緻密하기 때문에 그릴 수 있었습니다. 그리고 百刻環의 遺物사진이 크게 도움이 되었습니다."

"선생님의 복원도는 그 후에 한국에서 복원품을 제작하는데 그대로 쓰였는데요, 계형 양 끝에, 『實錄』에는 없는 귀가, 선생님의 복원도에 그려짐으로써, 한국 내의 모든 복원품에 역시 귀가 붙게 되었습니다. 백각환의 유물사진을 보아도 계형 양끝에는 귀가 없습니다."

니덤: "그런 일이 있었군요. 재미있는 이야기입니다."

담헌 홍대용선생, 규재 남병철선생과의 대화

"두분 선생께서는 열악한 조건하에서 조선의 천문학을 위하여 노고를 아끼지 않으셨습니다. 특히 수학을 체계적으로 학습할 학교가 없는 시대에 사셨다는 것을 기억합니다. 서양에서는 르네상스 이후로 수학을 체계적으로 교육하는 제도가 있었습니다. 서광계가, 師傅曹瞀하는 학교제도가 서양에 있다는 말을 리마두로부터 듣고, 중국에는 그런 제도가 없다면서 부러워하는 이야기가 『기하원본』 서문에 나오는데, 두 분 선생께서도 서광계와 같은 생각이실 것으로 봅니다. 한반도에도 이제는 중고등학교에서 모든 사람에게 체계적인 수학교육을 하고 있으니 얼마나 다행한 일입니까?"

담헌: "맞습니다. 어렵게 수학을 공부했습니다. 수학책이라고 해야 중국의 한문책뿐인데, 동양의 전통수학과 다른 서양수학을 한문책으로 공부하려니 어려움이 이만저만 아니었습니다. 국내에서는

모르는 것이 있어도 물어볼 곳이 없고, 혹 중국에 가는 기회에 서양학자를 만나보려해도 콧대가 높으니 답답할 따름이었습니다.”

“선생 없이 독학하는 분들의 고충을 이해하고 남습니다. 가르쳐 주는 사람 없이 오직 책을 통해서만 지식을 습득하는 일이 얼마나 어렵습니까? 현재의 유리한 입장에 서 있는 제가 보니, 두분 모두 체계적 수학교육 없이 正射投影을 이해하는데 얼마나 어려우셨을지 알겠습니다. 예컨대 두분께서 모두 지극한 관심을 가지셨던 簡平儀는, 천반 지반 모두 정사투영을 이용하는 것인데, 두분 모두 이 점에서 어려움이 있으셨던 것 같습니다.”

규재: “맞습니다. 웅삼발의 『簡平儀說』에는 그림 한 점도 없이 말로만 설명되어 있고, 『천문략』의 地盤 즉 上盤 그림은 온통 비어 있는데, 마침 錢熙祚가 제시한 그림을 보니, 이거구나 싶었습니다. 그래서 그것이 新法인줄 착각했던 것이지요.”

담헌: “나도 錢熙祚 地盤 그림의 세로 平行線이 맞는 줄 알았습니다.”

李太祖와의 대화

“전하께서 즉위하시자 얼마 되지 않아, 어떤 사람이 옛 천문도의 탁본을 바쳤다고 하는데, 천문도란 새 왕조의 정통성을 상징으로 쓰일 수 있으니, 얼마나 기쁘셨습니까? 전하께서 새로 만들게 하신 石本이 고궁박물관에 아직도 보관되어 있습니다.”

이태조: “말할 수 없이 기뻤지요. 왕권의 정통성의 상징으로 이

보다 더 중한 것이 없으니까요."

"그런데 그렇게 寶重한 물건을 바친 사람의 성명을 후세에 남기시지 않은 이유가 궁금합니다. 후한 상을 내리셨을 만한 일인데요"

이태조: "지금 와서 말이지만, 그럴만한 이유가 좀 있었습니다. 그 물건은 한 집안에서 수백년간 대대로 보관해 내려온 물건이었습니다. 평양에 있었다고 해서, 후세에 그것이 고구려의 물건이라는 설도 있었지만, 그렇지는 않습니다. 고려 때의 것입니다. 왕권의 정통성을 상징하는 물건이 고려 때 평양에 있었다는 것이 좀 걸리는 부분이었지요. 그 물건은 후기 고려왕조에 반기를 든 사람의 집안에서 보관해 온 물건이 맞습니다. 그래서 그것을 고려왕실에는 비밀로 하여 대대로 보관해 오다가, 새 왕조가 창건되니 나에게 바친 것입니다."

"이해가 될 듯 합니다. 원래의 石本이 강에 빠져서 없어졌다고 하는데, 일부러 빠뜨린 것이지요."

2017년
綠陰속의 生命經濟研究室에서

한반도 북극고 기록으로 가장 오래된 것은『元史』의 "高麗北極高 38度少"다.『元史』志一天文一의 "四海測驗" 속에 있다. 四海測驗 사업은 郭守敬이 주도한 사업으로, 북위 15도에서 65도에 걸친 광범위한 영역의 천문관측사업이다. 당시 원의 지배하에 있었기 때문에 高麗(=開城)의 북극고가 이 사업에 포함된 것이다. 이 값은 조선 세종 때, 李純之에게 認知되어 簡儀를 제작할 때, 미리 木簡儀를 만들어 그 값의 타당성을 확인한 기록이 世宗實錄에 실려 있다. 38度少는 지금의 위도로 환산하면 37도42분인데, 개성의 위도로서는 10분 이상 저평가되어 있다. 한양의 북극고는 지금의 위도로 37도34분인데, 당시의 관측기술로는, 8분의 차이를 식별할 수 없었고, 같은 값을 한양의 북극고로 받아들인 듯하다.

그런데 여기서 하나의 의문이 제기된다. 한양과 개성은 분명히 위도가 다르고 따라서 북극고가 다르다. 그런데 왜 개성의 북극고 "38도소"를 한양의 북극고로 받아들였을까 하는 점이다. 이순지 등은 북극고의 정확한 개념을 몰랐던 것이 아닌가 하는 조심스러운 의문이 든다. 이 의문을 增幅시켜주는 사실은 세종 때, 마니산, 백두산, 한라산에서 북극고를 관측했는데, 그 관측값이 남아있지 않다는『書雲觀志』의 기록이다. 북극고를 왜 산에 올라가서 관측하는가? 北極高와 地平高度와는 아무 상관이 없는데 말이다. 그러나 당시 사람들은 북극고가 지평고도와 관계있는 값이라고 착각하였던 듯하다. 그런데 관측해 보니 산 높이와 관계없는 관측값이 나오자, 관측이 잘못된 것으로 판단하고, 관측결과를 폐기해 버린 것은 아닐까?

세종 이후 숙종 때까지 한양 북극고의 관측에 관한 기록은 없다. 다만 숙종 직전에 만들어진 것으로 보이는 보물 앙부일구의 솥전에, "漢陽北極高37度20分"이란 기록이 있을 뿐이다. 나는 이 값이 반가워서, 그 값의 출처를, 백방으로 알아보고 科學史를 하는 분들에게 문의도 해 보았으나, 알아내지 못했다. 내 짐작으로 이 수치는 관측치가 아니라 "38도소"를 가공해서 얻었을 것으로 보인다. 즉, 북극고의 개념이 밝혀지면서, 개성의 북극고 "38도소"보다 한양의 북극고는 작아야 함을 알게 되었을 것이고, 時憲曆 실시 이후 현재의 위도 개념이 도입되면서, 이를 환산하면 37도42분임도 알게 되었을 것이다. 그리하여 여기서 22분을 뺀 값을 한양북극고로 계산해 낸 것이 아닐까? (왜 22분인지는 모른다.)

숙종 때 청나라에서는, 康熙의 〈皇輿全覽圖〉에 병자호란 이래 皇輿로 되었다고 보는 조선을, 그 속에 그려 넣을 요량으로, 한반도에 서양 傳敎士들이 주도하는 實測 팀을 파견하려 하였다. 그러나 조선정부의 반대로 무산되고, 대신 청나라 使臣을 한양에 파견하여 조선에서 만든 지도를 얻어가게 되었다. 조선에서 만든 지도는 당연히 경위도가 없었다. 그러나 〈皇輿全覽圖〉의 한반도에는 經緯度가 그려져 있다. 실측된 경위도가 아니라 지도로부터 추정된 경위도다. 그러므로 지금의 눈으로 보면, 그 경위도는 전반적으로 맞지 않는다. 그러나 맞는 부분이 있다. 使臣이 지나간 경로상의 緯度가 그렇다. 〈皇輿全覽圖〉의 의주, 평양, 개성 한양의 위도는 현재의 관점에서 보아도 잘 맞는다. 왜 그럴까? 使臣 팀이 지나가면서 비밀리에 경로상의 위도를 관측한 것이다. (선교사들은 사전에 사신들에게 천문관측기법을 알려주었다. 그러나 조선 안내원들의 감시가 심해, 태양의 고도 이외에는 관측이 불가능했고, 태양의 관측도 시간을 알기 위한 것이라고 둘러댔다는 이야기가, 리파神父의 회고록 *Memories of Father Ripa* 속에 있다고 한다.)

이 사신들은 한양에 도착해서는 드러내 놓고 한양의 북극고를 관측했다. 그런데 그 관측치는 서운관에 알려주지 않은듯하다.『국조역상고』에 의하면 그 때 何國柱가 측정한 한양북극고의 값이 37도39분15초라고『역상고성』에 실려 있다는 것이다. 서운관 사람들이 직접 들어서 아는 것이 아니었던 것이다. 나는 그 값을『역상고성』에서 찾아보았다.『曆象考成』下編卷一日躔歷法 속의 "推日出入畫夜時刻法"에 있다. 청나라 各省의 북극고를 나열하는 속에, 山西와 山東 사이에 들어있다. "朝鮮北極高三十七度三十九分一十五秒." 이것이『국조역상고』가 말하는 한양북극고의 출처다. 우리는 병자호란의 치욕을 잊고 싶지만, 청나라는 잊지 않고, 皇輿全覽圖에도 한반도를 그려 넣고, 한양북극고의 값을 이 자리에 이렇게 기록해 놓았던 것이다.

세종 이래로 그렇게 열심히 천문의기를 제작하고 천문관측을 해 온 서운관이, 정작 독자적 관측기록은 남기지 않은 것은 이상한 일이다. 그야말로 아무데도 없다.『國朝曆象考』나『書雲觀志』에 기록된 한양북극고가 청나라 사신이 관측했다는 "37도39분15초"뿐이며, 八道監營의 북극고 역시 이 값을 바탕으로 지도를 이용하여 量定한 값일 뿐이다. 관측치가 아니다. 그리고 그 量定의 절차를 보면, 經緯度 불문하고, 每10리를 경도 또는 위도 3분으로 단순 환산하는, 비과학적인 절차였다. 마테오 리치는 중국에 오는 동안 대서양 한가운데서 적도를 관측하고, 아프리카 남단의 위도가 남위 36도임을 스스로 관측하였다. 중국에 도착해서는 가는 곳마다 스스로 관측한 위도의 값을 기록으로 남겼다. 明治維新 직후의 일본의 "이와쿠라 使節團의 實記"를 보면, 歐美를 시찰하면서 틈틈이 도착지의 경위도를 관측하는 이야기가 나온다. 朝鮮의 태도와는 너무나 대조적이다. 그동안 관측했다는 書雲觀의 관측치들은 다 어떻게 되었단 말인가? 풀리지 않는 큰 의문이 아닐 수 없다.

특별부록 : 실학박물관 복원『곤여만국전도』의 출처

아래 글은 이 책에서 아나렘마와 관련하여 언급된『곤여만국전도』에 관한 특별부록이다. 실학박물관에서는 옛 봉선사장본『곤여만국전도』를 복원하고, 2013년『실학연구총서』6에 그 복원기를 실었다.

복원에 사용된 규장각본『곤여만국전도』의 사진은, 소실된 옛 봉선사장본이라는 간접증거는 있으나 직접증거는 없어, 봉선사본이라는 기존의 증거를, "이성적 의심의 여지가 없는 증거 evidence beyond reasonable doubt"라는 표현을 써 가면서 입증하였던 것이다.

다음 글은 규장각본〈곤여만국전도〉사진이 소실된 옛 봉선사장본이라는 직접증거가 발견된 것을 알리는 글이다.

〈續〉 奎章閣再生本 〈坤輿萬國全圖〉(2010)의 原本은 옛 奉先寺藏本이다

鄭 基 俊

서울대학교 명예교수, 대한민국학술원 회원

2016. 4. 28

2011년의 再生된 奎章閣本〈坤輿萬國全圖〉의 原本을 追跡 이후, 1914년에 촬영된 奉先寺藏本〈坤輿萬國全圖〉의 사진이 발견되어, 이로 인한 추가정보를 싣는다.

1. 再生된 奎章閣本 〈坤輿萬國全圖〉와 그 原本

나는 奎章閣圖書 속에 거의 잊혀져 있는 寫眞本 〈坤輿萬國全圖〉 (奎)25289를 擴大하여 면밀히 검토 한 결과, 그 品質의 優秀性에 壓倒되었다. 그리하여 그것은 1708년 肅宗의 御命으로 製作하여 肅宗에게 바친 "御覽用"의 〈坤輿萬國全圖〉가 틀림없다고 생각하였다. 그러나 그 寫眞의 原本은 찾을 수가 없었다. 그렇다면 그렇게 중요한 御覽用이 原本은 없고, 사진만 남아있다는 말인가? 나는 그 原本이 불타버린 奉先寺藏本일 것이라는 강한 心證을 가지게 되었다. 그러나 그 믿음을 뒷받침해 줄 강력한 證據, 소위 "理性的 의심의 여지가 없는 證據"가 있는가?

2. 原本의 追跡과 復元

그 추적과정이 2011년의 글이다. 이 글에서 나는 나름대로 "理性的 疑心의 여지가 없는 證據"를 찾아 그 原本이 불타버린 奉先寺藏本임을 立證하였다.

그 후 2013년, 奉先寺와 함께 南楊州郡에 소재하는 京畿道實學博物館에서는 이를 본격적으로 復元하여, 그 하나를 奉先寺에 寄贈하였다. 그 寄贈法會에, 봉선사는 서울대학교 奎章閣韓國學研究院長도 招請되었다.

3. 직접적 寫眞證據의 出現

2011년의 立證은 간접증거에 의한 입증이었다. 이러한 상황에서 우연히 직접적인 증거가 출현하였다. 2014년은 1914년 京元線이 개통된지 100년이 되는 해인데, 그해 9월에 KBS의 "진품명품" 프로

그램에 100년전의 京元線開通紀念寫眞帖이 出品되었다. 그 사진첩은 沿線의 風物을 담은 것인데, 거기에 奉先寺 사진이 들어 있는 것이었다. 그리고 특히 奉先寺의 寶物인 〈坤輿萬國全圖〉의 모습이 들어 있었다.

나는 이 寫眞帖 所藏者를 추적하여, 그 사진을 入手하였다. 아래는 규장각의 사진과 그 사진첩의 사진이다.

이 두 사진을 보면, 被寫體가 동일한 물건이란 것을, 우리는 한 눈에 알 수 있다. 對象이 동일하다는 것은 毁損된 部位의 모습을 볼 때 더욱 확연히 드러난다. 오른 쪽 九重天圖의 윗부분의 훼손이 그렇고, 오른 쪽 日月蝕圖 그림의 變色이 그러하다.

내가 2011년 온갖 間接的인 證據를 蒐集하여 증명하려고 했던 사실이 이 한 장의 사진의 발견으로 廓然해지는 것이다.

奎章閣 寫眞本〈坤輿萬國全圖〉의 原本은, 이제는 불타버린 奉先寺 藏本〈坤輿萬國全圖〉다.

1914년 사진첩 사진

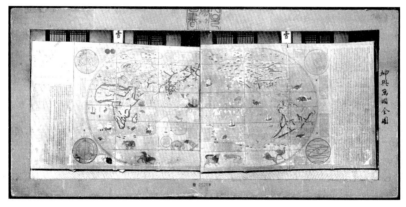

1932년 규장각 사진

〈참고문헌〉

1. 鄭基俊, "奎章閣再生本〈坤輿萬國全圖〉(2010)의 原本은 옛 奉先寺藏本이
    다", 서울대학교 奎章閣韓國學硏究院,《규장각》38, pp.275~283.
2. 織居本店寫眞機部納品,『京元線寫眞帖』, 1914.

‖ 참고문헌 및 자료 ‖

문헌

김상혁 외,『천문을 담은 그릇』, 한국학술정보, 2014.

남문현, 진구금 역주,『국역 의기집설』상, 하. 국역육일재총서1, 세종대왕기념
사업회, 2013.

　　　번역과, 원문의 영인이 있다. 번역에 고충이 많았던 것으로 보인다.

梅文鼎, “仰儀簡儀二銘補註”『사고전서 역산전서』20

　　　매우 훌륭한 補註다.『국조역상고』에도 전재되어 있으나, 일부 빠지거나 고쳐
져 있다.

미야지마 카즈히코(宮島一彦), “조선에서 제작된 아스트로라브에 대하여”,『한
국과학사학회지』31권 1호 (2009), 47-63.

　　　Miyajima(2008)의 전용훈박사에 의한 번역.

閔明我,〈方星圖〉, 숭실대학교 가독교박물관 所藏

朴興秀, “李朝尺度에 關한 硏究,”『박흥수박사논문집: 도량형과 국악논총』,
(서울, 문방문화사, 1980).

四庫全書 제656책,『황조예기도식』권3 儀器, pp.152~192.

　　　주요 의기의 설명이 그림과 함께 잘 돼 있다. 地平經儀와 地平經緯儀의 그림이
서로 바꾸어 있다.

四庫全書 제790책,『역상고성』상편권2-권3 호삼각형, pp.14~99.

　　　현대의 호삼각형이론의 축은 여현법칙과 정현법칙이다. 그러나 여기서의 설명
은 여현법칙이 빠졌다.

四庫全書 제790책,『역상고성』하편권1 日躔歷法, pp.619~630.

　　　여기에 한양의 북극고 37:39:15, 동서편도 편동10:30이 제시되어 있다.

四庫全書 제793책,『의상고성』卷首上 기형무진의설 卷上 儀制 製法 pp.23~ 57.

　　　남병철의 “혼천의”의 모본이다. 의제, 제법이 매우 자세히 설명되어 있다.

四庫全書 제793책,『의상고성』卷首下 기형무진의설 卷下 用法 算法 pp.58~99.

　　　역시 남병철의 “혼천의”의 용법 산법의 모본이다. 매우 자세하고 친절하게 설명

되어 있다.

藪內淸『中國の天文曆法』, 平凡社 1969.

    後漢시대 중국의 황도좌표계는 黃道와 赤道極에 의해 조직된 것임을 밝히고 있다.

數理精蘊, 國學基本叢書127 臺灣商務印書館, 1968.

    『국조역상고』의 신법지평일구 작도는 간평의설『수리정온』의 방법을 따르고 있으나, 소략하다. 김정호의 지도제작에 사용한 "地圖式"의 방법이 上編卷4(p.175)에 있다. 그리고 卷2~卷4의 타이틀이 "幾何原本"이다. 유클리드-클라비우스마테오리치-서광계의 書名과 같다. 김정호가 접했다는 幾何原本은 前者가 아닐까? 이 책에는 비례규=비례척 즉 proportional compass라는 아날로그 계산기에 관한 자세한 설명이 있다. 남병철 등은 이를 써서 삼각함수를 계산했다.

安大玉, 『明末西洋科學東傳史--〈天學初函〉器編の硏究--』, 知泉書館, 2007.

    훌륭한 연구다. 『혼개통헌도설』에서는 Clavius의 원본과의 대조가 돋보인다.

안상현, 「〈천상열차분야지도〉에 나오는 고려시대 피휘와 천문도의 기원」, 《고궁문화》 2011.

안영숙, 〈전통해시계 제작기술과 교육활용〉 국립중앙과학관, 고궁문화 2013.

양마낙, 『천문략』, (『천학초함』 所收)

웅삼발, 『簡平儀說』, 守山閣叢書 子部. 中華書局 1985.

    원래 웅삼발의 『간평의설』에는 그림이 없다. 이 판에는 錢熙祚의 그림이 들어있다.

이면우, 허윤섭, 박권수 역주, 『서운관지』, 소명출판, 2003.

    번역과 원문이 있다.

이은희, 문중양 역주, 『국조역상고』, 소명출판, 2004.

    원문이 없다. 번역에 고충이 많았던 것으로 보인다.

이지조, 『渾蓋通憲圖說』, 守山閣叢書 子部, 中華書局 1985.

    이 판은, 이 책에서 사용한 朱維錚판 『혼개통헌도설』의 모본이다.

정기준, 『고지도의 우주관과 제도원리의 비교연구』, 실학박물관 실학연구총서 8, 경인문화사, 2013.

    여기서 천구의 좌표변환에 관한 내용이 〈곤여만국전도〉와의 관련에서 다루어진다. 또 定南日晷의 자세한 분석이 들어있다.

鄭基俊, "奎章閣再生本〈坤輿萬國全圖〉(2010)의 原本은 옛 奉先寺藏本이다," 《규장각》 38, 서울대학교 奎章閣韓國學硏究院, 2011.

　　　　특별부록 참조.

朱維錚 主編, 『利瑪竇中文著譯集』, 上海 復旦大學出版社, 2001.

　　　　이 책에서 언급되는 『혼개통헌도설』 내용은 주로 이 판본이다.

한영호, "서양과학의 수용과 조선의 신법 의기," 『한국실학사상연구』 4, 2005

한영호, "朝鮮의 新法日晷와 視學의 자취," 대동문화연구 47, 2004.

한영호, "홍대용의 측관의 연구," 『역사학보』, 1999.

　　　　홍대용은 簡平儀를 測管儀라 부른다. 이 논문에서 天盤(內輪)의 작도에 오류가
　　　　있다.

Hawking, Stephen and Leonard Mlodinow, *The Grand Design* (New York, Bantam
　　　　Books, 2010).

Hilbert and Cohn-Vossen, *Geometry and the Imagination*, American Mathematical
　　　　Society, 1999.

　　　　極射投影=stereographic projection에 관한 기하학적 설명이 특이하다.

Mayall, R. N., Mayall, M. W.(1938, 1994). *Sundials: Their Construction and Use*.

Miyajima Kazuhiko, "A New Discovery of Korean Astrolabe", *Historia Scientiarum*,
　　　　Vol. 17-3, 2008.

　　　　柳琴의 아스트로라브의 존재를 알린 최초의 논문.

Morrison, James E., *The Astrolabe*, Janus, 2007.

　　　　평의=아스트로라브의 제1급 해설서다. 수학적 설명에는 약간의 오류가 있다.

Needham, Joseph, *Science and Civilisation in China*, Vol. 3, 1959.

　　　　이 책을 통하여 〈천상열차분야지도〉에 관한 Rufus의 논문이 널리 소개되었다.

Needham, Joseph, et al., *The Hall of Heavenly Records, Korean astronomical
　　　　instruments and clocks, 1380~1780*, (London, Cambridge Univ. Press, 1986).

　　　　"일성정시의" 의 복원도의 그림이 최초로 제시된 책이다. 〈세종실록〉의 誤讀으
　　　　로 규형에 손잡이가 붙게 되었다. 한편, 自擊漏의 설명 중, 〈실록〉의 九竅를 丸
　　　　竅로 읽어, ball hole로 번역한 것은 卓見이다. 九竅로 하면 의미가 통하지 않으
　　　　나, 남한 북한의 〈실록〉 번역이 모두 "아홉 구멍"으로 되어 있다.

Rohr, R. R. J.(1996). *Sundials: History, Theory, and Practice*, New York: Dover.

Rufus, W. C., "The Celestial Planisphere of King Yi Tai Jo," *J. Roy. Asiatic Society/*

Korea Br., 4. 23, 1913.)

Savoie, Denis(2009), *Sundials, Design, Construction, and Use*, Springer.

Snyder, John P., *Map Projections: A Working Manual*, U.S. Government Printing Office, 1987.

> 투영이론의 매우 훌륭한 매뉴얼이다.

Waugh, Albert E.(1973). *Sundials: Their Theory and Construction*. New York: Dover.

자료

『國朝曆象考』: 한국과학기술사자료대계(영인본), 천문학편 중 (서울 여강출판사, 2001)

『增補文獻備考』: 서울대학교 규장각소장자료.

『옛지도 속의 하늘과 땅』(2013): 숭실대학교 한국기독교박물관 소장 자료집.

『世宗實錄』 서울대학교 규장각소장자료

『晉書』, 『宋史』, 『元史』, 『明史』, 『清史稿』 등 중국 史書: 인터넷 온라인.

찾 아 보 기

■ 그림출처

Morrison(2007)   194, 196, 212, 213,
        216, 350, 357, 359, 404, 532, 534
Needham(1986)   117, 142
Snyder(1987)   188, 189 190, 192, 202,
        204, 208, 210
안대옥(2007)   198
남문현(2013)   200
김상혁(2014)   104, 113, 148

정기준

전 서울대학교 경제학부 교수
현 서울대학교 명예교수
　　　대한민국학술원 회원
e-mail: kjjeong@snu.ac.kr

서운관의 천문의기

1판 1쇄 발행　2017년 4월 30일
1판 2쇄 발행　2018년 9월 21일

지 은 이　　정기준
기　　　획　　경기문화재단 실학박물관
　　　　　　12283 경기도 남양주시 조안면 다산로747번길 16

발 행 인　　한정희
발 행 처　　경인문화사
총괄이사　　김환기
편　　　집　　김지선 박수진 유지혜 한명진
마 케 팅　　유인순 하재일
출판번호　　406-1973-000003호
주　　　소　　파주시 회동길 445-1 경인빌딩 B동 4층
전　　　화　　031-955-9300　팩스　031-955-9310
홈 페 이 지　　www.kyunginp.co.kr
이 메 일　　kyungin@kyunginp.co.kr

ISBN　978-89-499-4273-5　93910
값　45,000원